Eva Kolberg

Microsoft PowerPoint 2010 auf einen Blick

15 14 13 12 11 10 9 8 7 6 5 4 3 2 1
13 12 11 10

ISBN: 978-3-86645-873-4

© 2010 O'Reilly Verlag GmbH & Co. KG
Balthasarstraße 81, 50670 Köln
Alle Rechte vorbehalten

Umschlag: Hommer Design GmbH, Haar (www.HommerDesign.com)
Layout, Satz: Robert Ott Design, München (www.rodesign.de)
Fachlektorat und Korrektorat: Frauke Wilkens, München
Gesamtherstellung: Kösel, Krugzell (www.KoeselBuch.de)

Inhalt

4 Rund um die Folie

5 Text eingeben und bearbeiten

6 Folienlayouts, Designs und Master

7 Bilder und Formen 115

8 Tabellen, Diagramme und SmartArt 141

13 Drucken 229

14 Weitergeben und Anpassen 237

Stichwortverzeichnis 250

1 Dieses Buch auf einen Blick

In diesem Kapitel:

- Für wen dieses Buch ist
- Der Inhalt im Überblick
- Arbeiten mit diesem Buch
- Die wichtigsten Neuheiten in PowerPoint 2010

Willkommen zu »Microsoft PowerPoint 2010 auf einen Blick«. Wenn Sie mit geringem Zeitaufwand effektiv mit Power-Point 2010 arbeiten möchten, halten Sie genau das richtige Buch in Ihren Händen.

Es handelt sich um ein anschaulich geschriebenes und leicht verständliches Nachschlagewerk, das Ihnen helfen wird, Ihre Arbeit mit diesem Programm schnell und effizient zu bewältigen. Dabei wird sich auf die Abläufe konzentriert, die Sie im täglichen Umgang mit PowerPoint brauchen können. Diese sind so dargestellt, dass sie leicht zu finden und einfach zu verstehen sind. Meist wird auch nur der jeweils einfachste bzw. der schnellste Weg zur Lösung eines Problems beschrieben. Denn wenn man nur herausfinden will, wie man eine bestimmte Aufgabe mit PowerPoint in möglichst kurzer Zeit erledigen kann, ist nichts umständlicher, als seitenlange Abhandlungen über verschiedene Möglichkeiten darüber lesen zu müssen.

Auf den folgenden Seiten des ersten Kapitels wird Ihnen gezeigt, wie Sie mit diesem Buch am besten arbeiten. Daran anschließend erfolgt ein Überblick über die wichtigsten Neuerungen in PowerPoint 2010.

Für wen dieses Buch ist

Spezielle Kenntnisse in PowerPoint 2010 werden für die Arbeit mit diesem Buch nicht vorausgesetzt. Natürlich ist es hilfreich, wenn Sie schon einmal mit diesem oder mit einem anderen Microsoft Office-Programm gearbeitet haben; notwendig ist das aber nicht.

Einige Voraussetzungen sollten Sie dennoch mitbringen, um sinnvoll mit dem Buch arbeiten zu können:

■ Sie sollten schon einmal mit dem Computer gearbeitet haben und sich mit der Bedienung von Tastatur und Maus auskennen.

■ Dazu gehört auch, dass Sie sich mit den Grundbegriffen des Betriebssystems Windows auskennen. Begriffe wie Startmenü, Computer (Arbeitsplatz), Desktop, Laufwerke, Ordner und Dateien sollten Ihnen also geläufig sein.

■ Einige Themen in diesem Buch setzen eine Verbindung des Rechners mit dem Internet voraus. Wie man eine solche Verbindung herstellt, sollte Ihnen bekannt sein.

Mehr an Voraussetzungen gibt es nicht!

Der Inhalt im Überblick

In diesem Buch finden Sie in 14 aufgabenbezogenen Kapiteln alle wichtigen Informationen zu Microsoft PowerPoint 2010 – eben: Wissen auf einen Blick!

■ Die folgenden Seiten des einführenden Kapitels zeigen Ihnen, wie Sie mit diesem Buch am besten arbeiten und liefern Ihnen auch einen Überblick über die wichtigsten Neuheiten in PowerPoint 2010.

■ In Kapitel 2 »PowerPoint – die ersten Schritte« lernen Sie, wie Sie das Programm starten und beenden. Hier gibt es auch einen Überblick über die Bildschirmelemente des Programms. Dazu gehören beispielsweise Hinweise zu den neuen Werkzeugen zur Programmsteuerung.

■ In Kapitel 3 wird Ihnen gezeigt, wie Sie mit den von Ihnen in PowerPoint erstellten Folien auch später weiterarbeiten können. Hier wird erklärt, wie man Präsentationen speichert, wieder öffnet und neue Präsentationen erstellt.

■ In Kapitel 4 geht es rund um die Folie. Es behandelt, wie man neue Folien erzeugt und vorhandene neu anordnen und in Abschnitte unterteilen kann. Zudem werden hier Werkzeuge zum Anordnen von Objekten auf Folien vorgestellt.

■ In Kapitel 5 dreht sich alles um die Eingabe und Bearbeitung von Text. Hier wird behandelt, wie Sie Folien Text hinzufügen oder Text in Form einer Gliederung eingeben können. Wie Sie anschließend die Texte durch Schriftformate und spezielle Schrifteffekte ansprechend hervorheben und schließlich über die Rechtschreibprüfung eventuelle Fehler korrigieren können, ist ebenfalls Inhalt dieses Kapitels.

■ Folienlayouts, Designs und Mastervorlagen sind Inhalt von Kapitel 6. Da in PowerPoint quasi fast alles durch Vorlagen gesteuert wird, ist es sinnvoll, sich im Vorfeld über diese Vorlagen und deren Auswirkungen zu informieren. In einem Überblick werden Ihnen zunächst die wichtigsten Tools vorgestellt und anschließend wird erklärt, wie man damit arbeitet. Schauen Sie sich dieses Kapitel vor allem an, um die Zusammenhänge zu verstehen.

■ Mit Grafiken, Fotos und Formen können Sie den Inhalt, den Sie auf einer Folie vermitteln wollen, wirkungsvoll unterstreichen. In Kapitel 7 wird Ihnen gezeigt, wie Sie diese Objekte hinzufügen und anschließend über eine Vielfalt von Möglichkeiten verändern und optisch hervorheben können.

■ Komplexe Inhalte lassen sich besser in Form von Tabellen, Diagrammen und SmartArt-Objekten darstellen. In Kapitel 8 wird beschrieben, wie Sie diese Objekte Folien hinzufügen. In einem Überblick werden Ihnen jeweils die wichtigsten Tools dieser Objekte vorgestellt und anschließend wird erklärt, wie Sie diese Objekte nachbearbeiten können.

■ Durch gelegentliches Einblenden von Sound und Video können Sie Ihre Bildschirmpräsentation auflockern. Wie Sie diese Elemente hinzufügen und anschließend wiedergeben, ist Inhalt von Kapitel 9.

■ Nicht nur Bild und Ton, sondern auch Übergänge und Animationen, die während einer Bildschirmpräsentation ausgeführt werden, gestalten den Ablauf lebendiger. Kapitel 10 liefert sämtliche Informationen, die Sie zum Zuweisen von speziellen Effekten benötigen, die während des Übergangs von Folie zu Folie und auch von Objekten ausgeführt werden.

■ Überarbeiten und Korrigieren im Team ist sicherlich von Vorteil, um zu einem überzeugenden Gesamtergebnis einer gemeinsam mit Kollegen erstellten Präsentation zu kommen. Wie Sie dabei am effektivsten vorgehen und welche Möglichkeiten Ihnen hierbei zur Verfügung stehen, ist Inhalt von Kapitel 11.

■ Anschließend gibt es in Kapitel 12 »Präsentation vorbereiten und vorführen« eine ausführliche Beschreibung der Arbeiten, die Sie durchführen können und teilweise müssen, um Ihre Bildschirmpräsentation reibungslos vorzuführen. Nachdem Sie sämtliche Einstellungen dazu getroffen und über einen Testlauf kontrolliert haben, erfolgen dann der eigentliche Ablauf und die Steuerung der Bildschirmpräsentation während Ihres Vortrags.

■ Begleitend zur Bildschirmpräsentation können Sie Handouts unterschiedlicher Form erzeugen, die Sie als Begleitmaterial in gedruckter Form an die Teilnehmer zwecks Information verteilen können. In Kapitel 13 wird beschrieben, welche Komponenten aus PowerPoint Sie ausdrucken lassen können und welche Vorbereitungen Sie dazu treffen müssen.

■ Im abschließenden Kapitel 14 dreht es sich um die Möglichkeiten, das Programm an Ihre Arbeitsgewohnheiten anzupassen. Außerdem geht es hier u.a. um das Anpassen Ihrer Präsentation vor einer Weitergabe an andere.

■ Auf den letzten Seiten dieses Buches finden Sie ein ausführliches Stichwortverzeichnis, das Ihnen beim Suchen nach bestimmten Informationen hilft.

Arbeiten mit diesem Buch

Bevor Sie beginnen, mit diesem Buch zu arbeiten, machen Sie sich mit den wesentlichen Elementen der Struktur und Darstellung vertraut, damit Sie seine Vorzüge für Ihre Arbeit mit dem Programm Microsoft PowerPoint 2010 nutzen können.

Fast alle Seiten in diesem Buch verfügen über dieselbe einheitliche klare Struktur. Wenn Sie diese Form des Aufbaus gleich verinnerlichen, wird Ihre Arbeit schnell vorangehen.

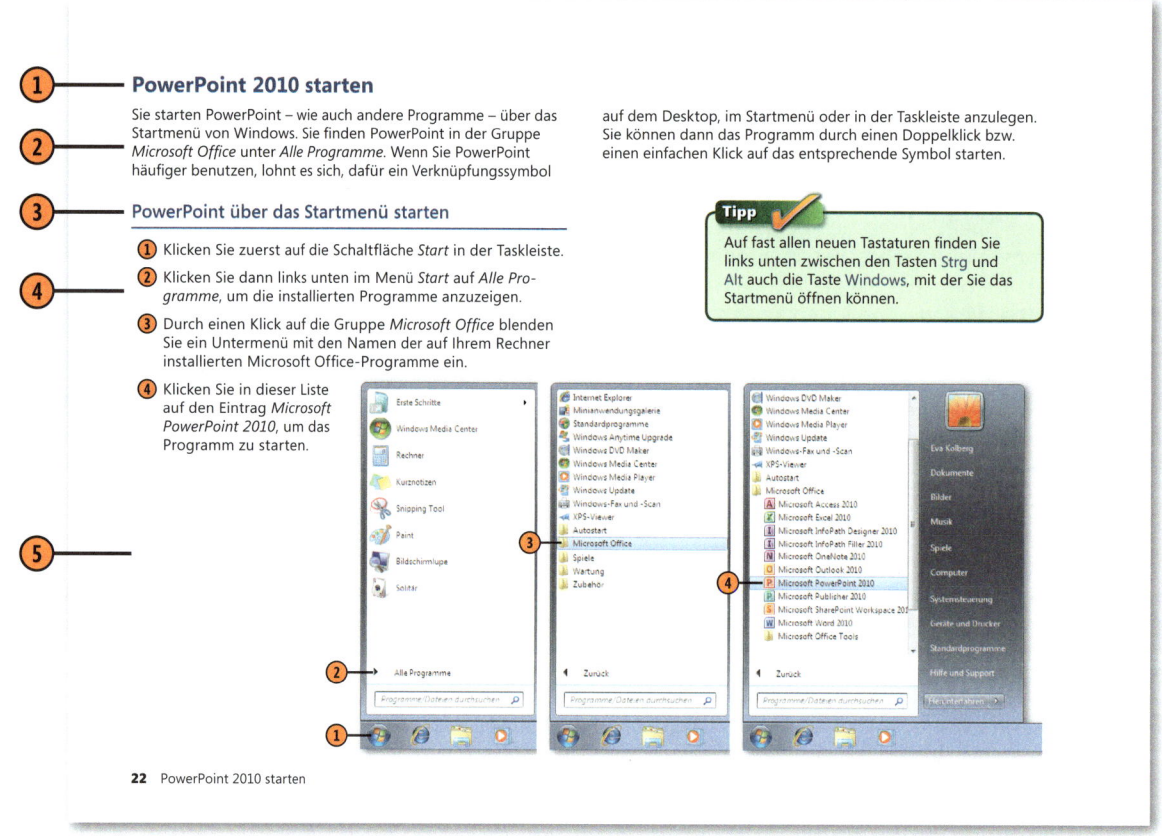

① PowerPoint 2010 starten

Sie starten PowerPoint – wie auch andere Programme – über das Startmenü von Windows. Sie finden PowerPoint in der Gruppe *Microsoft Office* unter *Alle Programme*. Wenn Sie PowerPoint häufiger benutzen, lohnt es sich, dafür ein Verknüpfungssymbol

auf dem Desktop, im Startmenü oder in der Taskleiste anzulegen. Sie können dann das Programm durch einen Doppelklick bzw. einen einfachen Klick auf das entsprechende Symbol starten.

③ PowerPoint über das Startmenü starten

① Klicken Sie zuerst auf die Schaltfläche *Start* in der Taskleiste.

② Klicken Sie dann links unten im Menü *Start* auf *Alle Programme*, um die installierten Programme anzuzeigen.

③ Durch einen Klick auf die Gruppe *Microsoft Office* blenden Sie ein Untermenü mit den Namen der auf Ihrem Rechner installierten Microsoft Office-Programme ein.

④ Klicken Sie in dieser Liste auf den Eintrag *Microsoft PowerPoint 2010*, um das Programm zu starten.

Tipp ✓

Auf fast allen neuen Tastaturen finden Sie links unten zwischen den Tasten Strg und Alt auch die Taste Windows, mit der Sie das Startmenü öffnen können.

22   PowerPoint 2010 starten

Die Grundstruktur

① Jede Seite oder Doppelseite beginnt mit einer Überschrift, die einen Themenkreis behandelt. Beispielsweise finden Sie in Kapitel 2 einen Themenkreis mit dem Titel »PowerPoint 2010 starten«.

② Unterhalb einer solchen Überschrift finden Sie eine kurze Einführung in das jeweilige Thema. Lesen Sie diese zuerst durch, damit Sie wissen, worum es auf der jeweiligen Seite oder Doppelseite geht.

③ Zu jedem Themenkreis gehören mehrere mögliche Aufgaben – wenn es beispielsweise um »Starten von PowerPoint 2010« geht, wird auf »PowerPoint über das Startmenü starten« eingegangen.

④ Wie man konkret vorgehen muss, um die jeweilige Aufgabe durchzuführen, wird in den Schritten darunter beschrieben. Die Reihenfolge der Schritte ist i.d.R. wichtig. Führen Sie sie in der angegebenen Reihenfolge durch.

⑤ Damit Sie wissen, welche Stellen auf dem Bildschirm Sie zum Durchführen dieser Schritte ansprechen müssen, finden Sie auf den Seiten mehrere Bildschirmausschnitte. Die Marken mit den Zahlen zeigen Ihnen, auf welches Bildschirmelement sich die darüber genannten Schritte beziehen.

Weitere Elemente

■ Hinweiskästchen mit der Überschrift »Tipp«, »Achtung« oder »Gewusst wie« sagen Ihnen, was Sie noch zusätzlich beachten müssen, sollen oder können. Wichtig ist hier besonders der Hinweis »Achtung«.

■ Wenn auf ein Thema an einer anderen Stelle im Buch intensiver eingegangen wird, finden Sie dazu Verweise mit der entsprechenden Seitenzahl in einem Kästchen mit der Überschrift »Siehe auch«. Schlagen Sie bei Bedarf dort nach.

■ Auf einigen Seiten finden Sie Angaben zu den Tasten, die Sie drücken müssen, um eine Aktion durchzuführen – wie etwa Eingabe. Wenn zwei Tasten mit einem Pluszeichen verbunden sind – wie etwa im Fall Strg+Eingabe –, müssen Sie die beiden Tasten gleichzeitig drücken.

■ Eine kursive Schreibweise zeigt Ihnen an, dass es sich bei diesem Ausdruck um ein Element handelt, das Sie auch auf Ihrem Bildschirm wiederfinden.

Die wichtigsten Neuheiten in PowerPoint 2010

Vielleicht kennen Sie Microsoft PowerPoint schon von einer der früheren Programmversionen her. Wie jede Generation der Programme des Microsoft Office-Pakets verfügt auch die Version 2010 über eine Vielzahl von Neuerungen, von denen Ihnen hier einige vorgestellt werden. Da wahrscheinlich viele Anwender von der Version 2003 direkt auf die Version 2010 umsteigen werden, wird an dieser Stelle auch auf die wichtigsten Neuerungen im Vergleich zu diesem Vorgänger hingewiesen.

Das Menüband

Bis zur Version 2003 fanden Sie die wichtigsten Elemente zur Steuerung eines Microsoft Office-Programms wie PowerPoint in den Menüs und den Symbolleisten. Um eine Aktion auszuführen, mussten Sie oft eine Reihe von Stellen mit der Maus anklicken: Dazu mussten Sie zuerst ein Menü öffnen und dort oft noch ein Untermenü anzeigen lassen. Dann mussten Sie einen Befehl wählen. Die gewünschten Einstellungen mussten Sie in einem Dialogfeld festlegen, das oft über mehrere Registerkarten verfügte. Abschließend mussten Sie diese Angaben bestätigen.

Mit der Programmversion 2007 wurde dieses System durch die Multifunktionsleiste abgelöst. Diese Technik wurde in der aktuellen Version 2010 konsequent weiterentwickelt. Die Multifunktionsleiste trägt jetzt den einprägsamen Namen Menüband. Sie werden feststellen, dass Sie bedeutend weniger Mausklicks benötigen, um eine Aktion durchzuführen. Am oberen Rand des Menübands finden Sie mehrere Registerkarten. Jede Registerkarte bezieht sich auf eine Art von Aktivität – beispielsweise liefert die Registerkarte *Einfügen* alle Werkzeuge, die Sie zum Einfügen von Elementen benötigen. Innerhalb einer Registerkarte sind die einzelnen Elemente in Gruppen zusammengefasst.

Neu in der Version 2010 ist die Möglichkeit, das Menüband an Ihre Wünsche anzupassen. Dadurch können Sie den Arbeitsbereich gemäß Ihren Vorstellungen einrichten, wiederkehrende Aufgaben schneller ausführen und schneller auf bevorzugte Befehle zugreifen.

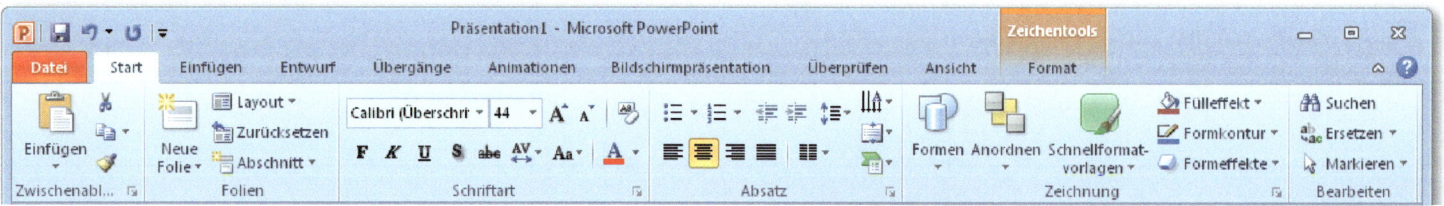

Siehe auch

Mehr Informationen zum Arbeiten mit dem Menüband finden Sie auf Seite 30 f. Wie man zum Anpassen des Menübands vorgeht, erfahren Sie auf Seite 246 f.

Die Registerkarte »Datei«

Eine Sonderrolle unter den Registerkarten des Menübands nimmt die Registerkarte *Datei* ein. Diese löst die Schaltfläche *Office* der Programmversion 2007 ab. Wenn Sie darauf klicken, wird bei allen Programmen der Microsoft Office-Familie die sogenannte Backstage-Ansicht angezeigt. Diese Ansicht dient zum Verwalten von Dateien und dateispezifischen Daten.

■ Der Bereich *Informationen* bietet zusätzlich zu den Eigenschaften der aktuellen Präsentation einige neue Funktionen, die das gemeinsame Bearbeiten von Dateien vereinfachen.

■ Natürlich finden Sie auf der Registerkarte *Datei* auch alle Befehle, die Sie zum Speichern, Öffnen, Schließen und Anlegen von neuen PowerPoint-Dateien benötigen.

■ Über den Bereich *Drucken* sprechen Sie alle Druckaufgaben – inklusive der für den Ausdruck wichtigen Seiteneinstellungen – von einer zentralen Stelle aus an.

■ Über den Bereich *Speichern und Senden* haben Sie vorwiegend Zugriff auf die Funktionen, die Sie zum gemeinsamen Bearbeiten Ihrer Präsentationen mit anderen Personen benötigen.

■ Auch die *Optionen*, mit denen Sie das Programm an Ihre Arbeitsgewohnheiten anpassen können, können Sie über die Backstage-Ansicht der Registerkarte *Datei* ansprechen.

Siehe auch

Alle Befehle zum Verwalten von Dateien – zum Anlegen, Speichern, Öffnen usw. – werden auf den Seiten 33 ff. behandelt. Mehr zum Drucken erfahren Sie auf den Seiten 230 ff.

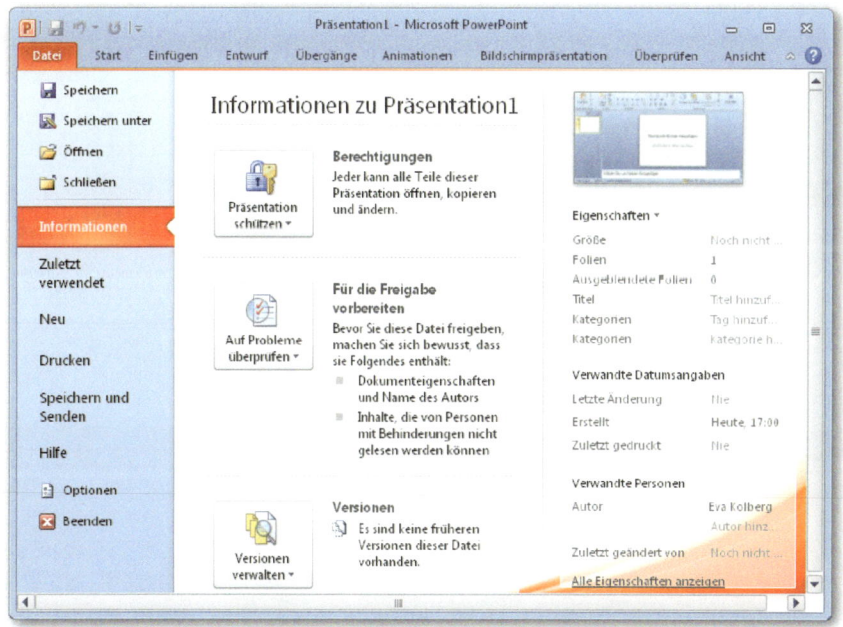

Foliengruppen in Abschnitte zusammenfassen

Die Verwaltung und Organisation von thematisch zusammengehörenden Folien können Sie durch Definieren von Abschnitten übersichtlicher gestalten. Ein weiterer wesentlicher Vorteil dabei ist, dass Sie, wenn mehrere Personen an einer Präsentation gemeinsam arbeiten, jedem Mitarbeiter eine bestimmte Foliengruppe zuweisen können, die durch einen Abschnitt gekennzeichnet ist.

Abschnitte definieren und bearbeiten Sie, indem Sie auf der Registerkarte *Start* auf die Schaltfläche *Abschnitt* klicken.

In der Präsentation definierte Abschnitte

Siehe auch

Mehr zum Thema, Folien in Abschnitte zu unterteilen, finden Sie auf Seite 64 ff.

Präsentationen zusammenführen und vergleichen

Wenn Sie gemeinsam mit anderen Personen an unterschiedlichen Standorten an einer Präsentation arbeiten und Zwischenergebnisse per E-Mail und Netzwerkfreigaben austauschen, haben Sie jetzt die Möglichkeit durch die neue Funktion *Zusammenführen und Vergleichen* Änderungen, die von anderen durchgeführt wurden, schon in einem Arbeitsgang durchzusehen. Das begrenzt die Zeit, die Sie früher aufbringen mussten, um mehrere Präsentationen durchzusehen. Dabei können Sie auswählen, welche Änderungen Sie in die finale Präsentation aufnehmen wollen.

Siehe auch

Mehr zum Zusammenführen und Vergleichen von Präsentationen erfahren Sie auf Seite 200 ff.

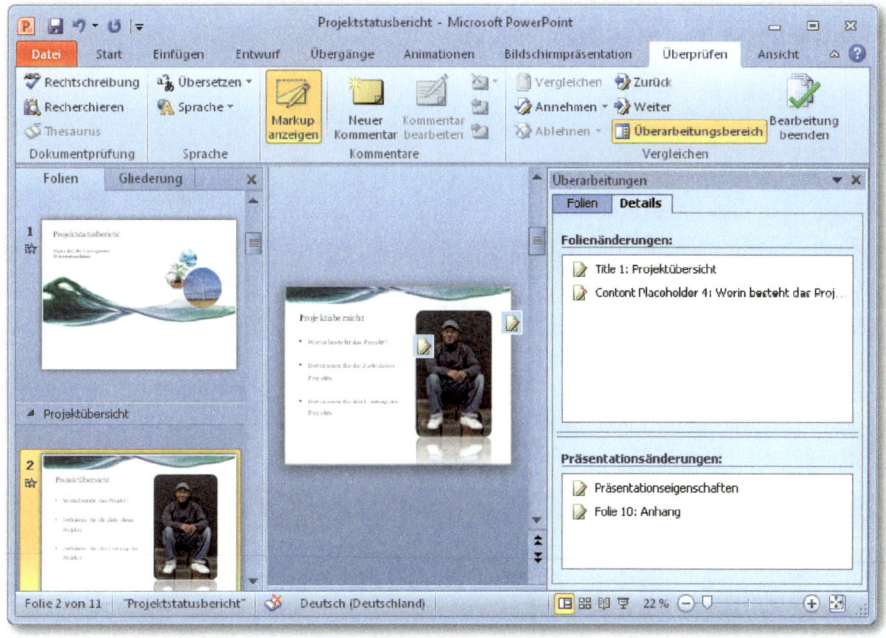

Neue Videofunktionen

Im Gegensatz zu früheren Versionen können Sie jetzt ein Video in Ihre Präsentation einbetten, das dann ein Teil Ihrer Präsentationsdatei wird. Dadurch gehen keine Videodateien mehr verloren. Zusätzlich können Sie jetzt ein Video direkt in PowerPoint kürzen und Sprungmarken hinzufügen und das Video langsam ausblenden lassen. Auch die Anzeige des Fensters, in dem ein Video abgespielt wird, können Sie durch Zuweisung von diversen Effekten verändern.

Über die Optionen der Registerkarten *Videotools/Wiedergabe* und *Videotools/Format* können Sie alle Einstellungen zur Wiedergabe eines Videos treffen.

Präsentation als Video speichern

Ihre gesamte Präsentation können Sie jetzt auch in ein Video umwandeln. Speichern Sie sie als Videodatei ab, um z.B. Kollegen oder Kunden eine Hi-Fi-Version Ihrer Präsentation zur Verfügung zu stellen. Diese Videodatei können Sie entweder als Anhang einer E-Mail, als Veröffentlichung im Web oder auf einer CD oder DVD hinzufügen.

Die Werkzeuge zum Erstellen einer Videodatei finden Sie auf der Registerkarte *Datei* unter *Speichern und Senden*.

Siehe auch

Mehr zu den Videotools finden Sie auf Seite 170 ff. Wie man eine Präsentation in ein Video umwandelt, wird auf Seite 220 f. beschrieben.

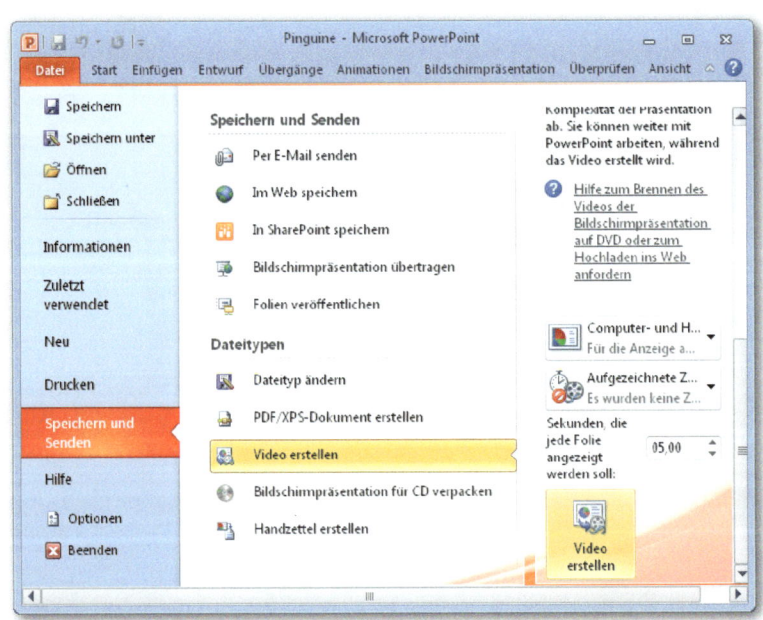

Neue Bildbearbeitungstools

Wenn Sie ein Bild optisch verfremden wollen, stehen Ihnen in PowerPoint 2010 unterschiedliche künstlerische Effekte zur Verfügung. Sie können durch einen einzigen Klick bewirken, dass ein Bild als Skizze oder Zeichnung dargestellt wird.

Über den Katalog *Künstlerische Effekte* auf der Registerkarte *Bildtools/Format* weisen Sie dem markierten Bild einen speziellen Effekt zu.

Teile eines Bildes entfernen

Um wichtige Objekte eines Fotos zu extrahieren, d.h. den Hintergrund zu entfernen, steht Ihnen in PowerPoint 2010 eine Bildbearbeitungsoption zur Verfügung die es Ihnen ermöglicht, Teile des Bildes automatisch zu löschen, um z.B. störende Details zu entfernen.

Über die Optionen der Registerkarte *Freistellen* können Sie unerwünschte Teile eines Bildes markieren und entfernen.

Siehe auch

Mehr zum Formatieren von Bildern und zum Zuweisen von Effekten erfahren Sie auf Seite 126 ff.

Siehe auch

Wie Sie Bilder freistellen, wird auf Seite 128 f. beschrieben.

Übergänge mit 3-D-Animationseffekten

Neue Übergangseffekte, die den Wechsel von Folie zu Folie flüssiger gestalten, sind auch in PowerPoint 2010 mit dabei. Zu jedem Übergangsschema können Sie einen speziellen Effekt wählen.

Auf der Registerkarte *Übergänge* weisen Sie Folien zuerst einen Übergangseffekt über *Übergangsschema* zu. Danach können Sie über *Effektoptionen* weitere Einstellungen zum Verhalten des gewählten Übergangsschemas wählen.

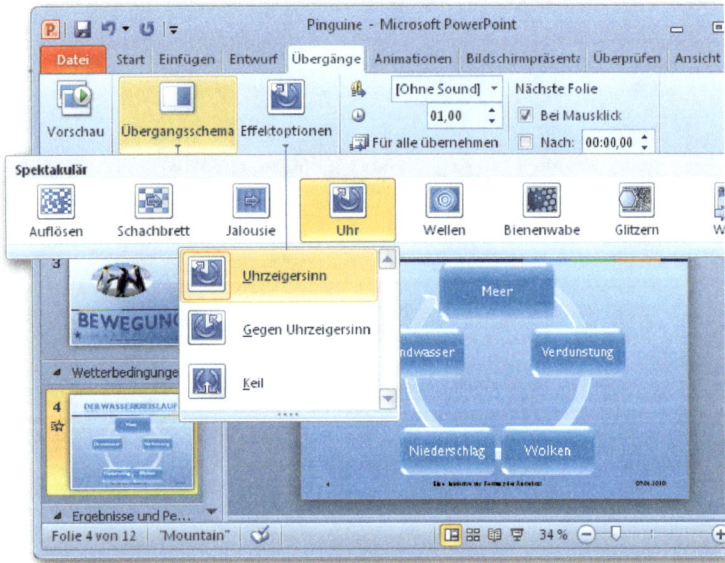

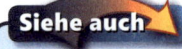
Folienübergänge sind Thema auf Seite 178 ff.

Animation übertragen

Wenn Sie bereits einem Objekt einen speziellen Animationseffekt zugewiesen haben, ist es in PowerPoint 2010 kein Problem, diese Einstellungen auf ein anderes Objekt zu übertragen. Die Funktion *Animation übertragen* funktioniert ebenso einfach, wie Sie mit der Funktion *Format übertragen* ein Textformat kopieren. Sie können sogar Animationseinstellungen aus anderen Präsentationen kopieren.

Auf der Registerkarte *Animationen* können Sie über *Animation übertragen* Objekten eine Kopie eines Animationseffekts zuweisen.

Siehe auch
Wie Sie einen Animationseffekt auf ein anderes Objekt übertragen, lesen Sie auf Seite 185.

2 PowerPoint – die ersten Schritte

In diesem Kapitel werden Ihnen die wichtigsten Elemente der Oberfläche von Microsoft PowerPoint 2010 vorgestellt. Dabei dreht es sich einerseits um Standardaufgaben – wie das Starten vom Windows-Desktop aus, die Elemente des Programmfensters, den Zugriff auf die Programmhilfe und das Beenden des Programms. Diese Methoden kennen Sie eventuell schon von Ihrer Arbeit mit anderen Programmen, denn nicht zuletzt dank der Einflüsse, die ein Betriebssystem wie Windows auf die Gestaltung von Anwendungsprogrammen hat, verfügen heutzutage fast alle Programme über gewisse Ähnlichkeiten bei den Grundelementen. Zum anderen wird auch gezeigt, wie Sie mit dem Menüband und der Symbolleiste für den Schnellzugriff arbeiten.

Natürlich zeigt jedes Programm auch spezielle Eigenarten. Der Grund dafür ist in der spezifischen Aufgabenstellung eines Programms zu finden. Ein Programm wie PowerPoint dient zum Erstellen von Präsentationen und verlangt so eine andere Oberfläche als andere Anwendungen wie beispielsweise ein Textverarbeitungsprogramm. Aus diesem Grund werden Ihnen bereits hier zu Beginn die verschiedenen Ansichten von PowerPoint vorgestellt.

PowerPoint 2010 starten

Sie starten PowerPoint – wie auch andere Programme – über das Startmenü von Windows. Sie finden PowerPoint in der Gruppe *Microsoft Office* unter *Alle Programme*. Wenn Sie PowerPoint häufiger benutzen, lohnt es sich, dafür ein Verknüpfungssymbol

auf dem Desktop, im Startmenü oder in der Taskleiste anzulegen. Sie können dann das Programm durch einen Doppelklick bzw. einen einfachen Klick auf das entsprechende Symbol starten.

PowerPoint über das Startmenü starten

(1) Klicken Sie zuerst auf die Schaltfläche *Start* in der Taskleiste.

(2) Klicken Sie dann links unten im Menü *Start* auf *Alle Programme*, um die installierten Programme anzuzeigen.

(3) Durch einen Klick auf die Gruppe *Microsoft Office* blenden Sie ein Untermenü mit den Namen der auf Ihrem Rechner installierten Microsoft Office-Programme ein.

(4) Klicken Sie in dieser Liste auf den Eintrag *Microsoft PowerPoint 2010*, um das Programm zu starten.

Tipp

Auf fast allen neuen Tastaturen finden Sie links unten zwischen den Tasten Strg und Alt auch die Taste Windows, mit der Sie das Startmenü öffnen können.

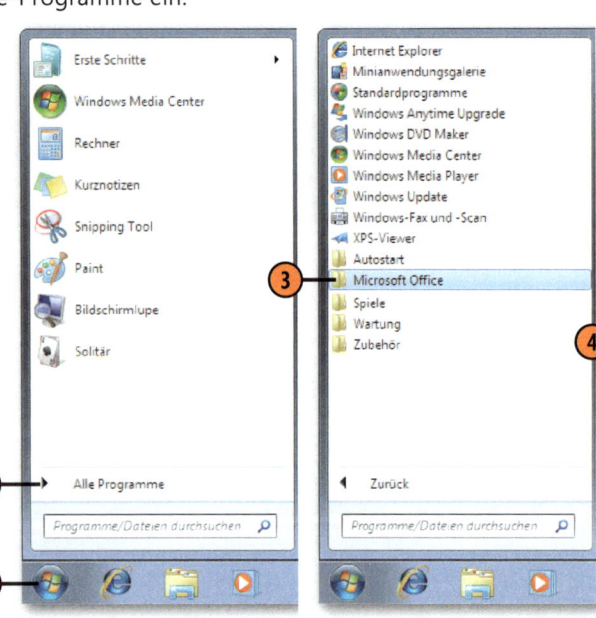
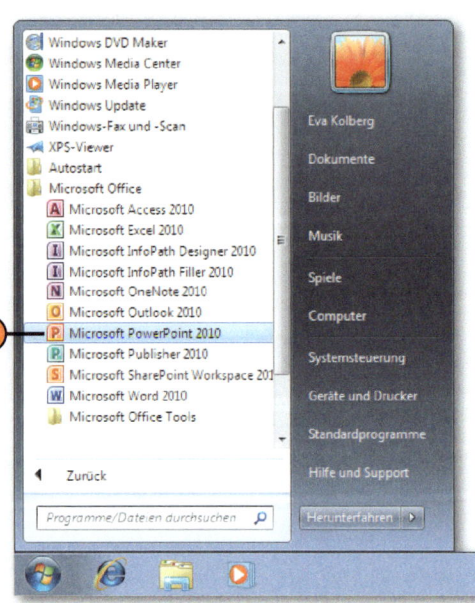

Verknüpfungen zu PowerPoint erstellen

① Klicken Sie mit der rechten Maustaste in der Gruppe *Microsoft Office* auf *Microsoft PowerPoint 2010*. Damit öffnen Sie das zugehörige Kontextmenü.

② Wenn Sie eine feste Verknüpfung im Startmenü erstellen wollen, klicken Sie auf *An Startmenü anheften*.

③ Falls Sie eine Verknüpfung in der Taskleiste einfügen wollen, klicken Sie auf *An Taskleiste anheften*.

④ Sie können auch eine Verknüpfung auf dem Desktop anlegen, indem Sie auf *Senden an* klicken und dann *Desktop (Verknüpfung erstellen)* wählen.

PowerPoint über eine Verknüpfung starten

① Wenn Sie PowerPoint an das Startmenü angeheftet haben, klicken Sie hier, um das Programm zu starten.

② Haben Sie eine Verknüpfung zu PowerPoint in der Taskleiste abgelegt, klicken Sie hier.

③ Doppelklicken auf das PowerPoint-Symbol, wenn Sie eine Verknüpfung auf dem Desktop abgelegt haben.

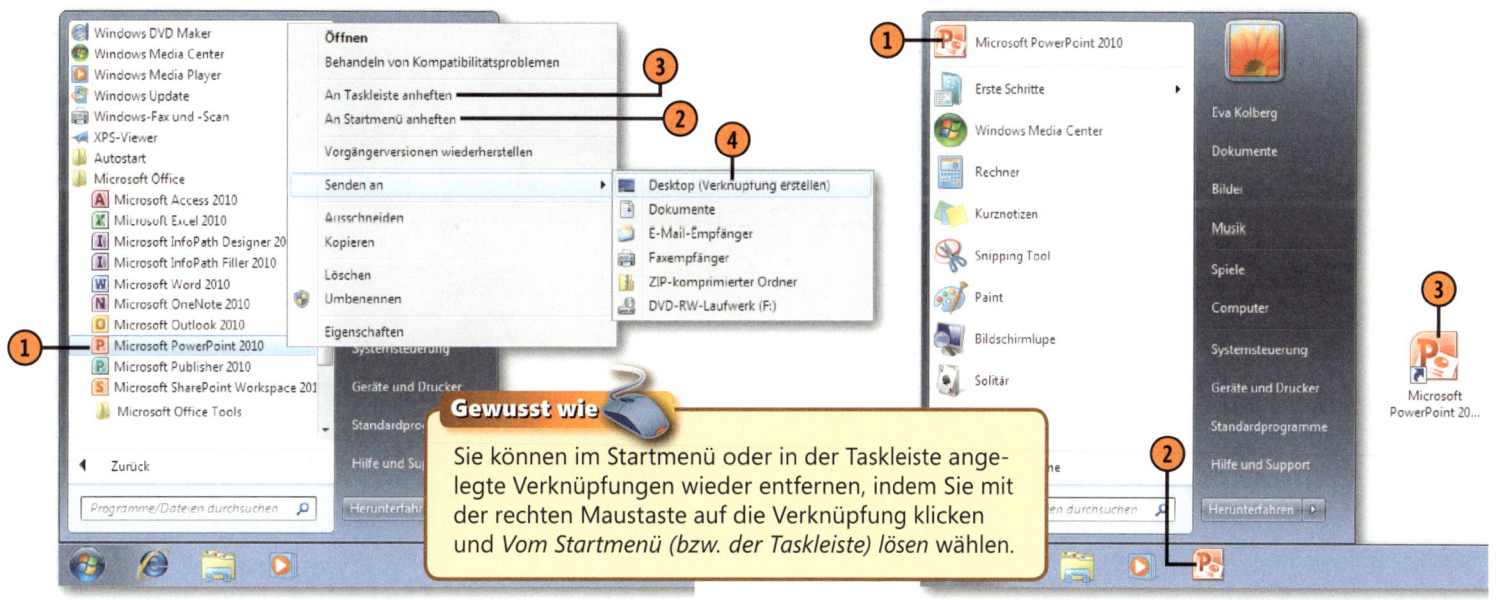

Gewusst wie

Sie können im Startmenü oder in der Taskleiste angelegte Verknüpfungen wieder entfernen, indem Sie mit der rechten Maustaste auf die Verknüpfung klicken und *Vom Startmenü (bzw. der Taskleiste) lösen* wählen.

Die Oberfläche von PowerPoint 2010

Nach dem Starten von PowerPoint wird – nach einer kurzen Einblendung des Programmlogos – die Oberfläche des Programms angezeigt. Sie sollten sich mit den Elementen dieser Oberfläche vertraut machen, damit Sie sich in diesem Buch und mit PowerPoint allgemein schnell zurechtfinden.

- Das Programmfenster von Microsoft PowerPoint ist der durch den äußeren Rahmen umschlossene Bereich. Es beinhaltet ein als Präsentation bezeichnetes Dokument.

- Diese Präsentation hat vorerst den allgemeinen Namen *Präsentation 1*, der in der Titelleiste des Programmfensters angezeigt wird.

- Im oberen Bereich des Programmfensters finden Sie das Menüband, das die Menüs und die Symbolleisten der früheren Versionen ersetzt.

- Eine Präsentation in der Normalansicht beinhaltet mehrere – standardmäßig drei – Bereiche:

  - Der Bereich *Folien/Gliederung*, in dem Sie sich einen Überblick verschaffen können und durch einen Wechsel der Registerkarte Text in Form einer Gliederung eingeben können.

  - Der Bereich *Notizen*, in dem Sie sich jeweils Anmerkungen zu der gerade aktuellen Folie notieren können

  - Der Folienbereich oder Arbeitsbereich, auf dem Sie das zentrale Element einer Präsentation – die Folie – bearbeiten können.

- Auf Folien existieren Platzhalter zum Eingeben von Text; auf der ersten Folie sind das im Regelfall der Titel und der Untertitel. Klicken Sie innerhalb eines dieser Platzhalter, um mit der Eingabe von Text zu beginnen.

- Je nachdem, was Sie auf einer Folie markiert haben, wird im Menüband eine zusätzliche sogenannte *Tools*-Registerkarte (mit ein oder mehreren (Unter)Registerkarten) angezeigt, die über objektspezifische Optionen verfügt.

- Am unteren Rand des PowerPoint-Fensters befindet sich die Statusleiste, die nützliche Informationen und zusätzliche Bedienelemente zur Steuerung bereithält.

- Auf der rechten Seite der Statusleiste finden Sie Schaltflächen, über die Sie schnell zu anderen Ansichten von PowerPoint umschalten können.

- Zusätzlich können Sie über einen Regler die Darstellung stufenlos vergrößern bzw. verkleinern und durch einen Klick auf die betreffende Schaltfläche eine Folie an die aktuelle Fenstergröße anpassen.

- Über die Bildlaufleisten können Sie den im Fenster angezeigten Bereich mit den üblichen Methoden verschieben: Klicken Sie auf die entsprechende Pfeilschaltfläche, um eine weitere Folien anzuzeigen; verschieben Sie das Bildlauffeld, um größere Bereiche zu überspringen.

Siehe auch

Die Anzeige von einigen Elementen der Oberfläche können Sie ändern. Zum Anpassen des Menübands finden Sie Informationen auf Seite 246 f.; das Anpassen der Symbolleiste für den Schnellzugriff ist Thema auf den Seiten 32 und 248.

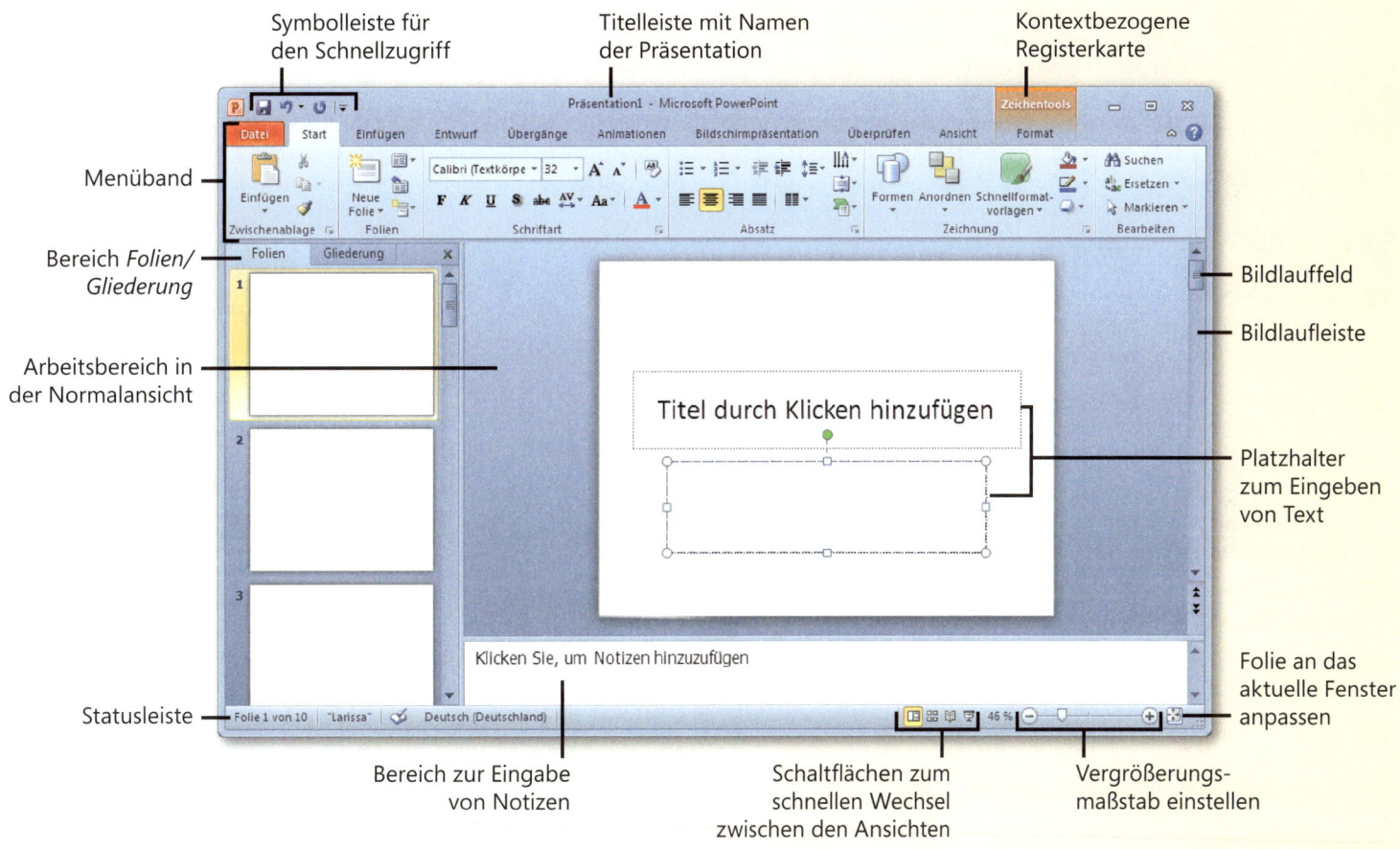

Symbolleiste für den Schnellzugriff

Titelleiste mit Namen der Präsentation

Kontextbezogene Registerkarte

Menüband

Bereich *Folien/ Gliederung*

Arbeitsbereich in der Normalansicht

Titel durch Klicken hinzufügen

Bildlauffeld

Bildlaufleiste

Platzhalter zum Eingeben von Text

Klicken Sie, um Notizen hinzuzufügen

Statusleiste

Folie an das aktuelle Fenster anpassen

Bereich zur Eingabe von Notizen

Schaltflächen zum schnellen Wechsel zwischen den Ansichten

Vergrößerungsmaßstab einstellen

Ansichtssache – die Normalansicht

PowerPoint verfügt über vier verschiedene Ansichten, in denen Sie unterschiedliche Aufgaben erledigen können. Die wesentlichen Aufgaben beim Erstellen einer Präsentation erledigen Sie in der Normalansicht, die in drei Bereiche aufgeteilt ist. Hier bearbeiten und gestalten Sie das zentrale Element einer Präsentation, die Folie. In einem gesonderten Bereich finden Sie die Registerkarte *Gliederung*. Hier können Sie auf schnellem Weg ein Konzept für den Inhalt Ihrer Präsentation entwickeln. Hier geben Sie Text in Form einer Gliederung ein. Zusätzlich existiert zu jeder Folie ein Bereich zur Eingabe von Notizen, die Sie zur gerade aktuellen Folie eingeben können. Der Wechsel zwischen den Ansichten erfolgt einerseits über die Schaltflächen zum schnellen Wechsel in der Statusleiste, andererseits über die Schaltflächen der Registerkarte *Ansicht*.

Folien in der Normalansicht erstellen

① Im Folienarbeitsbereich ist eine Folie abgebildet, auf der Sie in unterschiedlichen Platzhaltern Text oder Objekte hinzufügen können.

② Klicken Sie mit der Maus in den Platzhalter, in den Sie Text eingeben wollen – beispielsweise in den Platzhalter zum Einfügen von Titeltext.

③ Geben Sie den Text ein. Während der Eingabe erscheint der Text sowohl auf der Folie als auch auf der Miniaturabbildung der Registerkarte *Folien*.

④ Die Registerkarte *Folien* enthält die Miniaturabbildungen von allen Folien einer Präsentation.

⑤ Wechseln Sie über die Schaltflächen in der Statusleiste die Ansicht (hier: *Normalansicht* aktiv).

⑥ Klicken Sie im Menüband auf die Registerkarte *Ansicht*, um auch hierüber den Wechsel zwischen den Ansichten vornehmen zu können.

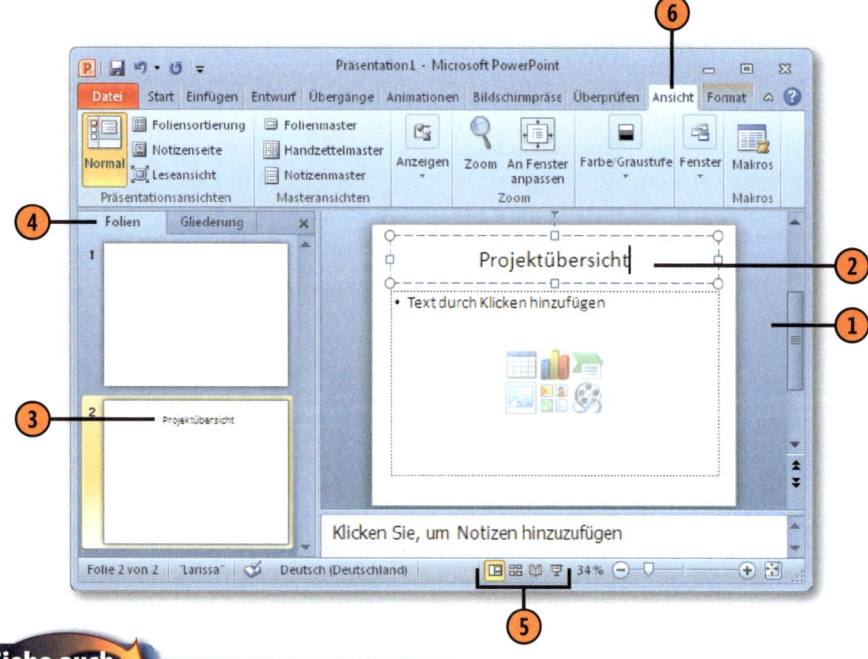

Siehe auch

Wie Sie einer Folie Text hinzufügen und diesen formatieren, wird in Kapitel 5 behandelt.

Siehe auch

In den Kapiteln 7 und 8 wird das Einfügen von Objekten beschrieben.

Text in der Gliederung eingeben

① Sie schalten zur *Gliederung* um, indem Sie auf die betreffende Registerkarte klicken.

② Jede in der Präsentation enthaltene Folie ist durch ein Foliensymbol mit der Nummer der entsprechenden Folie repräsentiert.

③ Folientitel sind fett dargestellt.

④ Aufzählungstexte sind meist durch Aufzählungspunkte gekennzeichnet.

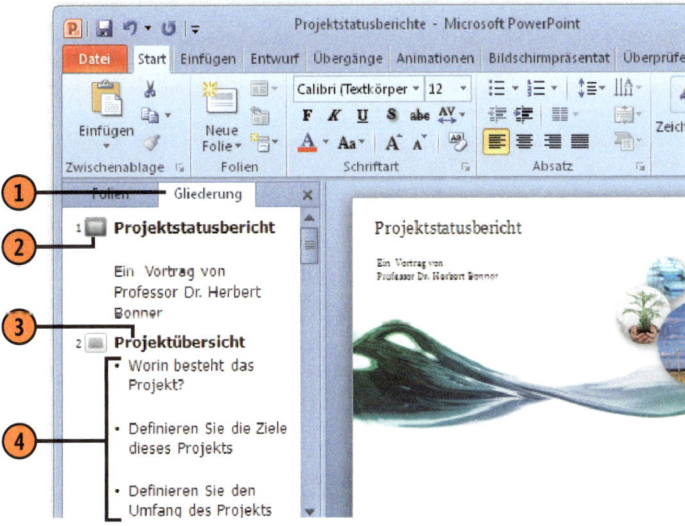

Siehe auch

Wie Sie Text in Form einer Gliederung eingeben und bearbeiten, wird auf Seite 69 ff. beschrieben.

Notizen im Notizenbereich hinzufügen

① Klicken Sie in den Bereich unterhalb der Folie mit der Beschriftung: *Klicken Sie, um Notizen hinzuzufügen* und geben Sie Ihre Anmerkungen zu der aktuellen Folie ein.

② Auf der Registerkarte *Ansicht* zeigen Sie über die Schaltfläche *Notizenseite* die Notizenseite der aktuellen Folie an, um dort Notizen so zu bearbeiten, wie sie später im Druck erscheinen sollen.

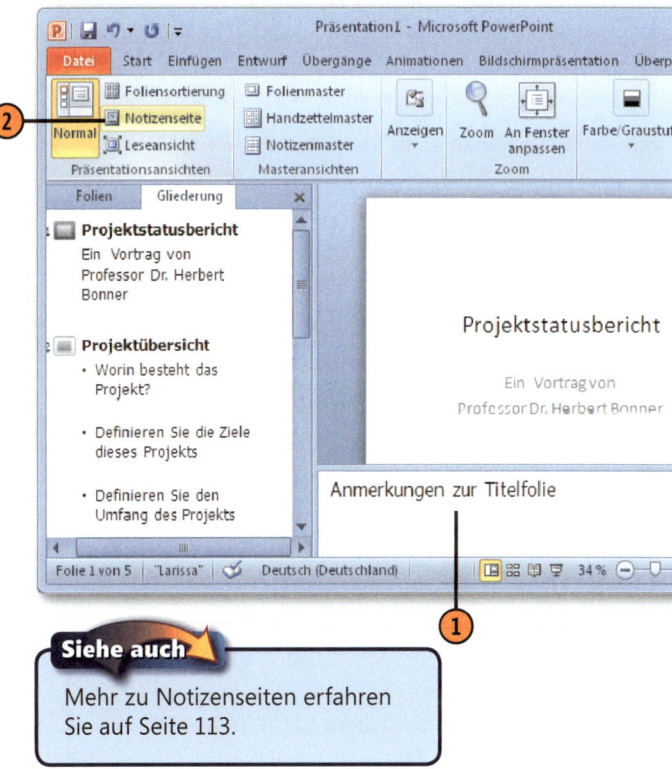

Siehe auch

Mehr zu Notizenseiten erfahren Sie auf Seite 113.

Weitere Ansichten

Zusätzlich zur *Normalansicht* verfügt Microsoft PowerPoint noch über drei weitere Ansichten, die jeweils unterschiedliche Aufgaben erfüllen. Mithilfe der *Foliensortierung* können Sie sich über das Gesamtbild Ihrer Präsentation informieren. Hier sehen Sie Miniaturabbildungen aller Folien mit sämtlichen Grafikelementen und Texten. In dieser Ansicht können Sie die Übergänge von Folie zu Folie gleich mehreren Folien zuweisen und zusätzlich einzelne

oder mehrere Folien Ihrer Präsentation neu anordnen. Die *Leseansicht* bietet Ihnen einen Überblick auf die geplante Bildschirmpräsentation. Hier können Sie in einem kleineren Format den Ablauf der Bildschirmpräsentation testen, bevor Sie die Präsentation vorführen. Schließlich gibt es noch die wichtigste Ansicht: die *Bildschirmpräsentation*, über die Sie Ihre Präsentation vorführen werden.

Anordnen in der Foliensortierung

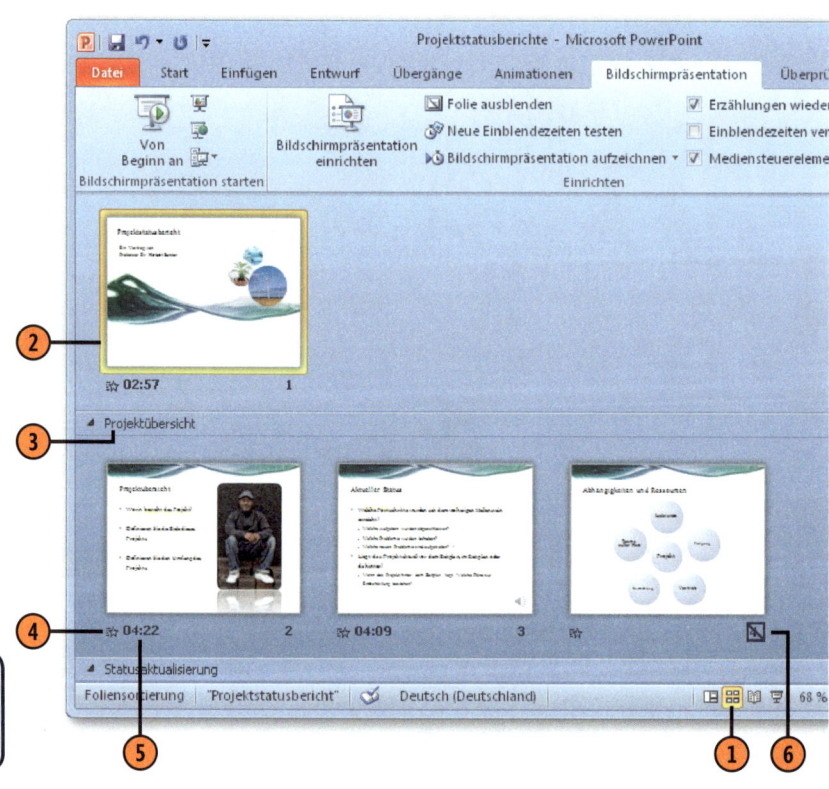

① Zur *Foliensortierung* wechseln Sie, indem Sie in der Statusleiste auf die betreffende Schaltfläche klicken.

② Sämtliche Folien einer Präsentation werden als Miniaturabbildungen mit den entsprechenden Nummern angezeigt.

③ Thematisch zusammengehörende Folien sind in Abschnitten gegliedert. Durch Anklicken einer Abschnittsüberschrift werden sämtliche Folien innerhalb dieses Abschnitts markiert und können so gemeinsam bearbeitet werden.

④ Dieses Symbol zeigt an, dass der Folie ein spezieller Folienübergangseffekt zugewiesen wurde.

⑤ Daneben wird die Einblendezeit, die Sie für die einzelnen Folien festgelegt haben, angezeigt.

⑥ Dieses Symbol kennzeichnet, dass diese Folie ausgeblendet ist.

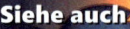

Wie Sie Folienübergänge zuweisen und Einblendezeiten festlegen, wird auf Seite 178 ff. behandelt.

Betrachten in der Leseansicht

① Zur *Leseansicht* wechseln Sie, indem Sie in der Statusleiste auf die betreffende Schaltfläche klicken.

② Klicken Sie hier, um die vorherige bzw. die nächste Folie anzuzeigen.

③ Klicken Sie hier, um ein Menü mit Optionen zur Steuerung der Bildschirmpräsentation einzublenden.

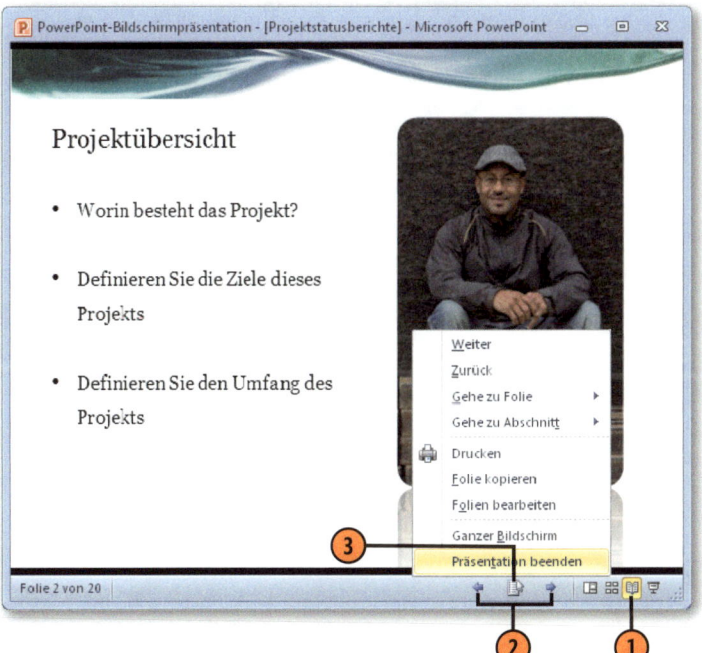

Vorführen in der Bildschirmpräsentationsansicht

① Öffnen Sie die Präsentation, die Sie vorführen wollen, und klicken Sie in der Statusleiste auf *Bildschirmpräsentation*.

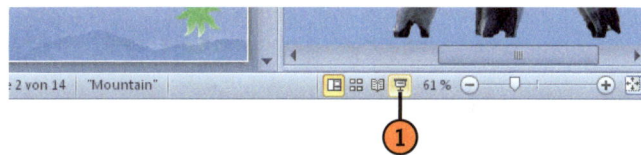

② Klicken Sie hier, um die vorherige bzw. die nächste Folie anzuzeigen.

③ Klicken Sie hier, um ein Menü mit Optionen zur Steuerung der Bildschirmpräsentation einzublenden.

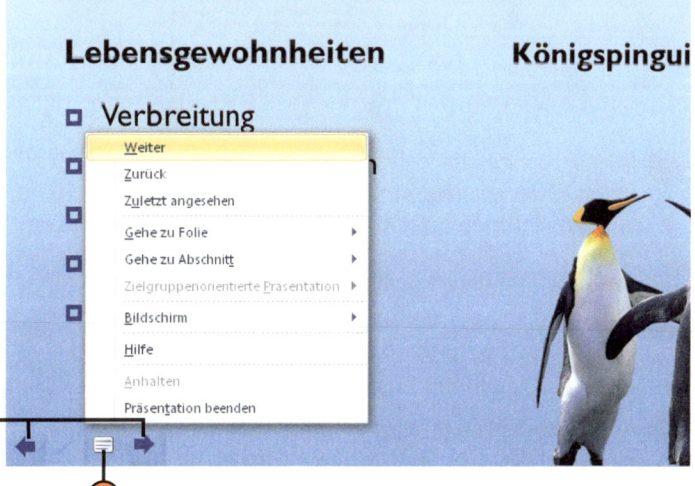

Das Menüband mit den Befehlen zur Programmsteuerung

Das Menüband stellt die wichtigste Befehlsschnittstelle in allen Programmen der Microsoft Office-Familie dar. Hier werden mehrere Registerkarten angezeigt. Jede Registerkarte bezieht sich auf eine Art von Aktivität – beispielsweise enthält die Registerkarte *Einfügen* alle Werkzeuge, die Sie zum Einfügen von Elementen benötigen. Innerhalb einer Registerkarte sind die einzelnen Elemente in Gruppen zusammengefasst. Innerhalb einer Gruppe finden Sie Schaltflächen für die einzelnen Befehle. Davon gibt es unterschiedliche Typen. Zusätzlich zu den Standardregisterkarten existieren sogenannte kontextbezogene Registerkarten, deren Optionen sich immer auf das, was Sie gerade auf einer Folie markiert haben, beziehen.

Registerkarten und Befehle wählen

① Beim Öffnen des Programms wird immer die Registerkarte *Start* angezeigt.

② Klicken Sie hier, um beispielsweise die Registerkarte *Einfügen* anzuzeigen.

⑥ Das Menüband lässt sich über die betreffende Schaltfläche minimieren (und auch wieder erweitern). Klicken Sie bei minimiertem Menüband auf eine Registerkartenbezeichnung, um das Menüband vorübergehend einzublenden.

⑦ Über das sogenannte Startprogramm für Dialogfelder können Sie in vielen Befehlsgruppen erweiterte Einstellungen festlegen.

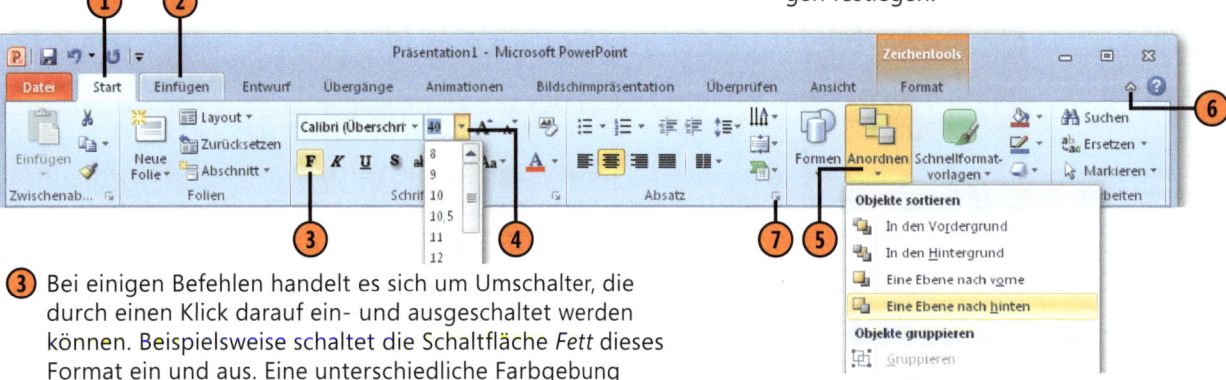

③ Bei einigen Befehlen handelt es sich um Umschalter, die durch einen Klick darauf ein- und ausgeschaltet werden können. Beispielsweise schaltet die Schaltfläche *Fett* dieses Format ein und aus. Eine unterschiedliche Farbgebung kennzeichnet den jeweiligen Zustand.

④ Manche Schaltflächen sind mit einer nach unten zeigenden kleinen Pfeilspitze ausgestattet sind, über die Sie Listen mit weiteren Optionen öffnen.

⑤ Andere Befehlsschaltflächen ermöglichen es, ein Menü oder einen Katalog mit weiteren Befehlen aufzuklappen.

Tipp ✓

Wenn Sie die Breite des PowerPoint-Fensters verringern, werden die Elemente des Menübands anders angeordnet. Bei schmalen Fenstern müssen Sie einige Gruppen erst durch Klicken auf eine Schaltfläche öffnen.

Kontextbezogene Registerkarten anzeigen

① Markieren Sie ein Objekt, z.B. eine eingefügte Grafik.

② Klicken Sie auf die dann angezeigte Registerkarte *Bildtools/Format*.

③ Klicken Sie auf eine Schaltfläche, um den Katalog mit den verfügbaren Optionen anzuzeigen. Die Abbildungen beziehen sich immer auf das gerade markierte Objekt. Die Optionen wiederum ändern sich nicht.

④ Während der Mauszeiger auf einer Abbildung ruht, werden in der Livevorschau die Auswirkungen am Objekt angezeigt. Durch Klicken auf eine Abbildung, weisen Sie dem markierten Objekt die Änderung zu.

⑤ Mit diesem Befehl rufen Sie ein Dialogfeld auf, über dessen Optionen Sie weitere Einstellungen festlegen können.

Siehe auch

Ausführliche Informationen zum Bearbeiten von Grafiken finden Sie auf Seite 126 ff.

Die Symbolleiste für den Schnellzugriff

Oberhalb des Menübands befindet sich die sogenannte Symbolleiste für den Schnellzugriff. Das ist die einzige noch verfügbare Symbolleiste. Diese beinhaltet Schaltflächen für Befehle, die Sie wahrscheinlich sehr häufig benutzen werden. Sie können aber auch selbst festlegen, welche Schaltflächen dort angezeigt werden sollen.

Die Schaltflächen der Symbolleiste

Speichern: Speichert die aktuelle Präsentation. Beim ersten Speichern wird das Dialogfeld *Speichern unter* angezeigt.

Rückgängig: Macht einen gerade gewählten Befehl oder die gerade durchgeführte Eingabe wieder rückgängig.

Wiederholen/Wiederherstellen: Wiederholt einen rückgängig gemachten Befehl oder eine Eingabe.

Symbolleiste für den Schnellzugriff anpassen: Ermöglicht es, weitere Befehle in der Symbolleiste anzuzeigen.

Die Symbolleiste für den Schnellzugriff anpassen

① Klicken Sie auf die Schaltfläche *Symbolleiste für den Schnellzugriff anpassen*. Eine Liste mit Optionen wird geöffnet. Die mit einem Häkchen gekennzeichneten Optionen werden in der Symbolleiste angezeigt.

② Klicken Sie auf eine Option ohne Häkchen, um diese der Symbolleiste für den Schnellzugriff hinzuzufügen.

③ Oder klicken Sie auf eine Option mit einem Häkchen, um diese aus der Symbolleiste zu entfernen.

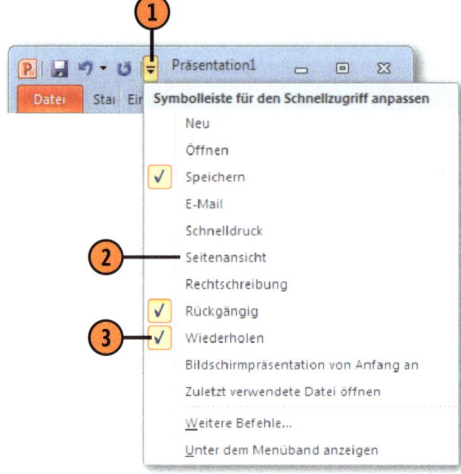

Gewusst wie

Die Schaltflächen *Rückgängig* und *Wiederholen/Wiederherstellen* zeigen nach unten weisende Pfeilspitzen an. Darüber können Sie auch mehrere nacheinander ausgeführte Befehle oder Eingaben in einem Gang widerrufen bzw. diese wiederholen. Mehrere hintereinander durchgeführte Aktionen können nur insgesamt widerrufen werden.

Siehe auch

Über die Option *Weitere Befehle* im Menü zur Schaltfläche *Symbolleiste für den Schnellzugriff anpassen* können Sie die Symbolleiste weitergehend anpassen; siehe hierzu Seite 248.

Die Fensterdarstellung ändern

Wie Sie die Darstellung eines Fensters ändern, ist Ihnen wahrscheinlich schon aus anderen Programmen bekannt: Am rechten Rand der Titelleiste des Programms finden Sie drei – für Windows-Anwendungen typische – Schaltflächen, über die Sie die Darstellung des Fensters regeln oder auch das Programm schließen können. Sollte das PowerPoint-Programmfenster in der Fensterdarstellung andere Fenster verdecken, können Sie es an eine andere Stelle auf dem Bildschirm verschieben oder auch seine Breite und/oder Höhe ändern. Auch dieser Vorgang dürfte Ihnen von anderen Anwendungen her bekannt sein.

Verkleinern, Maximieren, Minimieren

Minimieren: Reduziert das Fenster zu einem Symbol in der Taskleiste. Ein Klick auf dieses Symbol zeigt den Inhalt wieder an.

Maximieren: Schaltet von der Fensterdarstellung auf die volle Bildschirmgröße um.

Verkleinern: Schaltet von der vollen Bildschirmgröße zur vorher eingestellten Fensterdarstellung um.

Schließen: Schließt Microsoft PowerPoint. Vorher sollten Sie Ihre Eingaben in diesem Programm speichern.

Größe und Position des verkleinerten Fensters ändern

① Um das Fenster auf dem Bildschirm zu verschieben, setzen Sie den Mauszeiger auf die Titelleiste und ziehen es dann mit gedrückter Maustaste an eine andere Stelle.

② Um die Breite des Fensters zu ändern, setzen Sie den Mauszeiger auf den rechten oder linken Fensterrand und ziehen mit gedrückter Maustaste in die gewünschte Richtung.

③ Entsprechend können Sie die Höhe des Programmfensters ändern, indem Sie den oberen oder unteren Fensterrand mit gedrückter Maustaste auf eine neue Größe ziehen.

④ Um einen Bereich in der Normalansicht zu vergrößern, setzen Sie den Mauszeiger auf den Rand des Bereichs und ziehen die gewünschte Größe auf.

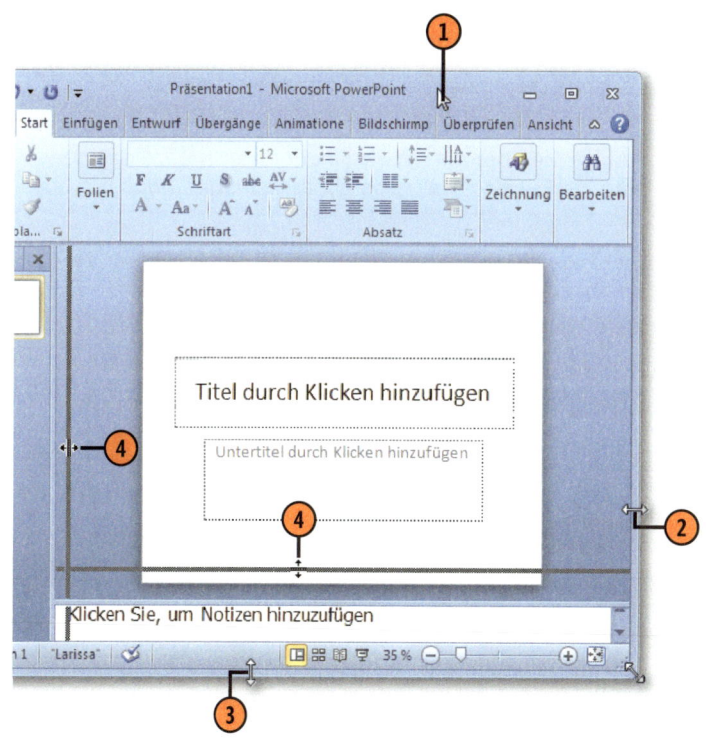

Programmhilfe anfordern

In der Programmhilfe können Sie auf verschiedene Arten nach benötigten Informationen suchen – beispielsweise entweder, indem Sie durch die einzelnen Ebenen der Hilfe navigieren, die Suchenfunktion benutzen oder über das Inhaltsverzeichnis Hilfe

Die Programmhilfe anzeigen und einstellen

(1) Klicken Sie auf die Schaltfläche *Microsoft PowerPoint-Hilfe* rechts oben im Programmfenster oder drücken Sie F1, um das Hilfefenster zu öffnen.

(2) Um einzustellen, woher Sie die Informationen beziehen wollen, klicken Sie auf das Feld unten rechts im Fenster.

(3) Wählen Sie über die mit *Verbindungsstatus* bezeichnete Liste, ob Sie die *Inhalte von Office.com* oder *Inhalt nur auf diesem Computer* anzeigen wollen.

(4) Um diese Einstellung vorübergehend zu verändern, klicken Sie auf den Pfeil der Schaltfläche *Suchen* und wählen Sie im Menü, welche Inhalte durchsucht werden sollen.

(5) Um das Hilfefenster wieder auszublenden, klicken Sie auf die *Schließen*-Schaltfläche des Fensters.

Gewusst wie

Die Programmhilfe ist hierarchisch geordnet. Sie können im Hilfefenster auf eine Überschrift klicken und gelangen damit um eine Ebene tiefer. Auf diese Weise können Sie fortfahren, bis Sie zur Ebene mit den einzelnen Hilfeseiten kommen. Durch einen Klick auf die Schaltfläche *Zurück* links oben im Hilfefenster kehren Sie zur vorher angezeigten Seite zurück.

anfordern. Die Office-Version 2010 unterscheidet übrigens zwischen der Offlinehilfe – dabei handelt es sich um Hilfethemen, die sich bereits auf Ihrem Computer befinden – und der Hilfe über Office.com, die Sie zusätzlich über das Internet abrufen können.

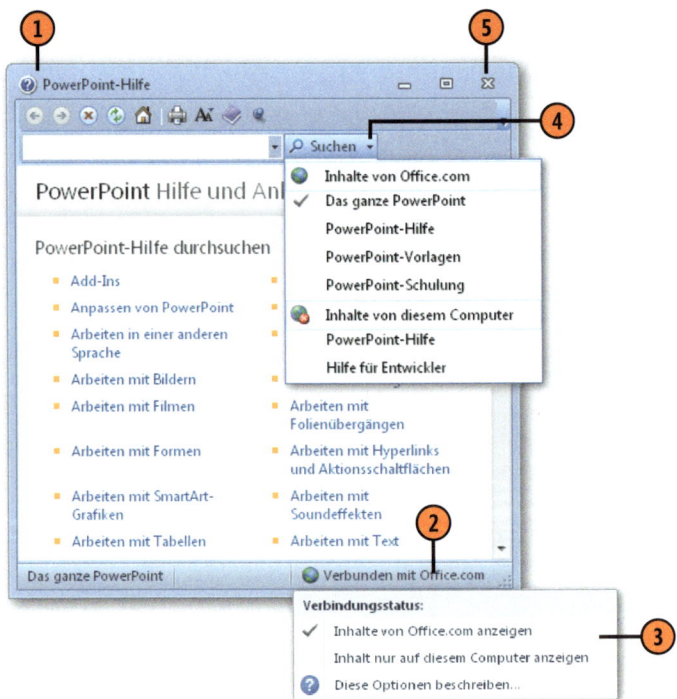

Nach Informationen in der Hilfe suchen

① Klicken Sie im Hilfefenster in das betreffende Feld und geben Sie dort Stichwörter oder eine Frage ein, z.B. *Wie kann ich Präsentationen speichern?* Natürlich reicht auch eine Kurzform – wie *Speichern*.

② Starten Sie die Suche durch Klicken auf *Suchen*.

③ PowerPoint blendet eine Liste mit Themen ein. Klicken Sie auf das Thema, das zu Ihrer Frage passt – beispielsweise das Thema *Speichern einer Datei*.

④ Der Hilfetext wird angezeigt.

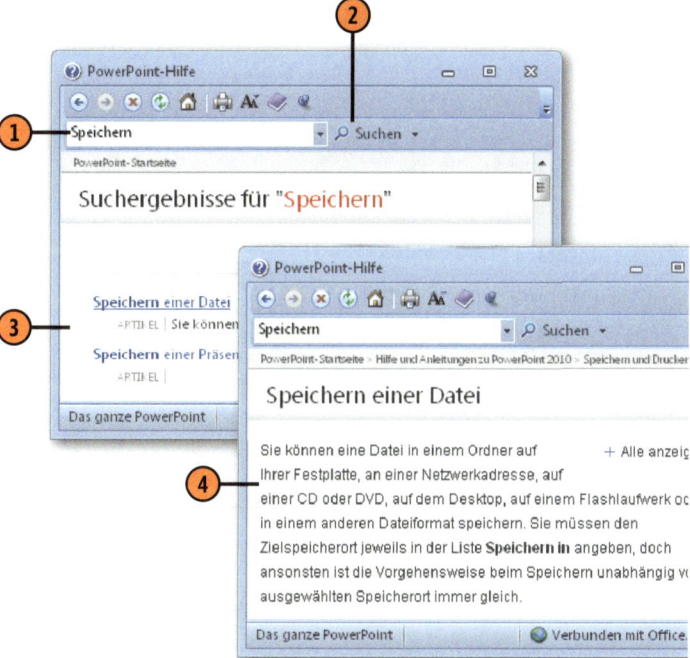

Das Inhaltverzeichnis benutzen

① Klicken Sie im Hilfefenster auf die Schaltfläche *Inhaltsverzeichnis*. Das Verzeichnis wird dann angezeigt.

② Ein geschlossenes Buch signalisiert, dass zu diesem Themenbereich weitere Unterthemen existieren. Klicken Sie darauf.

③ Unterhalb von einem Symbol mit einem geöffneten Buch werden die Unterthemen aufgelistet. Ein Klick darauf zeigt das Thema an.

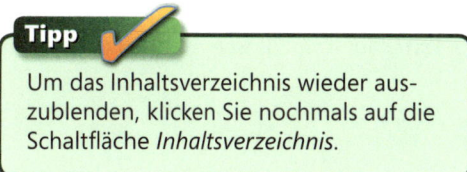

Tipp ✔

Um das Inhaltsverzeichnis wieder auszublenden, klicken Sie nochmals auf die Schaltfläche *Inhaltsverzeichnis*.

Präsentationen schließen und PowerPoint beenden

Um eine geöffnete Datei zu schließen und um PowerPoint zu beenden, steht Ihnen unter anderem das unter Windows übliche Verfahren zur Verfügung. Falls Sie die in der aktuellen Datei vor-genommenen Eingaben oder Änderungen noch nicht gespeichert hatten, müssen Sie in beiden Fällen angeben, wie damit verfahren werden soll.

Eine PowerPoint-Datei schließen oder PowerPoint beenden

① Um nur die aktuell angezeigte Präsentation zu schließen, klicken Sie auf die *Datei*-Registerkarte und wählen dort den Befehl *Schließen*.

② Zum Schließen der aktuellen Datei und zum gleichzeitigen Beenden der Arbeit mit PowerPoint klicken Sie auf die *Schließen*-Schaltfläche des PowerPoint-Fensters. Alternativ können Sie auch auf die *Datei*-Registerkarte klicken und den Befehl *Beenden* wählen.

Änderungen speichern, verwerfen oder Vorgang abbrechen

① Klicken Sie auf *Speichern*, wenn Sie speichern wollen. Wenn die Datei noch nicht gespeichert wurde, wird das Dialogfeld *Speichern unter* angezeigt. Anderenfalls wird kommentarlos erneut gespeichert.

② Klicken Sie auf *Nicht speichern*, wenn Sie PowerPoint been-den wollen, ohne die vorgenommenen Änderungen zu speichern.

③ Klicken Sie auf *Abbrechen*, wenn Sie PowerPoint doch nicht beenden und die Datei auf dem Bildschirm behalten wollen.

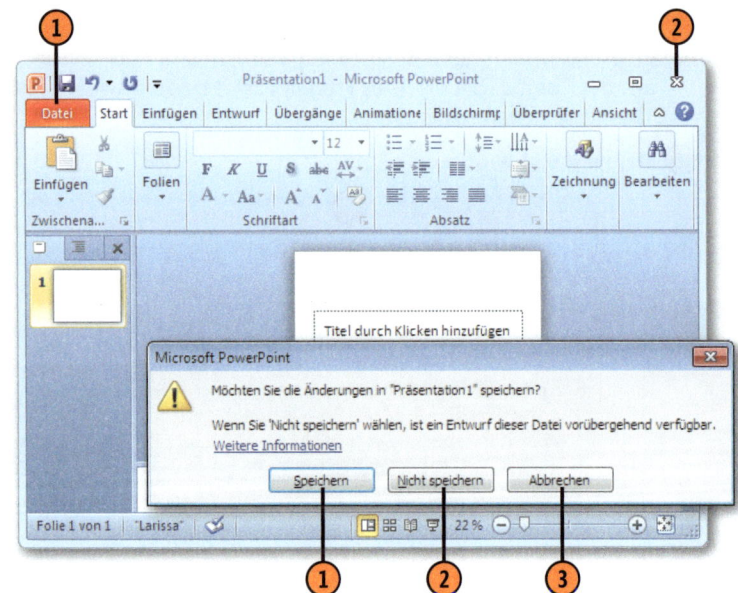

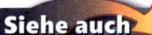

Mehr zum Thema Speichern erfahren Sie auf den Seiten 38 ff.

3 Präsentationen öffnen und speichern

Die in Microsoft PowerPoint eingegebenen Daten werden in Dateien gespeichert, die als Präsentationen oder auch – wie allgemein sonst bei Microsoft Office üblich – als Dokumente bezeichnet werden. Die grundlegenden Techniken zum Verwalten dieser Dateien entsprechen bei PowerPoint denen der Arbeit mit Dokumenten in anderen Programmen des Microsoft Office-Pakets. Die wichtigsten Befehle dazu finden Sie auf der Registerkarte *Datei*.

Bei jedem Starten von PowerPoint wird in der Standardeinstellung ein neues Dokument in Form einer leeren Präsentation erstellt. Diese trägt den allgemeinen Namen *Präsentation1*, der in der Titelleiste angezeigt wird. Sie können hier sofort mit der Arbeit an einer Folie beginnen. Um mit den in einer Präsentation vorgenommenen Eingaben zu einem späteren Zeitpunkt weiterarbeiten zu können, müssen Sie das Ganze vor dem Schließen der Datei oder dem Beenden von PowerPoint speichern.

Beim Speichern gibt es einige Dinge zu beachten. Um eine Präsentation später ohne Probleme wiederzufinden, sollten Sie ihr einen aussagekräftigen Namen geben. Eine gespeicherte Präsentation können Sie in einer späteren Arbeitssitzung weiterbearbeiten. Sie erscheint nach dem erneuten Öffnen genau so, wie Sie sie gespeichert haben.

Präsentationen speichern

Damit Sie mit den an einer Präsentation vorgenommenen Eingaben zu einem späteren Zeitpunkt weiterarbeiten können, müssen Sie sie vor dem Schließen oder Beenden von PowerPoint speichern. Beim ersten Speichern geben Sie einer neu erstellten Präsentation einen Namen, unter dem Sie sie später erneut aufrufen können, und legen fest, auf welchem Laufwerk und in welchem Ordner die Datei gespeichert werden soll.

Präsentation zum ersten Mal speichern

① Klicken Sie auf die Schaltfläche *Speichern* in der Symbolleiste für den Schnellzugriff.

② PowerPoint zeigt dann das Dialogfeld *Speichern unter* an. Hierin können Sie alle benötigten Speicherparameter festlegen.

③ Im Feld *Dateiname* wird zunächst der von Power-Point automatisch erstellte vorläufige Name der Präsentation – beispielsweise *Präsentation1* – übernommen. Wenn Sie einen bestimmten Dateinamen wünschen, geben Sie ihn dort ein.

④ Klicken Sie dann auf *Speichern*. Das Dokument wird gespeichert und das Dialogfeld geschlossen.

Präsentation erneut speichern

① Ist die Präsentation schon einmal gespeichert worden, führt ein Klick auf die Schaltfläche *Speichern* in der Symbolleiste für den Schnellzugriff zu einer kommentarlosen weiteren Speicherung. Das Dialogfeld *Speichern unter* wird also nicht mehr angezeigt.

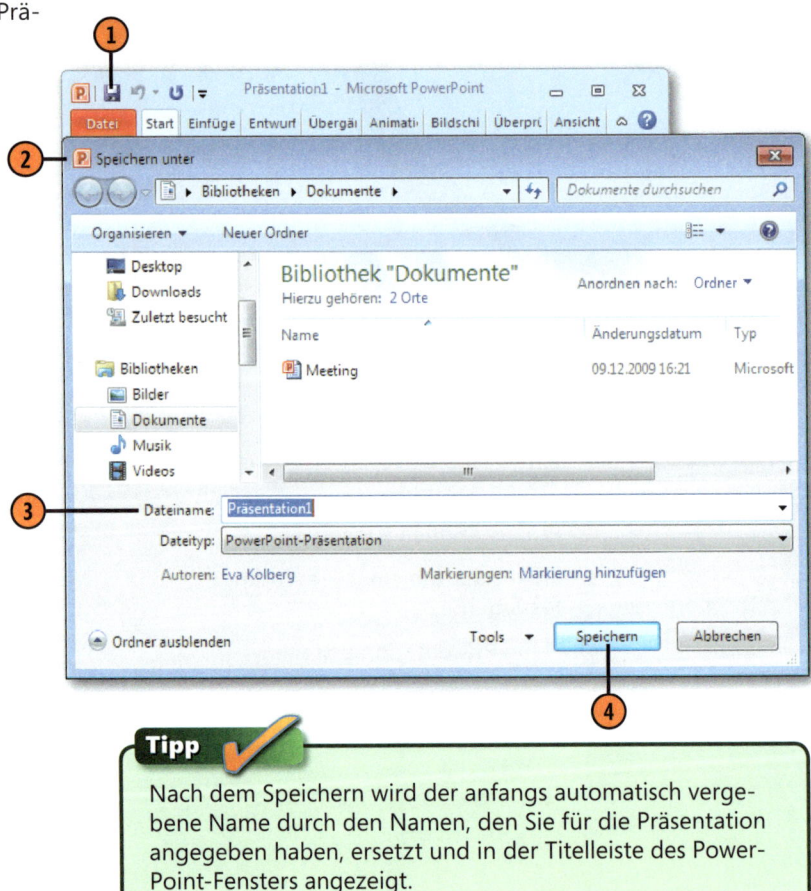

> **Tipp** ✔
>
> Nach dem Speichern wird der anfangs automatisch vergebene Name durch den Namen, den Sie für die Präsentation angegeben haben, ersetzt und in der Titelleiste des PowerPoint-Fensters angezeigt.

Den Speicherordner wählen

Präsentationen werden standardmäßig in einem bestimmten Ordner abgelegt. Welcher das ist, hängt auch vom verwendeten Betriebssystem ab. Wenn Sie einen anderen Ort wünschen, müssen Sie diesen erst einstellen. Zur Wahl des Speicherorts arbeiten Sie über den Navigationsbereich auf der linken Seite des Dialogfelds *Speichern unter*. Sie können darüber beispielsweise ein anderes Laufwerk oder einen anderen Ordner einstellen.

Der Standardspeicherordner

① Unter Windows 7 ist der Standardspeicherordner der Ordner *Dokumente* innerhalb der *Bibliotheken*.

② Eine bereits gespeicherte Präsentation erkennen Sie an dem Symbol mit dem *P*.

Einen anderen Speicherort einstellen

① Wenn Sie die Datei auf einem anderen Laufwerk ablegen wollen, klicken Sie auf den Pfeil neben dem Eintrag *Computer*. Die Laufwerke werden angezeigt.

② Wählen Sie das Laufwerk aus, indem Sie darauf klicken. Der Inhalt des Laufwerks wird dann rechts angezeigt.

③ Wenn Sie dort einen neuen Ordner anlegen wollen, klicken Sie auf die Schaltfläche *Neuer Ordner*.

④ Ein Ordner wird angelegt. Ersetzen Sie den Text *Neuer Ordner* durch einen Namen Ihrer Wahl.

⑤ Um den Inhalt eines vorhandenen Ordners anzuzeigen, doppelklicken Sie auf das betreffende Ordnersymbol.

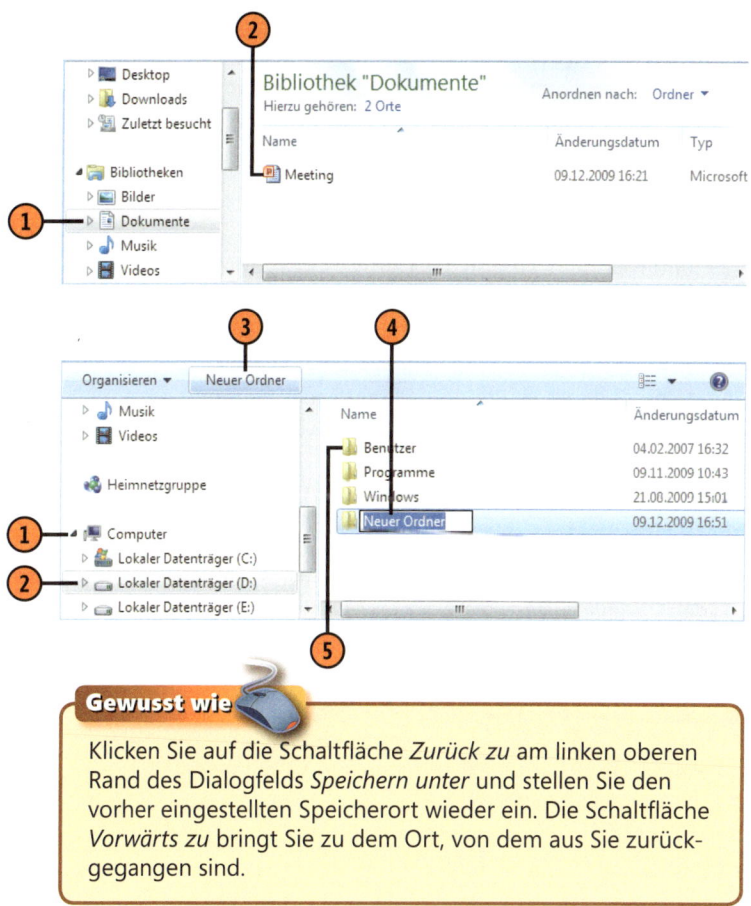

Gewusst wie

Klicken Sie auf die Schaltfläche *Zurück zu* am linken oberen Rand des Dialogfelds *Speichern unter* und stellen Sie den vorher eingestellten Speicherort wieder ein. Die Schaltfläche *Vorwärts zu* bringt Sie zu dem Ort, von dem aus Sie zurückgegangen sind.

Erneut mit anderen Parametern speichern

Wenn Sie eine bereits gespeicherte Datei später noch einmal unter einem anderen Namen oder an einem anderen Ort speichern wollen, müssen Sie erneut das Dialogfeld *Speichern unter* aufrufen. Da ein Klick auf die Schaltfläche *Speichern* in der Sym-

bolleiste für den Schnellzugriff jetzt nur noch die Datei kommentarlos erneut speichern würde, müssen Sie dazu etwas anders vorgehen und das Dialogfeld gezielt aufrufen.

Erneut speichern

① Klicken Sie auf die Registerkarte *Datei*.

② Wählen Sie die Option *Speichern unter*. Das öffnet wieder das Dialogfeld *Speichern unter*.

③ Geben Sie den gewünschten – neuen – Namen an und wechseln Sie ggf. das Laufwerk und/oder den Ordner.

④ Klicken Sie auf *Speichern*. Die Präsentation wird mit den neuen Parametern gespeichert und das Dialogfeld geschlossen. Die aktuell geöffnete Präsentation bezieht sich jetzt auf die so erstellte, neue Datei.

Gründe für ein erneutes Speichern

- Sie möchten eine weitere Version der Präsentation anlegen, um damit experimentieren zu können, ohne das Original zu zerstören.

- Sie möchten die Datei zusätzlich an einem anderen Speicherort – z.B. auf einem USB-Laufwerk – sichern.

- Sie möchten die Datei zusätzlich noch in einem anderen Format speichern – beispielsweise im Format *PowerPoint 97-2003-Präsentation*, um sie mit einer dieser Versionen weiterbearbeiten zu können.

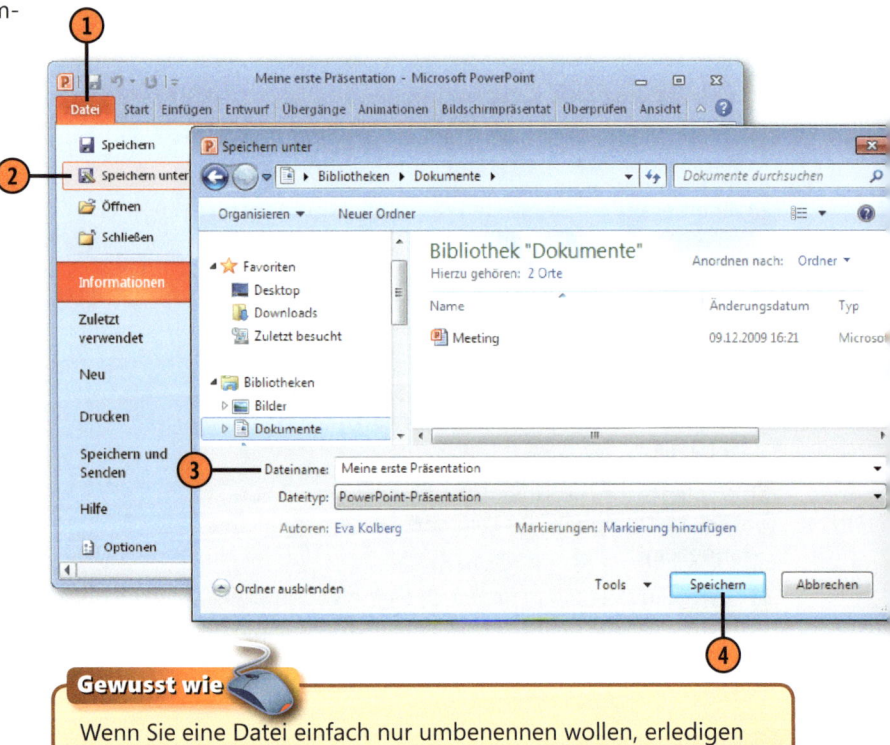

Gewusst wie

Wenn Sie eine Datei einfach nur umbenennen wollen, erledigen Sie das besser über den Windows-Explorer: Navigieren Sie zu dem Speicherort, an dem die Datei abgelegt ist, markieren Sie die Datei und wählen Sie *Umbenennen* im Menü zur Schaltfläche *Organisieren*. Der bisherige Dateiname wird dann markiert und kann geändert oder ersetzt werden.

Dateiformate zuweisen

Wenn Sie keine speziellen Angaben machen, wird eine neu erstellte Präsentation immer im Format *PowerPoint-Präsentation* gespeichert. Wenn Sie Ihre Datei immer wieder mit PowerPoint 2010 weiterbearbeiten wollen, besteht auch kein Grund, dieses Format zu ändern. Wenn Sie aber beispielsweise diese Datei in einer Vorgängerversion des Programms – beispielsweise Power-Point 2003 – weiterbearbeiten möchten, müssen Sie ein anderes als das für PowerPoint 2010 standardmäßig eingestellte Dateiformat benutzen.

In einem anderer Format speichern

1. Klicken Sie auf die Registerkarte *Datei*.
2. Klicken Sie auf die Option *Speichern unter*.
3. Klicken Sie auf den Pfeil rechts im Feld *Dateityp*.
4. Wählen Sie das gewünschte Dateiformat.
5. Klicken Sie auf *Speichern*.

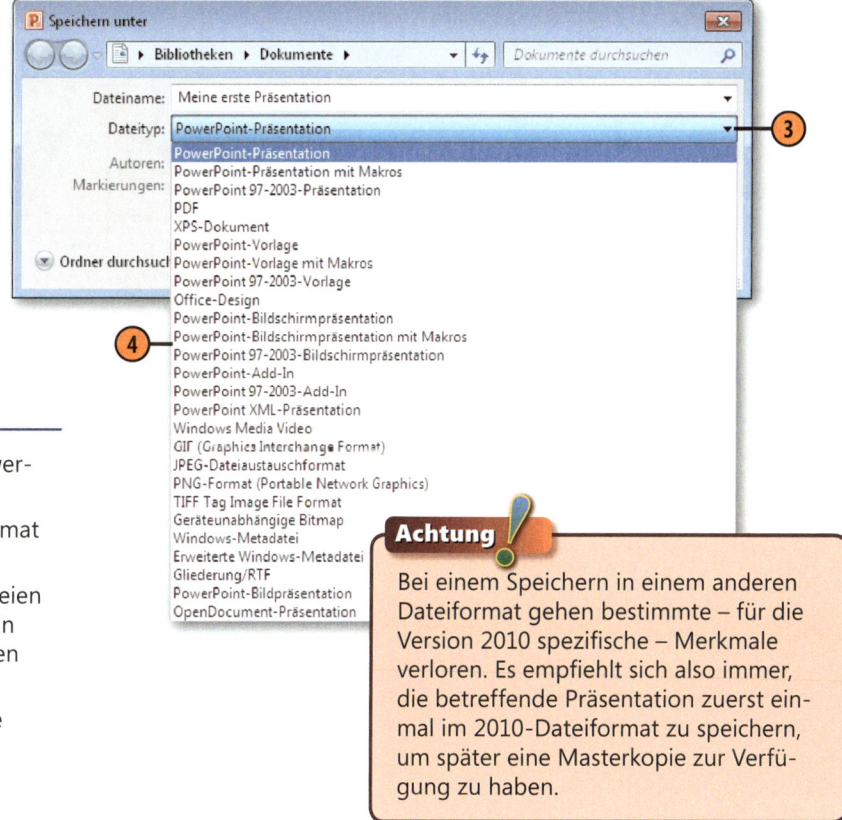

Wichtige Dateiformate

PowerPoint-Präsentation ist das Standardformat für Power-Point 2010-Präsentationen.

PowerPoint-Präsentation mit Makros ist das Standardformat für PowerPoint 2010-Dateien, die Makros enthalten.

PowerPoint 97-2003-Präsentation ist das Format für Dateien der PowerPoint-Versionen 97 bis 2003. Beim Speichern in diesem Format können einige Gestaltungsdetails verloren gehen.

PowerPoint-Vorlage ist das Standarddateiformat für eine PowerPoint-Beispielvorlage.

PowerPoint-Vorlage mit Makros ist das Format für eine PowerPoint-Beispielvorlage mit Makros.

Achtung!

Bei einem Speichern in einem anderen Dateiformat gehen bestimmte – für die Version 2010 spezifische – Merkmale verloren. Es empfiehlt sich also immer, die betreffende Präsentation zuerst einmal im 2010-Dateiformat zu speichern, um später eine Masterkopie zur Verfügung zu haben.

Speicheroptionen

Zum Speichern gibt es einige Optionen, die Sie anzeigen lassen können, indem Sie im Dialogfeld *Speichern unter* auf die Schaltfläche *Tools* klicken. Beispielsweise können Sie darüber ein Kennwort vereinbaren, das der Benutzer eingeben muss, um die Datei später wieder öffnen zu können.

Ein Kennwort festlegen

1. Öffnen Sie im Dialogfeld *Speichern unter* die Liste zur Schaltfläche *Tools*.

2. Wählen Sie dort den Befehl *Allgemeine Optionen*. Das gleichnamige Dialogfeld wird angezeigt.

3. Geben Sie im Feld *Kennwort zum Öffnen* ein Kennwort ein, das zum Öffnen der Datei angegeben werden muss.

4. Benutzen Sie das Feld *Kennwort zum Ändern*, um ein Kennwort zu vereinbaren, dessen Eingabe ein Ändern der Daten erlaubt.

5. Klicken Sie auf *OK*, um das Dialogfeld zu schließen.

6. Klicken Sie auf *Speichern*.

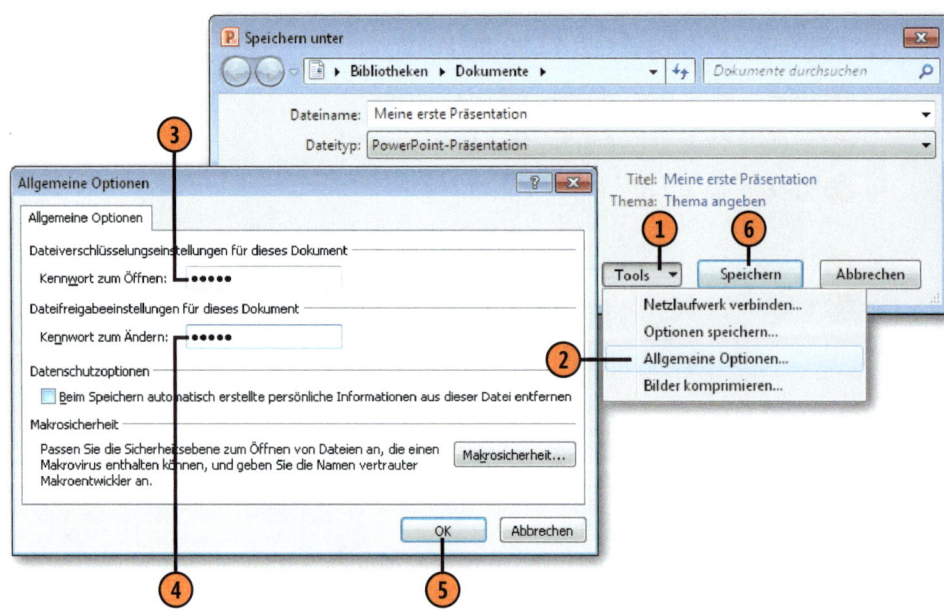

Ein Kennwort entfernen

Zum Entfernen eines Kennworts muss die Datei zuerst geöffnet werden. Dazu muss das Kennwort zum Öffnen eingegeben werden. Anschließend müssen Sie wieder das Dialogfeld *Allgemeine Optionen* aufrufen, das betreffende Kennwort entfernen und die Datei erneut speichern.

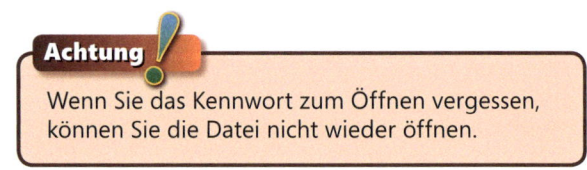

Achtung

Wenn Sie das Kennwort zum Öffnen vergessen, können Sie die Datei nicht wieder öffnen.

Die Standardeinstellungen zum Speichern

Wenn Sie Ihre Dokumente regelmäßig in einem anderen Ordner speichern oder aus einem anderen Ordner öffnen, können Sie die Vorgaben für diesen Ort ändern. Ähnliches gilt für das Dateiformat, das das Programm zum Speichern verwenden soll. Sie können auch festlegen, dass PowerPoint beim Schließen einer Präsentation immer automatisch eine Sicherungskopie speichert. Damit können Sie auch Ihre Arbeit für den Fall schützen, dass Ihr Rechner einmal abstürzen sollte.

Die Speicheroptionen anzeigen lassen

① Klicken Sie auf die Registerkarte *Datei*.

② Klicken Sie dort auf *Optionen*.

③ Wählen Sie die Kategorie *Speichern*.

④ Legen Sie die gewünschten Einstellungen fest.

⑤ Klicken Sie auf *OK*.

Die wichtigsten Einstellungen

■ Im Feld *Standardspeicherort* geben Sie den Ordner an, der zum Standardordner werden soll. Dieser wird dann beim Aufruf der Dialogfelder *Speichern unter* und *Öffnen* immer automatisch angewählt.

■ Um das standardmäßig zu benutzende Dateiformat einzustellen, klicken Sie auf den Pfeil neben dem Feld *Dateien in diesem Format speichern*. Das zeigt die Liste der verfügbaren Dateiformate an. Klicken Sie hier auf das gewünschte Format.

■ Wenn das Kontrollkästchen *AutoWiederherstellen-Informationen speichern alle xx Minuten* aktiviert ist, wird eine automatische Sicherheitskopie erstellt. Geben Sie im Feld *Minuten* an, wie häufig diese Kopie während der Arbeit aktualisiert werden soll. Im Feld *Datenspeicherort für AutoWiederherstellen* finden Sie den Pfad zu dem Ordner, in dem diese Sicherung erstellt wird.

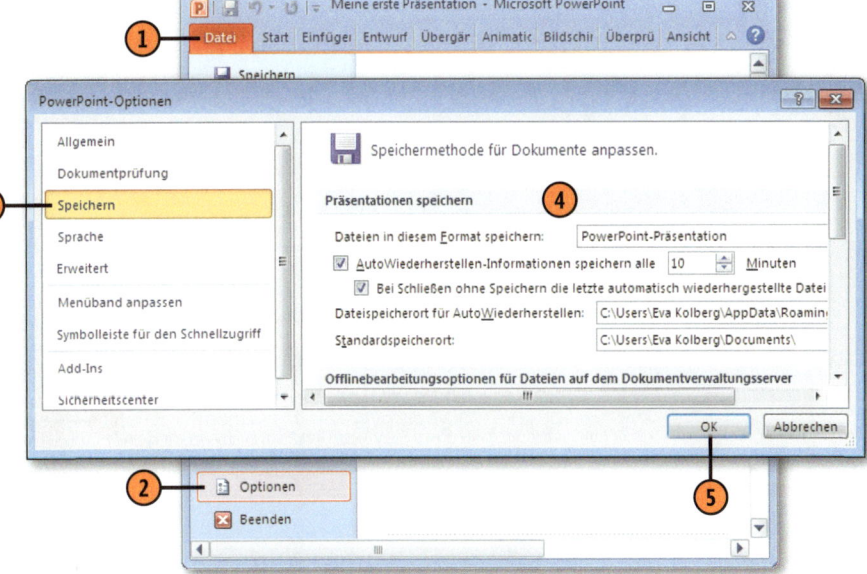

Achtung!

AutoWiederherstellen ersetzt nicht das regelmäßige Speichern von Dateien.

Gespeicherte Präsentationen wieder öffnen

Eine zuvor gespeicherte Präsentation können Sie zu einem späteren Zeitpunkt weiterbearbeiten. Sie erscheint nach dem erneuten Öffnen genau so, wie Sie sie gespeichert haben. Sie können über das Windows-Startmenü PowerPoint zusammen mit der gewünschten Präsentation öffnen. Ist PowerPoint bereits gestartet, können Sie zum Öffnen unterschiedliche Methoden benutzen.

Über das Windows-Startmenü öffnen

① Klicken Sie auf die Schaltfläche *Start*.

② Klicken Sie links im Startmenü auf den Pfeil neben *Microsoft PowerPoint 2010*.

③ Eine Liste der kürzlich benutzten Dateien wird angezeigt. Klicken Sie auf die gewünschte Datei, um PowerPoint zusammen mit dieser Präsentation zu öffnen.

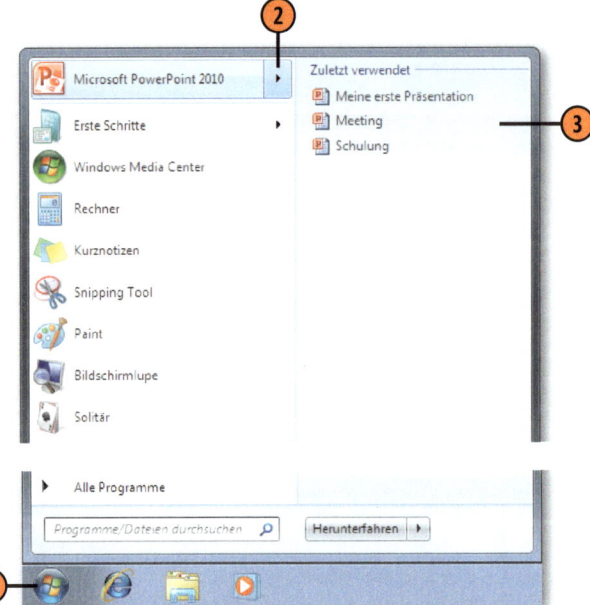

Auf die zuletzt verwendeten Präsentationen zugreifen

① Klicken Sie in PowerPoint auf die Registerkarte *Datei* und dann auf *Zuletzt verwendet*.

② Es werden die kürzlich erstellten PowerPoint-Präsentationen angezeigt. Klicken Sie hier auf die Präsentation, die Sie öffnen wollen.

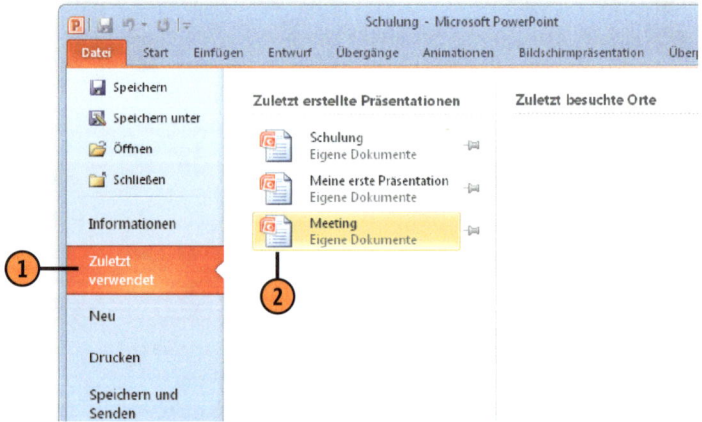

Standardmäßig werden die Dateinamen in der Liste *Zuletzt erstellte Präsentationen* rechts mit einer liegenden Pinnnadel gekennzeichnet. Wenn viele Dateien vorhanden sind, verschwinden die älteren nach einiger Zeit aus der Liste.

Wenn Sie auf die Pinnnadel klicken, wird sie als gesteckt angezeigt. So gekennzeichnete Dateien bleiben immer in der Liste angezeigt.

Das Dialogfeld »Öffnen« verwenden

① Klicken Sie auf die Registerkarte *Datei*.

② Wählen Sie *Öffnen*.

③ Stellen Sie den Ordner, unter dem Sie die Datei gespeichert haben, ein.

④ Markieren Sie die gewünschte Datei.

⑤ Klicken Sie auf die Schaltfläche *Öffnen*.

Auf nicht gespeicherte Präsentationen zugreifen

① Klicken Sie auf die Registerkarte *Datei* und dann auf *Zuletzt verwendet*.

② Klicken Sie rechts unten auf den Link *Nicht gespeicherte Präsentationen wiederherstellen*.

③ Markieren Sie die gewünschte Datei.

④ Klicken Sie auf *Öffnen*.

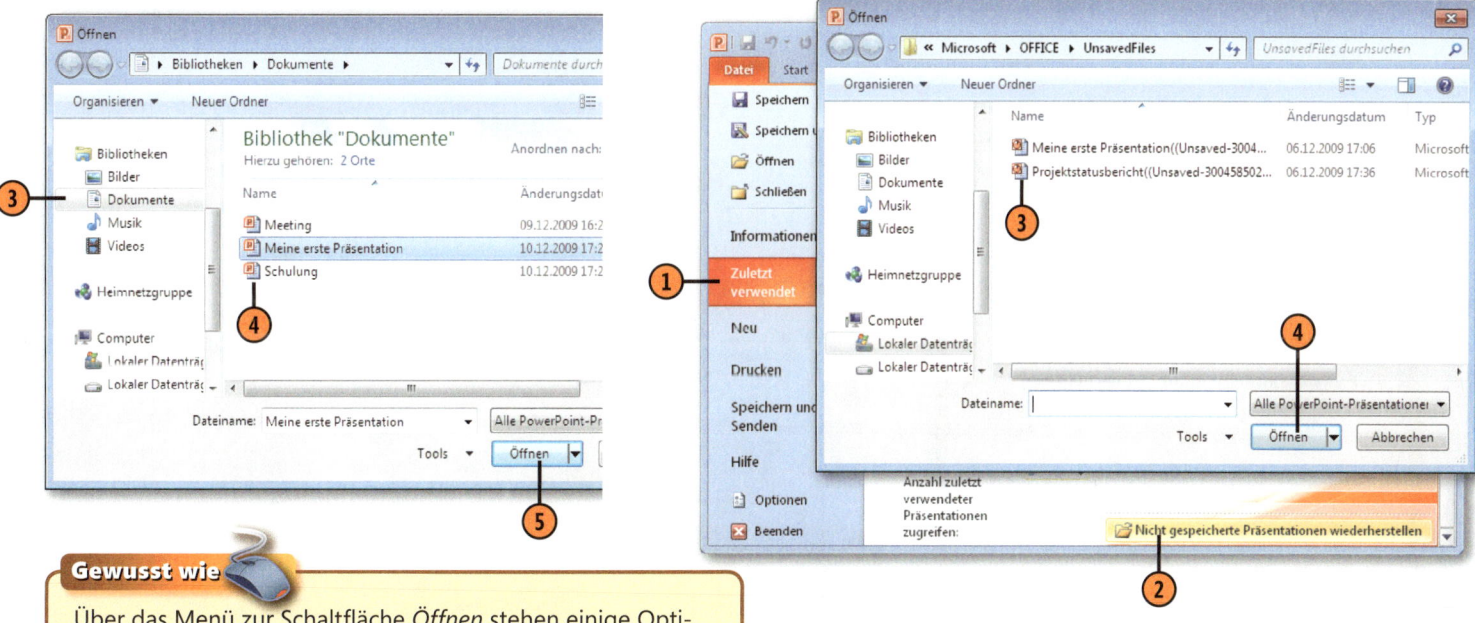

Gewusst wie

Über das Menü zur Schaltfläche *Öffnen* stehen einige Optionen zur Verfügung: Mit *Schreibgeschützt öffnen* können Änderungen an der Datei nicht gespeichert werden. Als *Kopie öffnen* öffnet ein Duplikat der gewählten Präsentation.

Präsentationen suchen

Wenn Sie eine vorher gespeicherte Präsentation nicht mehr finden sollten, können Sie sich der Suchfunktionen des Betriebssystems bedienen. Sie können direkt über das Startmenü von Windows 7 nach vermissten Dateien suchen. Außerdem können Sie den Start einer solchen Suche über ein beliebiges Explorerfenster anstoßen.

Suchen über das Startmenü

1. Klicken Sie auf die Schaltfläche *Start* in der Windows-Taskleiste.

2. Geben Sie in das Feld, das standardmäßig mit *Programme/ Dateien durchsuchen* beschriftet ist, den Namen der Datei ein, die Sie suchen – oder zumindest einen Teil davon.

3. Die Suche beginnt nach Eingabe des ersten Zeichens. Die Suchergebnisse werden dann im Bereich darüber angezeigt. Sie können eine so gefundene Datei durch einen einfachen Klick direkt öffnen.

Suchen über ein Explorerfenster

1. Klicken Sie auf die Schaltfläche *Windows-Explorer* in der Windows-Taskleiste.

2. Der Inhalt des Ordners *Bibliotheken* wird angezeigt. Wenn Sie den Inhalt eines anderen Ordners anzeigen wollen, stellen Sie ihn ein.

3. Tippen Sie den Namen der Datei, die Sie suchen – oder einen Teil davon – im Feld oben rechts ein.

4. Die Suche beginnt nach Eingabe des ersten Zeichens. Hier können Sie in den Suchergebnissen auf eine Datei doppelklicken, um sie zu öffnen.

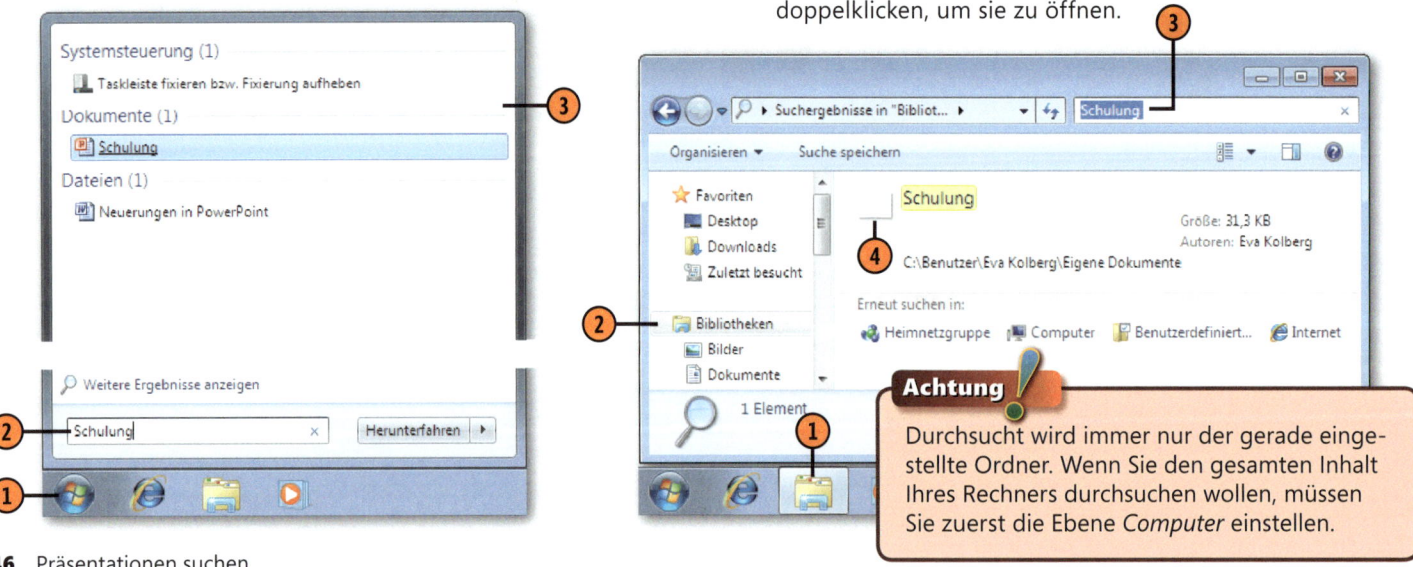

Achtung!
Durchsucht wird immer nur der gerade eingestellte Ordner. Wenn Sie den gesamten Inhalt Ihres Rechners durchsuchen wollen, müssen Sie zuerst die Ebene *Computer* einstellen.

Eigenschaften einer Präsentation festlegen

Dokumenteigenschaften sind Details zu einer Datei, mit denen die Datei identifiziert wird. Zu den Eigenschaften gehören Details wie der Titel, der Name des Autors, das Thema und Stichwörter, mit denen der Inhalt des Dokuments angegeben wird. Wenn Sie für Ihre Dokumente die relevanten Werte in den Feldern mit den Dokumenteigenschaften angeben, können Sie die Dokumente später problemlos wiederfinden.

Die wichtigsten Eigenschaften eingeben

1. Klicken Sie auf die Registerkarte *Datei*

2. Wählen Sie die Kategorie *Informationen*.

3. Klicken Sie rechts auf *Eigenschaften*.

4. Wählen Sie *Dokumentbereich anzeigen*.

5. Der Dokumentinformationsbereich wird unterhalb des Menübands angezeigt. Darin sind einige Eigenschaften – beispielsweise Autor – bereits eingetragen. Geben Sie die gewünschten sonstigen Eigenschaften ein.

6. Durch einen Klick auf *Dokumentinformationsbereich schließen* können Sie die Anzeige wieder ausblenden.

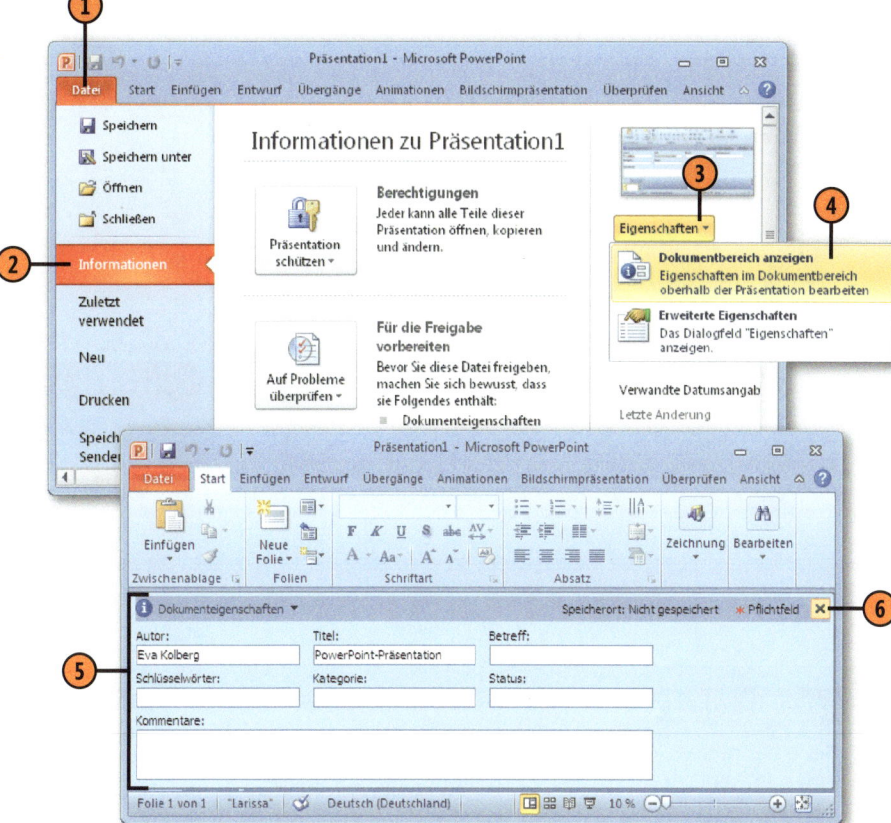

Tipp ✔

Sie können weitere Eigenschaften angeben, indem Sie in der Liste zu *Eigenschaften* die Option *Erweiterte Eigenschaften* wählen.

Neue Präsentation erstellen

Beim Öffnen von PowerPoint wird immer eine neue, leere Präsentation in der Normalansicht angezeigt, die Sie komplett nach eigenen Wünschen gestalten können. Wenn Sie während derselben Sitzung mit PowerPoint weitere leere Präsentationen benötigen, können Sie diese aus PowerPoint heraus erstellen. Dadurch öffnen Sie eine neue, leere Präsentation in einem neuen Programmfenster.

Eine leere Präsentation erstellen

1 Klicken Sie auf die Registerkarte *Datei*.

2 Klicken Sie auf *Neu*.

3 Klicken Sie auf das Symbol *Leere Präsentation*.

4 Klicken Sie auf *Erstellen*. Eine neue, leere Präsentation wird erstellt und in einem neuen PowerPoint-Programmfenster angezeigt. Der Name erscheint in der Titelleiste. Die Nummer im Namen wird automatisch gesetzt und fortlaufend vergeben; auf *Präsentation1* folgt *Präsentation2* usw.

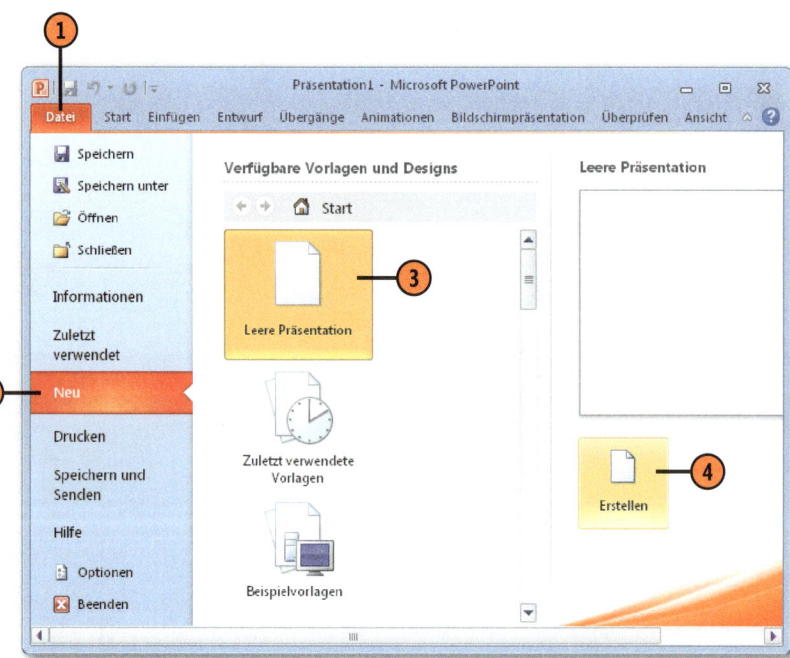

Gewusst wie

Bei einer neuen, leeren Präsentation handelt es sich um einen Präsentationstyp, dem automatisch die Standardeinstellungen von PowerPoint bezüglich Text, Farben und Größe der einzelnen Bereiche zugewiesen werden.

Mit Vorlagen arbeiten

Mit PowerPoint werden auch diverse Vorlagen ausgeliefert, die Ihnen einen Teil der Arbeit beim Erstellen von Präsentationen abnehmen. Sie haben die Wahl zwischen den integrierten Entwurfsvorlagen oder einer der Beispielvorlagen, die bereits eine inhaltliche Struktur aufweisen. Sie können auch selbst erstellte Präsentationen als eigene Vorlage speichern. Solche eigenen Vorlagen können Sie wie gewohnt dazu benutzen, um auf deren Basis eine neue Präsentation zu erstellen.

Präsentation auf Basis einer Designvorlage erstellen

① Klicken Sie auf die Registerkarte *Datei*.

② Klicken Sie auf *Neu*.

③ Klicken Sie auf *Designs*.

④ Wählen Sie ein Design aus. Rechts wird das gewählte Design skizziert.

⑤ Klicken Sie auf *Erstellen*.

Tipp

Wenn Sie sich zu Beginn Ihrer Arbeit noch nicht für ein Design entscheiden können, können Sie auch noch zu einem späteren Zeitpunkt ein geeignetes Design zuweisen. Hierfür steht der Katalog mit sämtlichen Designs auf der Registerkarte *Entwurf* in der Gruppe *Designs* zur Verfügung.

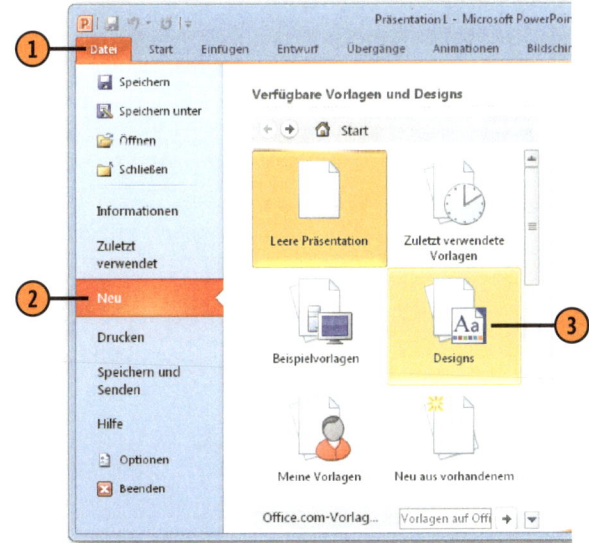

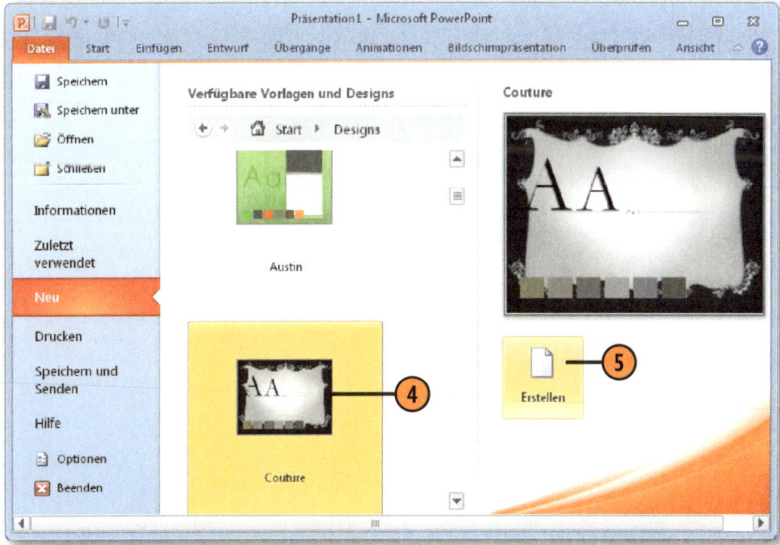

Präsentation auf Basis einer Beispielvorlage erstellen

1. Klicken Sie auf der Registerkarte *Datei* auf *Neu* und dann auf *Beispielvorlagen*.

2. Wählen Sie eine Vorlage aus. Rechts wird die gewählte Beispielvorlage skizziert.

3. Klicken Sie auf *Erstellen*.

4. Die Beispielvorlage mit mehreren Folien und Inhalt wird in der Normalansicht angezeigt.

5. Ersetzen Sie die Inhaltsvorgaben durch eigenen Text.

6. Auf der Registerkarte *Folien* sehen Sie, dass in der Beispielvorlage bereits thematische Abschnitte definiert wurden.

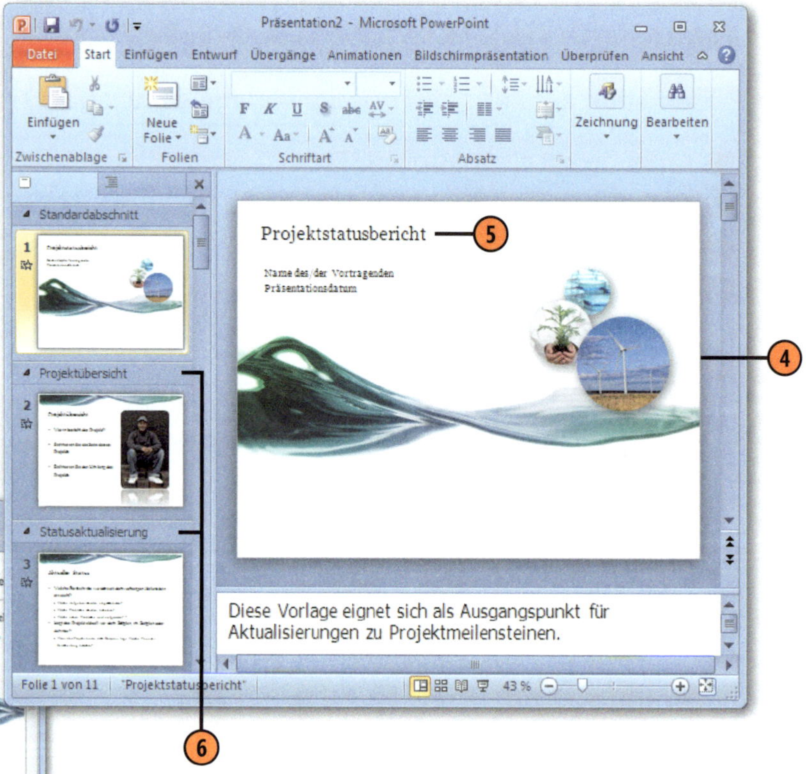

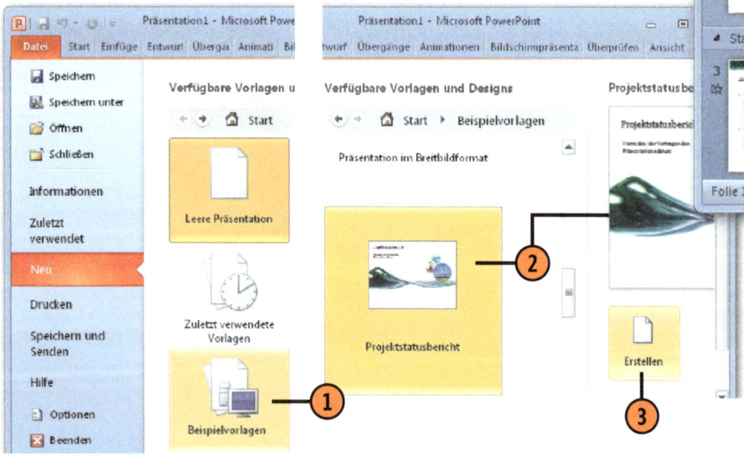

Präsentation als eigene Vorlage speichern

① Erstellen Sie eine Präsentation nach Ihren Wünschen und klicken Sie dann auf die Registerkarte *Datei*.

② Klicken Sie auf *Speichern unter*.

③ Öffnen Sie die Dropdownliste *Dateityp* und wählen Sie die Option *PowerPoint-Vorlage*.

④ Geben Sie der Vorlage einen Namen.

⑤ Klicken Sie auf *Speichern*.

Präsentation auf Basis einer eigenen Vorlage erstellen

① Klicken Sie auf die Registerkarte *Datei*.

② Klicken Sie auf *Neu*.

③ Klicken Sie auf *Meine Vorlagen*.

④ Die vorhandenen Vorlagen werden angezeigt. Markieren Sie die gewünschte Vorlage.

⑤ Klicken Sie auf *OK*.

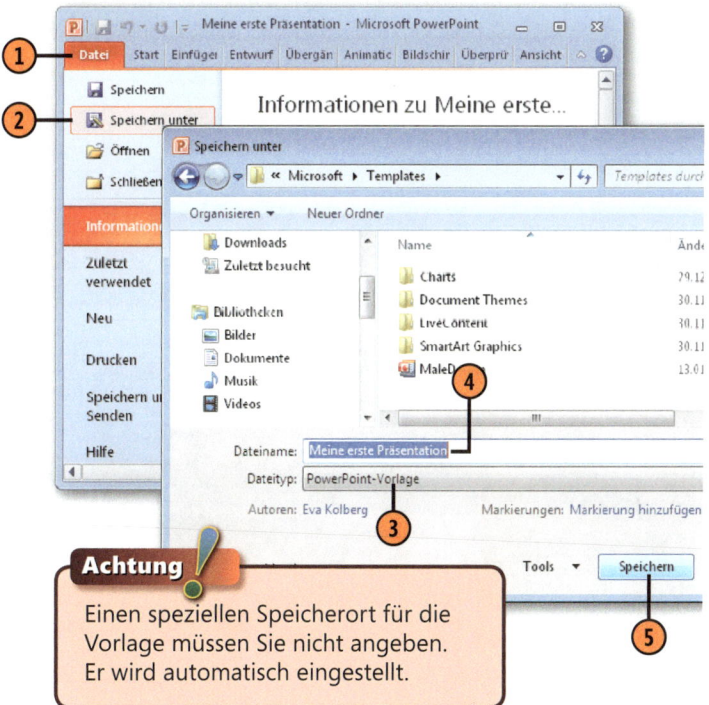

Achtung

Einen speziellen Speicherort für die Vorlage müssen Sie nicht angeben. Er wird automatisch eingestellt.

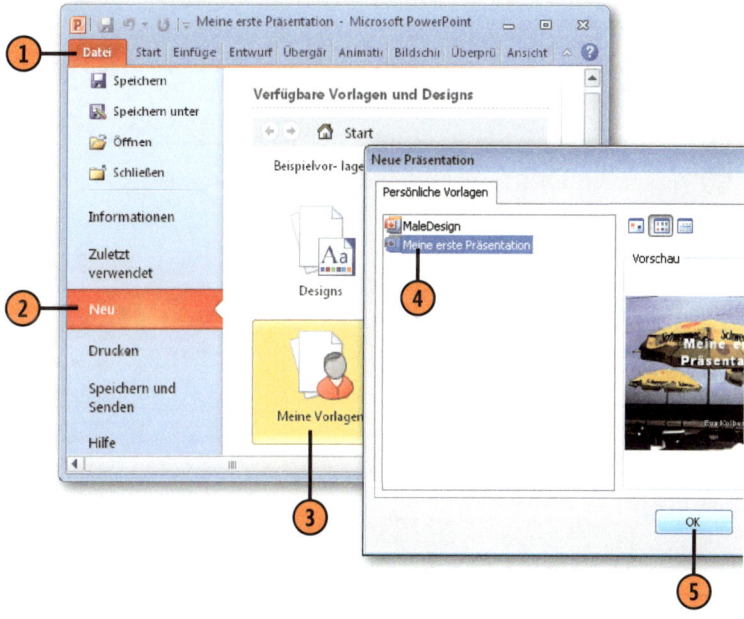

Vorlagen von Microsoft Office Online benutzen

Über die Website *Microsoft Office Online* können Sie eine ganze Reihe Vorlagen herunterladen, die Sie als Vorlagen für Ihre eigene Präsentation verwenden können. Dabei haben Sie die Wahl zwischen unterschiedlichen Präsentationstypen, deren Vorschläge Sie nur Ihren Wünschen gemäß durch eigene Angaben ersetzen müssen.

Office.com-Vorlagen aufrufen und verwenden

1. Klicken Sie auf der Registerkarte *Datei* auf *Neu*.

2. Klicken Sie im Bereich *Office.com-Vorlagen* auf den Pfeil neben dem Feld mit der Beschriftung *Vorlagen auf Office.com suchen*.

3. Klicken Sie auf das geöffnete Ordnersymbol des Vorlagentyps, dessen Inhalt Sie anzeigen lassen wollen.

4. Klicken Sie auf ein Symbol, um eine Vorlage auszuwählen.

5. Klicken Sie auf *Download*, um die Vorlage herunterzuladen und in PowerPoint zu öffnen.

Tipp

Bei vielen Vorlagen werden im Bereich zur Eingabe von Notizen nützliche Informationen zum Umgang mit der betreffenden Vorlage angezeigt.

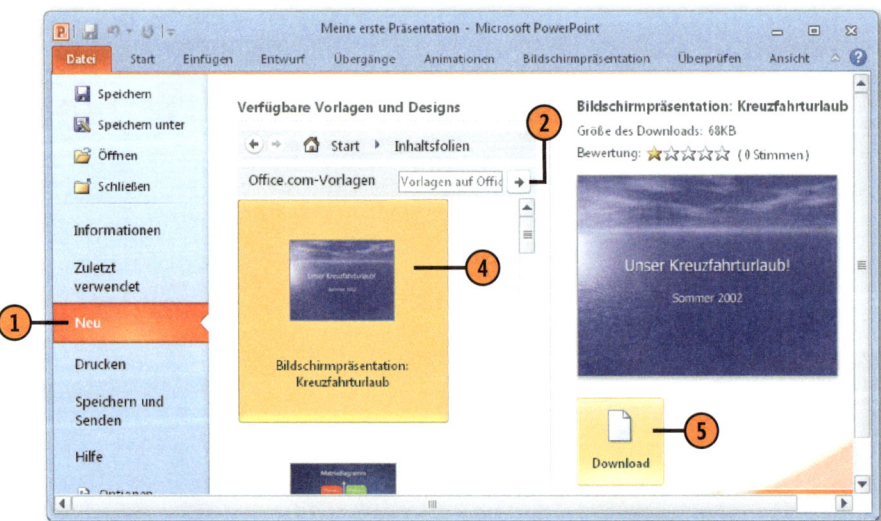

4 Rund um die Folie

Wenn Sie eine neue Präsentation planen, werden Sie sicherlich neue Folien hinzufügen wollen. Hierbei haben Sie die Wahl zwischen dem Einfügen komplett neuer Folien und dem Übernehmen von Folien aus vorhandenen Präsentationen.

Die Folien einer Präsentation können Sie nachträglich neu anordnen, ohne dass dabei die vorhandenen Formatierungen oder sonstige Einstellungen entfernt werden.

Neu bei PowerPoint 2010 ist, die Sie thematisch zusammenhängende Folien in logische Abschnitte unterteilen können und so in einem Schritt für Folien, die sich innerhalb eines Abschnitts befinden, gemeinsame Einstellungen treffen können.

Die meisten Folien verfügen über einen Bereich zur Eingabe von Folientiteln und über einen Objektbereich, in dem Sie Aufzählungstext, Grafiken, ClipArts, Tabellen, Diagramme, Medienclips etc. einfügen können. In der Normalansicht nehmen Sie hauptsächlich die Gestaltung der einzelnen Folien vor. Zum genauen Anordnen und Überprüfen von markierten Objekten stehen Ihnen diverse Hilfsmittel zur Verfügung.

Neue Folien hinzufügen

Wenn Sie die Arbeit an einer neuen, leeren Präsentation – die zunächst nur eine leere Folie enthält – oder auf der Basis einer Vorlage begonnen haben, werden Sie sicher weitere Folien hinzufügen wollen. Sie können wählen, ob Sie eine neue, leere Folie einfügen wollen oder ob Sie ein Duplikat einer bereits bestehenden Folie erzeugen möchten.

Neue Folie einfügen

① Zeigen Sie die Folie im Folienfenster an, hinter der Sie eine neue Folie einfügen wollen; klicken Sie dazu auf der Registerkarte *Folien* auf die betreffende Folienabbildung.

② Klicken Sie im Menüband auf der Registerkarte *Start* in der Gruppe *Folien* auf den Pfeil der Schaltfläche *Neue Folie*.

③ Wählen Sie ein Folienlayout aus – klicken Sie auf die betreffende Option, um die neue Folie einzufügen.

④ Die neue Folie wird hinter der aktuellen Folie eingefügt.

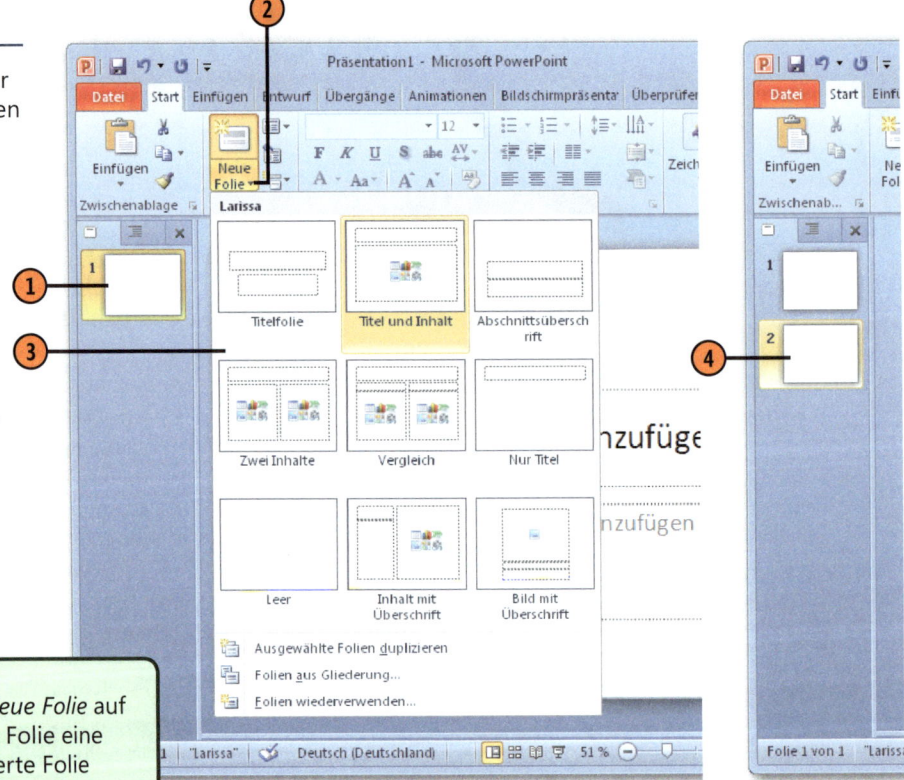

Tipp ✔

Klicken Sie statt auf den Pfeil der Schaltfläche *Neue Folie* auf die Schaltfläche selbst, wird hinter der aktuellen Folie eine neue Folie mit demselben Layout wie die markierte Folie eingefügt. So können Sie auf schnellem Weg mehrere Folien gleichen Layouts erzeugen. Das Folienlayout können Sie nachträglich noch ändern.

Folien duplizieren

① Markieren Sie die Miniaturabbildung einer Folie, die Sie duplizieren wollen, auf der Registerkarte *Folien*.

② Klicken Sie im Menüband auf der Registerkarte *Start* in der Gruppe *Folien* auf den Pfeil der Schaltfläche *Neue Folie.*

③ Klicken Sie auf *Ausgewählte Folien duplizieren.*

④ Eine exakte Kopie der ausgewählten Folie wird hinter der markierten Folie eingefügt.

Siehe auch

Wie Sie mit Folienlayouts arbeiten, erfahren Sie auf Seite 92 und 94 ff.

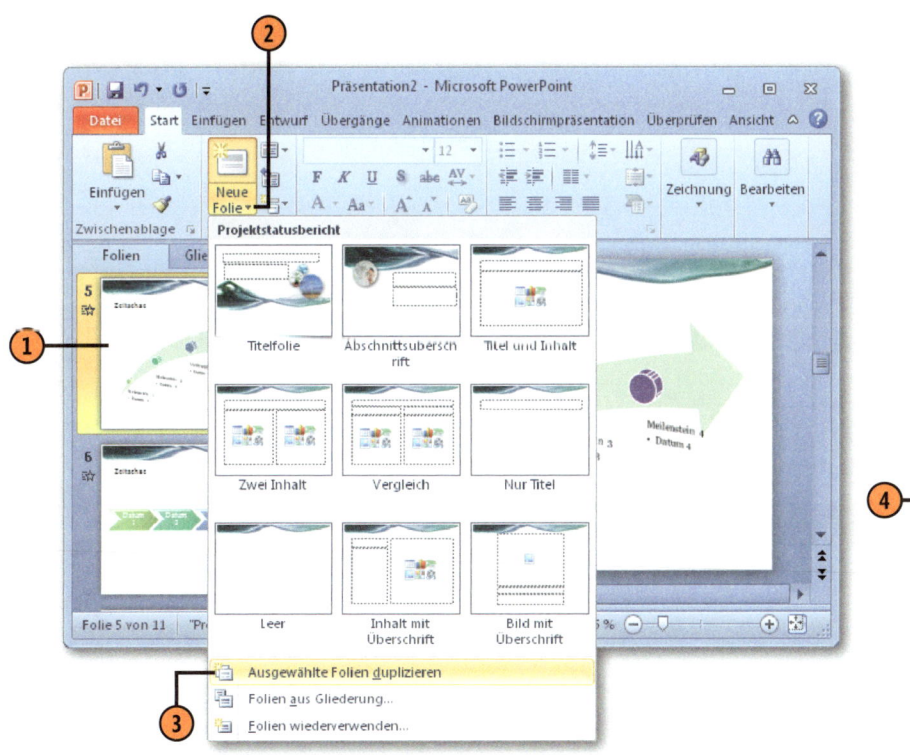

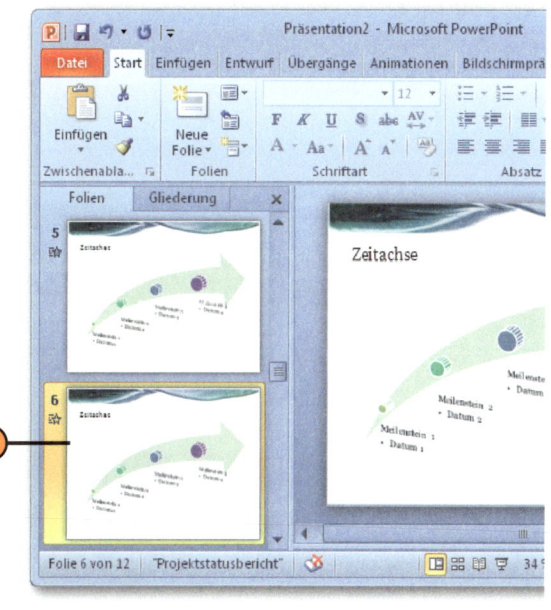

Folien aus anderen Präsentationen einfügen

Einer bestehenden Präsentation können Sie ausgewählte Folien aus anderen Präsentationen hinzufügen. Das hat den Vorteil, dass Sie nicht neue Folien gleichen Inhalts erzeugen müssen, wenn es sich um eine ähnliche Thematik handelt, sondern auf der Basis von bereits Vorhandenem effektiv weiterarbeiten können.

Folien wiederverwenden

① Markieren Sie auf der Registerkarte *Folien* die Folie, hinter der Sie Folien aus einer anderen Präsentation einfügen wollen.

② Klicken Sie im Menüband auf der Registerkarte *Start* in der Gruppe *Folien* auf den Pfeil der Schaltfläche *Neue Folie*.

③ Klicken Sie auf *Folien wiederverwenden*.

④ Klicken Sie im Aufgabenbereich *Folien wiederverwenden* auf *PowerPoint-Datei öffnen*.

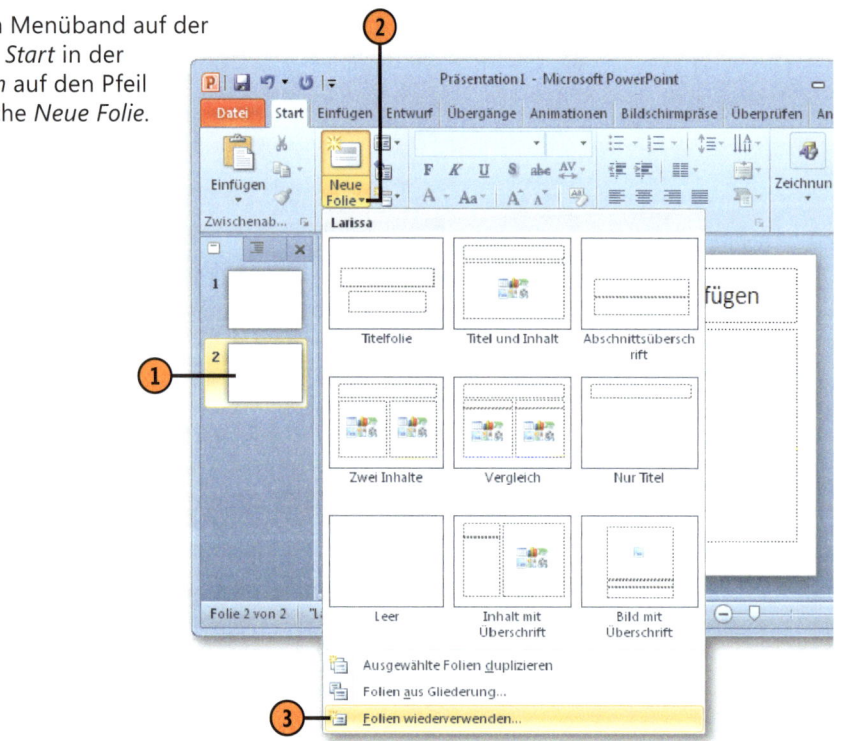

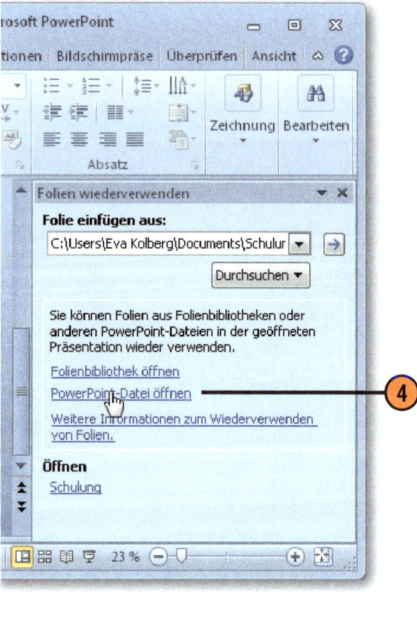

⑤ Wählen Sie im Dialogfeld *Durchsuchen* die Präsentation aus, aus der Sie Folien einfügen wollen.

⑥ Klicken Sie auf *Öffnen*.

⑦ Im Aufgabenbereich *Folien wiederverwenden* werden sämtliche Folien der geöffneten Präsentation angezeigt.

⑧ Lassen Sie den Mauszeiger auf einer Folienabbildung ruhen, um die betreffende Folie zu betrachten. Klicken Sie auf eine Folienabbildung, um die betreffende Folie hinzuzufügen.

⑨ Aktivieren Sie das Kontrollkästchen *Ursprüngliche Formatierung beibehalten*, wenn Sie möchten, dass die Formatierungsmerkmale der Präsentation, aus der die Folie stammt, beibehalten werden. Andernfalls werden der Folie die Formatierungen der Präsentation zugewiesen, in die sie eingefügt wird.

⑩ Die gewählte Folie wird hinter der markierten Folie eingefügt.

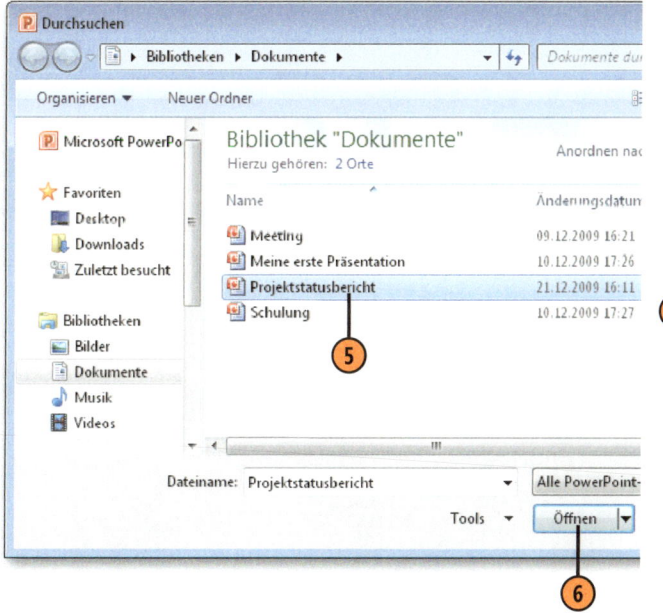

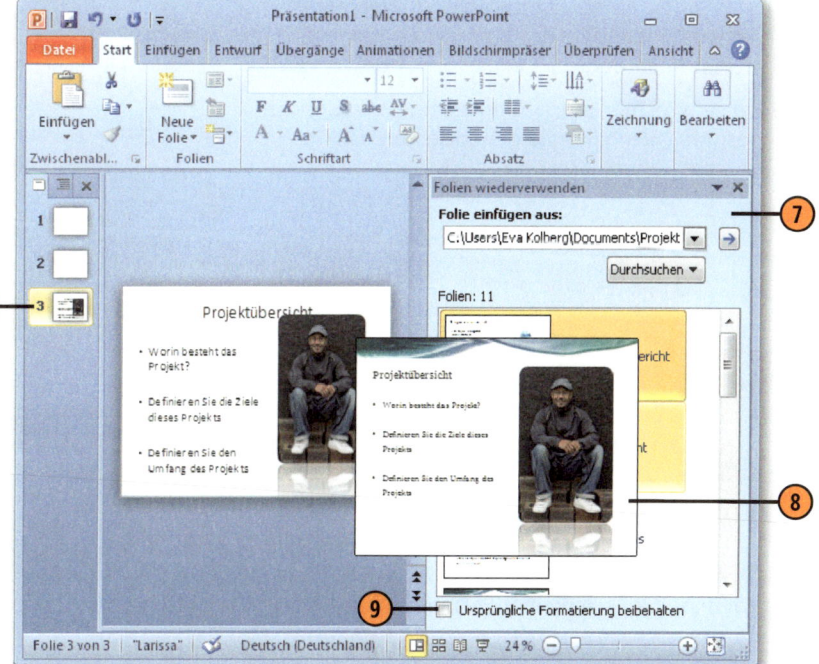

Folien neu anordnen

Es kann immer wieder vorkommen, dass Sie im Laufe der Arbeit an einer Präsentation – nach intensiver Betrachtung – feststellen, dass die eine oder andere Folie an anderer Stelle sinnvoller einge-setzt wäre. Kein Problem – Sie können die Reihenfolge von Folien nachträglich noch auf verschiedene Arten ändern.

Folien mit der Maus verschieben

① Wechseln Sie zur Ansicht *Foliensortierung*.

② Markieren Sie die Folie(n), die Sie an anderer Stelle einfügen wollen.

③ Ziehen Sie die Folie(n) mit gedrückter Maus-taste an die gewünschte Position. Während des Ziehens signalisiert der Mauszeiger durch ein kleines Rechteck, dass etwas transportiert wird.

④ Ein senkrechter Strich kennzeichnet die Einfüge-position. Wenn Sie die gewünschte Position erreicht haben, lassen Sie die Maustaste los.

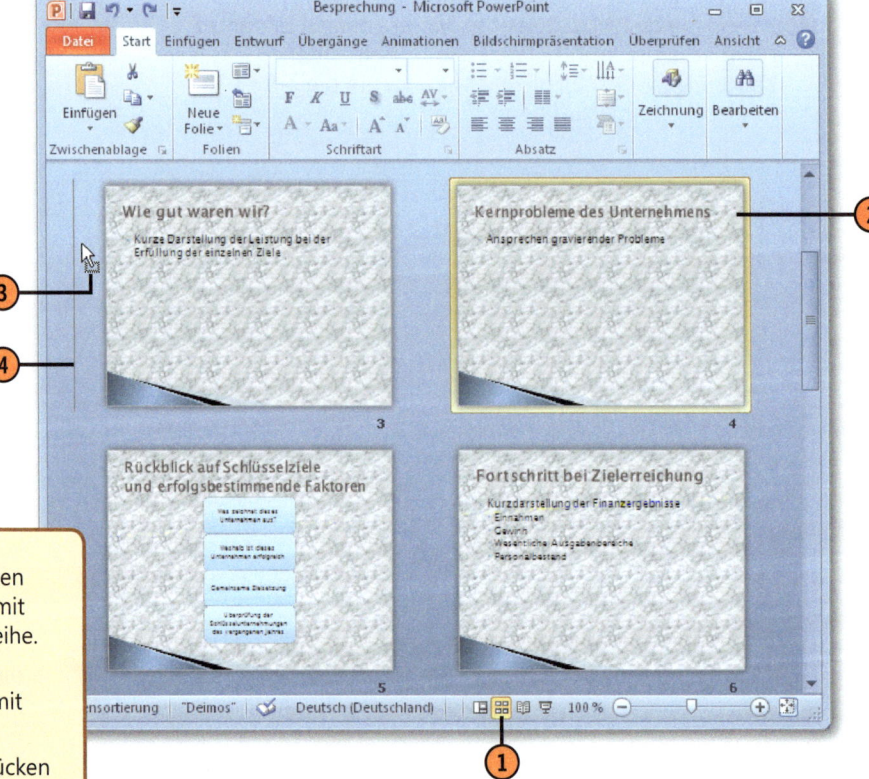

Gewusst wie

Wenn Sie mehrere aufeinanderfolgende Folien markieren wollen, markieren Sie die erste Folie und klicken dann mit gedrückter Umschalt-Taste auf die letzte Folie in der Reihe.

Um mehrere nicht aufeinanderfolgende Folien zu mar-kieren, markieren Sie die erste Folie und klicken dann mit gedrückter Strg-Taste auf die weiteren Folien.

Wollen Sie alle Folien einer Präsentation markieren, drücken Sie Strg+A.

Folien verschieben per Ausschneiden und Einfügen

① Wechseln Sie zur Ansicht *Foliensortierung*.

② Markieren Sie die Folie(n), die Sie an einer anderen Stelle neu positionieren möchten.

③ Klicken Sie im Menüband auf der Registerkarte *Start* in der Gruppe *Zwischenablage* auf die Schaltfläche *Ausschneiden*.

④ Setzen Sie den Mauszeiger an die Stelle, an der Sie die Folie(n) einfügen wollen. Die Einfügeposition wird durch den Mauszeiger in Form eines senkrechten Strichs gekennzeichnet.

⑤ Klicken Sie auf der Registerkarte *Start* in der Gruppe *Zwischenablage* auf den Pfeil der Schaltfläche *Einfügen* und wählen Sie unter den Einfügeoptionen die geeignete aus.

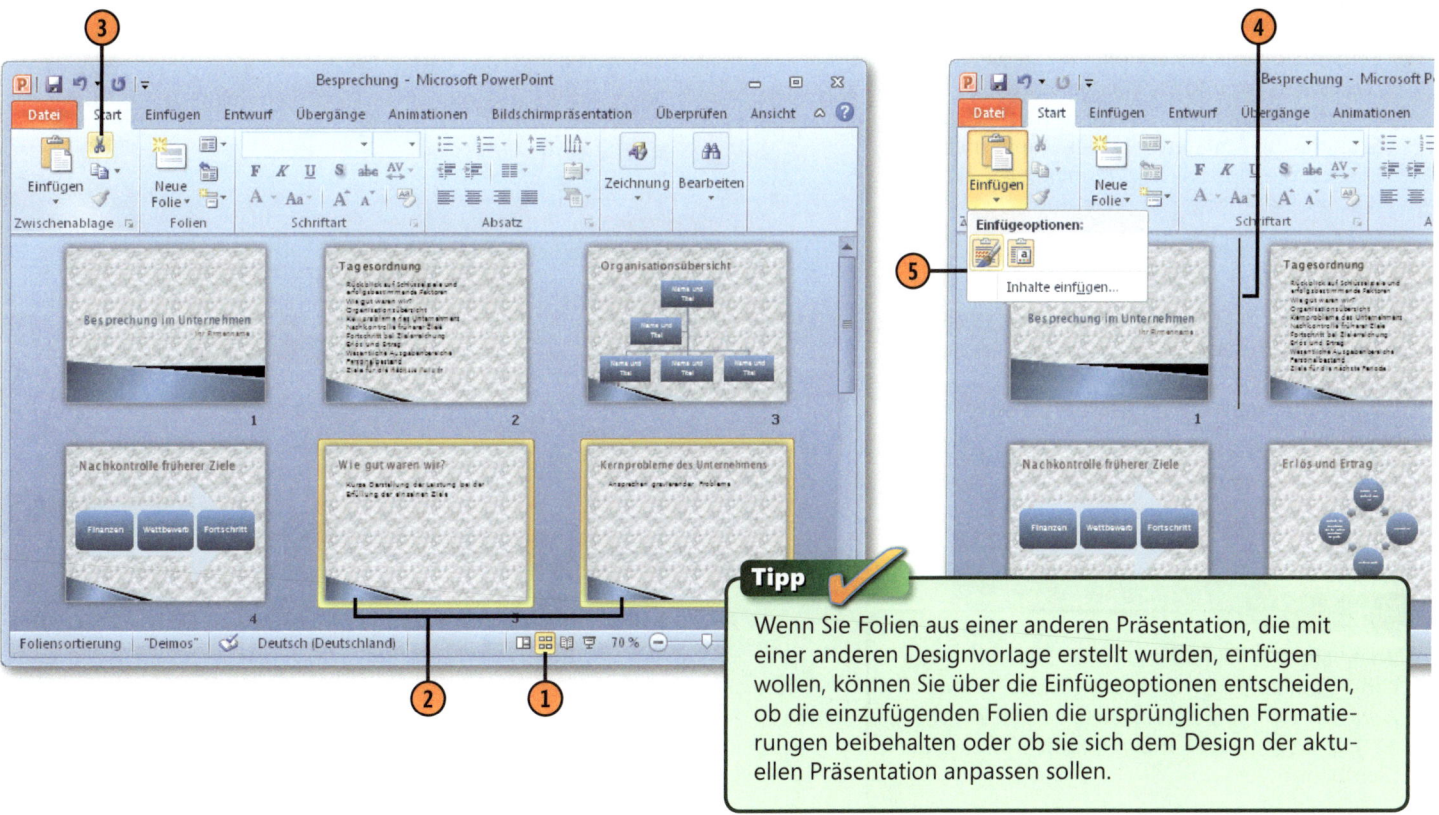

Tipp ✓

Wenn Sie Folien aus einer anderen Präsentation, die mit einer anderen Designvorlage erstellt wurden, einfügen wollen, können Sie über die Einfügeoptionen entscheiden, ob die einzufügenden Folien die ursprünglichen Formatierungen beibehalten oder ob sie sich dem Design der aktuellen Präsentation anpassen sollen.

Objekte auf einer Folie markieren

Bevor Sie ein Objekt, das kann ein Platzhalter oder ein eingefügtes Objekt wie beispielsweise eine Form oder Grafik sein, bearbeiten können, müssen Sie das, was Sie bearbeiten wollen, zunächst markieren. Um ein einzelnes Objekt zu markieren, genügt es, wenn Sie auf das Objekt klicken. Wenn Sie mehrere oder alle Objekte auf einer Folie markieren wollen, stehen entsprechende Befehle zur Verfügung. Sie können aber auch mit dem Auswahlbereich *Auswahl und Sichtbarkeit* arbeiten. Die betreffenden Befehle sind auf der Registerkarte *Start* in der Gruppe *Bearbeiten* im Menü zur Schaltfläche *Markieren* zu finden.

Objekte auswählen

① Zeigen Sie die Folie, deren Objekte Sie markieren wollen, an und klicken Sie auf der Registerkarte *Start* in der Gruppe *Bearbeiten* auf die Schaltfläche *Markieren*. In der Standardeinstellung ist die Option *Objekte markieren* aktiviert, mit der Sie einzelne Objekte durch Anklicken auswählen können.

② Klicken Sie auf *Alles markieren*.

③ Bis auf den Text werden dadurch sämtliche Bereiche und Objekte auf der aktuellen Folie mit einem Markierungsrahmen versehen und können so gemeinsam bearbeitet werden.

④ Um die Markierung wieder aufzuheben, genügt es, wenn Sie auf eine beliebige freie Stelle auf der Folie klicken.

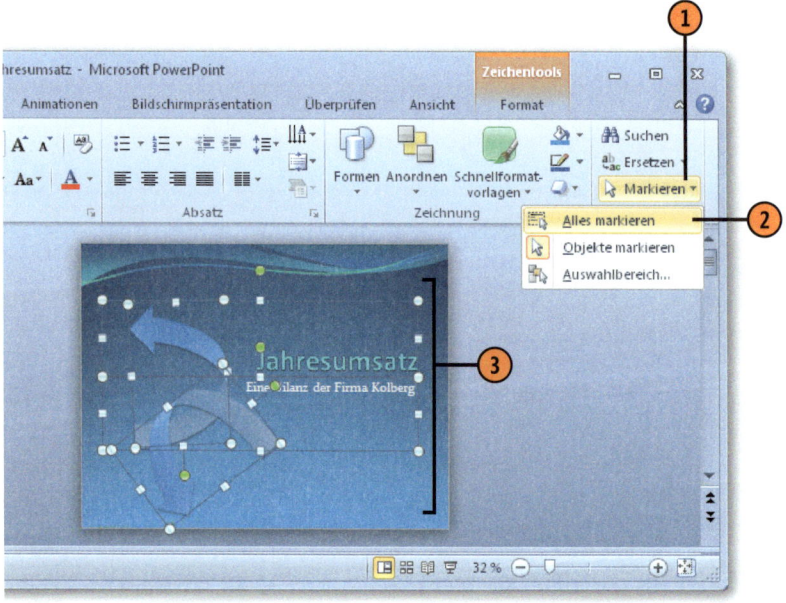

Tipp ✔

Wenn Sie viele Objekte auf einer Folie eingefügt haben, lohnt es sich, den Auswahlbereich *Auswahl und Sichtbarkeit* aufzurufen. Auch wenn ein Objekt durch ein anderes verdeckt ist, ist es hierüber erreichbar.

Der Auswahlbereich »Auswahl und Sichtbarkeit«

① Klicken Sie auf der Registerkarte *Start* in der Gruppe *Bearbeiten* auf die Schaltfläche *Markieren* und wählen Sie *Auswahlbereich*.

② Hier werden sämtliche Objekte, die auf der Folie vorhanden sind, angezeigt.

③ Klicken Sie auf das Augensymbol, um die Anzeige des Objekts auf der Folie abzuschalten.

④ Über diese Schaltflächen können Sie die Reihenfolge der Objekte auf der Folie ändern.

⑤ Hierüber blenden Sie sämtliche Objekte, die auf der Folie angezeigt sind, vorübergehend aus.

⑥ Klicken Sie hier, um den Auswahlbereich zu schließen.

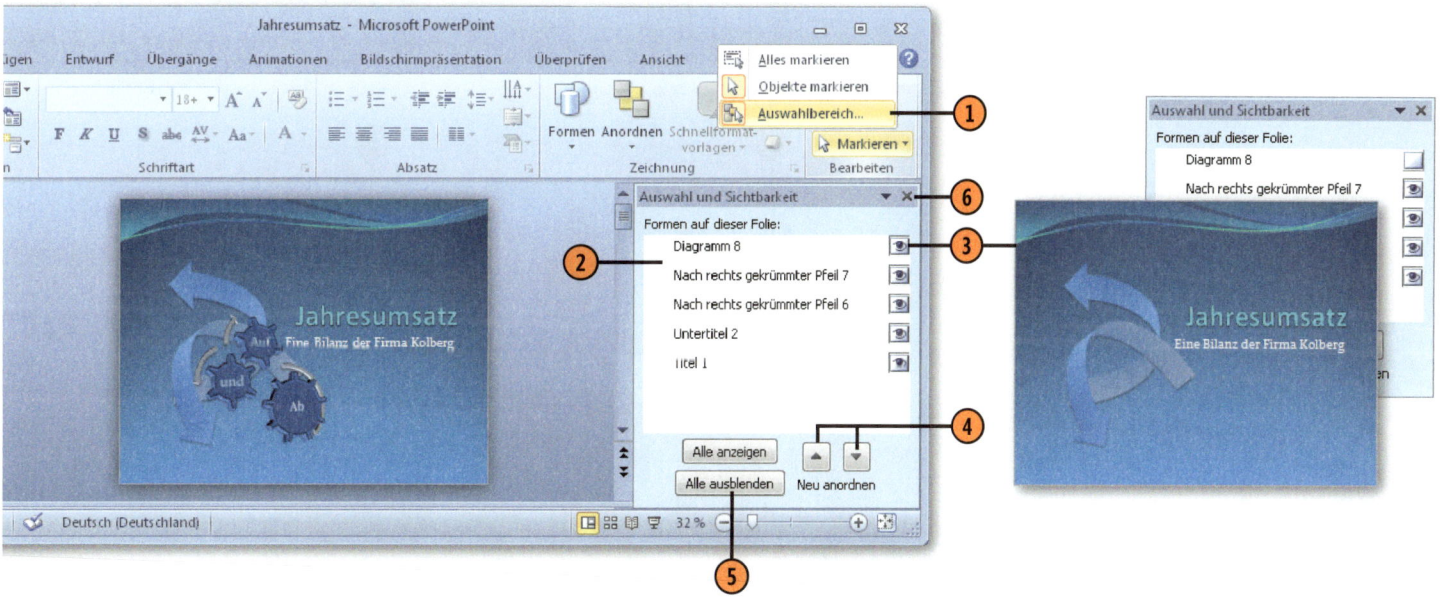

Hilfsmittel zum Positionieren von Objekten auf einer Folie

Wenn Sie Objekte einfügen oder bereits eingefügte Objekte genau justieren wollen, stehen Ihnen in PowerPoint diverse Hilfsmittel zur Verfügung, an bzw. mit denen Sie Ihre Objekte ausrichten können.

Lineale anzeigen

① Wechseln Sie zur Registerkarte *Ansicht*.

② Aktivieren Sie das Kontrollkästchen *Lineal*.

③ An der linken und oberen Seite werden die Lineale angezeigt.

④ Wenn Sie den Mauszeiger auf ein markiertes Objekt bewegen, wird im Lineal die Position durch entsprechende Markierung angezeigt.

Tipp

Die Anzeige in den Linealen ist abhängig vom gewählten Vergrößerungsmaßstab. Um die Anzeige von Objekten zu vergrößern, klicken Sie auf der Registerkarte *Ansicht* auf die Schaltfläche *Zoom* und stellen im Dialogfeld einen anderen Vergrößerungsmaßstab ein.

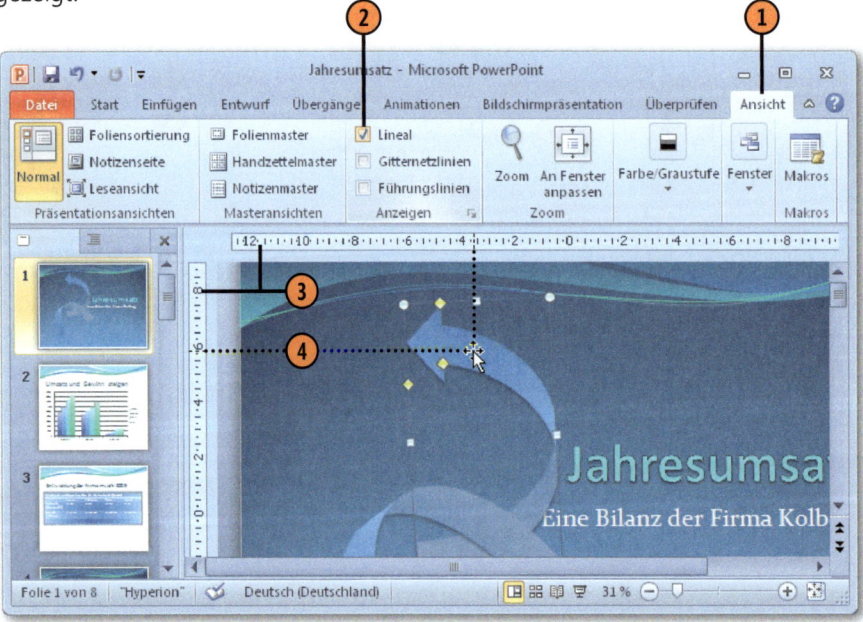

Gitternetz- und Führungslinien anzeigen

① Wechseln Sie zur Registerkarte *Ansicht*.

② Aktivieren Sie die Kontrollkästchen *Gitternetzlinien* und *Führungslinien*.

③ Die Folien werden mit einem Gitternetz aus gepunkteten Linien überzogen, an dem Sie Objekte ausrichten können.

④ Über die horizontale und vertikale Führungslinie können Sie Objekte genau positionieren.

⑤ Die Position der Führungslinien können Sie durch Ziehen mit gedrückter Maustaste verändern. Beim Ziehen wird die aktuelle Position angezeigt.

⑥ Um die Anzeige der Gitternetz- und Führungslinien abzuschalten, deaktivieren Sie die entsprechenden Kontrollkästchen wieder.

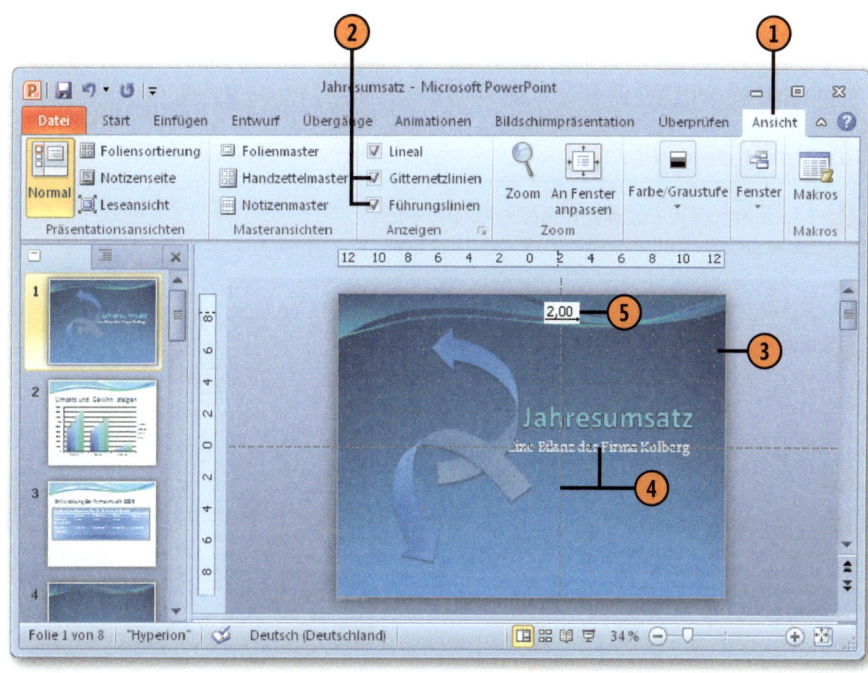

Tipp ✓

Über den Befehl *Ausrichten/Rastereinstellungen* (Registerkarte *Start*, Gruppe *Zeichnung*, Menü zur Schaltfläche *Anordnen*) können Sie das Dialogfeld *Raster und Linien* aufrufen, in dem Sie weitere Einstellungen für die Gitternetzlinien treffen können.

Folien in logische Abschnitte unterteilen

Neu bei PowerPoint 2010 ist, dass Sie sehr große Foliengruppen organisieren können, um so die Verwaltung und die Navigation innerhalb einer Präsentation zu vereinfachen. Dies geschieht mithilfe von Abschnitten. Ein weiterer Vorteil ist, dass Sie eine Präsentation gemeinsam mit anderen Benutzern erstellen können, wobei die thematisch zusammengehörenden Folien in Gruppen zusammengefasst und in Abschnitte unterteilt werden. Das dient zur Arbeitserleichterung und zur besseren Organisation, da beispielsweise die einzelnen Mitarbeiter jeweils für die Vorbereitung der Folien eines bestimmten Abschnitts verantwortlich sein können.

Abschnitt definieren

① Markieren Sie auf der Registerkarte *Folien* oder in der Foliensortierungsansicht die Abbildung der Folie, ab der der Abschnitt beginnen soll.

② Klicken Sie auf der Registerkarte *Start* in der Gruppe *Folien* auf die Schaltfläche *Abschnitt* und dann auf *Abschnitt hinzufügen*.

③ Definieren Sie ggf. weitere Abschnitte.

④ Sowohl auf der Registerkarte *Folien* als auch in der Foliensortierungsansicht werden die Folien nun in Abschnitte gegliedert angezeigt.

Tipp

Die Unterteilung von Folien in Abschnitte hat auch den Vorteil, dass Sie beispielsweise Übergangseffekte für sämtliche Folien innerhalb eines Abschnitts in einem Schritt zuweisen können

Abschnitt benennen

① Markieren Sie den Abschnitt, dem Sie einen Namen geben wollen.

② Klicken Sie auf der Registerkarte *Start* in der Gruppe *Folien* auf die Schaltfläche *Abschnitt* und wählen Sie *Abschnitt umbenennen*.

③ Geben Sie im so aufgerufenen Dialogfeld den gewünschten Namen ein. Wählen Sie z.B. eine Überschrift, die der Thematik der Folien dieses Abschnitts entspricht.

④ Klicken Sie auf *Umbenennen*.

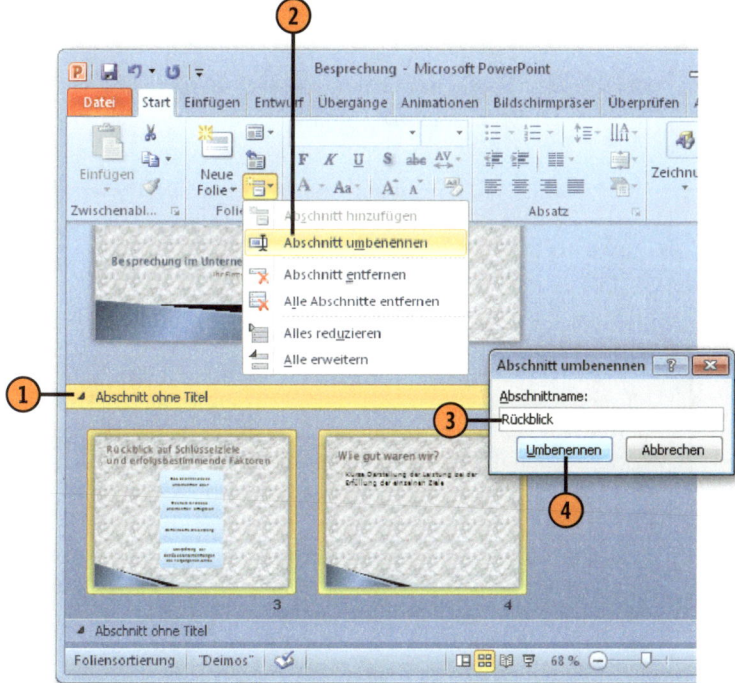

Anzeige der Abschnitte reduzieren

① Klicken Sie auf der Registerkarte *Start* in der Gruppe *Folien* auf die Schaltfläche *Abschnitt* und wählen Sie *Alles reduzieren*.

② Dadurch werden nur mehr die Abschnittsüberschriften angezeigt.

③ Klicken Sie im Menü zur Schaltfläche *Abschnitt* auf *Alle erweitern*, um wieder alle Folienabbildungen anzuzeigen.

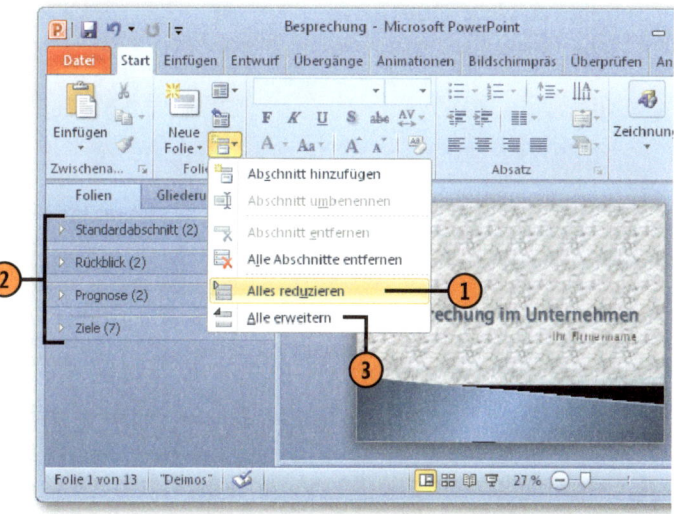

Abschnitt verschieben

① Wechseln Sie zur Ansicht *Foliensortierung*.

② Klicken Sie mit der rechten Maustaste auf die Abschnittsüberschrift des Abschnitts, den Sie verschieben wollen.

③ Wählen Sie im Kontextmenü, ob Sie den gesamten
Abschnitt um einen Abschnitt nach oben bzw. nach unten
verschieben wollen.

④ Wiederholen Sie die Schritte 2 und 3, um den Abschnitt
weiter zu verschieben.

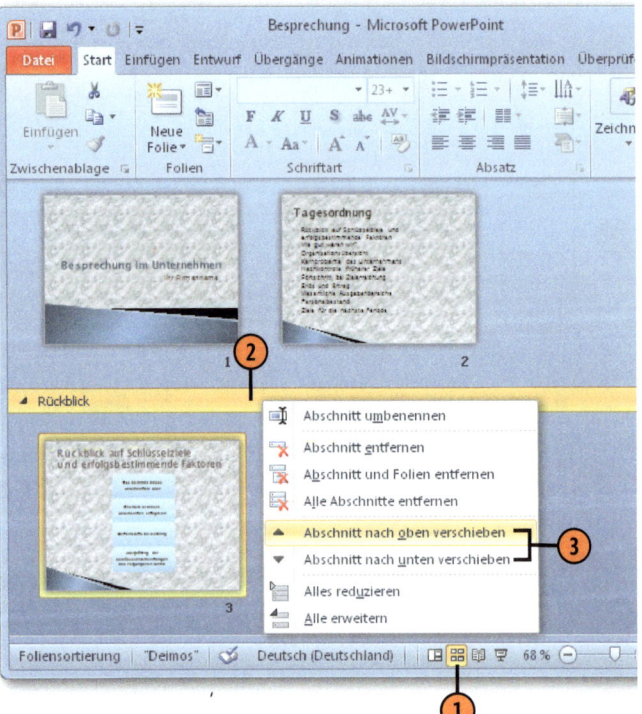

Abschnitt entfernen

① Markieren Sie den Abschnitt, den Sie entfernen wollen.

② Klicken Sie auf der Registerkarte *Start* in der Gruppe *Folien*
auf die Schaltfläche *Abschnitt* und wählen Sie *Abschnitt entfernen*.

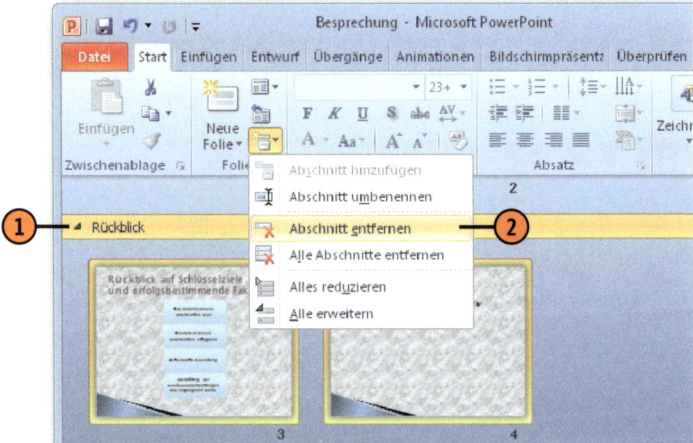

Gewusst wie

Um sämtliche Abschnitte zu entfernen, genügt ein Klick
auf *Alle Abschnitte entfernen* im Menü zur Schaltfläche
Abschnitt. Damit entfernen Sie nur die Abschnittsunter-
teilungen, aber nicht den Inhalt bzw. die Folien dieses
Abschnitts.

Sie können aber auch über das Kontextmenü zu einem Abschnitt den Befehl *Abschnitt und Folien entfernen* aufrufen.
Dadurch werden der Abschnitt und sämtliche Folien, die
darin enthalten sind, aus der Präsentation entfernt.

5 Text eingeben und bearbeiten

Wenn Sie schon einmal mit einem Textverarbeitungsprogramm – z.B. Microsoft Word – unter Microsoft Windows gearbeitet haben, wird es Ihnen im Grundsätzlichen keine Probleme bereiten, Text in Microsoft PowerPoint einzugeben und zu bearbeiten.

Ein Unterschied besteht darin, dass Sie den Text für die einzelnen Folien in bestimmte dafür vorgesehene Bereiche eingeben; dabei handelt es sich um Platzhalter für Titel bzw. Untertitel und verschiedene Bereiche zur Eingabe von Aufzählungstext.

Sie können den Text für die einzelnen Folien aber auch in Form einer Gliederung auf der Registerkarte *Gliederung* eingeben. Dieser Text wird dann automatisch auf den entsprechenden Folien angezeigt.

Den Text, den Sie eingegeben haben, können Sie anschließend zum Bearbeiten markieren und im Bedarfsfall nachträglich anders anordnen.

Den letzten Schliff geben Sie durch das Formatieren von Text auf den einzelnen Folien. Außerdem stehen Ihnen zur Überarbeitung von Text einige Funktionen zur Verfügung, die Ihnen sowohl während der Eingabe als auch nachträglich bei der Korrektur Ihres Textes von Nutzen sind.

Text auf einer Folie eingeben

Auf nahezu jeder Folie existieren unterschiedliche Bereiche, die durch Platzhalter gekennzeichnet sind, in denen Sie Text eingeben können. Dabei unterscheidet man zwischen den Platzhaltern zur Eingabe von Titel und Untertitel auf der ersten Folie einer Präsentation und unterschiedlichen Platzhaltern zur Eingabe von Aufzählungstext.

Titel und Untertitel eingeben

① Klicken Sie innerhalb des Platzhalters zur Eingabe von Titeltext und geben Sie den Titel für die erste Folie Ihrer Präsentation ein.

② Zur Eingabe des Untertitels verfahren Sie ebenso in dem dafür vorgesehenen Platzhalter.

Aufzählungstext eingeben

① Klicken Sie innerhalb des Platzhalters zur Eingabe von Aufzählungstext und geben Sie den gewünschten Text ein.

② Drücken Sie am Ende jedes Aufzählungspunkts die Eingabe-Taste, um einen weiteren Aufzählungspunkt einzugeben.

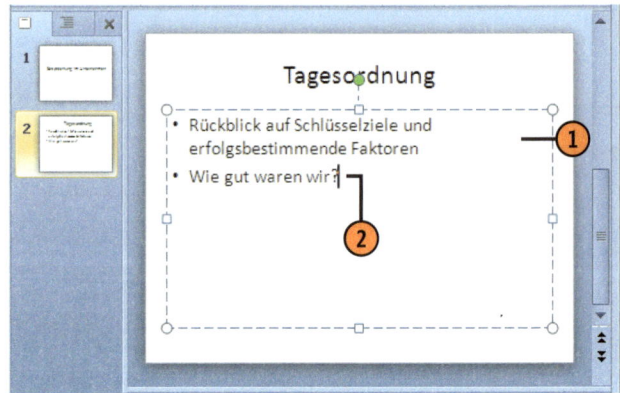

Mit Text arbeiten auf der Registerkarte »Gliederung«

Auf der Registerkarte *Gliederung* können Sie den Text für die einzelnen Folien Ihrer Präsentation auch in Form einer Gliederung eingeben. Dieser hier eingegebene Text wird automatisch den entsprechenden Platzhaltern der Folie hinzugefügt (und umgekehrt). Nachdem Sie den Text eingegeben haben, können Sie über ein Kontextmenü Ihren Text höher- bzw. tieferstufen sowie verschiedene Ebenen anzeigen lassen. Eine in PowerPoint erzeugte Gliederung können Sie auch nach Microsoft Word exportieren.

Titel und Untertitel eingeben

① Wechseln Sie zur Registerkarte *Gliederung*.

② Klicken Sie hinter dem Foliensymbol und beginnen Sie mit der Eingabe des Titeltexts.

③ Zur Eingabe des Untertitels drücken Sie gleichzeitig Strg+Eingabe und geben dann den Text ein.

④ Drücken Sie erneut Strg+Eingabe, um eine weitere Folie zu erstellen.

⑤ Geben Sie dort den Titel für die nächste Folie Ihrer Präsentation ein.

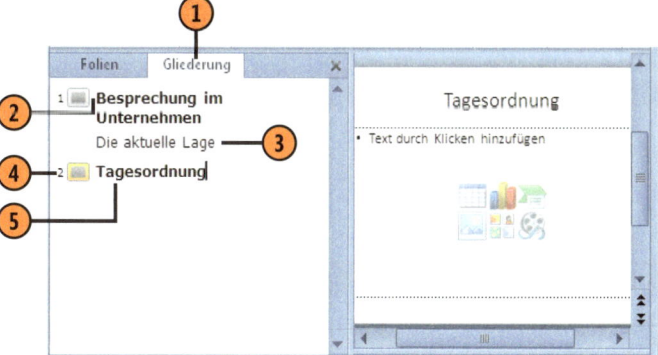

Aufzählungspunkte eingeben

① Setzen Sie die Einfügemarke hinter den Titeltext der zweiten Folie und drücken Sie Strg+Eingabe. Dadurch arbeiten Sie auf der ersten, durch Aufzählungszeichen eingeleiteten Ebene der Folie.

② Geben Sie den ersten Aufzählungspunkt für die Folie ein.

③ Drücken Sie am Ende jedes Aufzählungspunkts die Eingabe-Taste, um einen weiteren Aufzählungspunkt einzufügen.

④ Drücken Sie nach dem letzten Eintrag für die Folie Strg+Eingabe, um eine weitere Folie einzufügen.

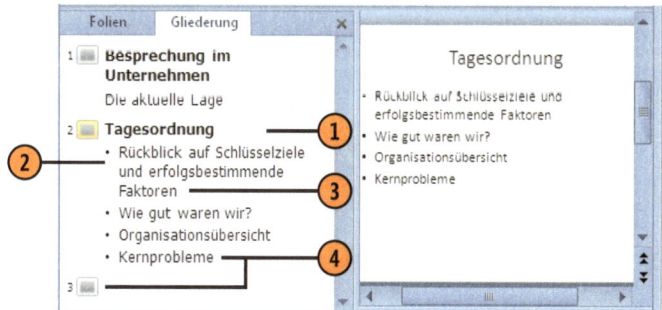

Text höher- oder tieferstufen

1. Setzen Sie die Einfügemarke in den Absatz, den Sie eine Ebene höherstufen wollen.

2. Klicken Sie mit der rechten Maustaste, um das Kontextmenü aufzurufen.

3. Klicken Sie dort auf *Höher stufen*, um z.B. bei umfangreichem Text auf einer Folie eine neue Folie mit dem Titel, den Sie als Aufzählungstext eine Ebene höhergestuft haben, zu erzeugen.

4. Über *Tiefer stufen* setzen Sie den Text eine Ebene tiefer, d.h. wenn Sie einen Titel markiert haben, wird dieser als Aufzählungspunkt der vorhergehenden Folie angezeigt.

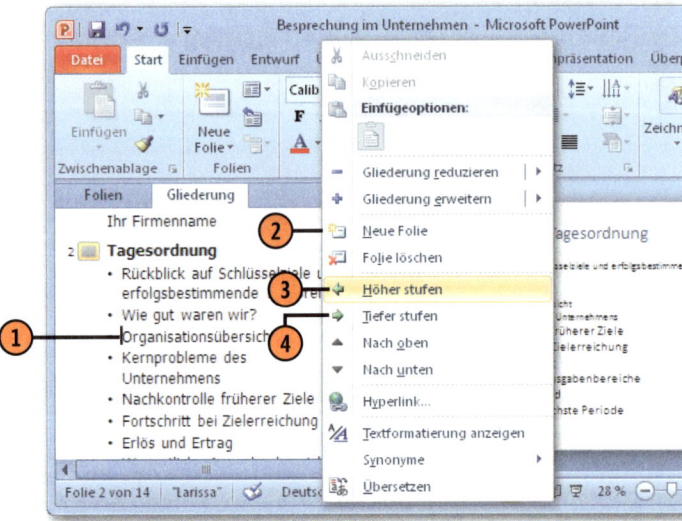

Gliederung reduzieren oder erweitern

1. Klicken Sie mit der rechten Maustaste auf der Registerkarte *Gliederung*, um das Kontextmenü aufzurufen.

2. Klicken Sie auf *Gliederung reduzieren* und legen Sie fest, was Sie ausblenden lassen möchten:

   - *Gliederung reduzieren*, um alle Aufzählungspunkte dieser Folie auszublenden

   - *Alle Ebenen reduzieren*, um sämtliche Aufzählungspunkte aller Folien auszublenden

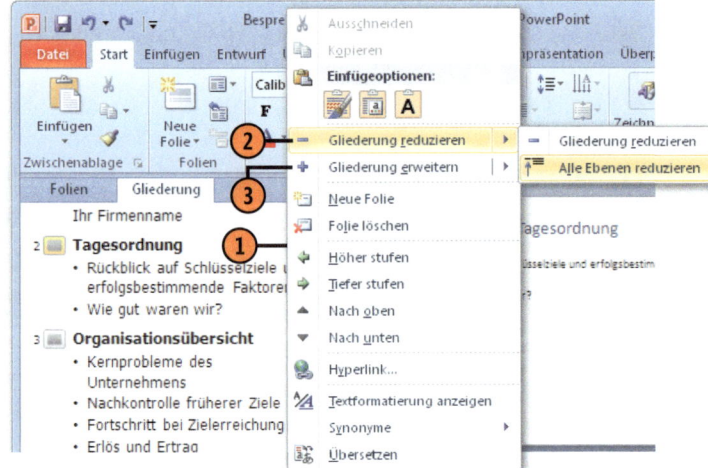

3. Um alle Ebenen wieder anzuzeigen, klicken Sie auf *Gliederung erweitern* und wählen die gewünschte Option:

   - *Gliederung erweitern*, um alle Aufzählungspunkte dieser Folie wieder einzublenden

   - *Alle Ebenen erweitern*, um sämtliche Aufzählungspunkte aller Folien wieder einzublenden

Gliederung an Microsoft Word senden

① Öffnen Sie die Präsentation, deren Gliederung Sie an Word senden wollen.

② Klicken Sie auf die Registerkarte *Datei*.

③ Klicken Sie auf *Speichern und Senden* und wählen Sie unter *Dateitypen* die Option *Handzettel erstellen*.

④ Klicken Sie *auf Handzettel erstellen*.

⑤ Aktivieren Sie im Dialogfeld *An Microsoft Word senden* die Option *Nur Gliederung*.

⑥ Klicken Sie auf *OK*. Hierdurch wird Microsoft Word geöffnet und Ihre Gliederung wird in einer neuen Datei, die die Gliederung enthält, angezeigt. Speichern Sie die Gliederung in einer Word-Datei mit dem gewünschten Namen.

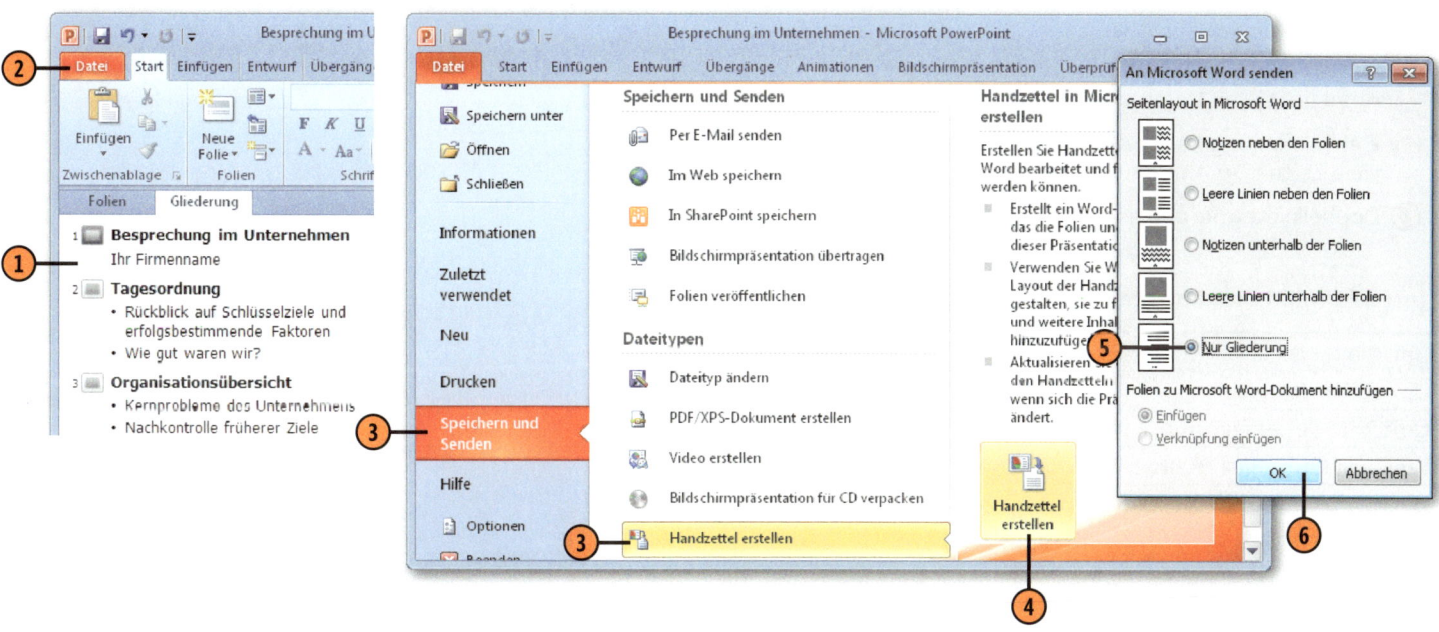

Text neu anordnen

Bei der Entwicklung der inhaltlichen Struktur einer Präsentation kann es vorkommen, dass Sie bestimmte Textelemente nachträglich anders anordnen möchten. So können Sie Textelemente an anderen Stellen auf derselben Folie oder auf andere Folien verschieben, mehrfach benötigte Textelemente kopieren und wieder einfügen sowie nicht mehr benötigte Textelemente löschen. Bevor Sie beginnen, müssen Sie das, was Sie bearbeiten möchten, markieren.

Text markieren

(1) Klicken Sie auf der Registerkarte *Gliederung* auf das Foliensymbol, um den gesamten Text der betreffenden Folie zu markieren.

(2) Klicken Sie vor einen Absatz, um den gesamten Absatz mit allen Unterebenen zu markieren.

(3) Ziehen Sie mit gedrückter Maustaste über beliebig viele Zeichen, um sie zu markieren.

(4) Doppelklicken Sie auf ein Wort, um es zu markieren.

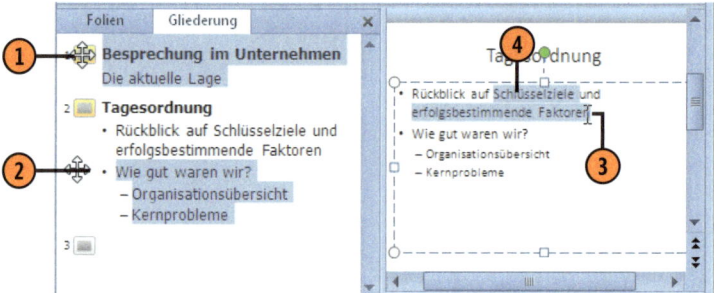

Tastenkombinationen zum Markieren von Text

Umschalt+Pfeil links	Ein Zeichen links der Einfügemarke
Umschalt+Pfeil rechts	Ein Zeichen rechts der Einfügemarke
Umschalt+Strg+Pfeil links	Von Einfügemarke bis zum Wortanfang
Umschalt+Strg+Pfeil rechts	Von Einfügemarke bis zum Wortende
Umschalt+Pos1	Von Einfügemarke bis zum Zeilenanfang
Umschalt+Ende	Von Einfügemarke bis zum Zeilenende
Umschalt+Strg+Pfeil unten	Von Einfügemarke bis zum Absatzende
Umschalt+Strg+Pfeil oben	Von Einfügemarke bis zum Absatzanfang
Umschalt+Strg+Ende	Von Einfügemarke bis zum Präsentationsende
Umschalt+Strg+Pos1	Von Einfügemarke bis zum Präsentationsanfang
Strg+A	Die gesamte Präsentation markieren

Text verschieben

① Markieren Sie den Text, den Sie verschieben wollen.

② Klicken Sie auf der Registerkarte *Start* in der Gruppe *Zwischenablage* auf die Schaltfläche *Ausschneiden*.

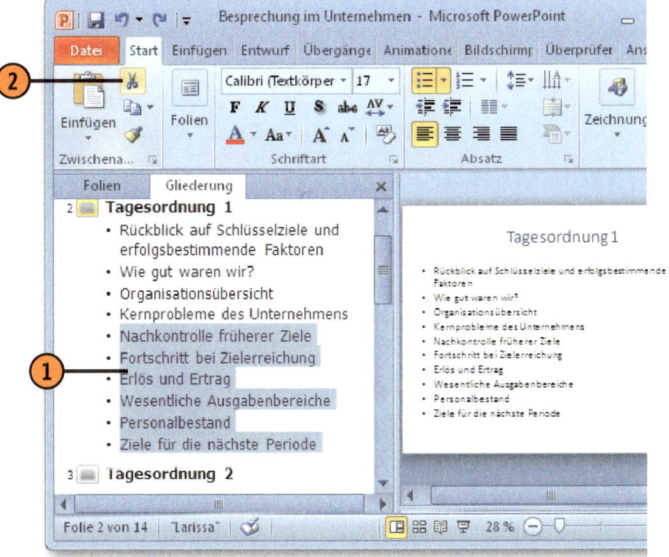

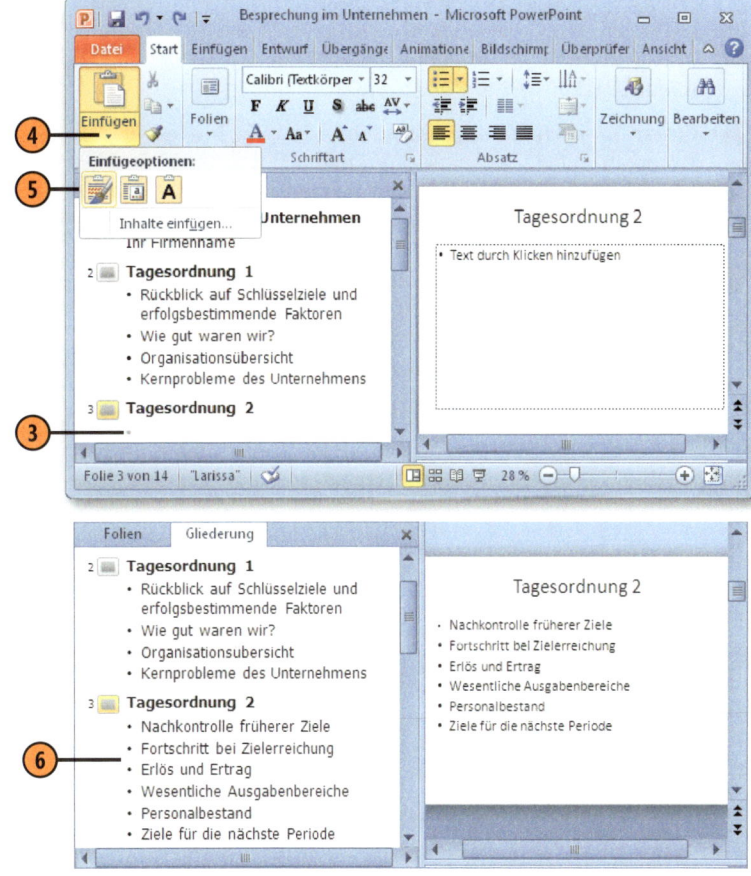

③ Setzen Sie die Einfügemarke an die Stelle, an der Sie den Text einfügen wollen.

④ Klicken Sie auf der Registerkarte *Start* auf den Pfeil der Schaltfläche *Einfügen*.

⑤ Klicken Sie unter *Einfügeoptionen* auf die gewünschte Option (siehe hierzu auch nächste Seite).

⑥ Der Text wird aus der Zwischenablage sowohl in der Gliederung als auch auf der Folie eingefügt.

Text kopieren

① Markieren Sie den Text, den Sie kopieren wollen.

② Klicken Sie auf der Registerkarte *Start* in der Gruppe *Zwischenablage* auf die Schaltfläche *Kopieren* oder wählen Sie im Menü zur Schaltfläche den Befehl *Kopieren*.

③ Setzen Sie die Einfügemarke an die Stelle, an der Sie den Text einfügen wollen.

④ Klicken Sie in der Gruppe *Zwischenablage* auf die Schaltfläche *Einfügen*.

⑤ Die Kopie des Textes wird an der gewählten Stelle eingefügt.

⑥ Unterhalb der Kopie wird eine Schaltfläche angezeigt, über die Sie die Liste der Einfügeoptionen öffnen, indem Sie auf den Dropdownpfeil klicken.

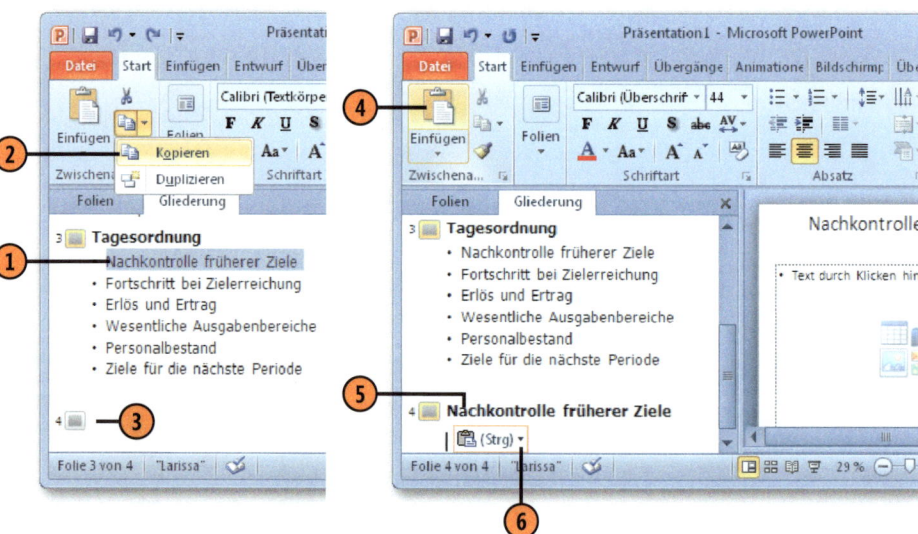

Einfügeoptionen

	Behält die ursprüngliche Formatierung bei
	Verwendet das Zieldesign
A	Fügt nur den reinen Text ein
Inhalte einfügen...	Öffnet ein Dialogfeld, über das Sie weitere Textformate zum Einfügen einstellen können

Tipp ✓

Falls Sie versehentlich Text aus Ihrer Präsentation gelöscht oder an eine falsche Stelle verschoben bzw. kopiert haben, können Sie dies wieder rückgängig machen. Klicken Sie dazu in der Symbolleiste für den Schnellzugriff auf die Schaltfläche *Rückgängig* und wiederholen Sie ggf. diesen Vorgang, bis der ursprüngliche Zustand wiederhergestellt ist.

Text mit der Maus verschieben

(1) Markieren Sie den Text, den Sie verschieben wollen, und ziehen Sie ihn mit gedrückter Maustaste an die Stelle, an der Sie ihn einfügen wollen.

(2) Der Mauszeiger symbolisiert die aktive Drag & Drop-Funktion.

(3) Lassen Sie die Maustaste an der gewünschten Stelle los. Der Text wird vor der durch die Markierung gekennzeichneten Position eingefügt.

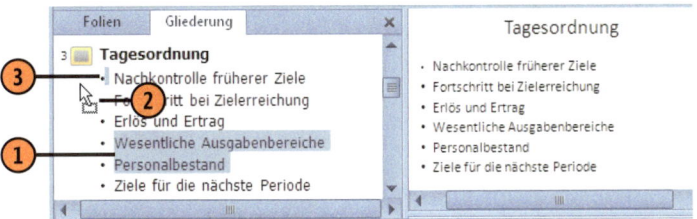

Text mit der Maus kopieren

(1) Markieren Sie den Text, den Sie kopieren wollen.

(2) Drücken Sie die Strg-Taste und ziehen Sie die Kopie mit gedrückter Maustaste an die Stelle, an der Sie sie einfügen wollen.

(3) Mauszeiger während der aktiven Drag & Drop-Funktion; das Pluszeichen zeigt an, dass etwas kopiert wird.

(4) Lassen Sie die Maustaste an der gewünschten Stelle los. Der Text wird an der durch die Markierung gekennzeichneten Position eingefügt.

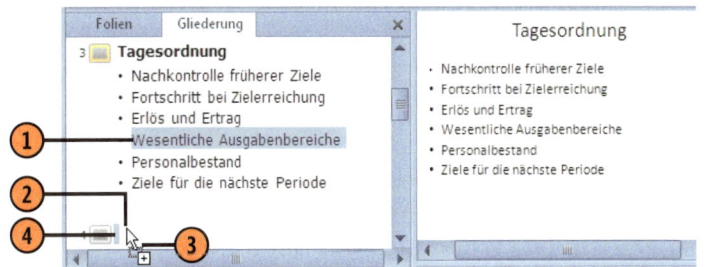

Tipp ✔

Wenn Sie Text eingegeben haben, werden Sie sicherlich Fehler korrigieren, d.h. Text löschen und neuen eingeben müssen. Die einfachste Methode zum Löschen besteht darin, den Text zu markieren und die Entf-Taste zu drücken.

Tastenkombinationen zum Löschen von Text

Rück	Zeichen links von der Einfügemarke löschen
Strg+Rück	Wort links von der Einfügemarke löschen
Entf	Zeichen rechts von der Einfügemarke löschen
Strg+Entf	Wort rechts von der Einfügemarke löschen

Schriftart und Schriftgrad ändern

Bei PowerPoint sind Schriftart und Schriftgrad, Schriftgröße und Schriftfarbe bereits durch die Standardvorlage einer leeren Präsentation oder durch Wahl einer Designvorlage vordefiniert. Sie haben aber die Möglichkeit, zwischen einer großen Auswahl von verschiedenen Schrifteinstellungen Ihrem Geschmack entsprechend eine andere Schriftart auszuwählen und zuzuweisen. Auch die Schriftgröße können Sie ändern.

Neue Schriftart zuweisen

① Markieren Sie den Schriftzug, dem Sie eine andere Schriftart zuweisen möchten.

② Klicken Sie auf der Registerkarte *Start* in der Gruppe *Schriftart* auf den Pfeil des Dropdown-Listenfeldes *Schriftart*.

③ Bewegen Sie den Mauszeiger in der Liste der verfügbaren Schriftarten. Sobald der Zeiger auf einer Schriftart ruht, wird eine Vorschau auf Ihre Wahl im Text angezeigt.

④ Klicken Sie auf die Schriftart Ihrer Wahl, um sie zuzuweisen.

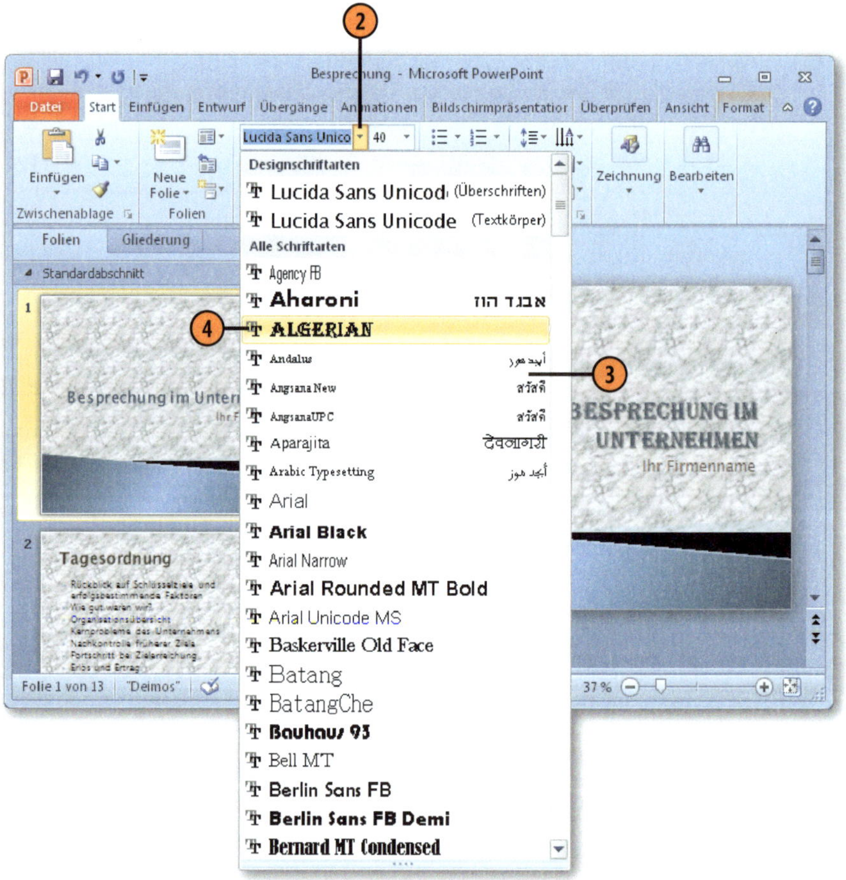

Schriftgrad ändern

① Markieren Sie den Schriftzug, dem Sie eine andere Schriftgröße zuweisen möchten.

② Klicken Sie auf der Registerkarte *Start* in der Gruppe *Schriftart* auf den Pfeil des Dropdown-Listenfeldes *Schriftgrad*.

③ Bewegen Sie den Mauszeiger in der Liste der verfügbaren Schriftgrößen. Sobald der Zeiger auf einer Größe ruht, wird eine Vorschau auf Ihre Wahl im Text angezeigt.

④ Klicken Sie auf die Schriftgröße Ihrer Wahl, um sie zuzuweisen.

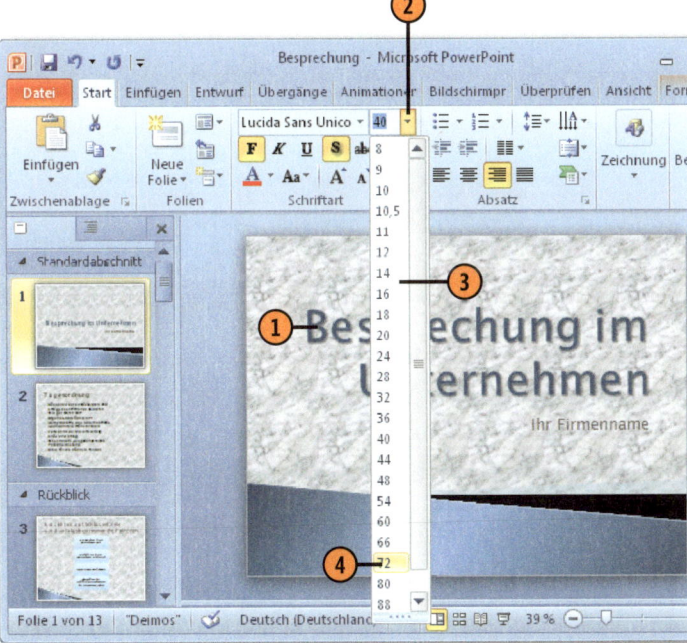

Schriftgrad stufenweise vergrößern/verkleinern

① Markieren Sie den Schriftzug, dessen Schriftgrad Sie ändern möchten.

② Klicken Sie auf der Registerkarte *Start* in der Gruppe *Schriftart* auf die Schaltfläche *Schriftgrad vergrößern*. Durch jedes Klicken auf diese Schaltfläche vergrößern Sie den Schriftgrad um 4 pt.

③ Klicken Sie auf diese Schaltfläche, um den Schriftgrad stufenweise um jeweils 4 pt zu verkleinern.

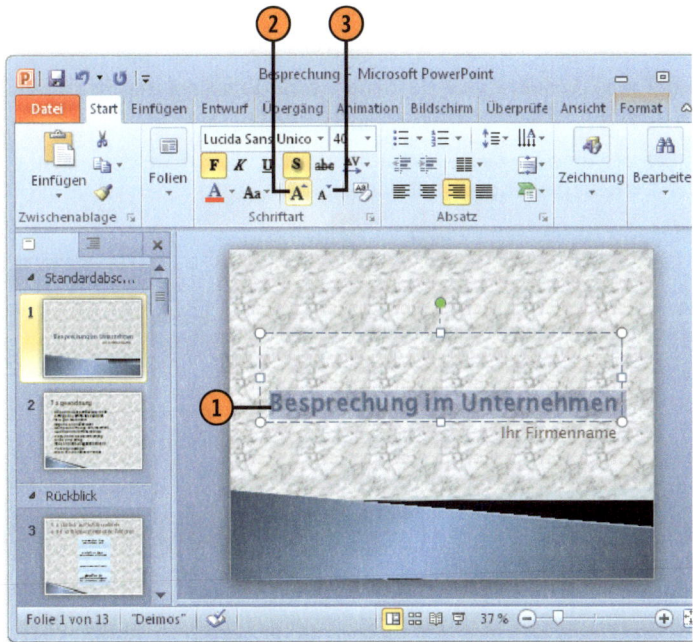

Schriftstil und Schriftfarbe ändern

Wenn Sie einzelne Wörter besonders hervorheben wollen oder möchten, dass sich bestimmte Textpassagen vom übrigen Text abheben, können Sie durch die Zuweisung eines anderen Schriftstils einiges bewirken. Dabei haben Sie die Wahl zwischen den Stilen *Fett*, *Kursiv* und *Unterstrichen*. Auch durch eine andere Farbe oder einen Schlagschatten können Akzente gesetzt werden. Weitergehende Schrifteinstellungen können Sie im Dialogfeld *Schriftart* festlegen.

Schriftstil ändern

① Markieren Sie den Text, dem Sie einen anderen Schriftstil zuweisen wollen.

② Die Schaltflächen, die aktiviert dargestellt sind, zeigen an, dass hier eine Formatierung vorgenommen wurde.

③ Klicken Sie z.B. auf die Schaltfläche *Schatten*, um dem Text einen Schlagschatten zuzuweisen.

④ Um eine Formatierung aufzuheben, klicken Sie erneut auf die betreffende Schaltfläche.

Schriftfarbe ändern

① Markieren Sie den Schriftzug, dessen Farbe Sie ändern wollen.

② Klicken Sie auf der Registerkarte *Start* in der Gruppe *Schriftart* auf den Pfeil der Schaltfläche *Schriftfarbe*.

③ Bewegen Sie den Mauszeiger in der Palette über die Farbfelder, um die Livevorschau anzuzeigen.

④ Klicken Sie auf die Farbe Ihrer Wahl, um sie zuzuweisen.

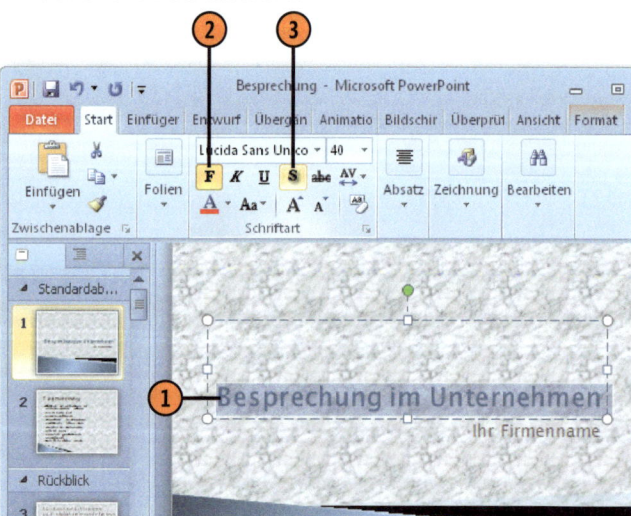

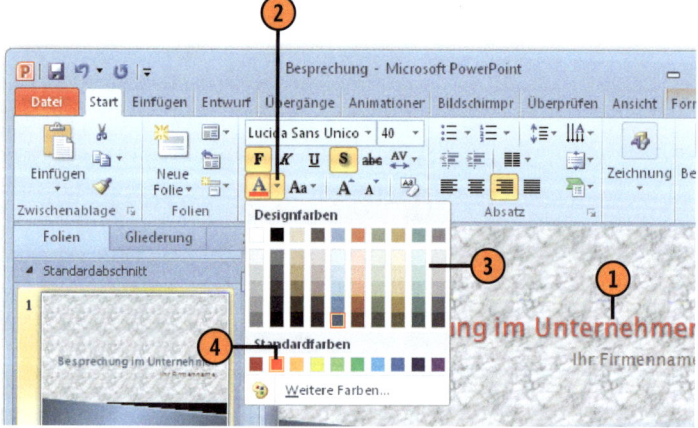

Zeichenabstand vergrößern bzw. verkleinern

① Markieren Sie den Text, bei dem Sie den Abstand zwischen den Zeichen vergrößern bzw. verkleinern wollen.

② Klicken Sie auf den Pfeil der Schaltfläche *Zeichenabstand*.

③ Wählen Sie einen anderen Zeichenabstand aus. Während der Mauszeiger auf einer Option ruht, werden die Auswirkungen der Wahl auf der Folie angezeigt.

④ Klicken Sie hier, um über ein Dialogfeld weitere Einstellungen zu treffen.

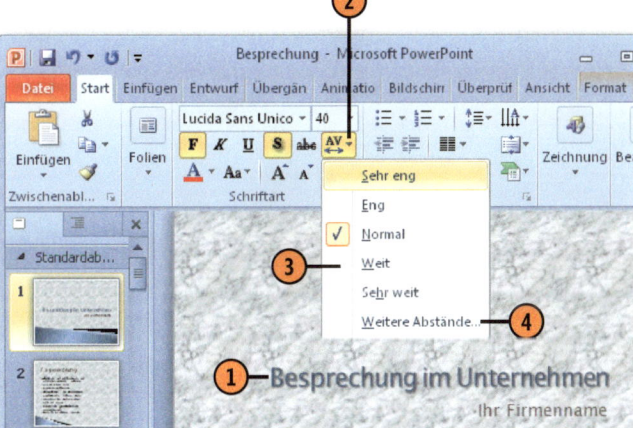

Textformatierungsoptionen

F	Stellt Text fett dar
K	Formatiert Text kursiv
U	Unterstreicht Text
S	Fügt Text Schatten hinzu

Textformatierung über das Dialogfeld »Schriftart«

① Klicken Sie auf der Registerkarte *Start* in der Gruppe *Schriftart* auf das sogenannte Startprogramm für Dialogfelder, um das Dialogfeld *Schriftart* anzuzeigen.

② Auf der Registerkarte *Schriftart* finden Sie weitergehende Möglichkeiten, Texteffekte und Unterstreichungen festzulegen.

③ Auf der Registerkarte *Zeichenabstand* können Sie die Abstände zwischen den einzelnen Zeichen etwas genauer definieren.

④ Weisen Sie Ihre Änderungen über *OK* zu.

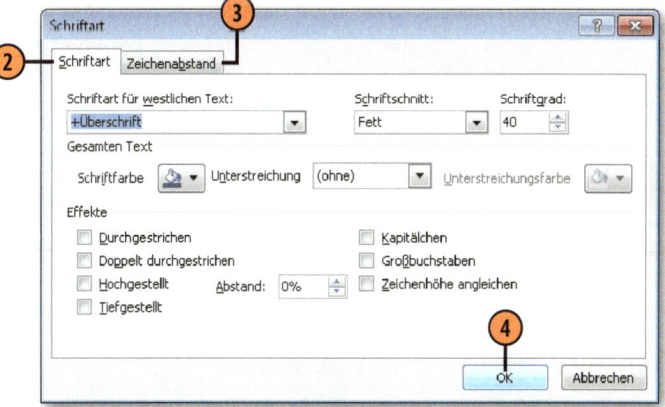

Aufzählungszeichen hinzufügen

Einen Text im entsprechenden Platzhalterbereich einer Folie können Sie mit unterschiedlichen Aufzählungszeichen versehen, um ihn optisch vom übrigen Text abzuheben. Den Absätzen im Textbereich einer Folie wird bei der Eingabe automatisch ein Aufzählungs-

zeichen hinzugefügt. Sie können hierfür ein anderes Zeichen auswählen oder das Zeichen auch entfernen. Zusätzlich können Sie die Größe und Farbe eines Zeichens ändern sowie ein Bild als Zeichen zuweisen und die Anzeige des Sonderzeichens verändern.

Aufzählungszeichen ändern

① Markieren Sie im Textbereich einer Folie die Aufzählungspunkte, deren Zeichen Sie ändern wollen.

② Klicken Sie auf der Registerkarte *Start* in der Gruppe *Absatz* auf den Pfeil der Schaltfläche *Aufzählungszeichen*.

③ Bewegen Sie den Mauszeiger in der Liste der verfügbaren Aufzählungszeichen. Sobald der Zeiger auf einem Feld ruht, wird die Livevorschau im Text angezeigt.

④ Klicken Sie auf das Aufzählungszeichen Ihrer Wahl, um es zuzuweisen.

⑤ Klicken Sie auf den Befehl *Nummerierung und Aufzählungszeichen*, um das gleichnamige Dialogfeld aufzurufen.

⑥ Hier können Sie die Größe und die Farbe der Aufzählungszeichen sowie über zwei Schaltflächen Dialogfelder aufrufen, in denen Sie weitere Einstellungen festlegen können.

Tipp ✔

Sämtliche Einstellungen, die Sie über ein Dialogfeld treffen, werden nicht in der Livevorschau angezeigt. Hier müssen Sie eine Auswahl treffen und sie über die Schaltfläche *OK* bestätigen. Falls Ihnen die Einstellungen, die Sie getroffen haben, nicht zusagen, können Sie sie durch einen Klick auf die Schaltfläche *Zurücksetzen* widerrufen.

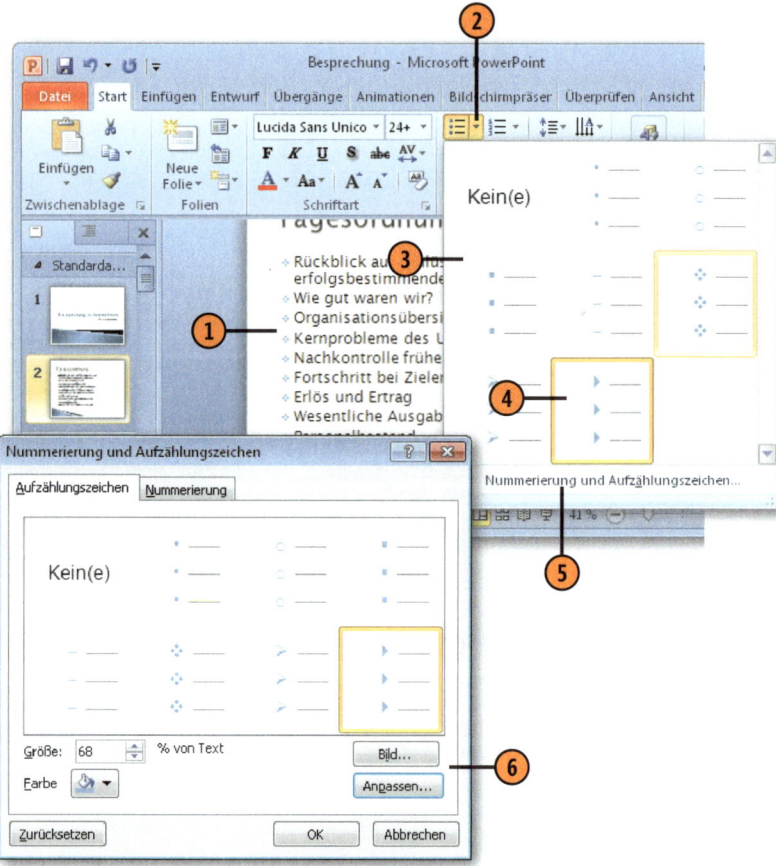

Bildaufzählungszeichen zuweisen

① Markieren Sie im Textbereich einer Folie die Aufzählungspunkte, deren Zeichen Sie ändern wollen.

② Klicken Sie auf der Registerkarte *Start* in der Gruppe *Absatz* auf den Pfeil der Schaltfläche *Aufzählungszeichen* und wählen Sie *Nummerierung und Aufzählungszeichen*.

③ Klicken Sie im Dialogfeld *Nummerierung und Aufzählungszeichen* auf die Schaltfläche *Bild*.

④ Wählen Sie im Dialogfeld *Bildaufzählungszeichen* ein Zeichen aus.

⑤ Bestätigen Sie Ihre Wahl mit einem Klick auf *OK*, um das gewählte Bildaufzählungszeichen Ihrem Aufzählungstext zuzuweisen.

Sonderzeichen anpassen

① Markieren Sie im Textbereich einer Folie die Aufzählungspunkte, deren Zeichen Sie ändern wollen.

② Klicken Sie auf der Registerkarte *Start* in der Gruppe *Absatz* auf den Pfeil der Schaltfläche *Aufzählungszeichen* und wählen Sie *Nummerierung und Aufzählungszeichen*.

③ Markieren Sie im Dialogfeld *Nummerierungen und Aufzählung* das Aufzählungszeichen, das Sie ändern wollen.

④ Klicken Sie auf *Anpassen*.

⑤ Klicken Sie im Dialogfeld *Symbol* auf das Sonderzeichen Ihrer Wahl und bestätigen Sie mit *OK*.

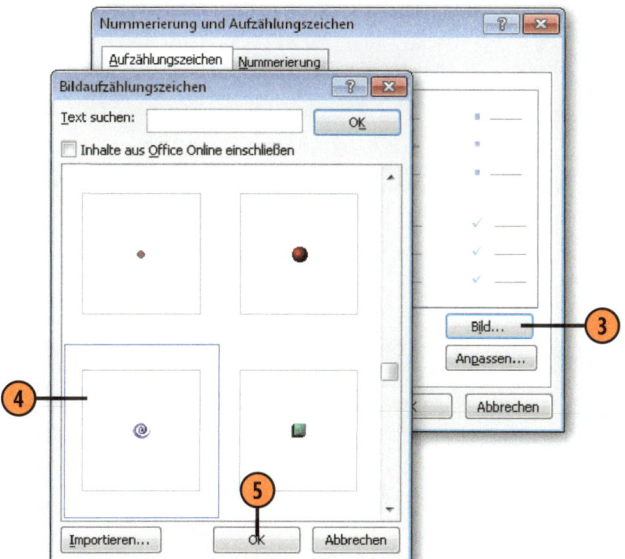

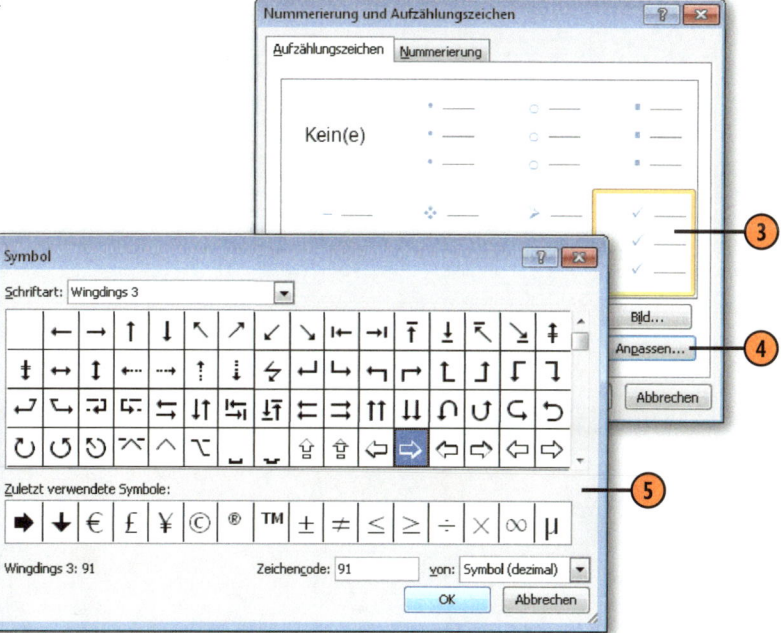

Text mit WordArt-Effekten gestalten

Wenn Sie einen Schriftzug besonders hervorheben wollen, steht Ihnen hierfür die Vielfalt der WordArt-Effekte zur Verfügung. Durch einen einfachen Mausklick lässt sich aus dem WordArt-Katalog ein vorgefertigtes Design für einen Schriftzug auswählen. Diesen Schriftzug können Sie nachträglich noch über verschiedene Optionen weiter gestalten.

WordArt-Format zuweisen

① Markieren Sie den Schriftzug, dem Sie einen Word-Art-Effekt zuweisen wollen. Wenn Sie den Inhalt eines gesamten Bereichs zur Eingabe von Text mit WordArt formatieren wollen, genügt es, wenn Sie innerhalb des Bereichs klicken. Wollen Sie nur einzelne Buchstaben formatieren, müssen Sie diese vorher markieren.

② Wechseln Sie zur Registerkarte *Zeichentools/Format*.

③ Öffnen Sie den Katalog der *WordArt-Formate*.

④ Zeigen Sie auf eine Option im Katalog und betrachten Sie den Effekt in der Livevorschau.

⑤ Klicken Sie auf den Effekt Ihrer Wahl, um ihn zuzuweisen.

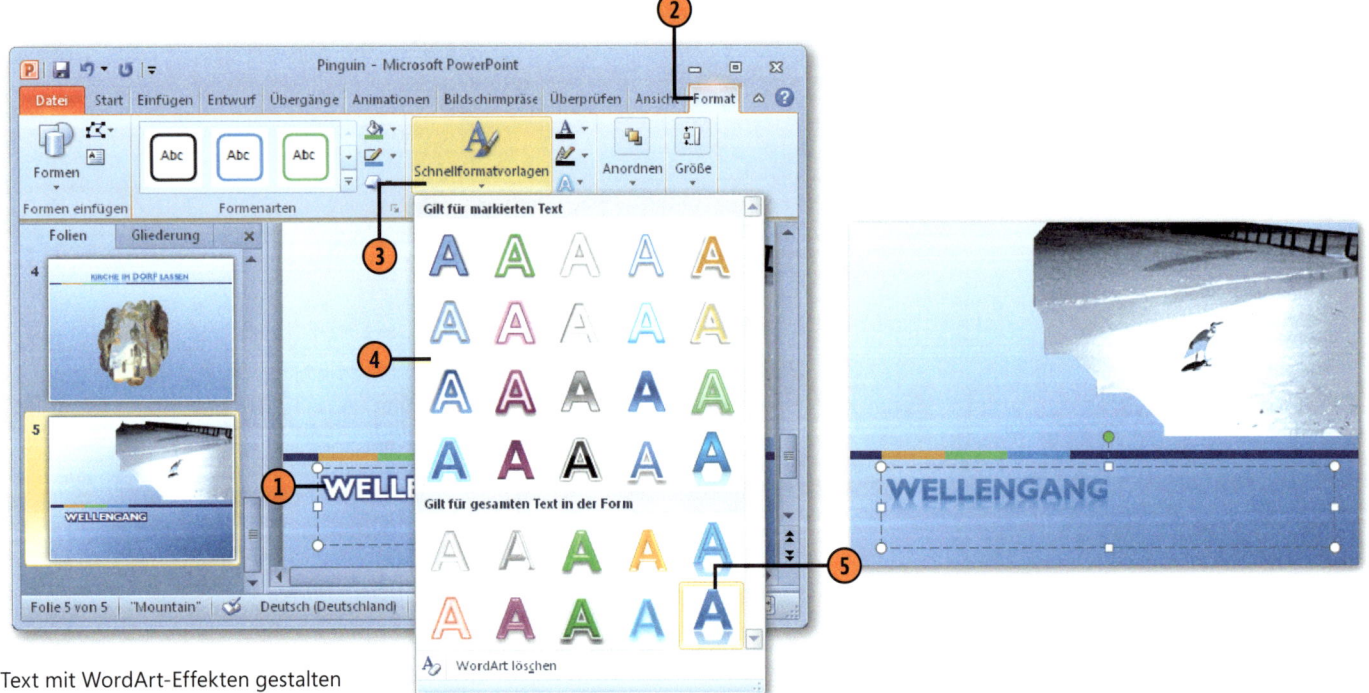

Textfüllung ändern

① Markieren Sie den zu formatierenden Text.

② Wechseln Sie zur Registerkarte *Zeichentools/Format*.

③ Klicken Sie in der Gruppe *WordArt-Formate* auf den Pfeil der Schaltfläche *Textfüllung* und wählen Sie im Dropdownmenü die gewünschte Option.

④ Sie können eine andere Farbe für die Textfüllung auswählen.

⑤ Sie können einen Schriftzug mit einem Bild als Füllung gestalten.

⑥ Sie können einen Farbverlauf festlegen.

⑦ Sie können einem Schriftzug eine Textur zuweisen.

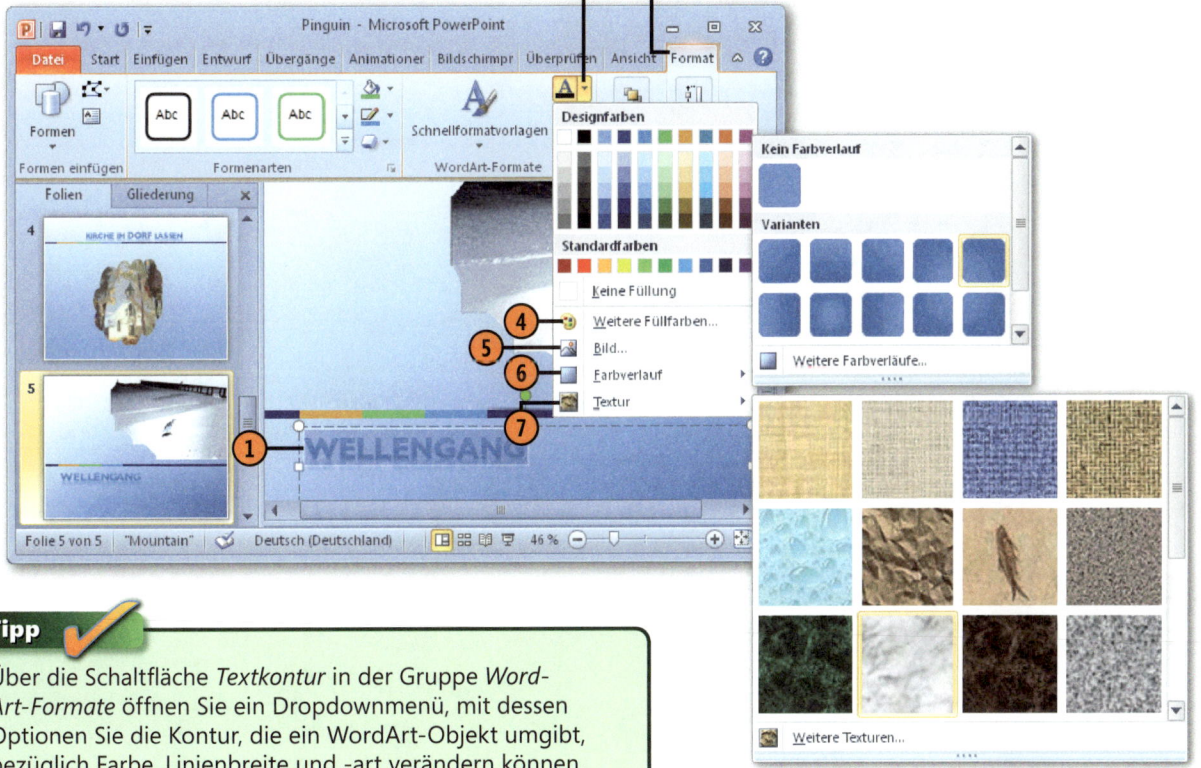

Tipp

Über die Schaltfläche *Textkontur* in der Gruppe *WordArt-Formate* öffnen Sie ein Dropdownmenü, mit dessen Optionen Sie die Kontur, die ein WordArt-Objekt umgibt, bezüglich Farbe, Linienbreite und -art verändern können.

Texteffekte zuweisen

① Markieren Sie den zu formatierenden Text.

② Wechseln Sie zur Registerkarte *Zeichentools/Format*.

③ Klicken Sie auf die Schaltfläche *Texteffekte*.

④ Wählen Sie den gewünschten Texteffekt aus.

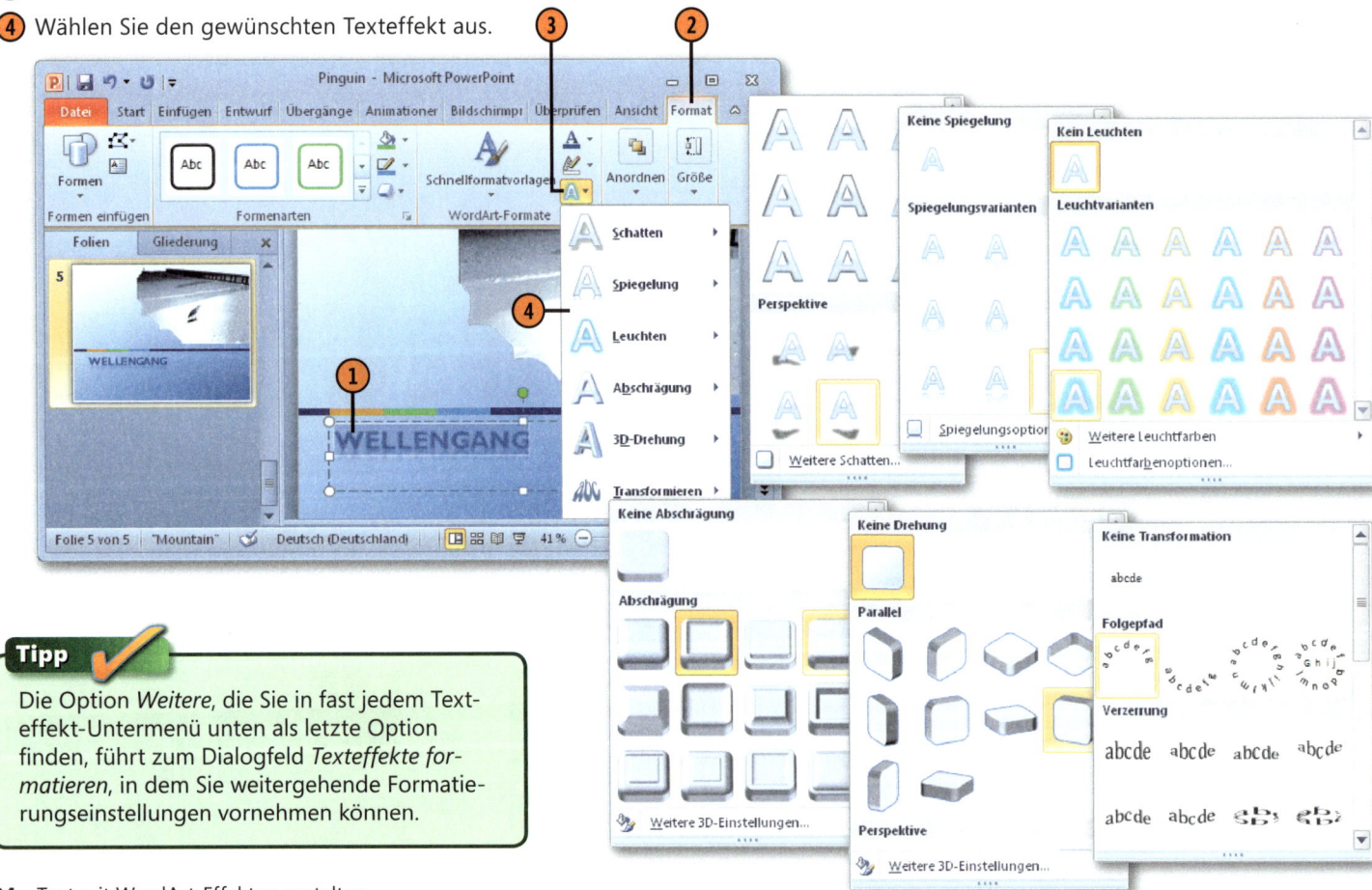

Tipp

Die Option *Weitere*, die Sie in fast jedem Text-effekt-Untermenü unten als letzte Option finden, führt zum Dialogfeld *Texteffekte formatieren*, in dem Sie weitergehende Formatierungseinstellungen vornehmen können.

WordArt-Text transformieren

① Markieren Sie den zu formatierenden Text.

② Wechseln Sie zur Registerkarte *Zeichentools/Format*.

③ Klicken Sie auf die Schaltfläche *Texteffekte*.

④ Klicken Sie im Dropdownmenü auf *Transformieren*, um den Katalog mit den verfügbaren Layouts anzuzeigen.

⑤ Probieren Sie durch Daraufzeigen verschiedene Varianten aus, die in der Livevorschau auf der Folie angezeigt werden. Klicken Sie auf ein Layout, um es zuzuweisen.

⑥ Der zuvor markierte Schriftzug wird entsprechend formatiert auf der Folie angezeigt.

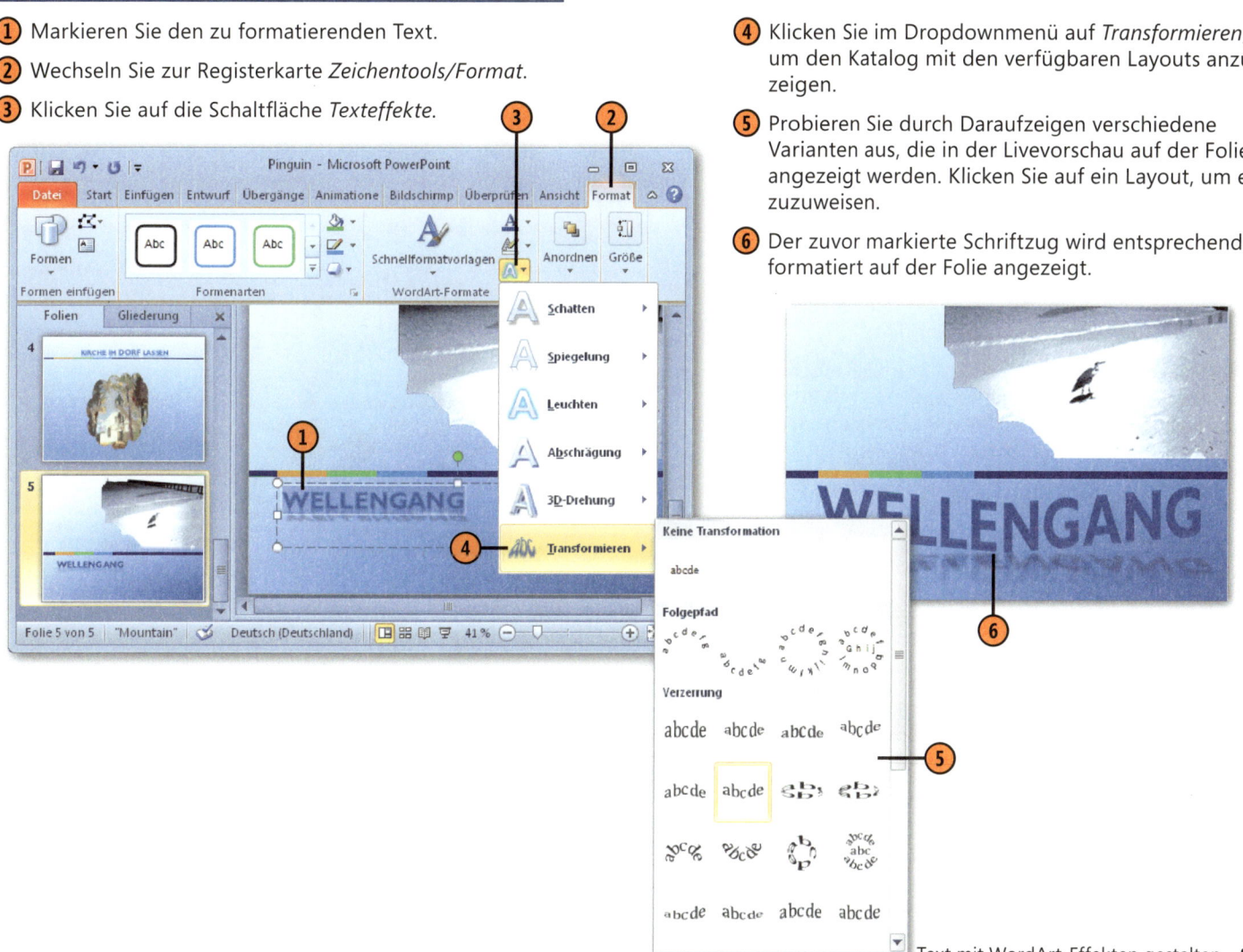

Rechtschreibung überprüfen

Bei der Eingabe von Text, speziell wenn Sie unter Zeitdruck stehen, kann Ihnen sicherlich der ein oder andere Tippfehler unterlaufen. Zum Überarbeiten von Text stehen Ihnen in PowerPoint verschiedene Funktionen zur Verfügung, die auch in Textverarbeitungsprogrammen zu finden sind. Dazu gehört im Wesentlichen die Rechtschreibprüfung, die automatisch schon während der Texteingabe, aber auch nachträglich durchgeführt werden kann.

Rechtschreibung während der Eingabe prüfen

① Klicken Sie mit der rechten Maustaste auf ein Wort, das im Text mit einer roten Wellenlinie gekennzeichnet ist, um das Kontextmenü zu öffnen.

② Klicken Sie auf einen der angezeigten Korrekturvorschläge, um ihn zu akzeptieren.

③ Klicken Sie auf *Alle ignorieren*, wenn Sie möchten, dass alle weiteren Vorkommen dieses Wortes in dieser Schreibweise nicht mehr als falsch geschrieben bzw. unbekannt gemeldet werden.

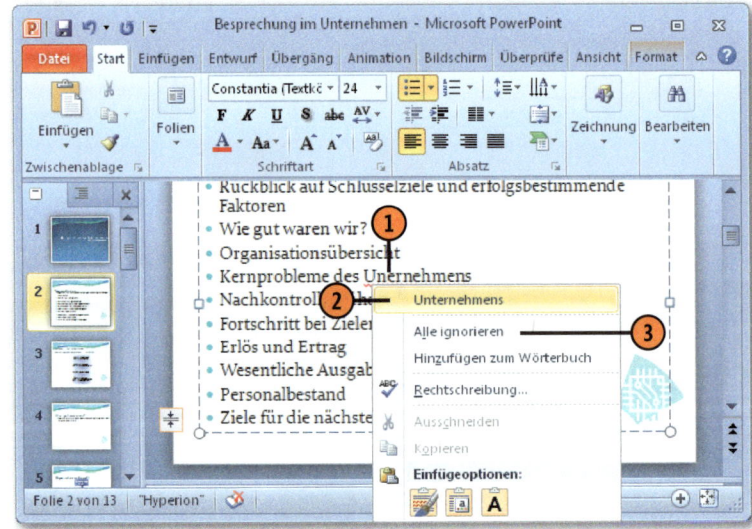

 **Tipp**

Sie können die automatische Rechtschreibprüfung ausschalten, indem Sie auf der Registerkarte *Datei* auf *Optionen* klicken und im Dialogfeld *PowerPoint-Optionen* in der Kategorie *Dokumentprüfung* das Kontrollkästchen *Rechtschreibung während der Eingabe überprüfen* deaktivieren.

Nachträgliche Rechtschreibprüfung

① Wechseln Sie zur Registerkarte *Überprüfen*.

② Klicken Sie dort auf *Rechtschreibung*.

③ Das Dialogfeld *Rechtschreibung* wird angezeigt, sobald ein Wort gefunden wird, das nicht im Wörterbuch des Programms enthalten ist.

④ Hier wird der Änderungsvorschlag des Programms angezeigt.

⑤ In dieser Liste werden mögliche Alternativen angezeigt.

⑥ Klicken Sie hier, wenn Sie den Änderungsvorschlag ignorieren wollen. Sobald Sie die Rechtschreibprüfung unterbrechen, d.h. außerhalb des Dialogfeldes klicken, ändert sich die Schaltfläche in *Fortsetzen*.

⑦ Hierüber ersetzen Sie das gefundene Wort durch den Eintrag im Feld *Ändern in*.

⑧ Über diese Schaltfläche fügen Sie das gefundene Wort in das aktuelle Wörterbuch ein.

⑨ Durchsucht das ausgewählte Wörterbuch nach möglichen Schreibweisen für das Wort.

⑩ Hierüber fügen Sie den Rechtschreibfehler und das korrigierte Wort der AutoKorrektur-Liste hinzu. Dieses Wort wird dann im Fehlerfall automatisch vom Programm verbessert.

⑪ Klicken Sie abschließend hier, um die Rechtschreibprüfung zu beenden.

⑫ Nachdem die gesamte Präsentation einschließlich hinzugefügtem Text sowie Kopf- und Fußzeilen überprüft wurde, wird eine entsprechende Meldung angezeigt. Klicken Sie auf *OK*.

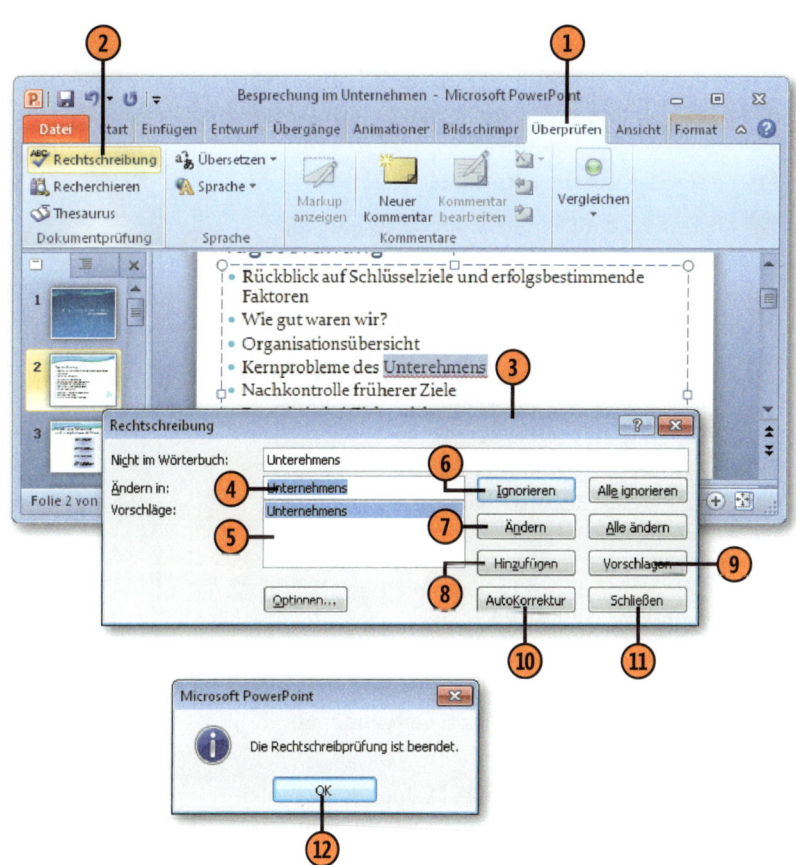

Optionen zur Dokumentprüfung

Alles das, was die Rechtschreibprüfung leistet, ist in den Optionen zur Dokumentprüfung festgelegt. Nehmen Sie hier gegebenenfalls Änderungen vor. Falls Sie immer wieder ein Wort falsch tippen und Ihnen dies auf Dauer lästig wird, können Sie dieses Wort in die *AutoKorrektur*-Liste aufnehmen und so dafür sorgen, dass dieses Wort bereits bei der Eingabe automatisch korrigiert wird.

Optionen zur Dokumentprüfung aufrufen

① Klicken Sie auf die Registerkarte *Datei*.

② Klicken Sie auf *Optionen*, um das Dialogfeld *PowerPoint-Optionen* zu öffnen.

③ Klicken Sie auf *Dokumentprüfung*, um die zugehörigen Optionen anzuzeigen.

④ Über *AutoKorrektur-Optionen* öffnen Sie ein Dialogfeld, in dem Sie weitere Einstellungen treffen (siehe nächste Seite).

⑤ In diesem Bereich finden Sie verschiedene Optionen zur Rechtschreibkorrektur. Kontrollkästchen, die mit einem Häkchen versehen sind, sind momentan aktiviert. Klicken Sie auf ein Kontrollkästchen, um die betreffende Option zu deaktivieren.

⑥ Klicken Sie hier, um z.B. das zu verwendende Wörterbuch auszuwählen – es können auch mehrere sein – sowie die zu verwendende Wörterbuchsprache festzulegen.

⑦ Klicken Sie auf *OK*, um das Dialogfeld zu schließen und ggf. vorgenommene Änderungen zu übernehmen.

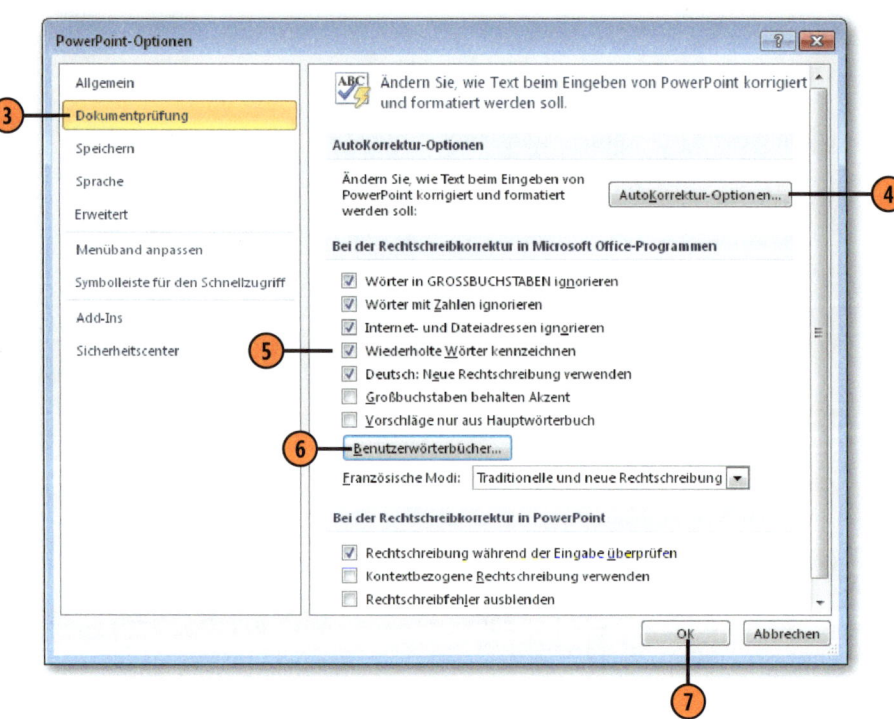

Wörter zur AutoKorrektur-Liste hinzufügen

① Klicken Sie auf der Registerkarte *Datei* auf *Optionen*.

② Klicken Sie im Dialogfeld *PowerPoint-Optionen* in der Kategorie Dokumentprüfung auf die Schaltfläche *AutoKorrektur-Optionen*, um das Dialogfeld *AutoKorrektur* zu öffnen.

③ Auf der Registerkarte *AutoKorrektur* finden Sie Optionen, die Sie durch einen Klick ein- bzw. ausschalten können.

④ Über die Schaltfläche *Ausnahmen* öffnen Sie ein weiteres Dialogfeld, in dem Sie Begriffe hinzufügen können, die von den aktivierten Optionen nicht beachtet werden sollen.

⑤ In diesem Bereich geben Sie im Feld *Ersetzen* einen Begriff ein, z.B. ein Wort, das Sie häufig falsch tippen, und im Feld *Durch* die korrekte Schreibweise.

⑥ Klicken Sie anschließend auf *Hinzufügen*.

⑦ Auf der Registerkarte *AutoFormat während der Eingabe* können Sie festlegen, was automatisch während der Eingabe durch entsprechende Formate etc. ersetzt werden soll.

⑧ Bestätigen Sie Ihre Änderungen mit *OK*.

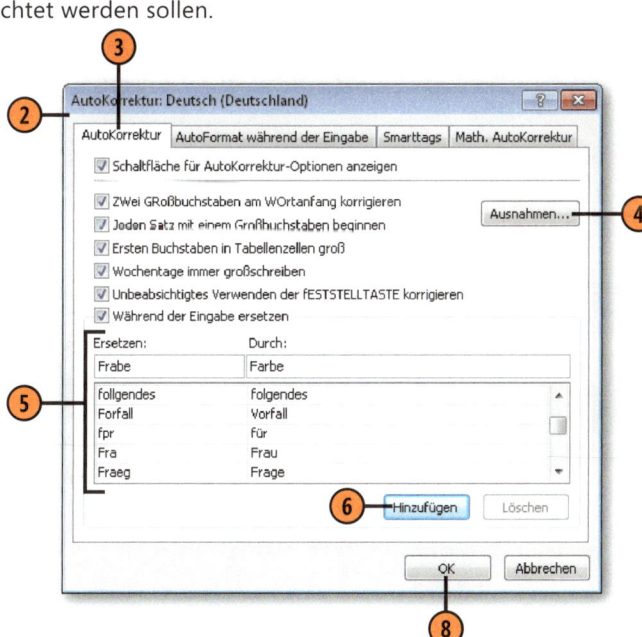

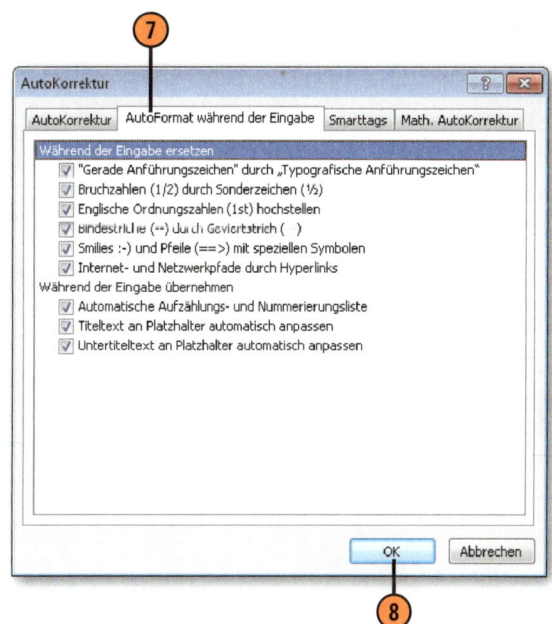

Text und Schriftarten suchen und ersetzen

Bei umfangreichen Präsentationen können Sie nach bestimmten Zeichen, Begriffen und Textpassagen suchen und sie bei Bedarf durch andere ersetzen. Des Weiteren können Sie beispielsweise eine durch die Wahl einer Vorlage definierte Schriftart für Titel und Aufzählungstext durch eine andere in einem Schritt ersetzen.

Text suchen und ersetzen

① Klicken Sie auf der Registerkarte *Start* in der Gruppe *Bearbeiten* auf den Pfeil der Schaltfläche *Ersetzen* und wählen Sie *Ersetzen*.

② Geben Sie im Feld *Suchen nach* einen Begriff ein, nach dem gesucht werden soll.

③ Geben Sie im Feld *Ersetzen durch* den Begriff ein, durch den der angegebene Suchbegriff ersetzt werden soll.

④ Klicken Sie auf *Weitersuchen*, um den Suchvorgang zu starten und das erste Vorkommen des Suchbegriffs anzusteuern.

⑤ Klicken Sie auf *Ersetzen*, um den gefundenen Begriff zu ersetzen.

Schriftart ersetzen

① Klicken Sie auf der Registerkarte *Start* in der Gruppe *Bearbeiten* auf den Pfeil der Schaltfläche *Ersetzen* und wählen Sie *Schriftarten ersetzen*.

② Klicken Sie auf den Pfeil des Dropdown-Listenfeldes *Ersetzen* und wählen Sie in der Liste die Schriftart aus, die Sie ersetzen wollen.

③ Öffnen Sie durch einen Klick auf den Pfeil des Dropdown-Listenfeldes *Durch* die Liste und wählen Sie die Schriftart aus, durch die die im Feld *Ersetzen* angegebene ersetzt werden soll.

④ Klicken Sie auf *Ersetzen*, um den Vorgang zu starten.

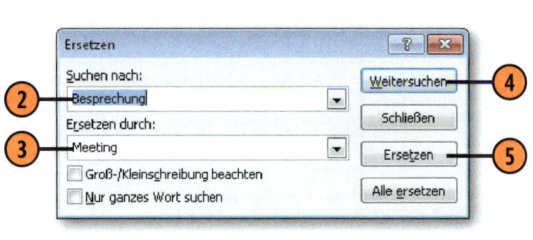

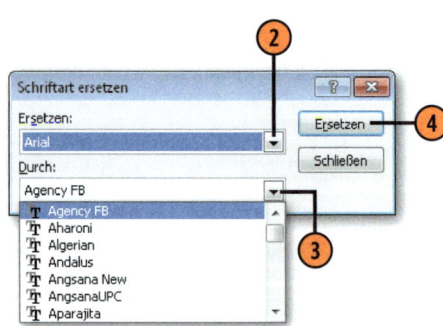

6 Folienlayouts, Designs und Master

Das Wesentliche einer guten Präsentation ist eine klare, übersichtliche inhaltliche Struktur, die das, was Sie vortragen wollen, Ihren Zuhörern optimal vermittelt. Jedoch nicht nur das, sondern auch die Gestaltung der einzelnen Folien nimmt einen ganz entscheidenden Part ein, wenn es darum geht, das Publikum zu fesseln. Wenn Sie unter Zeitdruck stehen oder wenn Sie keine besonders ausgeprägte künstlerische Ader haben, soll die Gestaltung der Folien einer Präsentation nicht unbedingt Ihr Problem sein. Microsoft PowerPoint 2010 bietet Ihnen eine ganze Palette von vorgefertigten Foliendesigns, die Sie nur Ihrer Präsentation zuweisen müssen.

Auch verschiedene Folienlayouts, bei denen Sie die Wahl haben, Ihren Text und diverse Objekte wie Grafiken, Tabellen etc. in unterschiedliche Bereiche einzufügen, erleichtern Ihnen die Gestaltung einer professionellen Präsentation.

Alle Folien sowie Handzettel und Notizenseiten sind mit einem Master verbunden. Hier sind z.B. die grafischen Elemente eines Foliendesigns sowie die Anordnung der Platzhalterbereiche eines Folienlayouts festgelegt. Wenn Sie grundlegende Änderungen an diesen Merkmalen vornehmen wollen, arbeiten Sie am besten in der Masteransicht.

Folienlayout – Überblick

Mit der Wahl eines Folienlayouts legen Sie fest, an welcher Stelle die Platzhalterbereiche zum Einfügen von Titel, Text und verschiedenen Objekten auf einer Folie angezeigt werden. Wenn Sie ein Folienlayout zuweisen, werden automatisch die Platzhalter auf der betreffenden Folie angezeigt, die Sie anschließend mit dem von Ihnen vorgesehenen Inhalt füllen können.

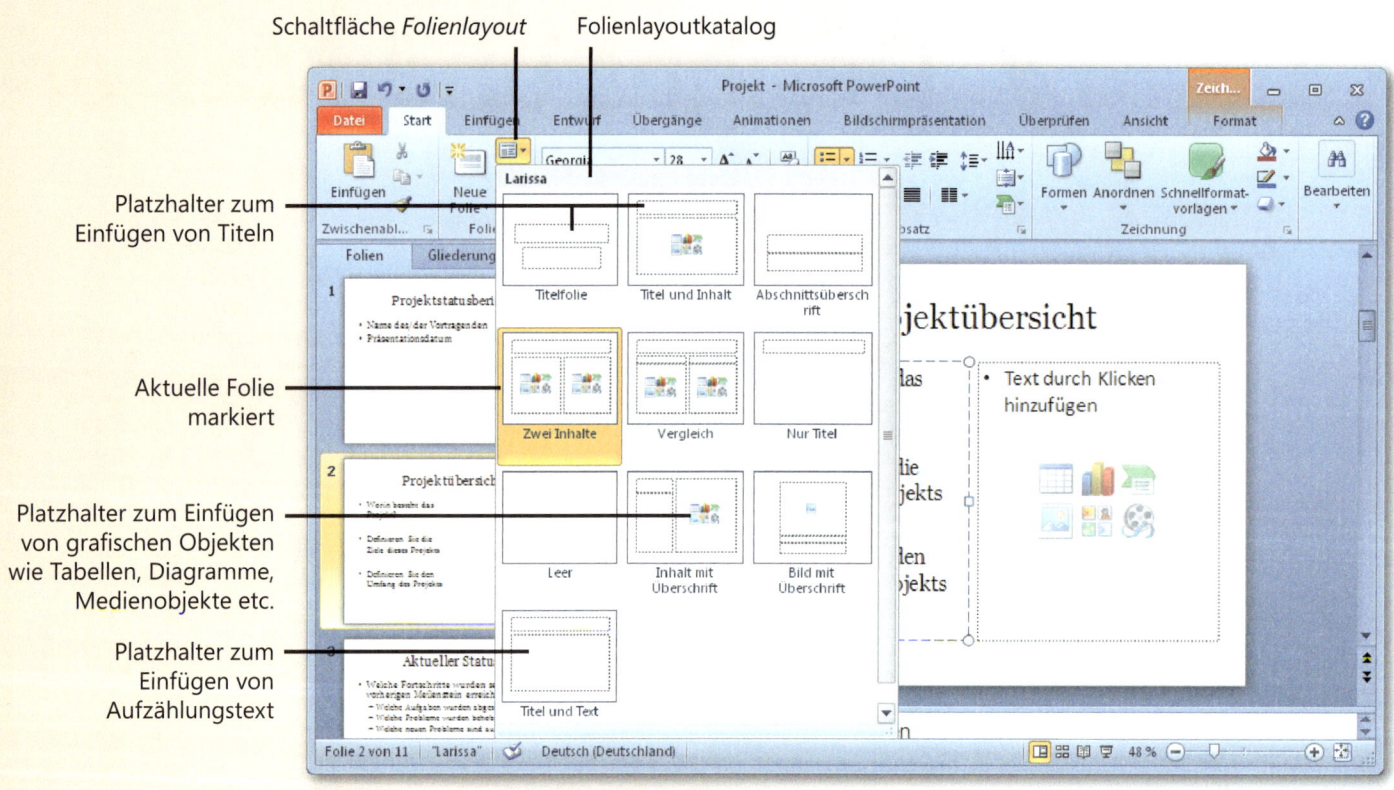

Schaltfläche *Folienlayout*

Folienlayoutkatalog

Platzhalter zum Einfügen von Titeln

Aktuelle Folie markiert

Platzhalter zum Einfügen von grafischen Objekten wie Tabellen, Diagramme, Medienobjekte etc.

Platzhalter zum Einfügen von Aufzählungstext

Foliendesign – Überblick

Die Auswahl an professionell gestalteten Foliendesigns für jeden Anlass ist immens. Ein Foliendesign ist eine Vorlage, auf der bereits unterschiedliche Designelemente vorhanden sind. Hierbei handelt es sich unter anderem – je nachdem, welche Vorlage Sie gewählt haben – um Hintergrundfarben und Effekte, Schriftarten, Schriftgrößen und Textausrichtung sowie zusätzliche grafische Elemente.

Foliendesignkatalog

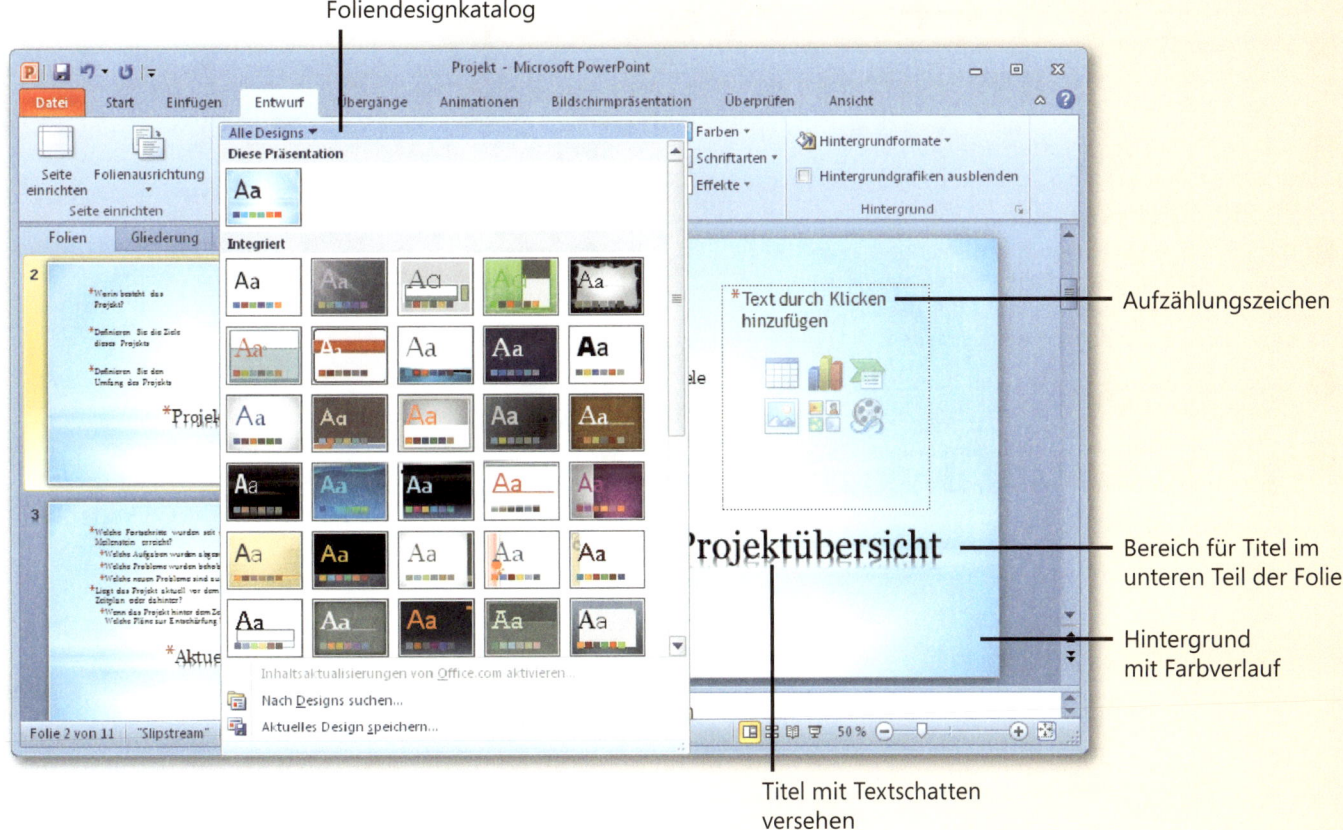

Aufzählungszeichen

Bereich für Titel im unteren Teil der Folie

Hintergrund mit Farbverlauf

Titel mit Textschatten versehen

Mit Folienlayouts arbeiten

Ganz egal, ob Sie eine neue, leere Präsentation oder eine neue Präsentation auf der Basis einer importierten Gliederung erstellen, die Wahl eines Folienlayouts für unterschiedliche Folien hilft Ihnen, Ihren Text und/oder grafische Objekte an der richtigen Stelle auf der Folie einzufügen.

Folienlayout zuweisen

① Markieren Sie die Folienabbildung auf der Registerkarte *Folien*, der Sie ein neues Folienlayout zuweisen wollen.

② Klicken Sie auf der Registerkarte *Start* in der Gruppe *Folien* auf die Schaltfläche *Folienlayout*, um den Folienlayoutkatalog zu öffnen.

③ Das bisherige Folienlayout wird markiert angezeigt. Dieses wird sämtlichen Folien zugewiesen, wenn Sie eine Präsentation auf der Basis einer importierten Gliederung erstellt haben.

④ Klicken Sie auf das Folienlayout Ihrer Wahl, um es zuzuweisen.

⑤ Der bereits vorhandene Text wird in dem Platzhalter des gewählten Folienlayouts angezeigt.

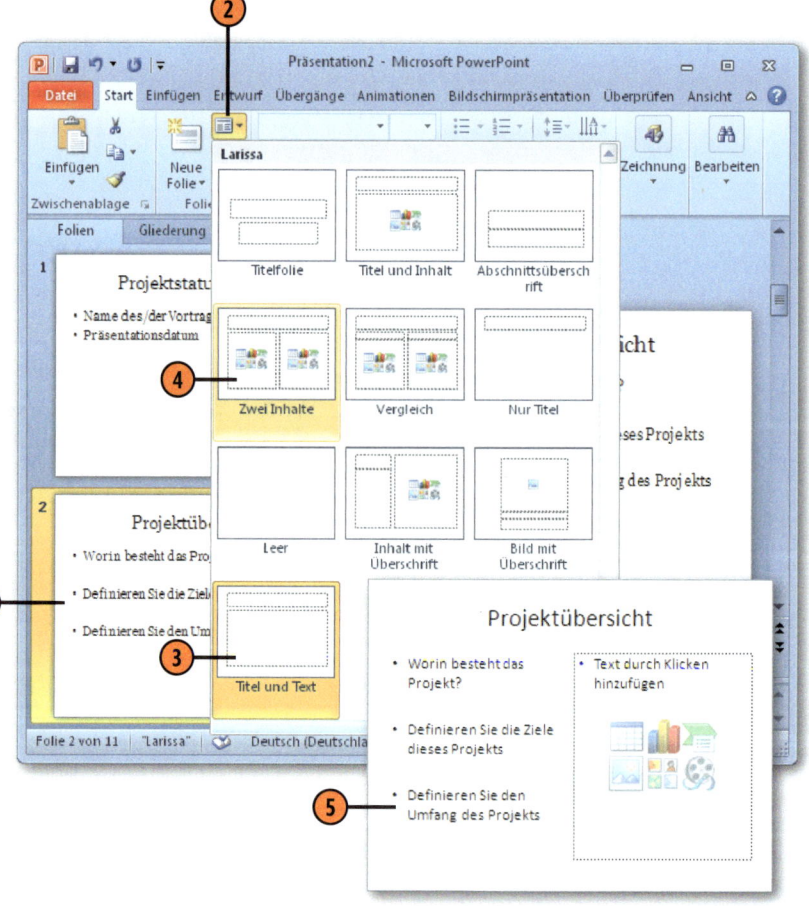

Neue Folie mit anderem Folienlayout

1 Öffnen Sie eine neue, leere Präsentation.

2 Klicken Sie auf der Registerkarte *Start* in der Gruppe *Folien* auf den Pfeil der Schaltfläche *Neue Folie*, um den Folienlayoutkatalog zu öffnen.

3 Klicken Sie auf das Folienlayout Ihrer Wahl, um es zuzuweisen.

4 Die neue Folie mit dem gewählten Folienlayout wird hinter der ersten Folie der neuen, leeren Präsentation eingefügt.

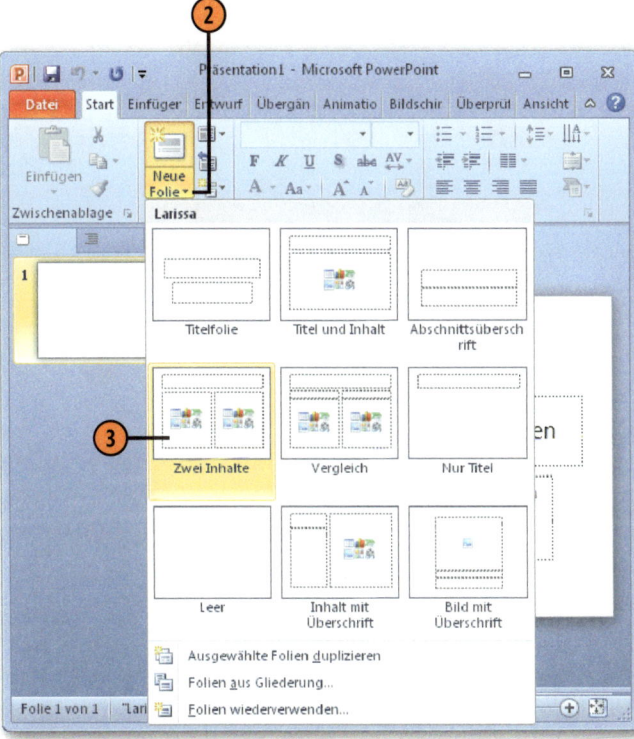

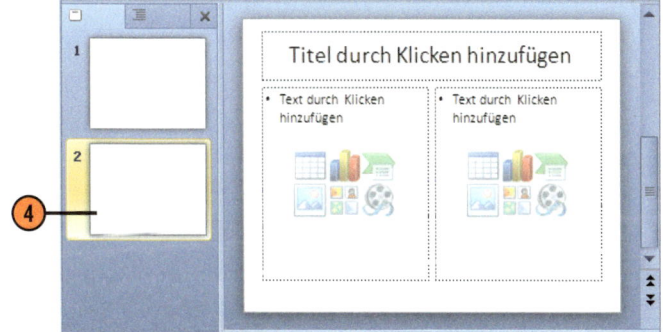

Gewusst wie

Wenn Sie Veränderungen an einem Platzhalter des Folienlayouts vorgenommen haben, z.B. die Größe geändert haben, können Sie über die Schaltfläche *Zurücksetzen* in der Gruppe *Folien* auf der Registerkarte *Start* den Platzhalter wieder auf die Standardeinstellungen bringen.

Platzhalter für ein Folienlayout auswählen

① Klicken Sie auf die Registerkarte *Ansicht*.

② Klicken Sie auf die Schaltfläche *Folienmaster*, um zur Folienmasteransicht zu wechseln.

③ Klicken Sie auf der Registerkarte *Folienmaster* in der Gruppe *Masterlayout* auf den Pfeil der Schaltfläche *Platzhalter einfügen*.

④ Wählen Sie aus, welchen Typ von Platzhalter Sie einfügen möchten.

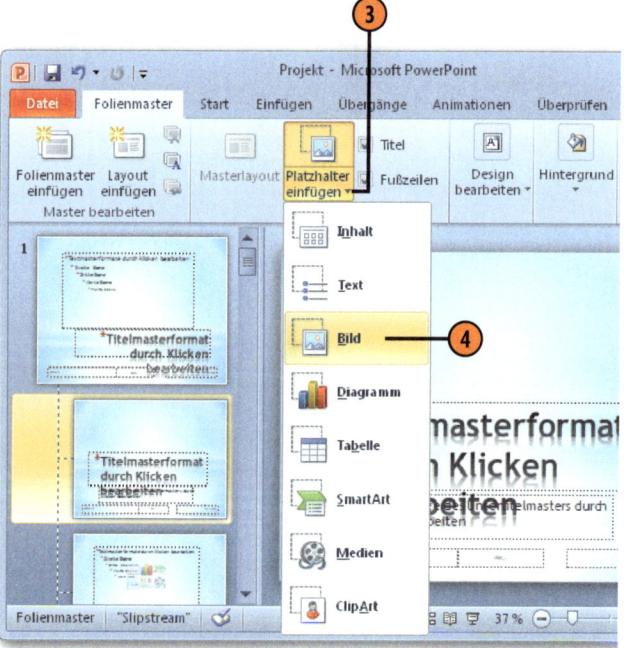

Siehe auch

Ausführliche Informationen zum Arbeiten mit dem Folienmaster finden Sie auf Seite 104 ff.

Platzhalter in ein Folienlayout einfügen und zuweisen

① Führen Sie den Mauszeiger auf die Stelle der Masterfolie, an der Sie den zusätzlichen Platzhalter einfügen wollen.

② Ziehen Sie mit gedrückter Maustaste den Platzhalterrahmen auf.

③ Klicken Sie anschließend auf die Schaltfläche *Masteransicht schließen*, um wieder zur Normalansicht zu wechseln.

④ Klicken Sie auf der Registerkarte *Start* in der Gruppe *Folien* auf die Schaltfläche *Folienlayout* und wählen Sie das neue Layout für die Folie aus.

⑤ Der zusätzliche Platzhalter wird eingefügt. Klicken Sie innerhalb des Platzhalters, um entsprechenden Inhalt einzufügen.

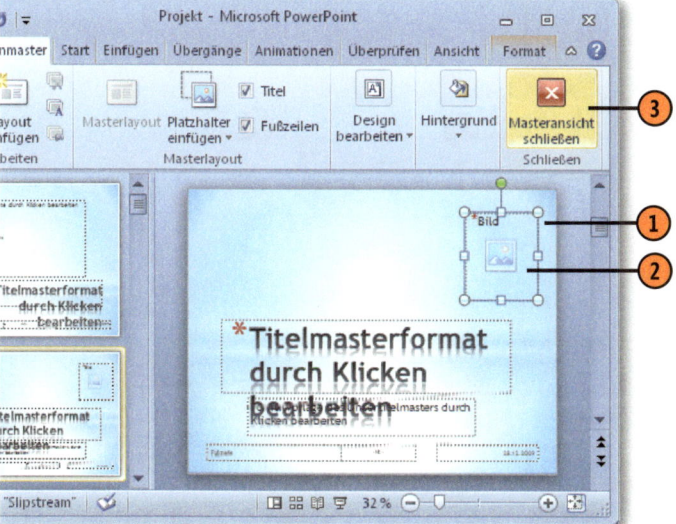

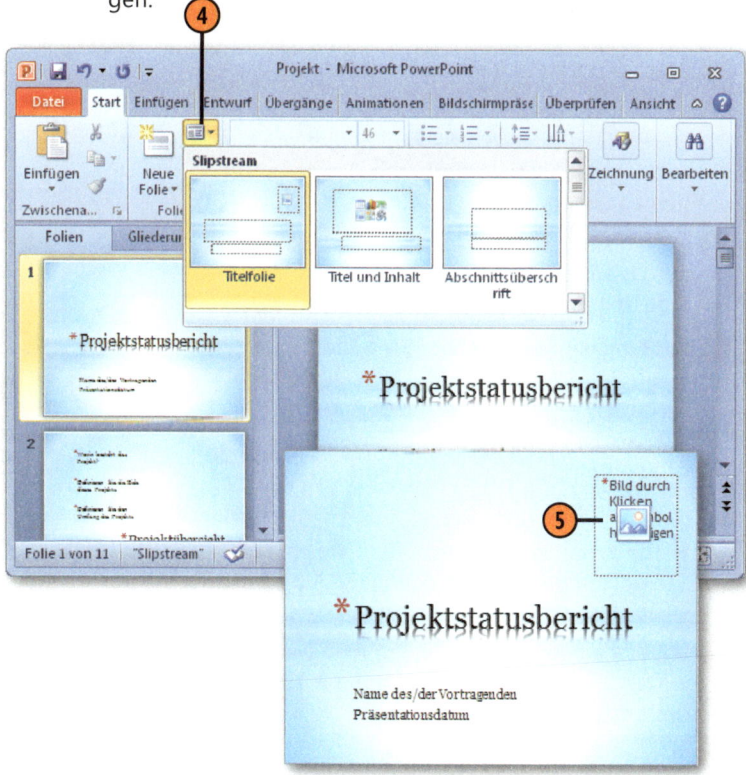

Mit Foliendesigns arbeiten

Das Wesentliche an einer Präsentation ist der Inhalt, den Sie vermitteln wollen. Um diesen Inhalt wirkungsvoll zu unterstreichen, nimmt die Gestaltung der einzelnen Folien der Präsentation einen entscheidenden Part ein. Fast jedem Anlass entsprechend ist eine große Anzahl von Foliendesigns verfügbar, die sämtliche Gestaltungselemente für Hintergrund, Schrift und zusätzliche grafische Elemente enthalten. Je nachdem, in welchem Raum Sie präsentieren, können Sie zwischen Designs mit dunklem oder hellerem Hintergrund wählen.

Ein Foliendesign zuweisen

1. Wechseln Sie zur Registerkarte *Entwurf*.

2. Klicken Sie rechts von den Abbildungen der Designs auf die Schaltfläche *Weitere*, um den Katalog mit allen verfügbaren Designs anzeigen zu lassen.

3. Lassen Sie sich die verschiedenen Designs in der Livevorschau anzeigen, indem Sie den Mauszeiger über die Designs führen.

4. Klicken Sie mit der rechten Maustaste auf ein Design und wählen Sie zwischen folgenden Optionen:

   - *Für alle Folien übernehmen*, um das Design auf sämtliche Folien Ihrer Präsentation zu übertragen

   - *Für ausgewählte Folien übernehmen*, um das Design nur auf die aktuelle Auswahl zu übertragen

5. Wenn Sie ein Design allen Folien zuweisen wollen, genügt es, wenn Sie auf die Abbildung des betreffenden Designs klicken.

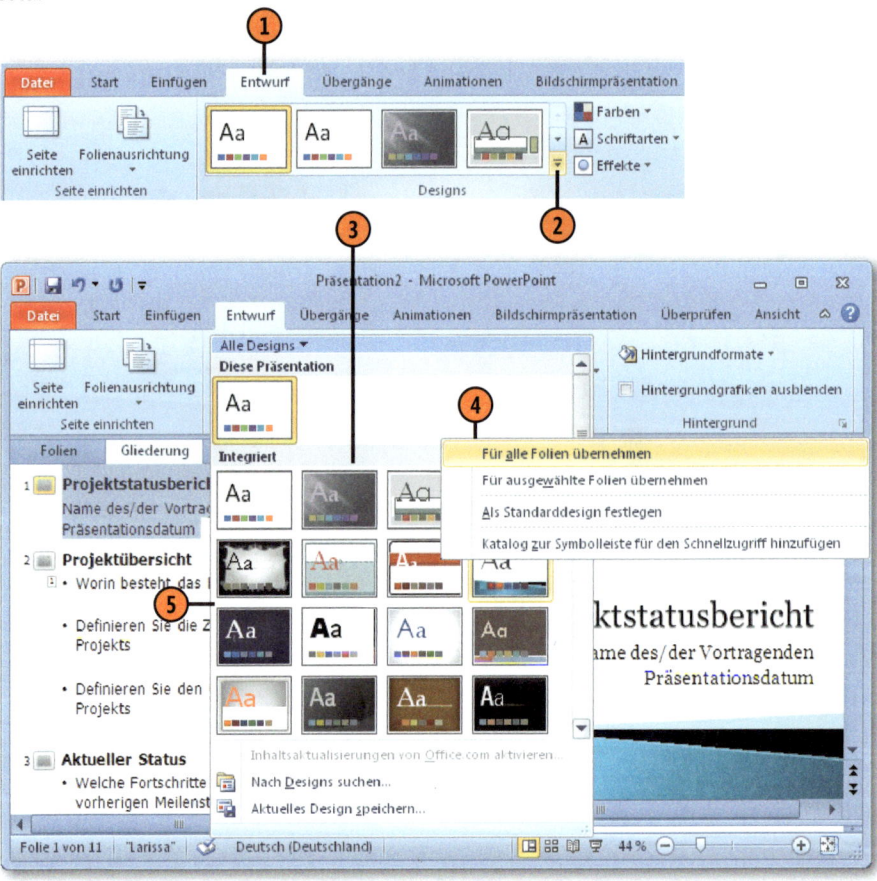

Präsentation mit einem Foliendesign beginnen

① Klicken Sie auf die Registerkarte *Datei*.

② Wählen Sie *Neu*, um die in PowerPoint verfügbaren Vorlagen und Designs anzuzeigen.

③ Klicken Sie auf *Designs*.

④ Benutzen Sie die Bildlaufleiste, um sich sämtliche vorhandenen Designs anzeigen zu lassen.

⑤ Markieren Sie das Design, das Sie für Ihre Präsentation verwenden wollen.

⑥ Klicken Sie auf *Erstellen*.

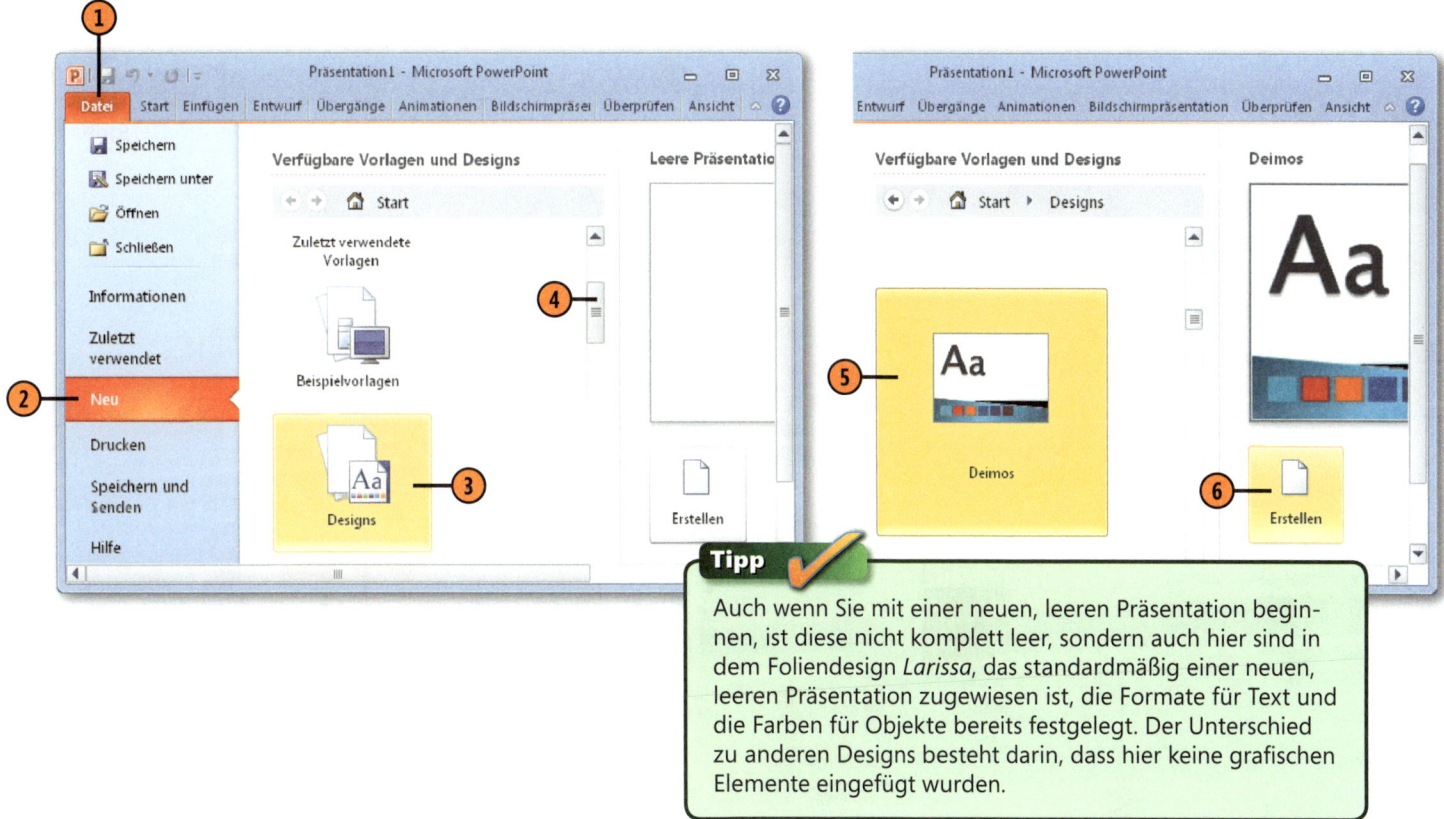

Tipp

Auch wenn Sie mit einer neuen, leeren Präsentation beginnen, ist diese nicht komplett leer, sondern auch hier sind in dem Foliendesign *Larissa*, das standardmäßig einer neuen, leeren Präsentation zugewiesen ist, die Formate für Text und die Farben für Objekte bereits festgelegt. Der Unterschied zu anderen Designs besteht darin, dass hier keine grafischen Elemente eingefügt wurden.

Farben eines Designs ändern

① Wechseln Sie zur Registerkarte *Entwurf*.

② Klicken Sie in der Gruppe *Designs* auf die Schaltfläche *Farben*.

③ Zeigen Sie auf ein Farbschema, um die Wirkung in der Livevorschau auf der Folie zu sehen. Klicken Sie auf das gewünschte Farbschema, um es anzuwenden.

④ Wenn Sie einzelne Farben eines Farbschemas ändern wollen, klicken Sie auf *Neue Designfarben erstellen*.

⑤ Für jede Farbe können Sie eine Palette öffnen und dann eine andere Farbe durch Anklicken des betreffenden Farbfeldes zuweisen.

⑥ Im Feld *Beispiel* werden die Änderungen angezeigt.

⑦ Geben Sie hier einen Namen für das geänderte Design ein.

⑧ Speichern Sie die Änderungen.

⑨ Das neue Farbschema wird im Dropdownmenü zur Schaltfläche *Folien* ganz oben im Bereich *Benutzerdefiniert* angezeigt. Klicken Sie darauf, um die geänderten Designfarben zuzuweisen.

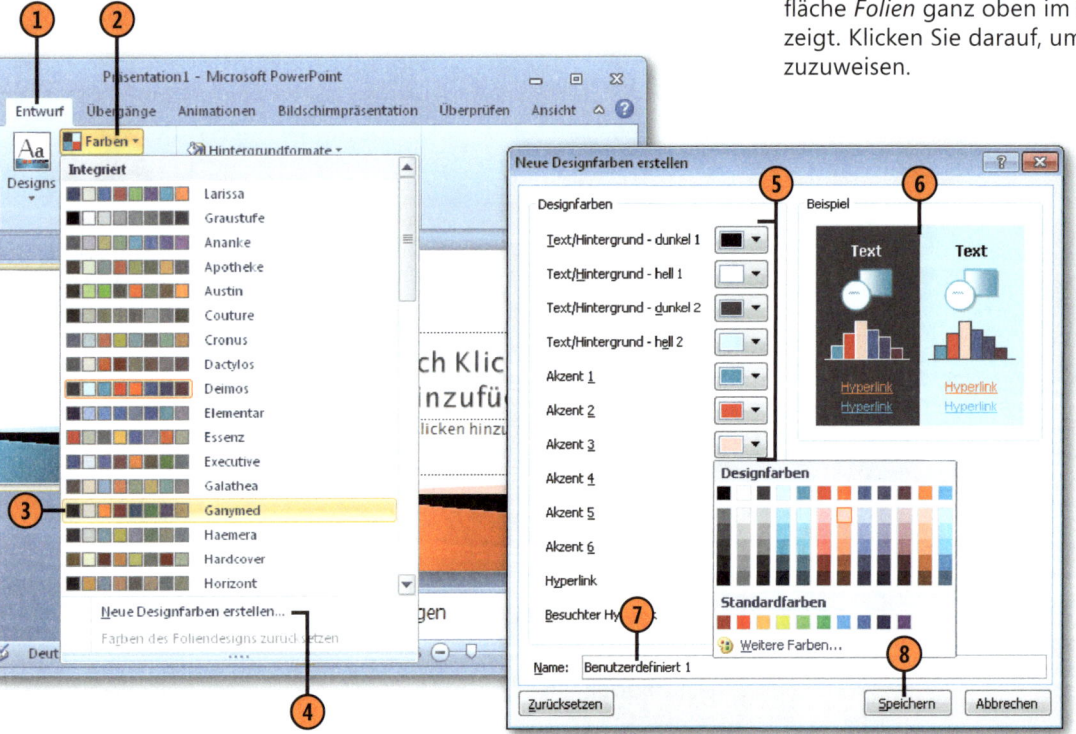

Schriftarten eines Designs ändern

① Wechseln Sie zur Registerkarte *Entwurf*.

② Klicken Sie in der Gruppe *Designs* auf die Schaltfläche *Schriftarten*.

③ Zeigen Sie auf eine Schriftart, um die Wirkung in der Livevorschau auf der Folie zu sehen. Klicken Sie auf die gewünschte Schriftart, um sie auszuwählen.

④ Wenn Sie andere Schriftarten zuweisen wollen, klicken Sie auf *Neue Designschriftarten erstellen*.

⑤ Wählen Sie in den betreffenden Dropdownlisten für Überschriften und/oder den Textkörper jeweils eine neue Schriftart aus. Im Beispielfenster werden die Änderungen angezeigt.

⑥ Geben Sie einen Namen für die geänderten Einstellungen der Designschriftarten ein.

⑦ Speichern Sie die Änderungen.

⑧ Das neue Designschriftarten-Set wird im Dropdownmenü zur Schaltfläche *Schriftarten* oben im Bereich *Benutzerdefiniert* angezeigt. Klicken Sie darauf, um die geänderten Designschriftarten zuzuweisen.

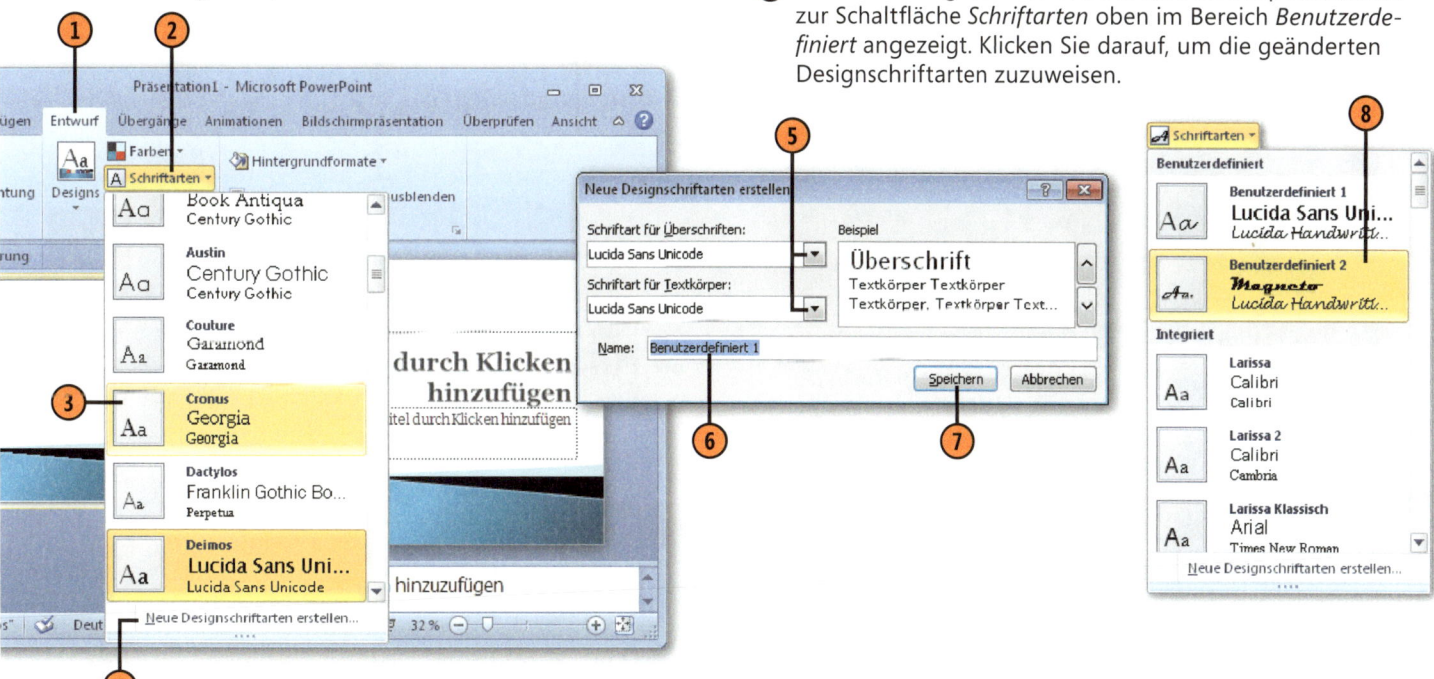

Hintergrundgrafiken eines Designs entfernen

① Wechseln Sie zur Registerkarte *Entwurf*.

② Aktivieren Sie in der Gruppe *Hintergrund* das Kontrollkästchen *Hintergrundgrafiken ausblenden*.

③ Die Grafiken, die dem Design hinzugefügt wurden, sind auf der aktuellen Folie nicht mehr vorhanden.

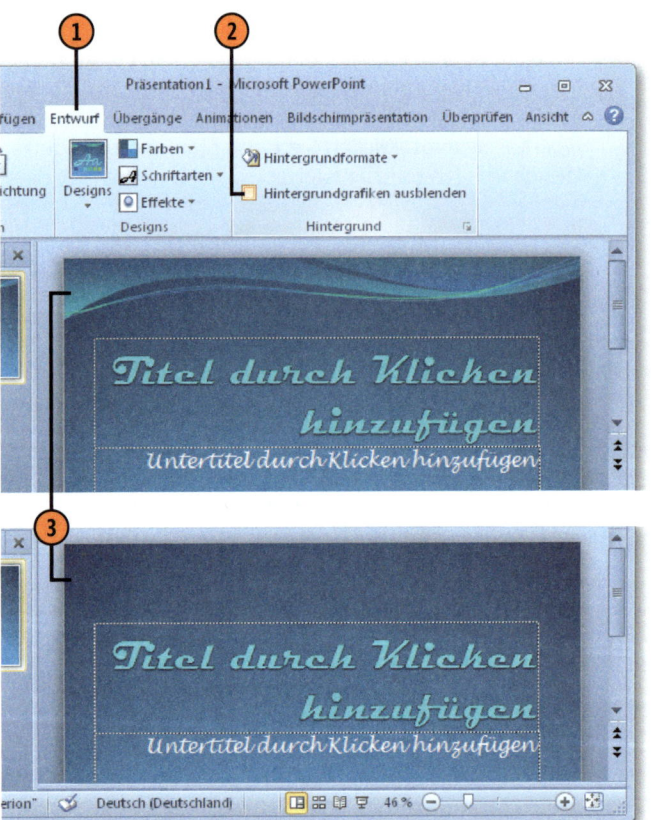

Hintergrundformate ändern

① Wechseln Sie zur Registerkarte *Entwurf*.

② Klicken Sie in der Gruppe *Hintergrund* auf die Schaltfläche *Hintergrundformate*.

③ Zeigen Sie auf ein Hintergrundformat, um die Wirkung in der Livevorschau auf der Folie zu sehen. Klicken Sie auf das gewünschte Hintergrundformat, um es zuzuweisen.

④ Wenn Sie eine andere Hintergrundformatierung wollen, klicken Sie auf *Hintergrund formatieren* und legen die betreffenden Optionen im daraufhin geöffneten Dialogfeld fest.

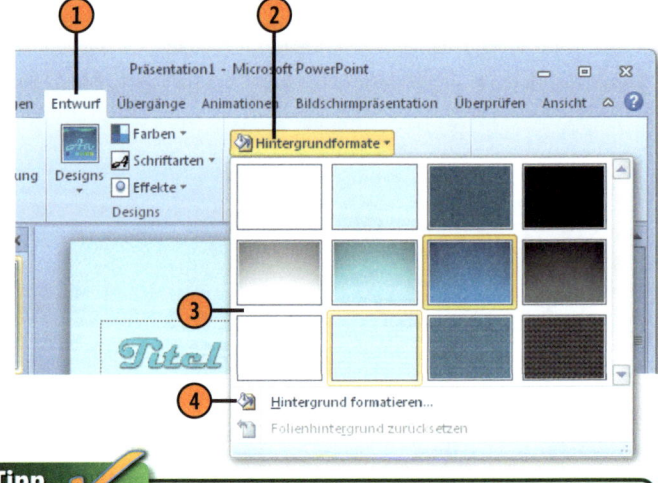

> **Tipp** ✓
>
> Wollen Sie den Hintergrund nur für ausgewählte Folien ändern, klicken Sie im Katalog der Hintergrundformate mit der rechten Maustaste auf das betreffende Hintergrundformat und wählen im Kontextmenü *Für ausgewählte Folien übernehmen*.

Hintergrundfüllung ändern

(1) Klicken Sie auf der Registerkarte *Entwurf* in der Gruppe *Hintergrund* im Menü zur Schaltfläche *Hintergrundformate* auf *Hintergrund formatieren* und wählen Sie im gleichnamigen Dialogfeld im Bereich *Füllung* aus, welche Art von Füllung Sie wünschen – je nachdem ändern sich die verfügbaren Optionen.

(2) Öffnen Sie über die Pfeile Kataloge und klicken Sie auf ein Feld, um die entsprechende Einstellung zuzuweisen.

(3) Stellen Sie hier Werte über die Drehfelder ein.

(4) Durch Ziehen des Reglers in die entsprechende Richtung nehmen Sie hier Änderungen vor.

(5) Hierüber können Sie sämtliche Änderungen, die Sie im Dialogfeld vorgenommen haben, wieder verwerfen.

(6) Über diese Schaltflächen öffnen Sie Dialogfelder, in denen Sie die gewünschte Hintergrundfüllung, z.B. eine Grafik, auswählen können.

(7) Klicken Sie hier, um die Änderungen für alle Folien Ihrer Präsentation zu übernehmen.

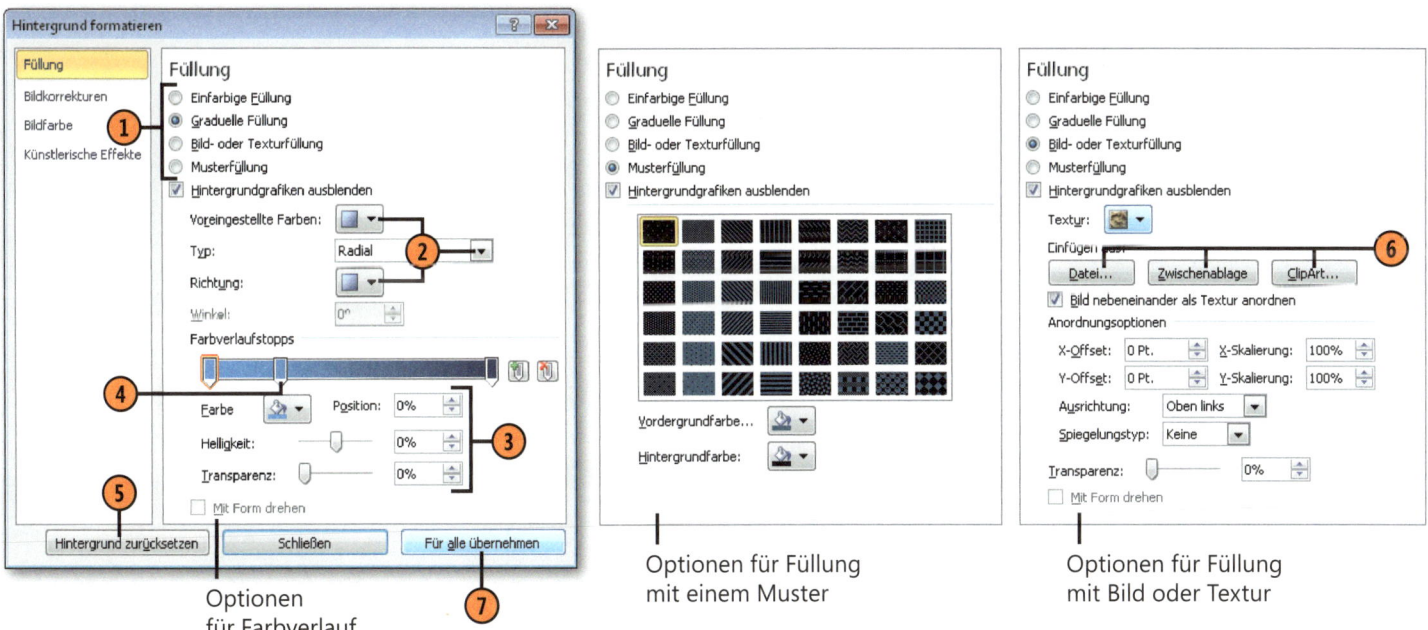

Optionen für Farbverlauf

Optionen für Füllung mit einem Muster

Optionen für Füllung mit Bild oder Textur

Folienmaster – Überblick

Sämtliche Folien einer Präsentation sind mit einem Folienmaster verbunden. Hier sind Schriftformate, Einzugsebenen, Farbschema sowie Position und Größe von Platzhalterbereichen für alle Folien einer Präsentation, die mit diesem Master verbunden sind, festgelegt. Bei einer neuen, leeren Präsentation werden dem Folienmaster automatisch die in PowerPoint festgelegten Standardeinstellungen zugewiesen. Falls Sie eine Vorlage als Basis verwendet haben, wird das Design dieser Vorlage dem Folienmaster zugewiesen. Objekte dieser Vorlage können nur auf dem Master markiert bzw. geändert werden.

Folienmaster anzeigen

① Wechseln Sie zur Registerkarte *Ansicht* und klicken Sie in der Gruppe *Masteransichten* auf die Schaltfläche *Folienmaster*.

② Auf der Registerkarte *Folienmaster* finden Sie sämtliche Optionen zum Bearbeiten eines Masters; siehe hierzu die folgenden Seiten.

③ Klicken Sie hier, um die Masteransicht zu schließen.

④ Oder klicken Sie hier, um zur Normalansicht der aktuellen Folie zu wechseln.

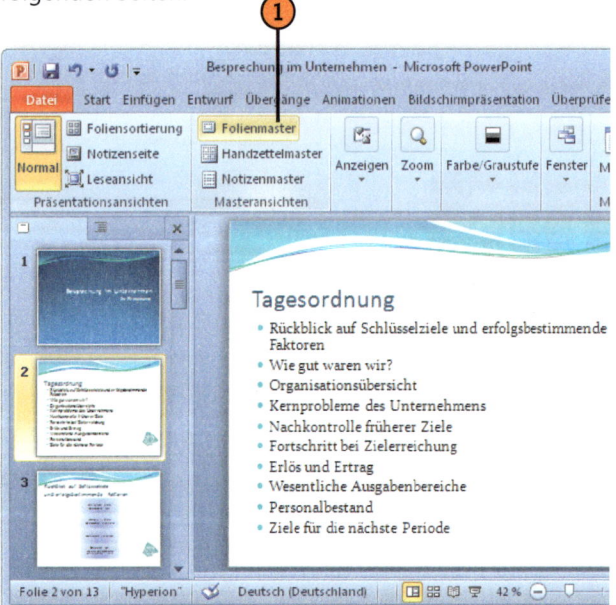

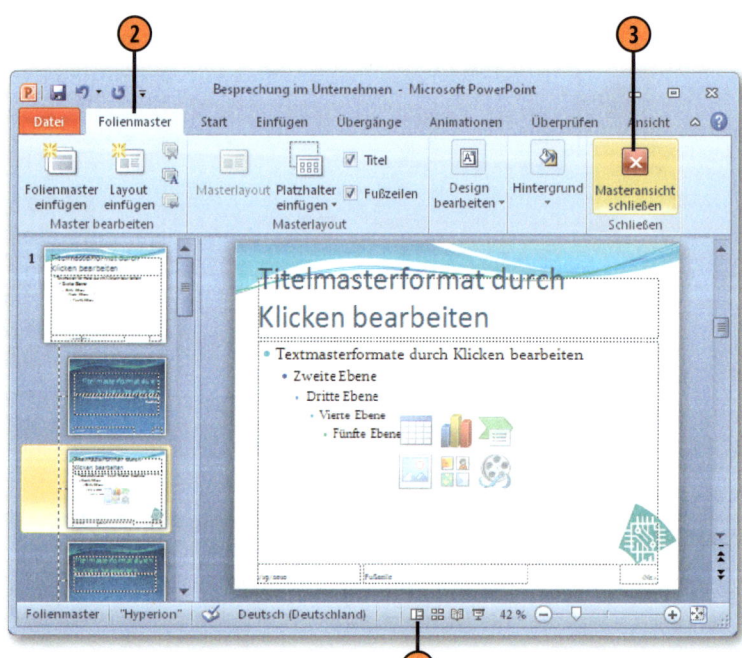

Elemente des Folienmasters

① Auf der Registerkarte *Folienmaster* finden Sie sämtliche Optionen, die zum Bearbeiten des Folienmasters zur Verfügung stehen.

② Über die Optionen in der Gruppe *Master bearbeiten* können Sie neue Folienmaster hinzufügen sowie ein neues benutzerdefiniertes Layout erstellen.

③ Über die Optionen der Gruppe *Masterlayout* regeln Sie die Anzeige der Platzhalter und fügen ggf. neue Platzhalter hinzu.

④ Die Gruppe *Design bearbeiten* verfügt über sämtliche Optionen zum Ändern der Designeinstellungen.

⑤ Über die Gruppe *Hintergrund* nehmen Sie Änderungen am Masterhintergrund vor.

⑥ Jeder Folienmaster enthält mindestens eine standardmäßige oder benutzerdefinierte Gruppe mit Layouts. Verschieben Sie das Bildlauffeld, um sich weitere Layouts anzeigen zu lassen.

⑦ Textmaster mit den Einzugsebenen für Text

⑧ Eingefügte Mastergrafik

⑨ Fußzeile mit den Bereichen zur Eingabe von Datum, Zusatzinformationen und Seitenzahlen, die auf jeder Folie angezeigt werden

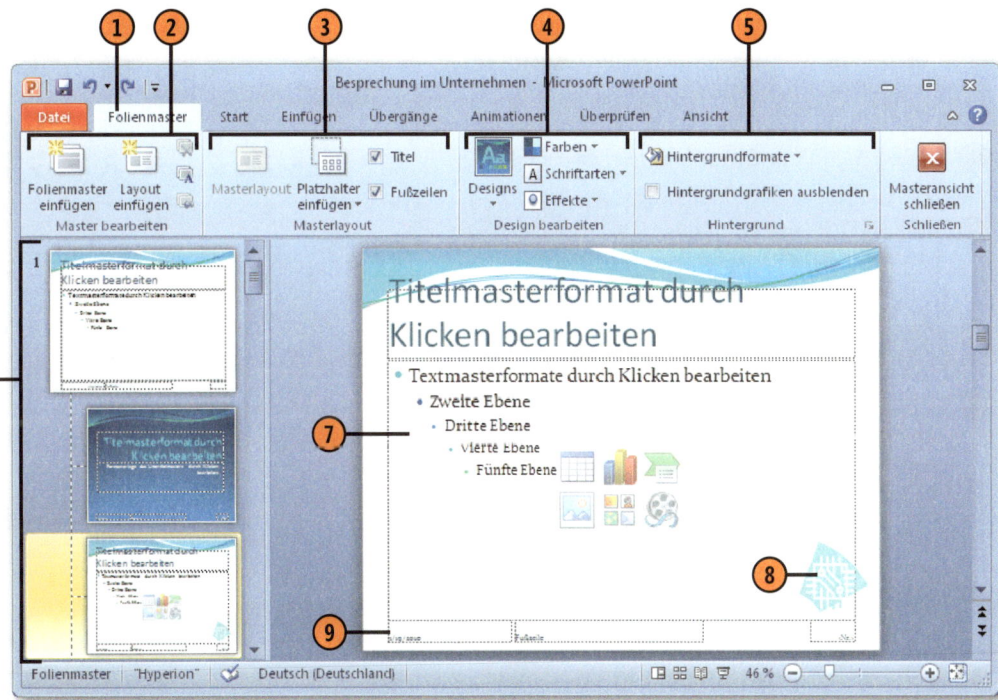

Folienmaster und Layoutfolie hinzufügen

Sie sind noch unentschlossen was das Design Ihrer Präsentation betrifft? Kein Problem, Sie können Ihrer Präsentation zwei oder mehr unterschiedliche Formate oder Designs (wie Hintergründe, Farben, Schriftarten oder Effekte) zuweisen, indem Sie für jedes Design einen neuen Folienmaster einfügen. Zusätzlich können Sie jedem Folienmaster neue Folien mit dem von Ihnen entworfenen Layout hinzufügen.

Neuen Folienmaster einfügen

① Wechseln Sie zur Registerkarte *Folienmaster*, indem Sie auf der Registerkarte *Ansicht* in der Gruppe *Masteransichten* auf *Folienmaster* klicken.

② Klicken Sie in der Gruppe *Master bearbeiten* auf *Folienmaster einfügen*.

③ Die neue Gruppe von Folienmastern wird hinter dem aktuellen Folienmaster mit einer neuen Nummerierung eingefügt.

④ Klicken Sie hier, um dem neuen Folienmaster einen Namen zu geben.

⑤ Geben Sie im Dialogfeld *Layout umbenennen* den Namen ein und klicken Sie dann auf *Umbenennen*. Der neue Name wird beim Hinzufügen einer neuen Folie im Layoutkatalog unter *Benutzerdefiniert* angezeigt.

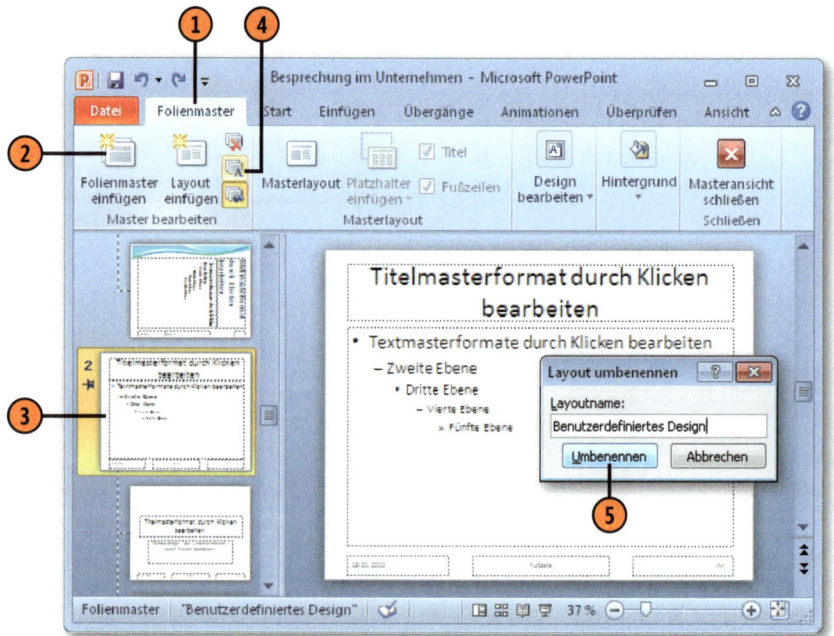

Tipp

Über die Schaltfläche *Folie löschen* in der Gruppe *Master bearbeiten* können Sie markierte Folienabbildungen bzw. Layouts, die Sie nicht benötigen, aus dem Folienmaster löschen.

Layoutfolie einfügen

① Wechseln Sie zur Registerkarte *Folienmaster*, indem Sie auf der Registerkarte *Ansicht* in der Gruppe *Masteransichten* auf *Folienmaster* klicken.

② Klicken Sie in der Gruppe *Master bearbeiten* auf *Layout einfügen*.

③ Die neue Folie wird im aktuellen Folienmaster hinter der aktuell angezeigten Folie eingefügt.

④ Klicken Sie hier, um der neuen Folie einen Namen zu geben.

⑤ Wechseln Sie anschließend zur Normalansicht.

⑥ Öffnen Sie auf der Registerkarte *Start* in der Gruppe *Folien* durch einen Klick auf den Pfeil der Schaltfläche *Neue Folie* den Folienlayoutkatalog.

⑦ Dem Folienlayoutkatalog wurde ein neues benutzerdefiniertes Folienlayout hinzugefügt.

⑧ In diesem Bereich werden die Folienlayouts des neu eingefügten Masters angezeigt.

⑨ Klicken Sie auf eine Abbildung, um eine neue Folie mit dem betreffenden Layout der Präsentation hinzuzufügen.

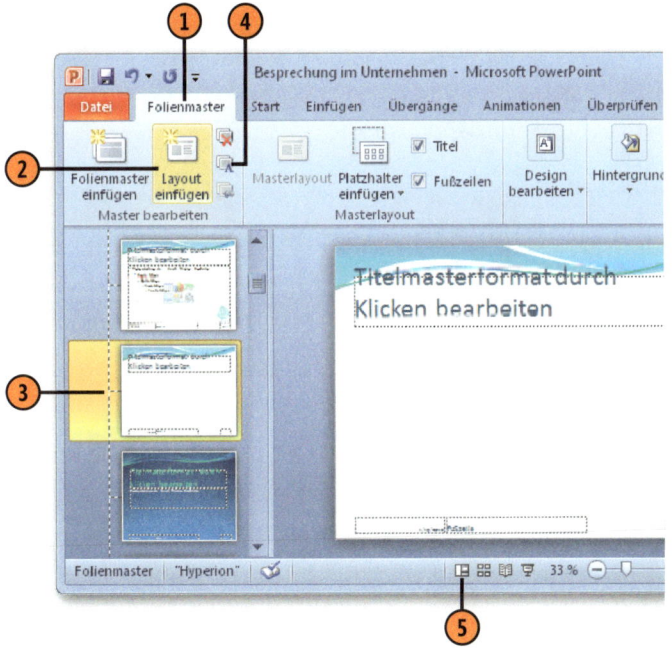

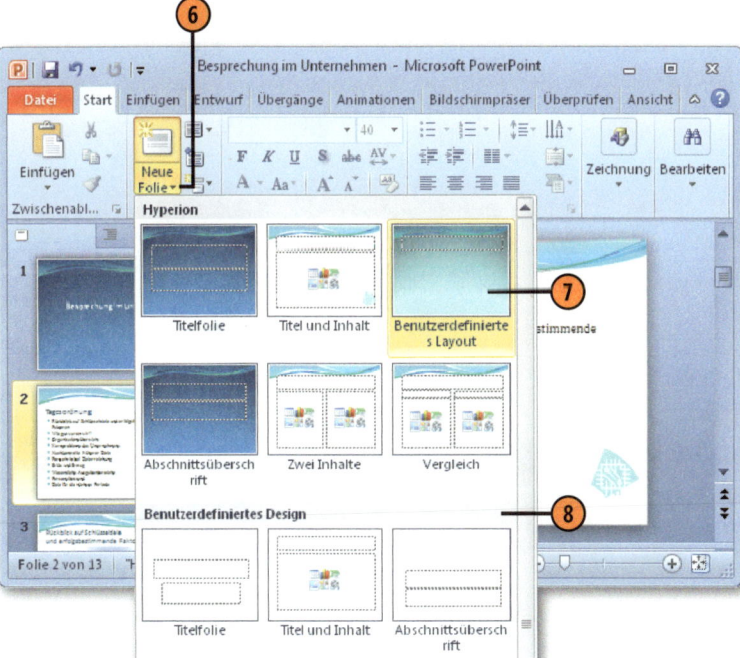

Folienmaster ändern

Sämtliche Masterfolien können Sie Ihren Wünschen gemäß bearbeiten, indem Sie ein neues Layout zuweisen und/oder die Bereiche zur Eingabe von Titel und Textkörper neu anordnen, Mastergrafiken einfügen sowie zusätzliche Platzhalter hinzufügen.

Platzhalter hinzufügen

① Wechseln Sie zur Registerkarte *Folienmaster*, indem Sie auf der Registerkarte *Ansicht* in der Gruppe *Masteransichten* auf *Folienmaster* klicken, und zeigen Sie die Folie an, der Sie einen neuen Platzhalter hinzufügen wollen.

② Klicken Sie in der Gruppe *Masterlayout* auf den Pfeil der Schaltfläche *Platzhalter einfügen*.

③ Klicken Sie auf den Typ des Platzhalters, den Sie einfügen wollen.

④ Führen Sie den Mauszeiger (in Form eines Kreuzes) auf die Folie und ziehen Sie mit gedrückter Maustaste einen Platzhalter in der gewünschten Größe auf.

⑤ Um die Position des Platzhalters zu verändern, ziehen Sie ihn mit gedrückter Maustaste (Mauszeiger hat die Form eines Vierfachpfeils) an die gewünschte Stelle.

⑥ Die Größe eines Platzhalters ändern Sie über die Formziehpunkte.

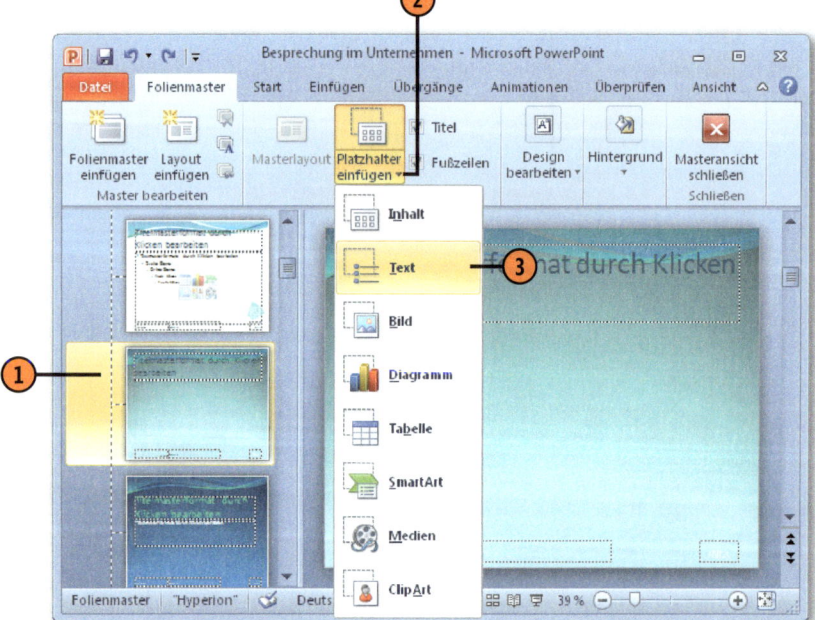

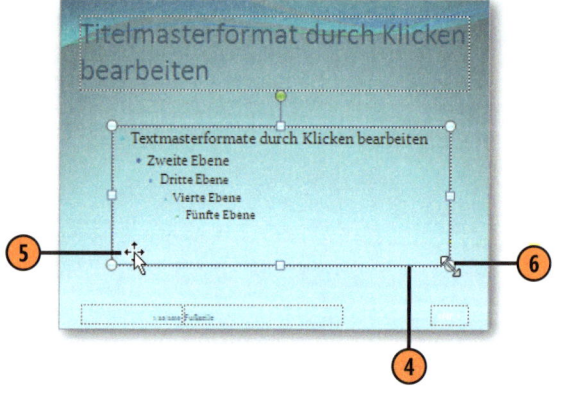

Fußzeilen bearbeiten

① Wechseln Sie zur Registerkarte *Folienmaster*, indem Sie auf der Registerkarte *Ansicht* in der Gruppe *Masteransichten* auf *Folienmaster* klicken, und zeigen Sie die Folie an, auf der Sie Fußzeileninformationen eingeben wollen.

② Standardmäßig sind im Fußzeilenbereich drei Platzhalter für Datum, Zusatzinformationen und Foliennummer angelegt.

③ Deaktivieren Sie das Kontrollkästchen, falls Sie die Fußzeile entfernen wollen.

④ Ansonsten: Klicken Sie innerhalb eines Platzhalters in der Fußzeile, z.B. den für die Zusatzinformationen, und geben Sie Ihren Text, z.B. den Firmennamen, ein.

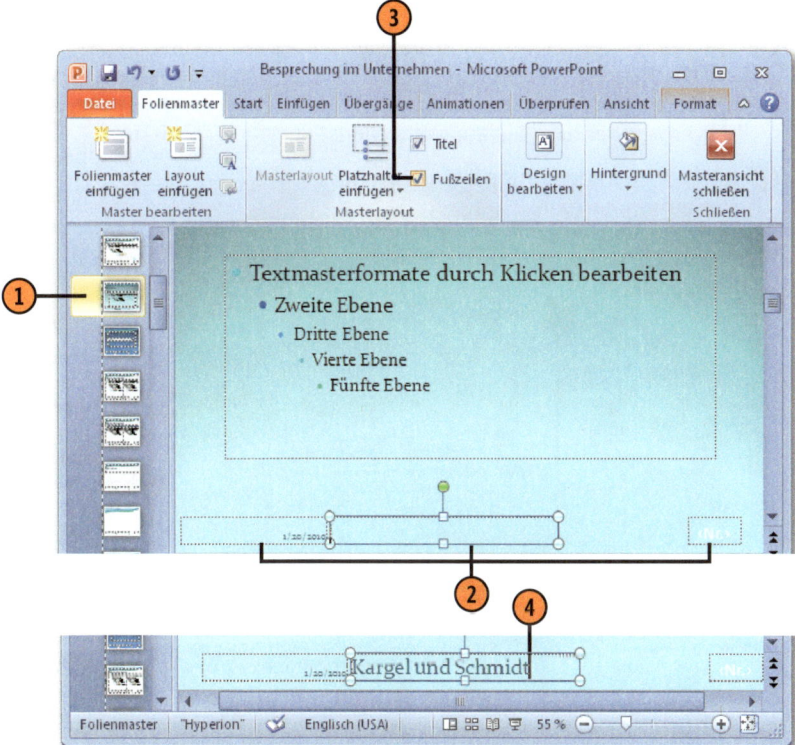

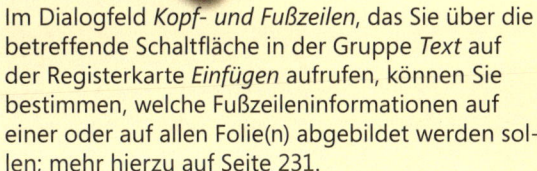

Gewusst wie

Im Dialogfeld *Kopf- und Fußzeilen*, das Sie über die betreffende Schaltfläche in der Gruppe *Text* auf der Registerkarte *Einfügen* aufrufen, können Sie bestimmen, welche Fußzeileninformationen auf einer oder auf allen Folie(n) abgebildet werden sollen; mehr hierzu auf Seite 231.

Hintergrund eines Masters ändern

① Wechseln Sie zur Registerkarte *Folienmaster*, indem Sie auf der Registerkarte *Ansicht* in der Gruppe *Masteransichten* auf *Folienmaster* klicken, und zeigen Sie die Folie an, deren Hintergrundfüllung Sie ändern wollen.

② Klicken Sie in der Gruppe *Hintergrund* auf die Schaltfläche *Hintergrundformate*.

③ Wählen Sie *Hintergrund formatieren*, um das gleichnamige Dialogfeld zu öffnen.

④ Wählen Sie eine Füllung aus.

⑤ Wählen Sie z.B. diese Option, um ein Bild als Hintergrundfüllung festzulegen.

⑥ Nachdem Sie die Einstellungen für die Füllung festgelegt haben, klicken Sie auf *Schließen*, um sie nur einer Folie, z.B. der Titelfolie, zuzuweisen.

⑦ Weitere Bearbeitungen nehmen Sie anschließend über die Optionen der Gruppe *Design bearbeiten* vor.

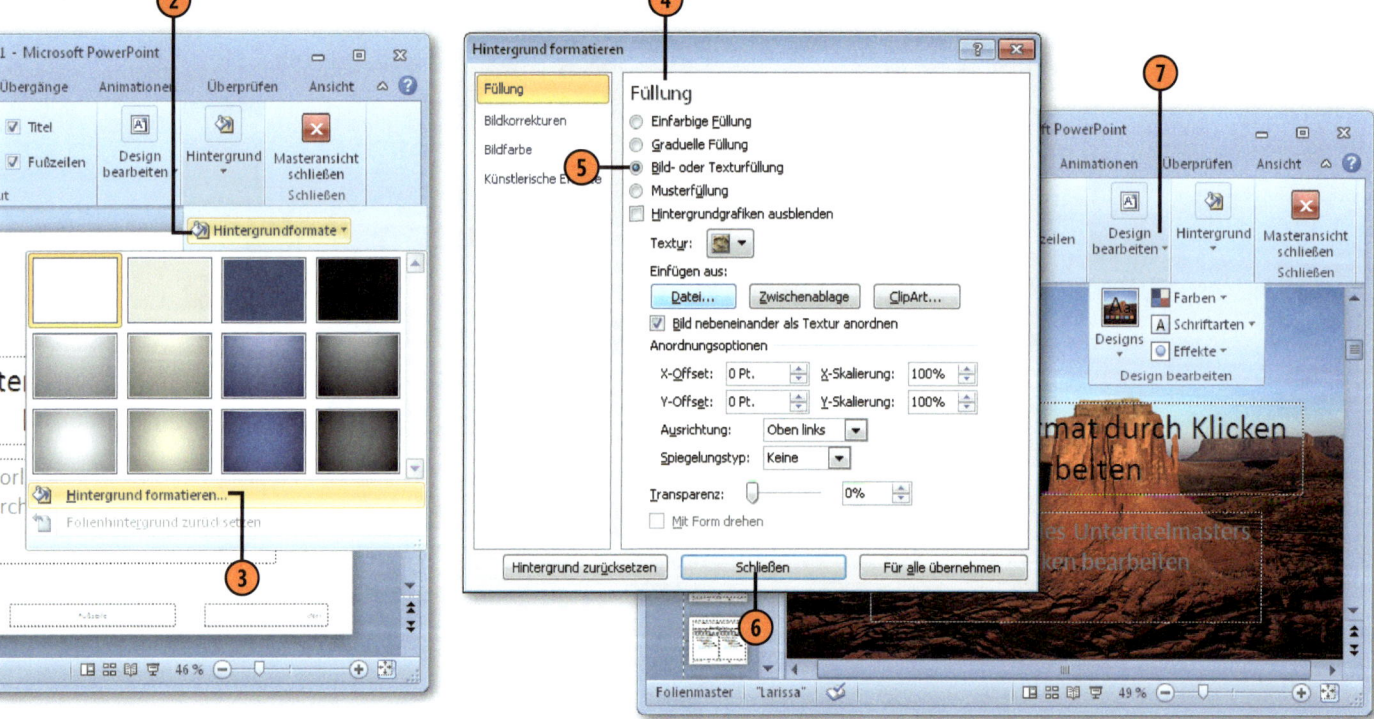

Masterillustrationen hinzufügen

① Wechseln Sie zur Registerkarte *Folienmaster*, indem Sie auf der Registerkarte *Ansicht* in der Gruppe *Masteransichten* auf *Folienmaster* klicken, und zeigen Sie entweder die Titelfolie oder eine beliebige Folie an, wenn Sie nur eine Illustration auf einer Folie einfügen möchten.

② Markieren Sie die erste Folie des Folienmasters, wenn Sie allen Folien eine Illustration hinzufügen wollen.

③ Wechseln Sie zur Registerkarte *Einfügen*.

④ Klicken Sie dort in der Gruppe *Bilder* auf eine Option, z.B. *ClipArt*.

⑤ Wählen Sie im Aufgabenbereich *ClipArt* ein ClipArt-Objekt aus; doppelklicken Sie darauf, um das Objekt einzufügen.

⑥ Verschieben Sie das Objekt an die gewünschte Stelle.

⑦ Anschließend können Sie die Grafik über die Optionen der Registerkarte *Bildtools/Format* nachbearbeiten.

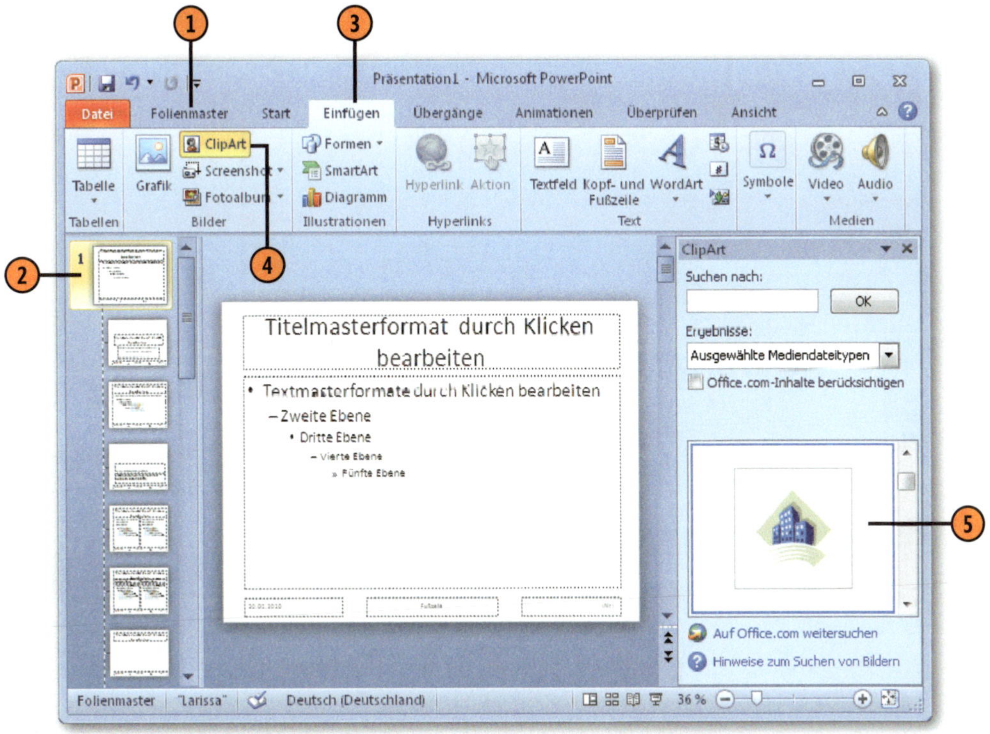

Handzettelmaster

Die Foliensortierungs- und die Gliederungsansicht sind mit dem Handzettelmaster verbunden. Auf diesem Master existieren ein vordefinierter Bereich für eine Gliederungsseite sowie verschiedene Bereiche für Miniaturabbildungen von Folien. In diesen

Bereichen wird die Positionierung der Gliederungsseite bzw. die Anordnung der Folien eines Handzettels im Druckexemplar angezeigt.

Handzettelmaster – Überblick

① Um den Handzettelmaster anzuzeigen, wechseln Sie zur Registerkarte *Ansicht* und klicken in der Gruppe *Masteransichten* auf *Handzettelmaster*.

② Auf der Registerkarte *Handzettelmaster* finden Sie in der Gruppe *Seite einrichten* sämtliche Optionen zum Anordnen von einzelnen Folien und zum Einfügen von Gliederungsseiten auf einem Druckexemplar.

③ Über *Handzettelausrichtung* und über *Folienausrichtung* entscheiden Sie über das Layout, also die Ausrichtung im Hoch- oder im Querformat, der Handzettel bzw. der Folienabbildungen.

④ Mit *Folien pro Seite* klappen Sie einen Katalog auf, in dem Sie festlegen können, wie viele Folien pro Seite abgebildet werden sollen oder ob eine Gliederung ausgedruckt werden soll.

⑤ In der Gruppe *Platzhalter* sind standardmäßig sämtliche Platzhalter aktiviert. Klicken Sie auf ein Kontrollkästchen, um die Anzeige des betreffenden Elements zu deaktivieren.

⑥ Dem Handzettelmaster können Sie ebenso wie dem Folienmaster über die Optionen in diesen beiden Gruppen ein neues Design sowie einen neuen Hintergrund zuweisen.

⑦ Klicken Sie innerhalb eines Platzhalters, um Zusatzinformationen einzugeben.

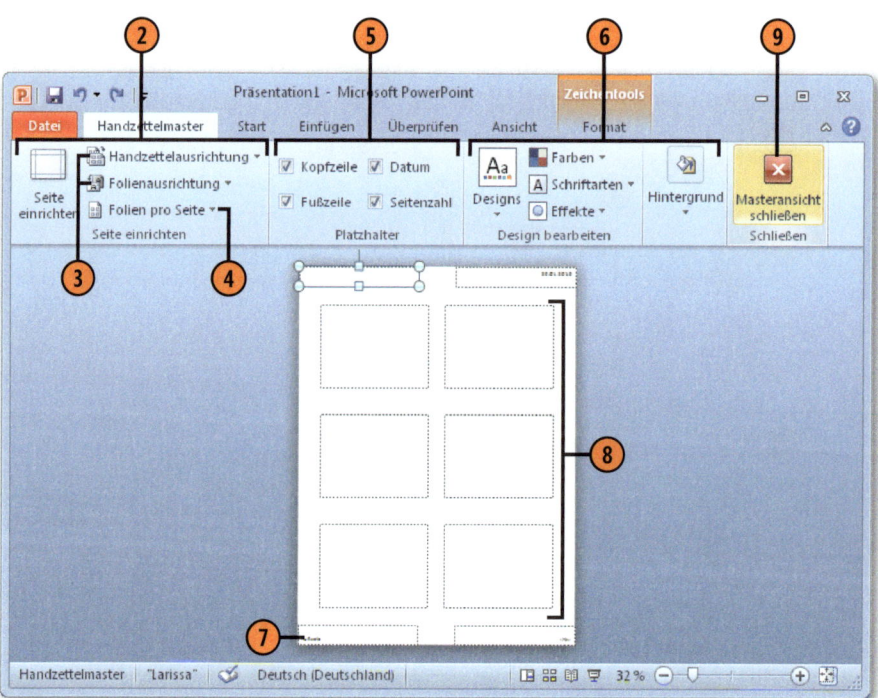

⑧ Diese Felder werden im gedruckten Exemplar mit verkleinerten Folienabbildungen gefüllt.

⑨ Klicken Sie hier, um den Handzettelmaster zu schließen.

Notizenseiten und Notizenmaster

Zu jeder Folie Ihrer Präsentation fertigt PowerPoint automatisch eine entsprechende Notizenseite an. Notizen zu den einzelnen Folien einer Präsentation geben Sie im Regelfall in dem dafür vorgesehenen Bereich unterhalb des Folienfensters ein. Auf der vom Programm angelegten Notizenseite werden im oberen Bereich eine verkleinerte Folienabbildung und im unteren Bereich die

Notizen, die Sie der entsprechenden Folie hinzugefügt haben, angezeigt. Sämtliche Notizenseiten sind mit einem Notizenmaster verbunden. Hier können Sie über verschiedene Optionen ein einheitliches Erscheinungsbild der Notizenseiten zu einer Präsentation festlegen.

Notizenseite – Überblick

① Zeigen Sie die Folie, zu deren Notizenseite Sie wechseln wollen, in der Normalansicht an.

② Wechseln Sie zur Registerkarte *Ansicht*.

③ Klicken Sie auf *Notizenseite*. Die Notizenseite zur aktuellen Folie wird angezeigt.

④ Über das Bildlauffeld gelangen Sie zu weiteren Notizenseiten.

⑤ In diesem Bereich wird eine verkleinerte Abbildung der aktuellen Folie angezeigt.

⑥ In diesem Bereich wird der Text, den Sie im Notizenfeld in der Normalansicht eingegeben haben, angezeigt. Klicken Sie innerhalb des Bereichs und geben Sie zusätzlichen Text ein und/oder bearbeiten und formatieren Sie den angezeigten Text.

⑦ Klicken Sie hier, um wieder zur Normalansicht zu wechseln.

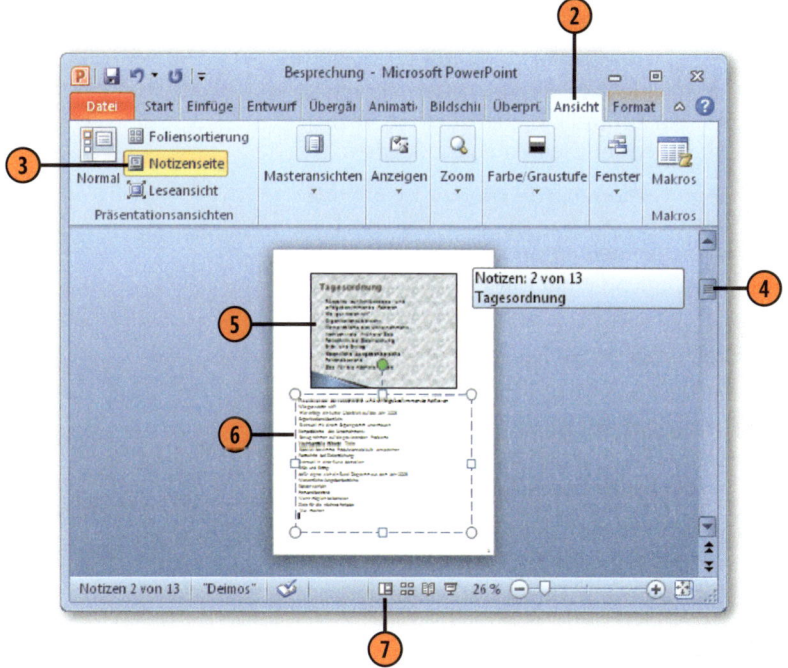

Notizenmaster – Überblick

① Wechseln Sie zur Registerkarte *Ansicht* und klicken Sie in der Gruppe *Masteransichten* auf *Notizenmaster*.

② Auf der Registerkarte *Notizenmaster* können Sie über die betreffenden Schaltflächen in der Gruppe *Seite einrichten* die Ausrichtung der Notizenseite sowie die Ausrichtung der Folienabbildung festlegen, d.h., ob sie im Hoch- oder im Querformat dargestellt werden.

③ In der Gruppe *Platzhalter* sind standardmäßig sämtliche Platzhalter aktiviert. Klicken Sie auf ein Kontrollkästchen, um die Anzeige des betreffenden Elements abzuschalten.

④ Dem Notizenmaster können Sie ebenso wie dem Folienmaster über die Optionen in diesen beiden Gruppen ein neues Design bzw. einen neuen Hintergrund zuweisen.

⑤ In den Platzhalterbereichen der Kopfzeile können Sie Zusatzinformationen und Datumsangaben einfügen.

⑥ Im Bereich für den Notizentextkörper können Sie Formate und Einzugsebenen für den Text festlegen, den Sie als Notizen eingeben.

⑦ In den Platzhalterbereichen der Fußzeile können Sie Zusatzinformationen und Seitenzahlen einzufügen.

⑧ Klicken Sie hier, um den Notizenmaster zu schließen.

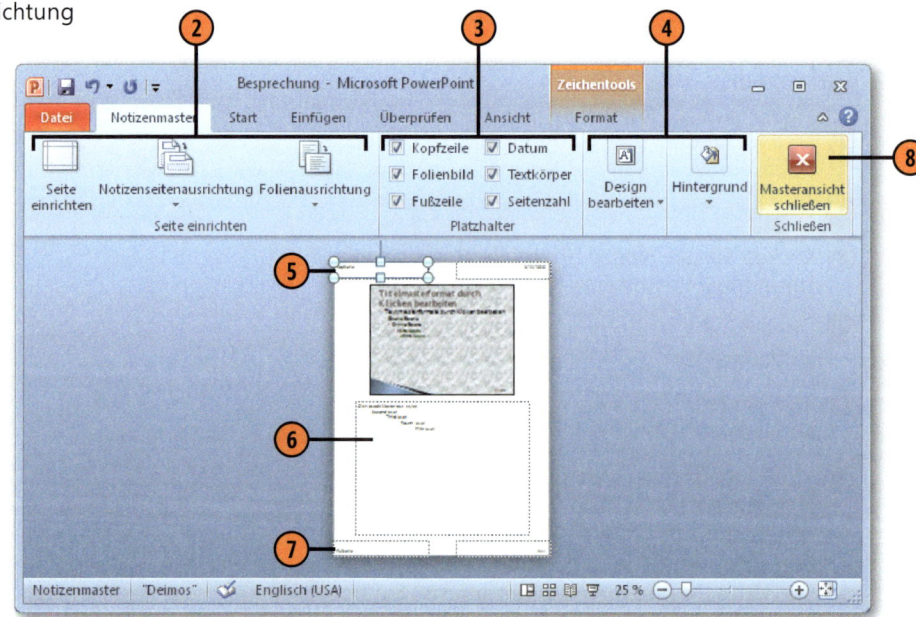

7

Bilder und Formen

Bilder können eine ästhetische und funktionale Aufgabe haben. Dezent eingesetzt, dienen sie dazu, Ihren Vortrag anschaulich zu gestalten. Microsoft PowerPoint verfügt über verschiedene Methoden, Bilder Folien hinzuzufügen.

Sie haben die Wahl, durch grafische Motive aus dem Clip Organizer und durch verschiedene Formen eine Folie ansprechend zu gestalten. Auch Fotos, die Sie entweder in eine Präsentation einbinden oder in Form eines Fotoalbums präsentieren, lockern Vorträge gekonnt auf. Hierbei haben Sie die Möglichkeit, bestimmte Bereiche von Fotos zu entfernen und so die einzelnen Motive optisch hervorzuheben.

Anschließend können Sie jedes eingefügte Objekt nach Ihren Wünschen anpassen. Eine Vielzahl von Bearbeitungs- und Formatierungsmöglichkeiten steht Ihnen hierzu zur Verfügung.

Grafiken hinzufügen

Ein Bild sagt mehr als (tausend) Worte. Bilder lockern Ihren Vortrag auf und können das, was Sie sagen möchten, anschaulich unterstützen. Sie können auf Beispielbilder zurückgreifen und/oder eigene Fotos einbinden.

Grafik aus Datei einfügen

① Zeigen Sie die Folie, der Sie eine Grafik hinzufügen wollen, in der Normalansicht an.

② Wechseln Sie zur Registerkarte *Einfügen*.

③ Klicken Sie in der Gruppe *Bilder* auf die Schaltfläche *Grafik*.

④ Alternativ dazu können Sie auch – falls vorhanden – auf das Grafiksymbol innerhalb des Platzhalters klicken.

⑤ Wählen Sie über den Navigationsbereich den Ordner aus, in dem Sie Ihre Grafik gespeichert haben.

⑥ Markieren Sie die Grafik, die Sie einfügen wollen.

⑦ Klicken Sie auf *Einfügen*.

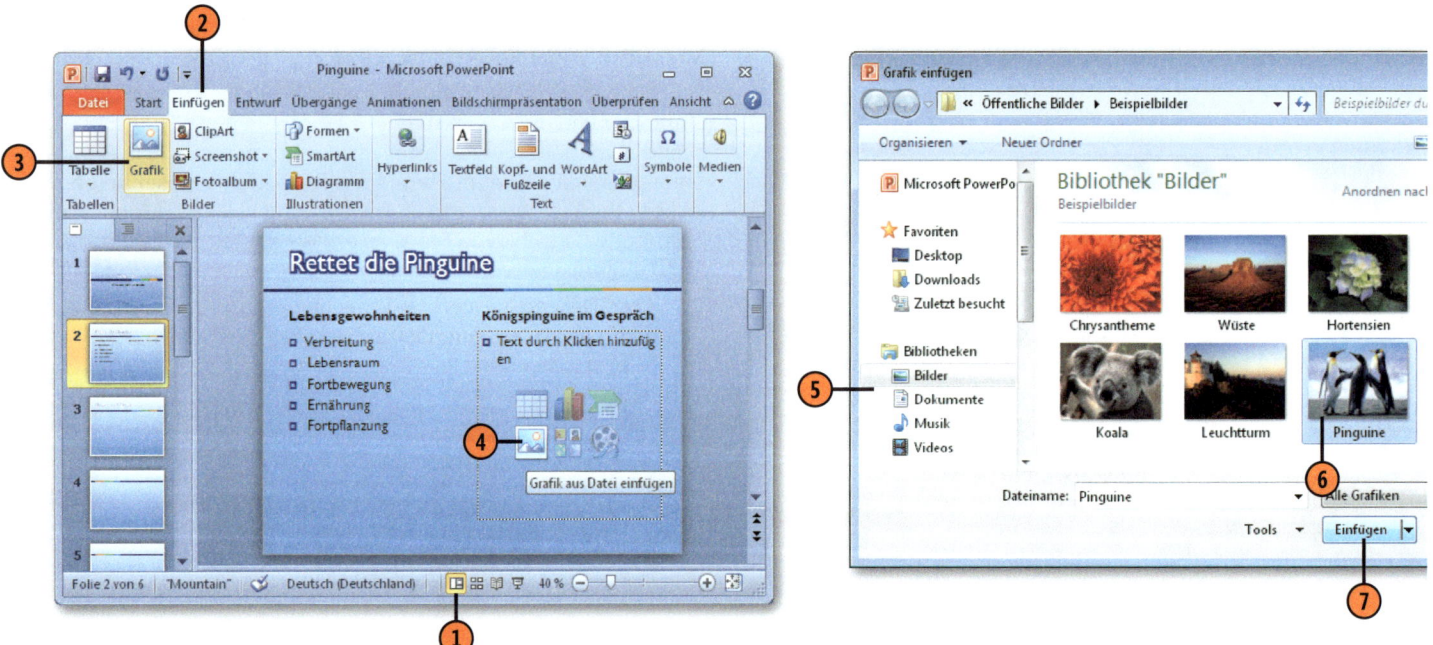

Position und Größe ändern

① Klicken Sie auf die Grafik, um sie zu markieren.

② Um die markierte Grafik zu verschieben, ziehen Sie sie mit gedrückter Maustaste (der Mauszeiger hat die Form eines Vierfachpfeils) an die gewünschte Stelle.

③ Um die Größe der markierten Grafik zu ändern, führen Sie den Mauszeiger auf einen der Ziehpunkte auf dem Markierungsrahmen und ziehen dann mit gedrückter Maustaste in die entsprechende Richtung.

④ Alternativ können Sie die Größe der markierten Grafik auch durch Eingabe der gewünschten Werte in den Feldern *Formenhöhe* und *Formenbreite* auf der Registerkarte *Bildtools/ Format* in der Gruppe *Größe* anpassen.

⑤ Eine weitere Alternative besteht in der Verwendung des Dialogfeldes *Grafik formatieren*. Klicken Sie zum Öffnen dieses Dialogfeldes mit der rechten Maustaste innerhalb der Grafik und wählen Sie dann im Kontextmenü den Befehl *Größe und Position*.

⑥ Klicken Sie im Dialogfeld *Grafik formatieren* im linken Bereich auf *Größe* und legen Sie dann in den Feldern *Höhe* und *Breite* die gewünschten Maße fest. Klicken Sie im linken Bereich auf *Position* und legen Sie dann die exakte Positionierung der Grafik fest.

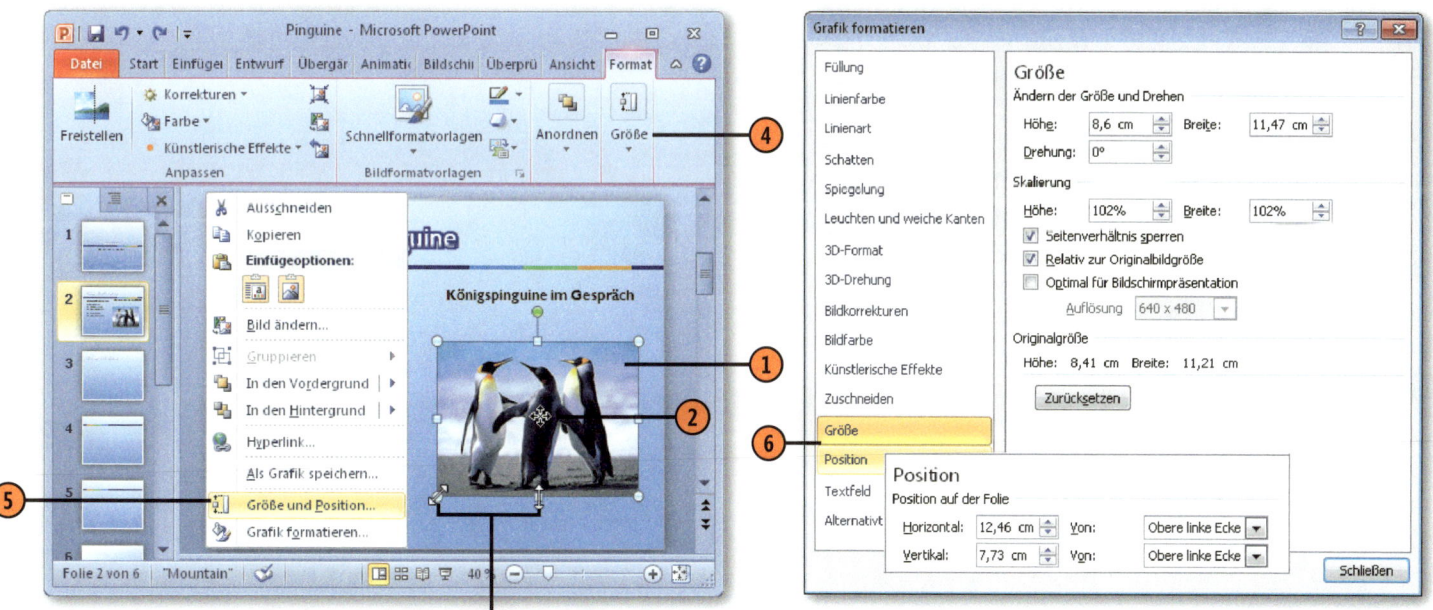

ClipArt-Objekte hinzufügen

Je nachdem, welche Abbildung Sie zur Darstellung eines bestimmten Konzepts gerade benötigen, können Sie über den Aufgabenbereich *ClipArt* auf eine Vielzahl professionell erstellter ClipArt-Objekte aus der Office-Sammlung zugreifen.

ClipArt einfügen

1 Zeigen Sie die Folie, der Sie ein ClipArt-Objekt hinzufügen wollen, in der Normalansicht an.

2 Wechseln Sie zur Registerkarte *Einfügen*.

3 Klicken Sie in der Gruppe *Bilder* auf die Schaltfläche *ClipArt*.

4 Im Aufgabenbereich *ClipArt* werden die betreffenden Optionen zum Einfügen von ClipArt-Objekten zur Verfügung gestellt.

5 Geben Sie hier einen Begriff ein, der z.B. Ihrem Thema entspricht, und starten Sie die Suche mit einem Klick auf *OK*.

6 Die zu Ihrem Suchbegriff gefundenen ClipArt-Objekte werden im Fenster angezeigt. Klicken Sie auf eine Abbildung, um sie der Folie hinzuzufügen.

7 Schließen Sie hierüber den Aufgabenbereich.

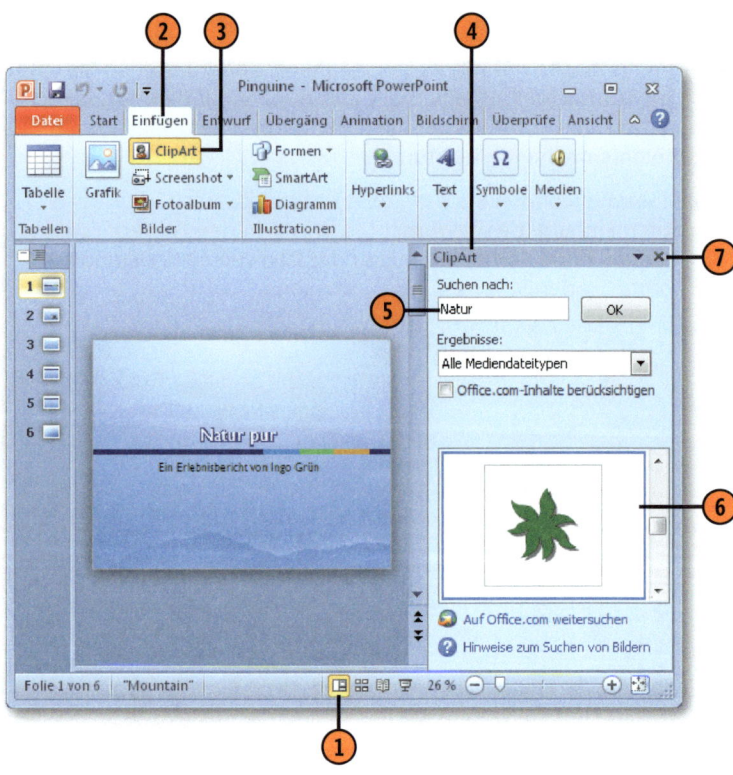

Der Aufgabenbereich »ClipArt« im Überblick

① Klicken Sie auf den Pfeil des Dropdownlistenfeldes *Ergebnisse*.

② Alle Medientypen, die mit einem Häkchen versehen sind, werden angezeigt. Klicken Sie auf ein Kontrollkästchen, um die Anzeige des betreffenden Medientyps auszuschließen.

③ In diesem Bereich werden die verfügbaren Clips angezeigt.

④ Führen Sie den Mauszeiger auf eine Abbildung. Klicken Sie auf die daraufhin angezeigte Pfeilschaltfläche, um ein Menü mit den verfügbaren Optionen anzuzeigen.

⑤ Durch einen Klick werden Sie mit der Website *Office Online* verbunden, wo Sie weitere Clips suchen und Ihrer ClipArt-Sammlung hinzufügen können.

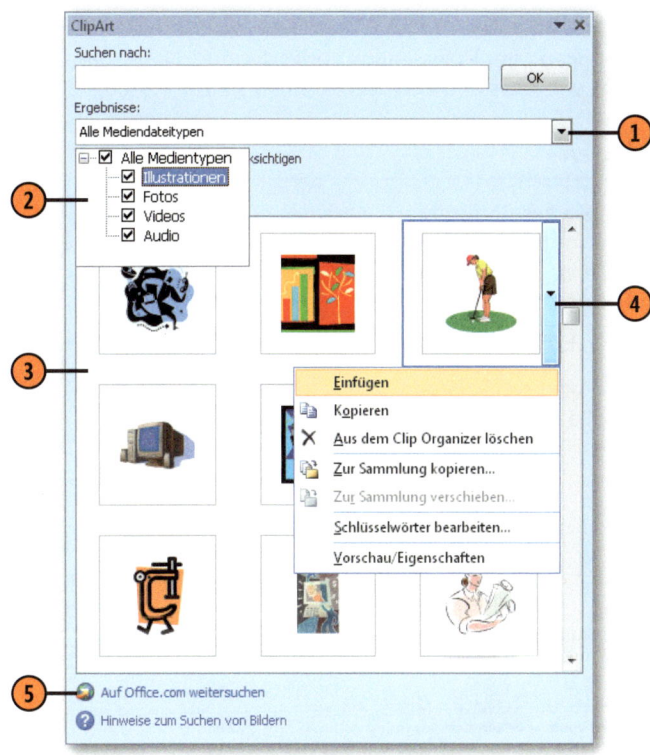

Formen hinzufügen

Mehr als 100 verschiedene Formen stehen Ihnen zur Gestaltung der einzelnen Folien Ihrer Präsentation zur Verfügung. Neben einfachen Formen, wie Kreis und Rechteck, können Sie z.B. verschiedene Flussdiagramme, Legenden und Blockpfeile einfach auf einer Folie aufziehen.

Form einfügen

1. Wechseln Sie zur Registerkarte *Einfügen* und klicken Sie in der Gruppe *Bilder* auf die Schaltfläche *Formen*, um den Katalog mit den verfügbaren Formen anzuzeigen.

2. Klicken Sie auf eine Form, um sie auszuwählen.

3. Ziehen Sie die Form mit gedrückter Maustaste auf der Folie auf. Der Mauszeiger hat dabei die Form eines Kreuzes.

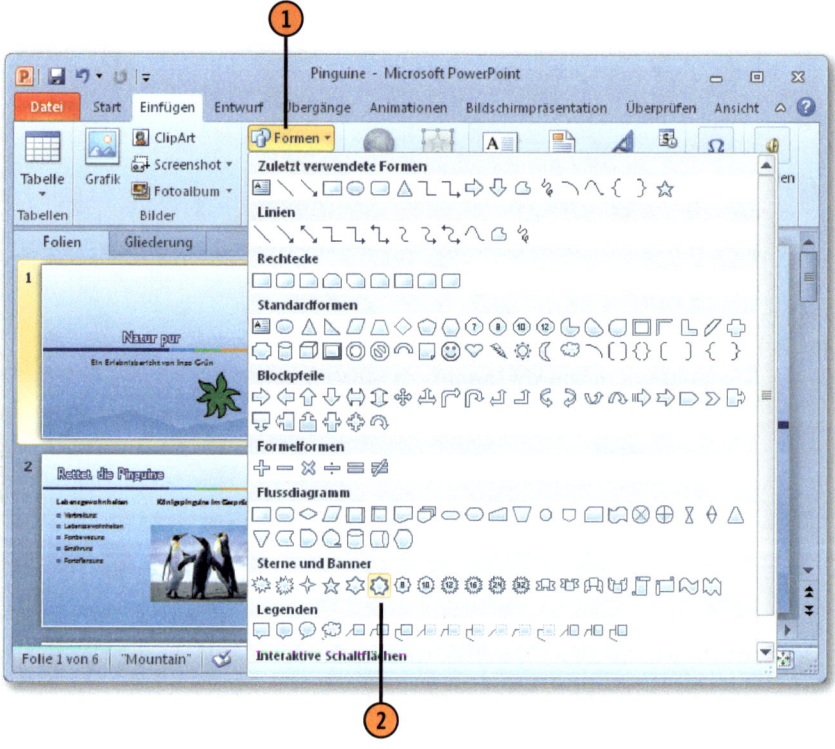

Form über die Maus verändern

1. Durch Ziehen mit gedrückter Maustaste können Sie die Position einer Form neu bestimmen (Mauszeiger = Vierfachpfeil).

2. Über die Größenziehpunkte können Sie die Form vergrößern bzw. verkleinern, je nachdem, in welche Richtung Sie sie mit gedrückter Maustaste ziehen.

3. Führen Sie den Mauszeiger auf diesen Punkt und drehen Sie die Form mit gedrückter Maustaste in die gewünschte Richtung.

4. Über den Korrekturziehpunkt ändern Sie die Abmessung eines Objekts.

5. Klicken Sie mit der rechten Maustaste auf die Form, um das zugehörige Kontextmenü zu öffnen.

6. Wählen Sie *Punkte bearbeiten* und ziehen Sie mit gedrückter Maustaste einen der so erzeugten Punkte in die gewünschte Richtung.

7. Wenn die Funktion *Punkte bearbeiten* aktiv ist, können Sie ein weiteres Kontextmenü durch Klicken mit der rechten Maustaste aufrufen.

8. Klicken Sie hier, um die Bearbeitung der Punkte zu beenden.

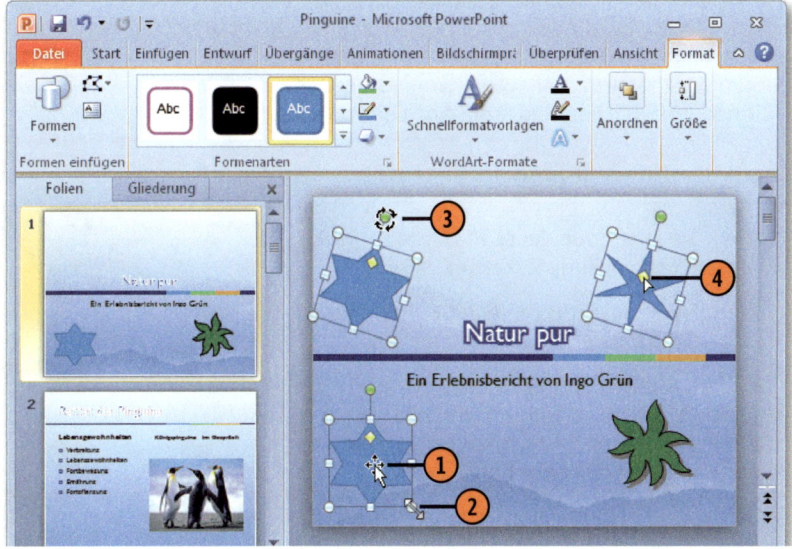

Fotoalbum erstellen

Mithilfe des Features *Fotoalbum* können Sie in PowerPoint beispielsweise Ihre Urlaubsfotos auf mehreren Folien wie in einem Fotoalbum organisieren und ausdrucken lassen. Spezielle Layoutoptionen ermöglichen dabei die Anzeige von verschiedenen Rahmen um die eingefügten Bilder und deren Beschriftung. Die Fotos für das Fotoalbum können Sie direkt von der Festplatte oder einer Digitalkamera etc. einfügen.

Neues Fotoalbum anlegen

① Öffnen Sie eine neue, leere Präsentation und wechseln Sie zur Registerkarte *Einfügen*.

② Klicken Sie in der Gruppe *Bilder* auf den Pfeil der Schaltfläche *Fotoalbum* und wählen Sie *Neues Fotoalbum*.

③ Im Dialogfeld *Fotoalbum* finden Sie sämtliche Optionen, die zum Erstellen eines Fotoalbums notwendig sind. Hier können Sie u.a.

- Bilder von einem Datenträger einfügen, direkt von der Festplatte oder z.B. einer extern angeschlossenen digitalen Kamera (siehe nächste Seite).

- zusätzlichen Text eingeben (siehe Seite 124).

- ein Layout für das Album wählen (siehe Seite 125).

④ Nach Beendigung Ihrer Arbeit in diesem Dialogfeld klicken Sie auf *Erstellen*.

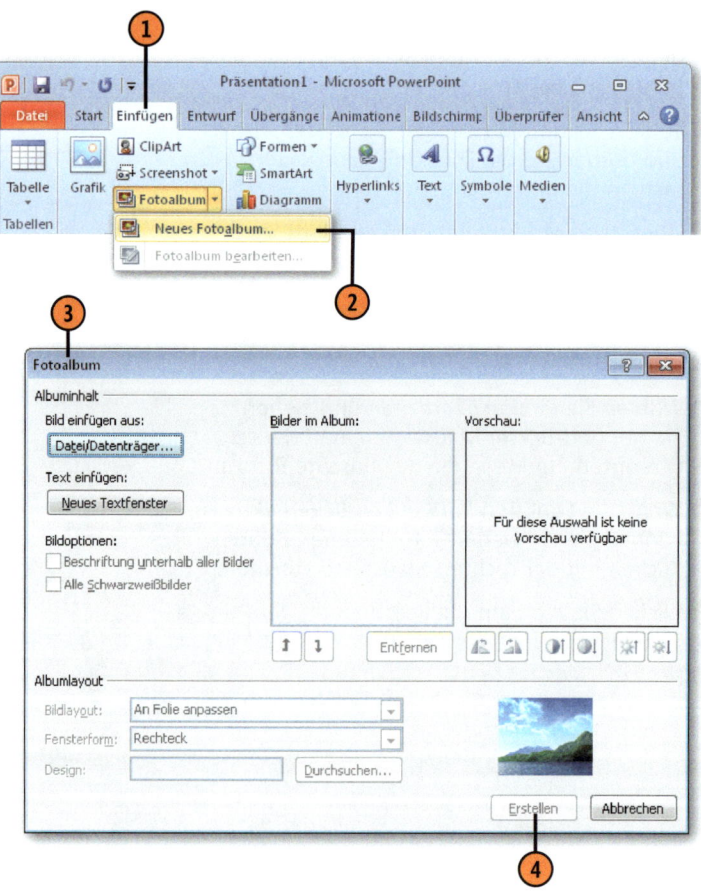

Bild in Fotoalbum einfügen

① Klicken Sie im Dialogfeld *Fotoalbum* auf die Schaltfläche *Datei/Datenträger*.

② Stellen Sie über den Navigationsbereich des Dialogfeldes *Neue Bilder einfügen* die Anzeige des betreffenden Datenträgers bzw. Ordners ein, um die dort gespeicherten Bilder anzeigen zu lassen.

③ Wählen Sie die Bilder aus, die Sie einfügen möchten. Durch Klicken mit gedrückter Strg-Taste können Sie mehrere Bilder auswählen.

④ Klicken Sie abschließend auf *Einfügen*.

⑤ Die von Ihnen ausgewählten Bilder werden in diesem Bereich aufgelistet.

⑥ Um die Reihenfolge der einzelnen Bilder zu ändern, markieren Sie den Bildnamen und verwenden dann diese Schaltflächen.

⑦ Klicken Sie hier, um das in der Liste markierte Bild aus dem Album zu löschen.

⑧ Hierüber drehen Sie das in der Liste markierte Bild um 90 Grad nach links bzw. nach rechts.

⑨ Erhöhen bzw. verringern Sie stufenweise den Kontrast des in der Liste markierten Bildes.

⑩ Hierüber erhöhen bzw. verringern Sie stufenweise die Helligkeit des in der Liste markierten Bildes.

⑪ Nachdem Sie vorerst sämtliche Einstellungen bezüglich der Bilder im Fotoalbum getroffen haben, klicken Sie auf *Erstellen*.

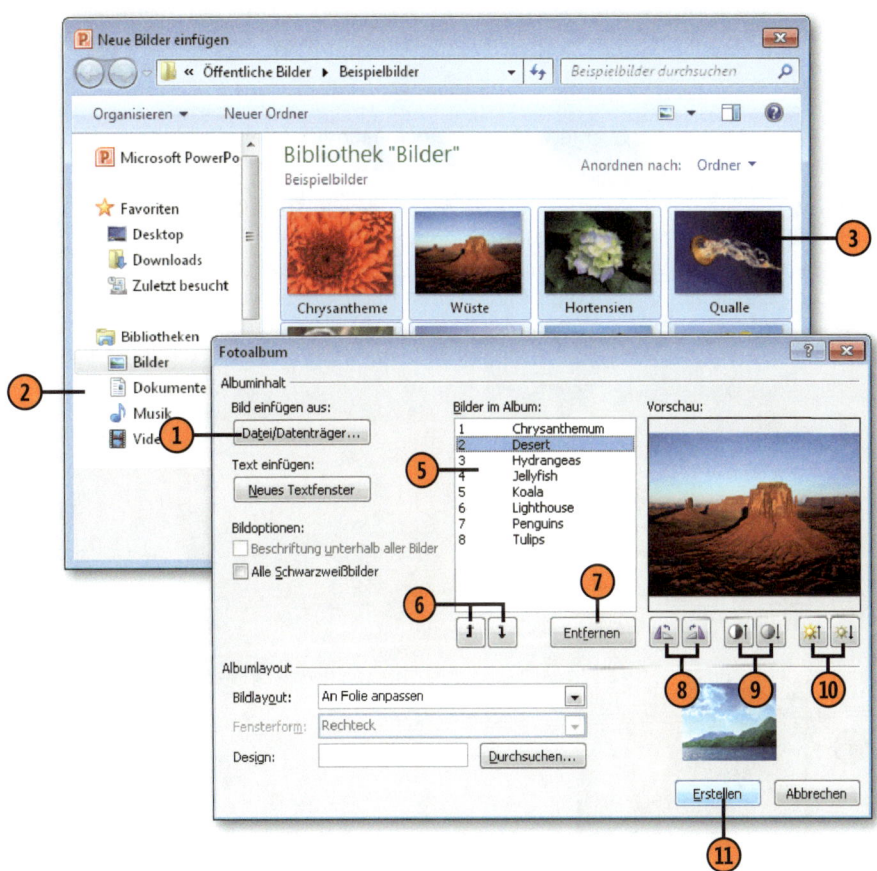

Fotoalbum bearbeiten

① Zeigen Sie Ihr (bereits gespeichertes) Fotoalbum an.

② Eine neue, leere Titelfolie wurde beim Erstellen erzeugt.

③ Ihre Fotos wurden auf jeweils einer Folie nacheinander eingefügt.

④ Wechseln Sie zur Registerkarte *Einfügen*, klicken Sie auf den Pfeil der Schaltfläche *Fotoalbum* und wählen Sie *Fotoalbum bearbeiten*. Es wird das Dialogfeld *Fotoalbum bearbeiten* angezeigt, in dem Sie die gewünschten Änderungen vornehmen können (siehe die folgenden Beschreibungen).

Tipp ✓

Wie einer Bildschirmpräsentation können Sie auch einem Fotoalbum ein Design zuweisen und die Seiten Ihren Wünschen entsprechend individuell gestalten.

Textfeld hinzufügen

① Öffnen Sie das Dialogfeld *Fotoalbum bearbeiten* (siehe links) und markieren Sie im Feld *Bilder im Album* das Bild, nach dem Sie ein Textfeld hinzufügen wollen.

② Klicken Sie auf die Schaltfläche *Neues Textfenster*.

③ Ein neues Textfeld wird eingefügt. Wo das Textfeld erstellt wird, hängt vom gewählten Bildlayout ab. Wenn Sie z.B. als Bildlayout *An Folie anpassen* gewählt haben, wird das Textfeld als neue Folie hinter der markierten Grafik eingefügt.

④ Nicht benötigte Textfelder können Sie ebenso wie Bilder aus der Liste entfernen. Außerdem können Sie Textfelder mithilfe der betreffenden Pfeilschaltflächen verschieben.

⑤ Klicken Sie abschließend auf *Aktualisieren*.

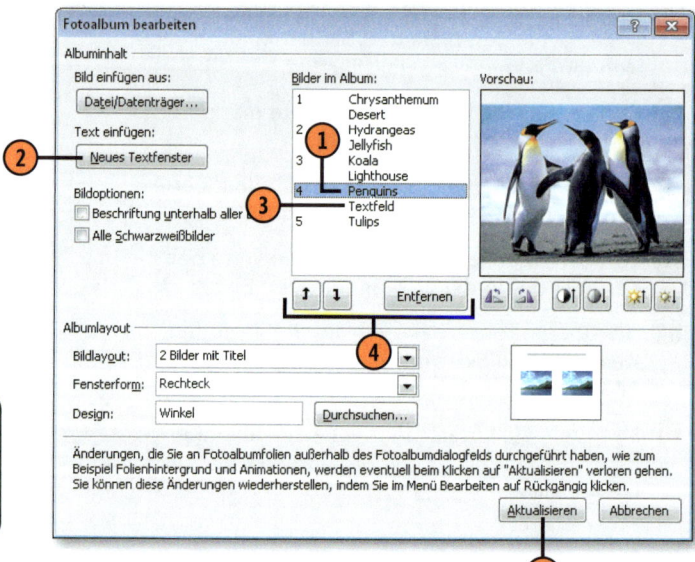

Albumlayout bestimmen

(1) Öffnen Sie das Dialogfeld *Fotoalbum bearbeiten* (siehe vorherige Seite).

(2) Klicken Sie im Bereich *Albumlayout* auf den Pfeil des Dropdown-Listenfeldes *Bildlayout* und wählen Sie ein passendes Layout, z.B. zwei Bilder pro Folie.

(3) Anschließend wählen Sie im Dropdown-Listenfeld *Fensterform* die Anzeigeform des Fensters, in dem ein Foto dargestellt wird, z.B. mit einem Rahmen versehen.

(4) In der Vorschau werden die Auswirkungen der Einstellungen in einem Miniaturbild angezeigt.

(5) Um ein Design für Ihr Fotoalbum auszuwählen, klicken Sie auf die Schaltfläche *Durchsuchen*. Doppelklicken Sie dann im Dialogfeld *Design auswählen* auf die Datei Ihrer Wahl, um das Design Ihrem Fotoalbum zuzuweisen.

(6) Nachdem Sie die gewünschten Einstellungen vorgenommen haben, klicken Sie auf *Aktualisieren*, um die Änderungen auf das Fotoalbum anzuwenden.

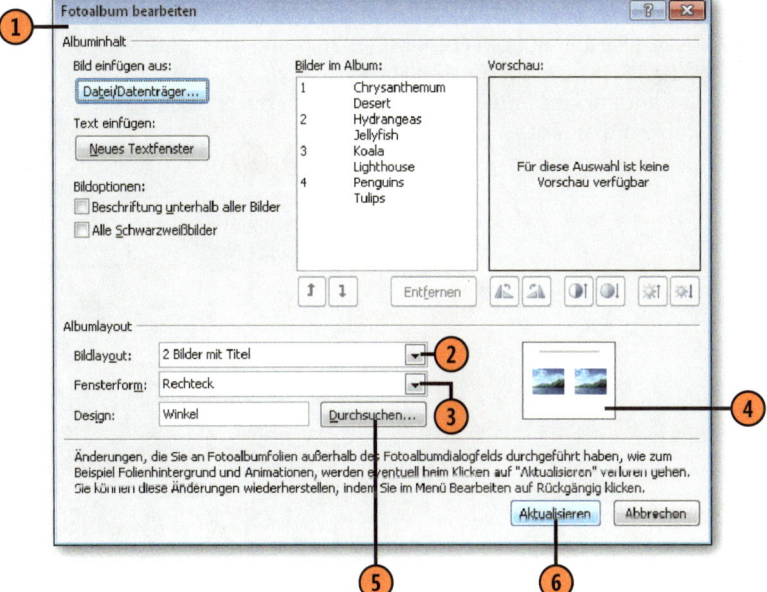

Werkzeuge zum Formatieren von Bildern

Um eingefügten Grafiken und/oder Fotos noch den letzten Schliff zu geben, können Sie auf eine Vielzahl von Formatierungsmöglichkeiten zurückgreifen. Sämtliche Optionen dazu finden Sie auf der kontextbezogenen Registerkarte *Bildtools/Format*.

Bildtools im Überblick

1 Klicken Sie z.B. auf ein Foto, um es zu markieren, und klicken Sie dann auf die Registerkarte *Bildtools/Format*. Hier finden Sie sämtliche Optionen zum Formatieren von Grafiken bzw. Fotos.

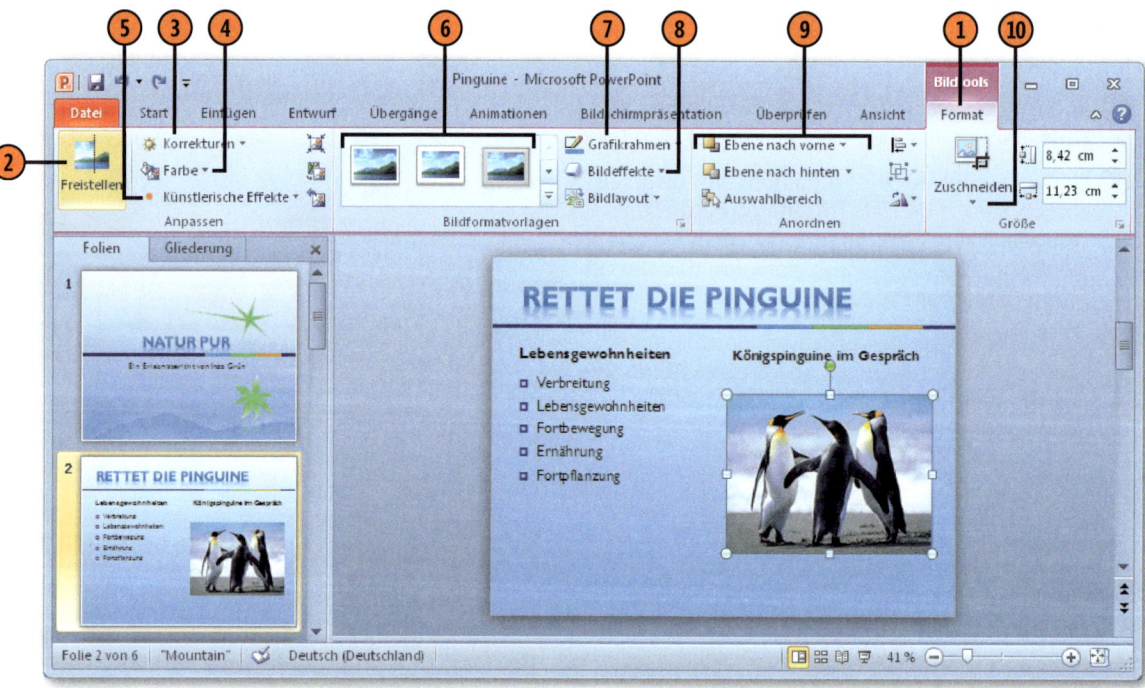

② Ein Klick auf die Schaltfläche *Freistellen* aktiviert die Registerkarte *Freistellen*. Hier können Sie unerwünschte Bereiche aus Fotos entfernen (siehe Seite 128 f.).

③ Über *Korrekturen* erhöhen Sie Helligkeit, Schärfe und Kontrast (siehe Seite 132).

④ Über *Farbe* können Sie u.a. die Bildqualität verbessern (siehe Seite 133).

⑤ Hierüber weisen Sie künstlerische Effekte wie z.B. Skizzierung oder Zeichnung zu (siehe Seite 134).

⑥ Mit den Schnellformatvorlagen weisen Sie das gewünschte Layout zu (siehe Seite 135).

⑦ Über *Grafikrahmen* bestimmen Sie Farbe, Breite und Art eines Rahmens.

⑧ Hierüber weisen Sie Bildeffekte wie z.B. Schatten, Leuchten etc. zu (siehe Seite 135).

⑨ Mit den Optionen in der Gruppe *Anordnen* bringen Sie die Grafikobjekte auf der Folie in eine andere Reihenfolge (siehe Seite 140).

⑩ Im Menü zur Schaltfläche *Zuschneiden* stehen verschiedene Methoden zum Entfernen von Bildbereichen zur Verfügung (siehe Seite 130 f.).

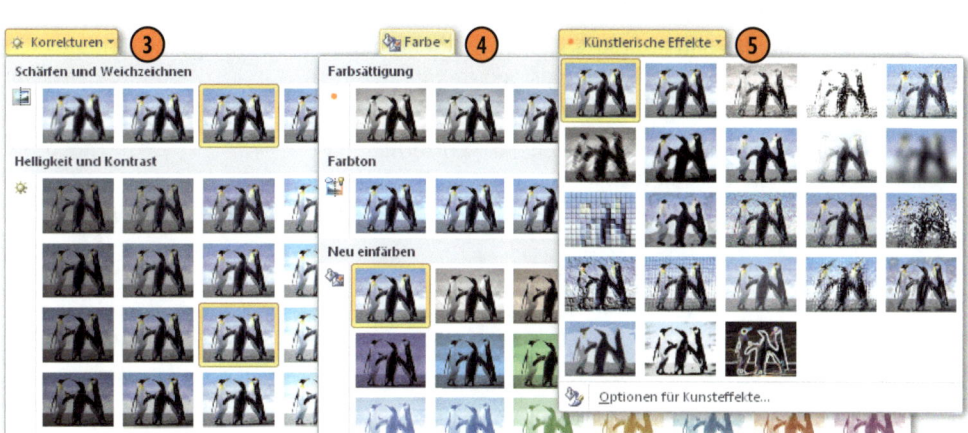

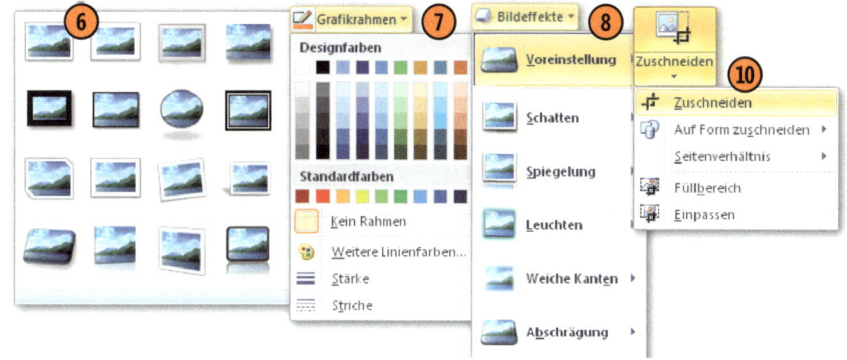

Bilder freistellen

Motive auf Bildern erscheinen wesentlich plastischer, wenn beispielsweise der Hintergrund nicht angezeigt wird. Dazu müssen Sie nicht mit zusätzlichen Grafikprogrammen arbeiten, sondern PowerPoint verfügt über die neue Funktion *Freistellen*, über die

Sie unerwünschte Bereiche eines Bildes auf einfache Weise entfernen können. Dabei haben Sie die Möglichkeit, die vom Programm vorgeschlagene Änderung zu übernehmen und/oder zusätzlich eigene Änderungen vorzunehmen.

Bereiche eines Bildes automatisch entfernen

① Markieren Sie das Bild auf der Folie, das Sie bearbeiten wollen und klicken Sie auf der Registerkarte *Bildtools/Format* in der Gruppe *Anpassen* auf *Freistellen*.

② Der Programmvorschlag für Bereiche, die entfernt werden können, ist violett markiert.

③ Klicken Sie hier, um den Programmvorschlag zu akzeptieren und den Vorgang abzuschließen.

④ Die Bereiche, die vorher violett gekennzeichnet waren, sind entfernt worden.

Freistellen individuell anpassen

(1) Markieren Sie das Bild auf der Folie, das Sie bearbeiten wollen, und klicken Sie auf der Registerkarte *Bildtools/Format* in der Gruppe *Anpassen* auf *Freistellen*.

(2) Der Programmvorschlag für Bereiche, die entfernt werden können, ist violett markiert.

(3) Klicken Sie auf *Zu behaltende Bereiche markieren*.

(4) Führen Sie den Mauszeiger, der jetzt die Form eines Stifts hat, auf die Stelle der Markierung, die Sie beibehalten wollen, und ziehen Sie mit gedrückter Maustaste eine Linie.

(5) Der zu behaltende Bereich wird entsprechend gekennzeichnet.

(6) Mit *Markierung löschen* entfernen Sie ausgewählte Markierungen wieder.

(7) *Alle Änderungen verwerfen* stellt den Originalzustand wieder her.

(8) Klicken Sie auf *Änderungen beibehalten*, um die Änderungen auf der Folie anzuwenden.

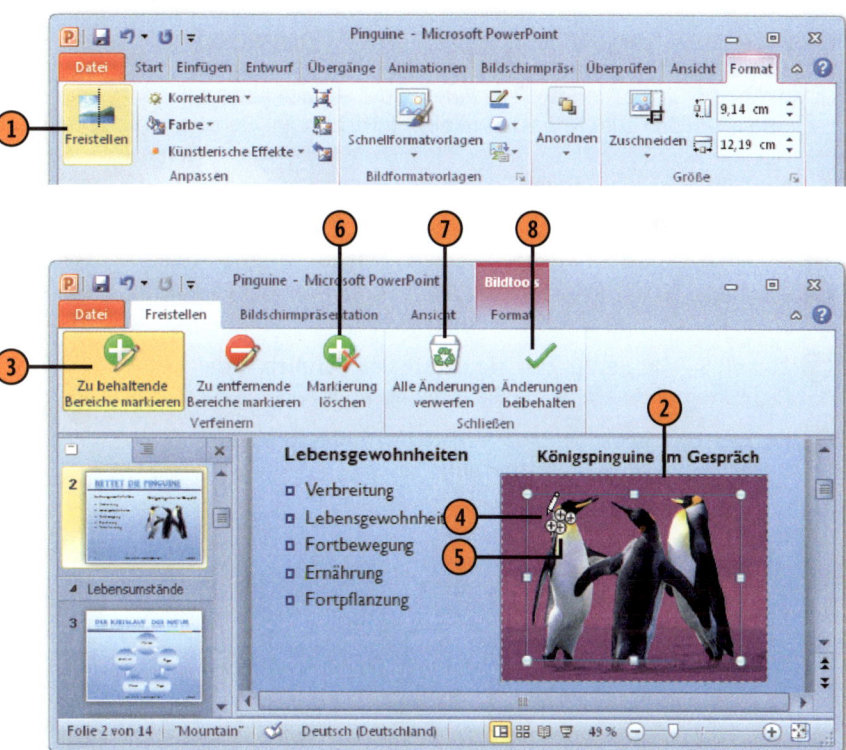

 Tipp

Wenn Sie zusätzliche Bereiche entfernen wollen, klicken Sie auf der Registerkarte *Freistellen* auf *Zu entfernende Bereiche markieren*. Der Markierungsvorgang ist identisch mit dem beim Beibehalten von Bereichen, nur dass bei diesem Vorgang weitere von Ihnen markierte Bereiche entfernt werden.

Bilder zuschneiden

Mithilfe verschiedener Methoden können Sie ein eingefügtes Bild auf das gewünschte Format zuschneiden lassen. Hierbei können Sie wählen, ob Sie bestimmte Teile eines Bildes einfach abschneiden, ob Sie ein Bild zum Anpassen in eine Form zuschneiden oder ob Sie ein Bild in einem bestimmten Seitenverhältnis anzeigen lassen wollen. Des Weiteren können Sie ein Bild dahingehend ändern, dass es einen bestimmten Rahmen ausfüllt, ohne dass die Originalabmessungen geändert werden.

Bildbereiche abschneiden

① Klicken Sie auf das Bild, um es zu markieren.

② Wechseln Sie zur Registerkarte *Bildtools/Format* und klicken Sie in der Gruppe *Größe* auf *Zuschneiden*.

③ Ziehen Sie mit gedrückter Maustaste den Rahmen in die Richtung der Bereiche, die Sie erhalten wollen.

④ Klicken Sie anschließend außerhalb des Bildes, um die Änderungen wirksam zu machen.

Bild auf Form zuschneiden

① Klicken Sie auf das Bild, um es zu markieren.

② Klicken Sie auf der Registerkarte *Bildtools/Format* in der Gruppe *Größe* auf den Pfeil der Schaltfläche *Zuschneiden*.

③ Wählen Sie den Befehl *Auf Form zuschneiden*.

④ Klicken Sie im Katalog auf die Form, auf die das Bild zugeschnitten werden soll.

⑤ Das Bild wird in die gewählte Form gebracht.

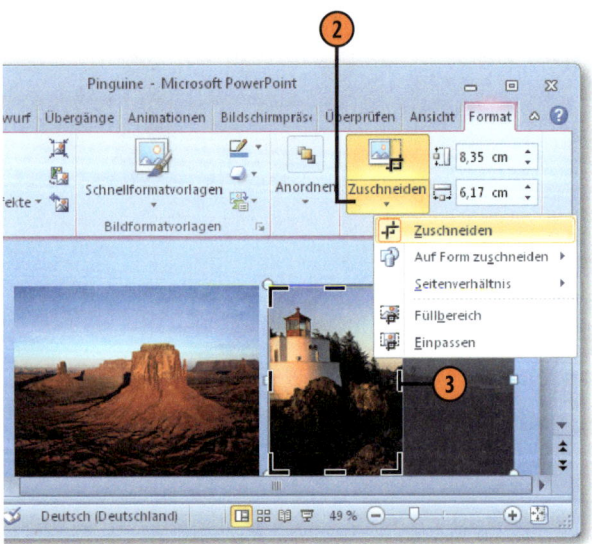

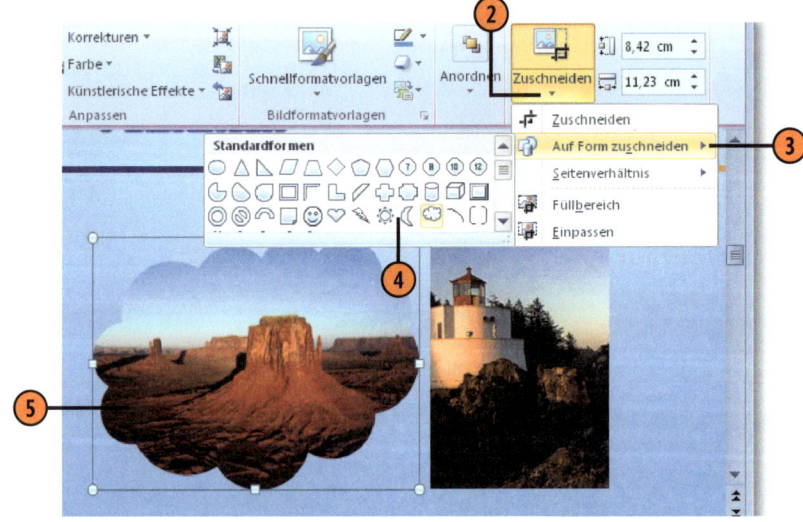

Auf Seitenverhältnis zuschneiden

1. Klicken Sie auf das Bild, um es zu markieren.

2. Klicken Sie auf der Registerkarte *Bildtools/Format* in der Gruppe *Größe* auf den Pfeil der Schaltfläche *Zuschneiden*.

3. Wählen Sie den Befehl *Seitenverhältnis* und wählen Sie das Format aus, auf das das Bild zugeschnitten werden soll.

4. Das Bild wird in dem gewählten Format in einem Rahmen angezeigt. Die ursprüngliche Größe wird »abgedeckt« dargestellt.

5. Klicken Sie außerhalb des Bildes, um die Änderungen wirksam werden zu lassen.

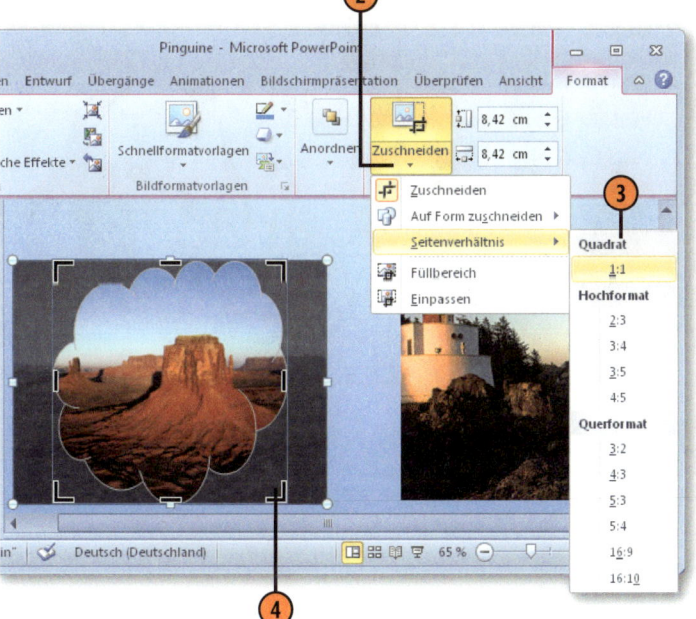

Auf Füllbereich zuschneiden

1. Klicken Sie auf das Bild, um es zu markieren.

2. Klicken Sie auf der Registerkarte *Bildtools/Format* auf den Pfeil der Schaltfläche *Zuschneiden*.

3. Wählen Sie den Befehl *Füllbereich*.

4. Ziehen Sie das Bild mit gedrückter Maustaste so weit, bis der gewünschte Ausschnitt angezeigt wird.

5. Klicken Sie außerhalb des Bildes, um die Änderungen wirksam werden zu lassen.

Bilder farblich anpassen

Um Bilder den Farben auf der Folie anzupassen bzw. um an der Darstellung Korrekturen vorzunehmen, stehen Ihnen auf der Registerkarte *Bildtools/Format* in der Gruppe *Anpassen* diverse Optionen zur Verfügung. Unter *Korrekturen* finden Sie die Tools, um die Helligkeit, die Schärfe und den Kontrast von Bildern anzupassen. Über *Farbe* können Sie eine andere Farbsättigung bestimmen und den Farbton ändern sowie das gesamte Bild neu einfärben. Des Weiteren können Sie über *Künstlerische Effekte* die Darstellung eines Bildes verfremden.

Bildkorrekturen vornehmen

① Klicken Sie auf das Bild, um es zu markieren, und wechseln Sie zur Registerkarte *Bildtools/Format*.

② Klicken Sie in der Gruppe *Anpassen* auf die Schaltfläche *Korrekturen*, um den Katalog mit den verfügbaren Voreinstellungen zur Korrektur von Schärfe, Helligkeit und Kontrast anzuzeigen.

③ In den Bereichen *Schärfe und Weichzeichnen* sowie *Helligkeit und Kontrast* ist die aktuelle Einstellung durch einen Rahmen gekennzeichnet.

④ Solange der Mauszeiger auf einer Miniaturansicht ruht, wird eine Vorschau auf die Bildkorrektur auf der Folie angezeigt. Klicken Sie auf eine Miniaturansicht, um die betreffenden Korrektureinstellungen zuzuweisen.

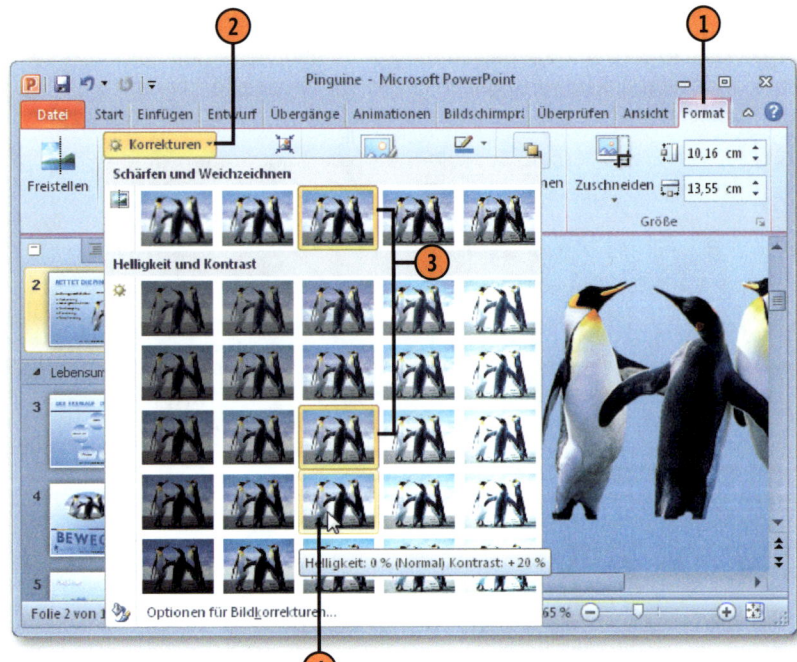

> **Tipp** ✔
>
> Über *Optionen für Bildkorrekturen* im Menü zur Schaltfläche *Korrekturen* rufen Sie das Dialogfeld *Grafik formatieren/Bildkorrekturen* auf, in dem Sie Schärfe, Helligkeit und Kontrast durch Angabe exakter Werte definieren können.

Bildfarben ändern

① Klicken Sie auf das Bild, um es zu markieren, und wechseln Sie zur Registerkarte *Bildtools/ Format*.

② Klicken Sie in der Gruppe *Anpassen* auf die Schaltfläche *Farbe*, um den Katalog mit den verfügbaren Voreinstellungen zum Ändern der Farbeinstellung anzuzeigen.

③ In den Bereichen *Farbsättigung*, *Farbton* und *Neu einfärben* sind die aktuellen Einstellungen durch einen Rahmen gekennzeichnet.

④ Solange der Mauszeiger auf einer Miniaturansicht ruht, wird eine Vorschau auf die neuen Farbeinstellungen auf der Folie angezeigt. Klicken Sie auf eine Miniaturansicht, um die betreffenden Farbeinstellungen zuzuweisen.

⑤ Über *Weitere Varianten* rufen Sie den Farbkatalog zum Auswählen von weiteren Farben auf.

⑥ *Transparente Farbe bestimmen* ermöglicht es, mit dem Mauszeiger eine Farbe im Bild auszuwählen, die transparent dargestellt werden soll.

⑦ Über *Bildfarboptionen* rufen Sie das Dialogfeld *Grafik formatieren/Bildfarbe* auf, in dem Sie Farbsättigung und Farbton durch Angabe exakter Werte definieren können.

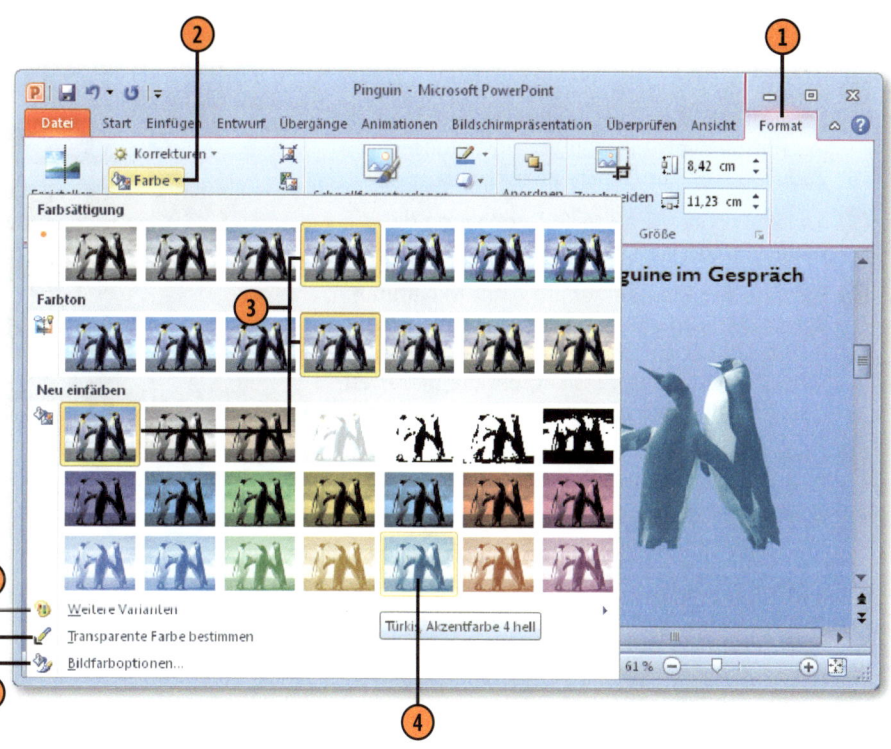

Künstlerische Effekte anwenden

1. Klicken Sie auf das Bild, um es zu markieren, und wechseln Sie zur Registerkarte *Bildtools/ Format*.

2. Klicken Sie in der Gruppe *Anpassen* auf die Schaltfläche *Künstlerische Effekte*, um den Katalog mit den verfügbaren Voreinstellungen zum Zuweisen solcher Effekte anzuzeigen.

3. Im Katalog ist die aktuelle Darstellung des Bildes durch einen Rahmen gekennzeichnet.

4. Solange der Mauszeiger auf einer Miniaturansicht ruht, wird eine Vorschau auf den künstlerischen Effekt auf der Folie angezeigt. Klicken Sie auf eine Miniaturansicht, um die betreffenden Einstellungen zuzuweisen.

5. Über *Optionen für Kunsteffekte* rufen Sie das Dialogfeld *Grafik formatieren/Künstlerische Effekte* auf, in dem Sie die verfügbaren Effekte individuell anpassen können.

Weitere Schaltflächen in der Gruppe »Anpassen«

 Bild komprimieren: Verringert die Größe von Bildern in der Präsentation.

 Bild ändern: Öffnet das Dialogfeld zum Ersetzen des aktuellen Bildes durch ein anderes, wobei die Formatierung des aktuellen Bildes erhalten bleibt.

 Bild zurücksetzen: Verwirft sämtliche Formatierungsänderungen an dem aktuellen Bild. Über das Dropdownmenü zur Schaltfläche kann auch die Größenänderung des Bildes zurückgesetzt werden.

Tipp ✓

Über die Schaltfläche *Grafikrahmen* in der Gruppe *Bildformatvorlagen* zeigen Sie einen Katalog an, in dem Sie die Farbe und die Darstellung der Rahmenlinien anpassen können.

Mit Bildformatvorlagen arbeiten

(1) Klicken Sie auf das Bild, um es zu markieren, und wechseln Sie zur Registerkarte *Bildtools/Format*.

(2) Öffnen Sie in der Gruppe *Bildformatvorlagen* den Bildformatvorlagenkatalog.

(3) Solange der Mauszeiger auf einer Miniaturansicht ruht, wird eine Vorschau auf das Format auf der Folie angezeigt. Klicken Sie auf eine Miniaturansicht, um das entsprechende Format zuzuweisen.

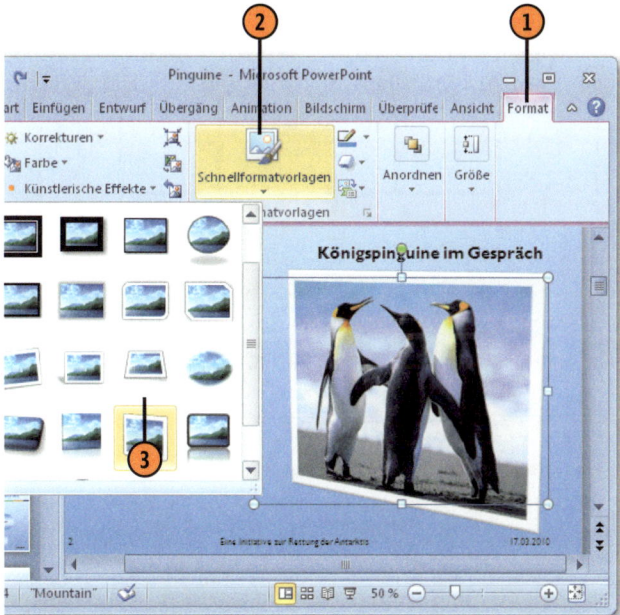

Bildeffekte zuweisen

(1) Klicken Sie auf das Bild, um es zu markieren, und wechseln Sie zur Registerkarte *Bildtools/Format*.

(2) Klicken Sie in der Gruppe *Bildformatvorlagen* auf die Schaltfläche *Bildeffekte*, um das Menü mit den unterschiedlichen Bildeffektoptionen anzuzeigen.

(3) Klicken Sie auf eine der Optionen und wählen Sie im zugehörigen Untermenü das gewünschte Format aus.

(4) Solange der Mauszeiger auf einer Miniaturansicht ruht, wird eine Vorschau auf die Formateinstellungen auf der Folie angezeigt. Klicken Sie auf eine Miniaturansicht, um die betreffenden Einstellungen zuzuweisen.

Formen formatieren

Eine Form, die Sie einer Folie hinzugefügt haben, können Sie nachträglich über eine Vielzahl von Formatierungsmöglichkeiten optisch aufwerten. Sämtliche Optionen finden Sie auf der kontextbezogenen Registerkarte *Zeichentools/Format*. Öffnen Sie die verschiedenen Kataloge und lassen Sie sich, während Sie den

Mauszeiger über die verschiedenen Optionen führen, anhand der Livevorschau die Auswirkungen auf die markierte Form zeigen, bevor Sie durch einen Klick die betreffende Einstellung der Form zuweisen.

Zeichentools im Überblick

① Klicken Sie die Form an, um sie zu markieren, und wechseln Sie zur Registerkarte *Zeichentools/Format*. Hier finden Sie sämtliche Optionen zum Formatieren der ausgewählten Form.

② Klicken Sie hier, um den Formenkatalog zu öffnen, in dem Sie eine neue Form auswählen können, die Sie anschließend auf der Folie aufziehen.

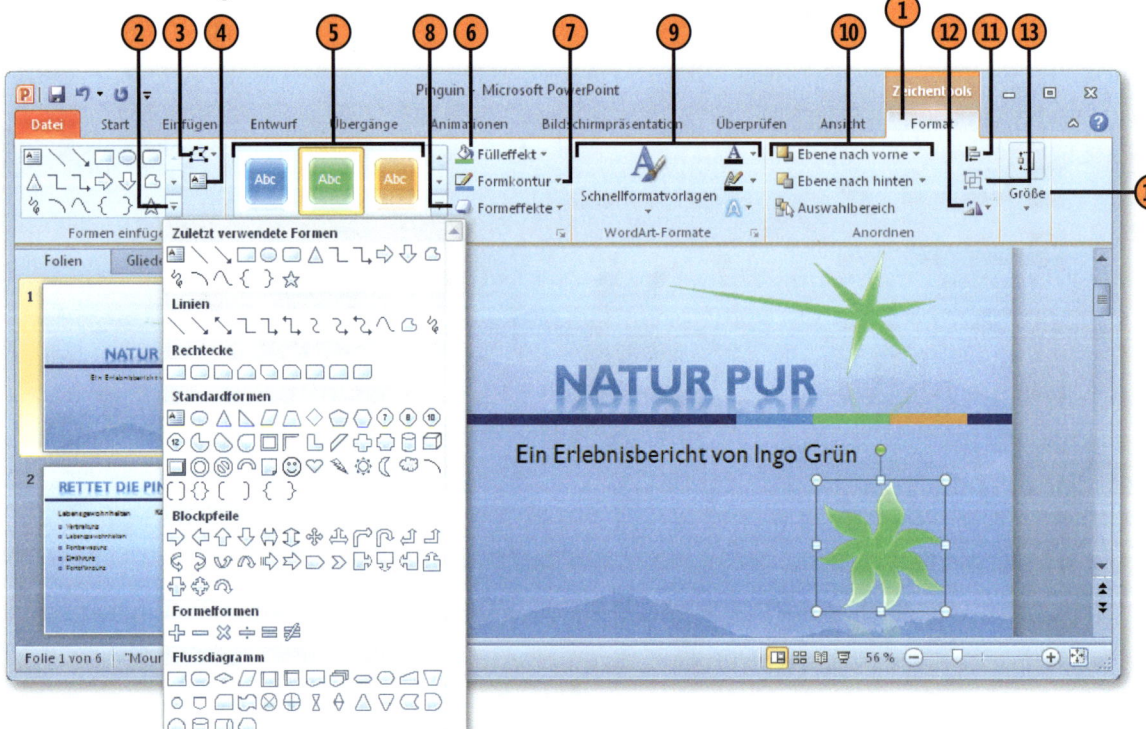

③ Über das Dropdownmenü zur Schaltfläche *Form bearbeiten* können Sie u.a. die markierte Form durch eine andere ersetzen.

④ Über die Schaltfläche *Textfeld* können Sie ein zusätzliches Textfeld auf der Folie oder in die ausgewählte Form einfügen (siehe Seite 139).

⑤ Im zugehörigen Katalog können Sie ein Grafikformat für eine Form oder Linie auswählen.

⑥ Über das Menü zur Schaltfläche *Fülleffekt* können Sie der ausgewählten Form eine neue Farbe, einen Farbverlauf, ein Bild oder eine Textur als Füllung zuweisen.

⑦ Über das Menü zur Schaltfläche *Formkontur* können Sie für die ausgewählte Form Farbe, Breite und Art des Rahmens festlegen.

⑧ Über das Menü zur Schaltfläche *Formeffekte* können Sie der ausgewählten Form z.B. einen Schatten zuweisen.

⑨ In diesem Bereich finden Sie sämtliche Tools zum Erstellen von WordArt-Objekten.

⑩ Über diese Befehle können Sie die Reihenfolge der eingefügten Objekte ändern (siehe Seite 140).

⑪ Hierüber können Sie die Objekte auf verschiedene Weise auf der Folie ausrichten.

⑫ Hierüber können Sie die Objekte in einem bestimmten Winkel drehen oder kippen.

⑬ Hierüber können Sie die Objekte zu Gruppen zusammenfassen (siehe nächste Seite).

⑭ Über die betreffenden Felder in der Gruppe *Größe* können Sie durch Angabe exakter Werte die Formenhöhe und -breite festlegen.

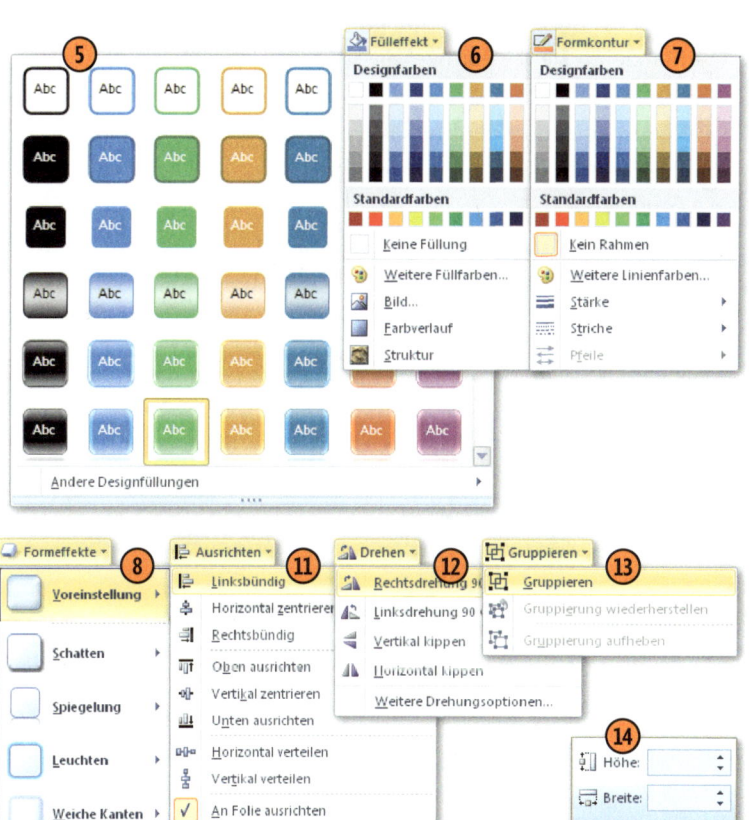

Objekte gruppieren

① Markieren Sie die Formen, die Sie zu einer Gruppe zusammenfassen wollen.

② Wechseln Sie zur Registerkarte *Zeichentools/Format*.

③ Klicken Sie auf die Schaltfläche *Gruppieren* und wählen Sie *Gruppieren*.

④ Eine neue Markierung ist jetzt um die zuvor markierten Objekte gezogen, d.h., sie werden als ein Objekt behandelt,

das als solches auch bearbeitet werden kann. So können Sie z.B. in einem Schritt ein neues Design zuweisen.

⑤ Um eine Gruppierung wieder aufzuheben, markieren Sie das Objekt und wählen im Menü zur Schaltfläche *Gruppieren* den betreffenden Befehl.

⑥ Über den Befehl *Gruppierung wiederherstellen* erzeugen Sie die Objektgruppe erneut.

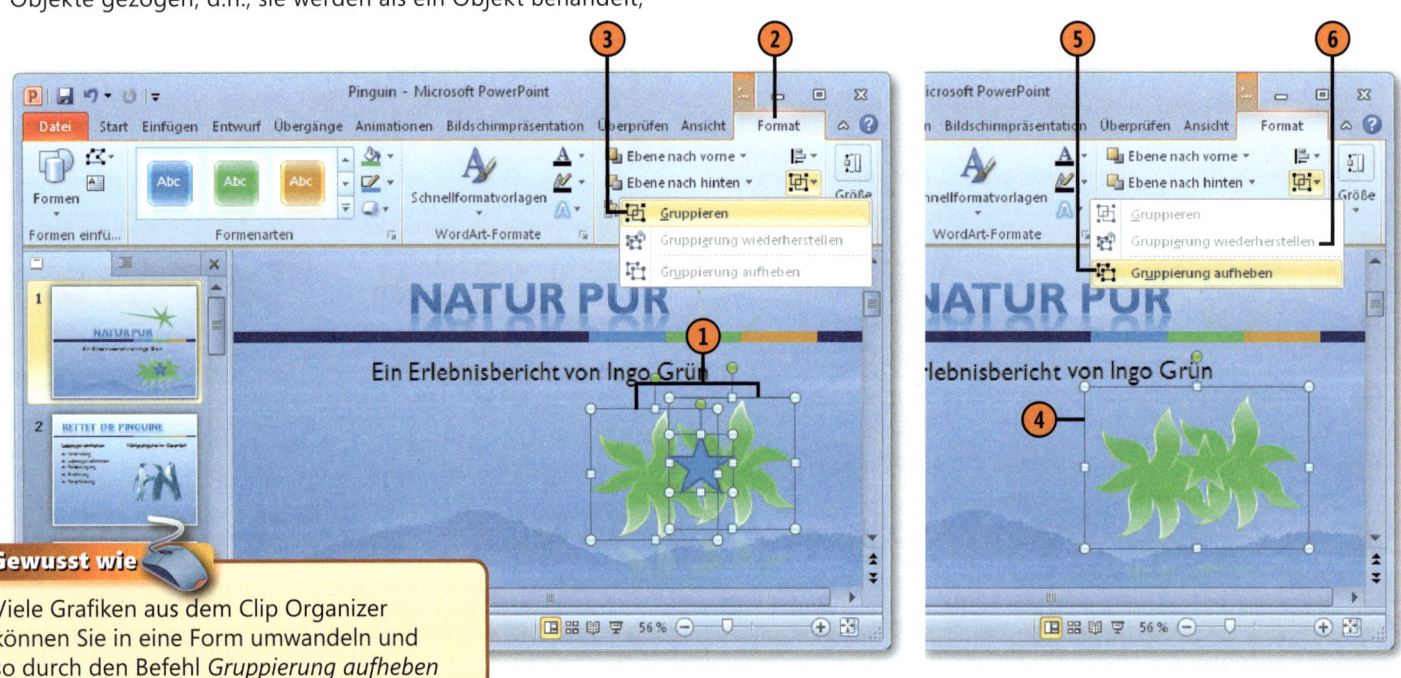

Gewusst wie

Viele Grafiken aus dem Clip Organizer können Sie in eine Form umwandeln und so durch den Befehl *Gruppierung aufheben* einzelne Bestandteile dieser Objektgruppe entfernen und/oder formatieren.

Einer Form Text hinzufügen

① Klicken Sie auf die Form, der Sie Text hinzufügen wollen.

② Wechseln Sie zur Registerkarte *Zeichentools/Format*.

③ Klicken Sie auf die Schaltfläche *Textfeld*.

④ Klicken Sie innerhalb der Form und geben Sie Ihren Text ein.

⑤ Um auf der Folie ein separates Textfeld hinzuzufügen, klicken Sie auf die Schaltfläche *Textfeld*, setzen den Mauszeiger auf eine freie Stelle der Folie und ziehen dann das Textfeld auf. Geben Sie anschließend den gewünschten Text ein.

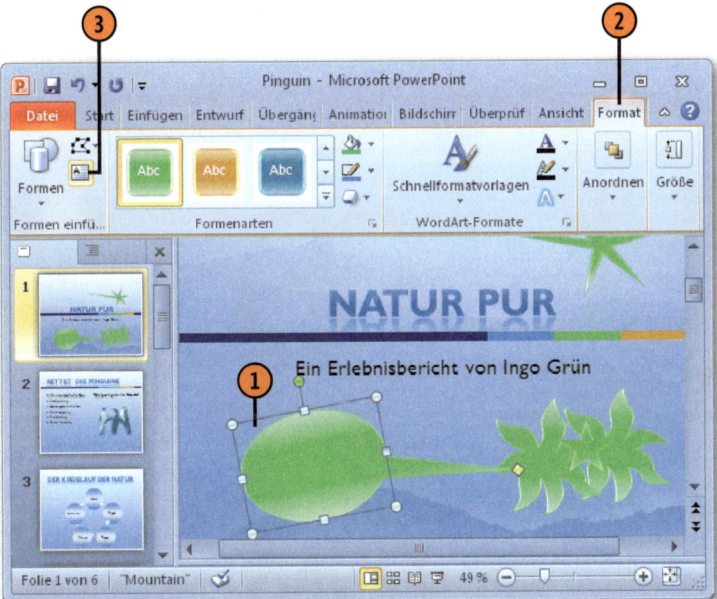

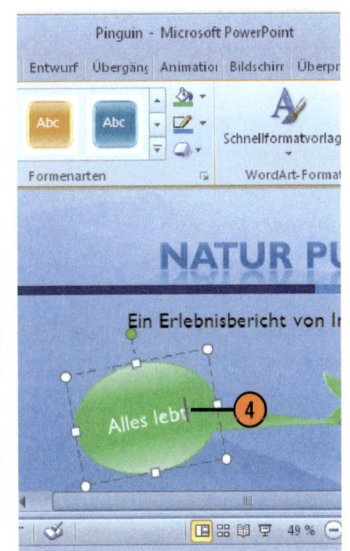

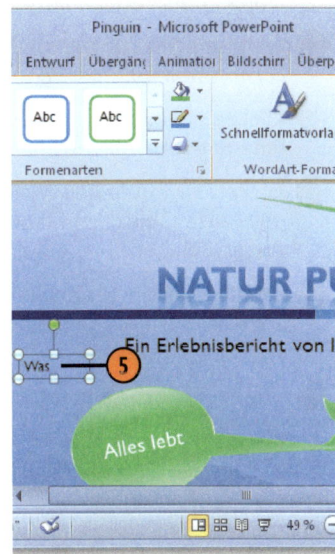

Tipp

Text, den Sie in einer Form oder in einem zusätzlichen Textfeld eingegeben haben, können Sie ebenso wie anderen Text bearbeiten und formatieren. Mehr dazu erfahren Sie auf Seite 76 ff.

Objekte neu anordnen

Wenn Sie sehr viele unterschiedliche Objekte auf einer Folie einfügen, kann es passieren, dass ein Objekt ein anderes verdeckt. Objekte werden stapelweise eingefügt, d.h., das Objekt, das Sie als Erstes eingefügt haben, ist das letzte Element im Stapel. Die Reihenfolge der Objekte im Stapel kann aber jederzeit geändert werden.

Objektreihenfolge ändern

① Markieren Sie das Objekt, das ein anderes Objekt überdeckt.

② Wechseln Sie zur Registerkarte *Zeichentools/ Format* bzw. *Bildtools/Format*.

③ Klicken Sie in der Gruppe *Anordnen* auf den Pfeil der Schaltfläche *Ebene nach hinten*.

④ Klicken Sie auf *In den Hintergrund*, um das markierte Objekt im Stapel ganz nach hinten zu verschieben.

⑤ Um das markierte Objekt im Stapel lediglich um eine Position weiter nach hinten zu verschieben, klicken Sie auf *Ebene nach hinten*.

⑥ Um ein Objekt ganz im Vordergrund anzuzeigen bzw. im Stapel lediglich um eine Position weiter nach oben zu verschieben, verwenden Sie die betreffenden Befehle im Menü zur Schaltfläche *Ebene nach vorne*.

Siehe auch

Wenn Sie sehr viele Objekte auf einer Folie eingefügt haben, arbeiten Sie am besten über die Schaltfläche *Auswahlbereich*, um auf die einzelnen Objekte leichter zugreifen zu können; siehe zum Auswahlbereich Seite 61.

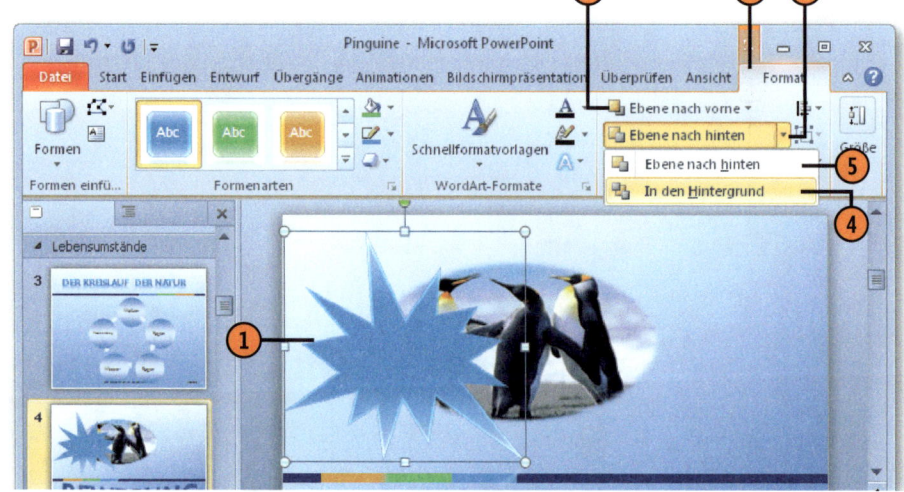

8

Tabellen, Diagramme und SmartArt

Folien mit reinem Aufzählungstext unterstützen Ihren Vortrag und bereiten stichpunktartig auf die Informationen vor, die Sie vermitteln wollen. Sie können diese Informationen auf den einzelnen Folien auch auf unterschiedliche Arten veranschaulichen:

Viele Informationen lassen sich besser in Tabellenform darstellen. Das erhöht die Übersichtlichkeit und gibt dem Betrachter die Möglichkeit, die einzelnen Ergebnisse in ihrer Gesamtheit zu beurteilen und zu vergleichen.

Informationen können Sie auch grafisch in Form von Diagrammen präsentieren. Je nachdem, was Sie vermitteln wollen, stehen Ihnen unterschiedliche Diagrammtypen zur Darstellung Ihrer Daten zur Verfügung.

Mit SmartArt-Grafiken lassen sich komplexe Sachverhalte anschaulich vermitteln. Hierbei haben Sie die Möglichkeit, aus vielen unterschiedlichen Formen eine geeignete Darstellung, die Ihre Informationen wirkungsvoll unterstreicht, auszuwählen.

Tabellen und Tabellentools – Überblick

Tabellen bestehen aus einzelnen Zellen, die in Zeilen und Spalten angeordnet sind. Diese Zellen können Text, Zahlen, Grafiken etc. enthalten. Bei der Gestaltung einer Tabelle sind besonders zwei Punkte zu berücksichtigen: Struktur und Lesbarkeit. Zur

Strukturierung gehört unter anderem die Entscheidung, welche Information auf der Vertikalen und welche auf der Horizontalen anzuordnen ist.

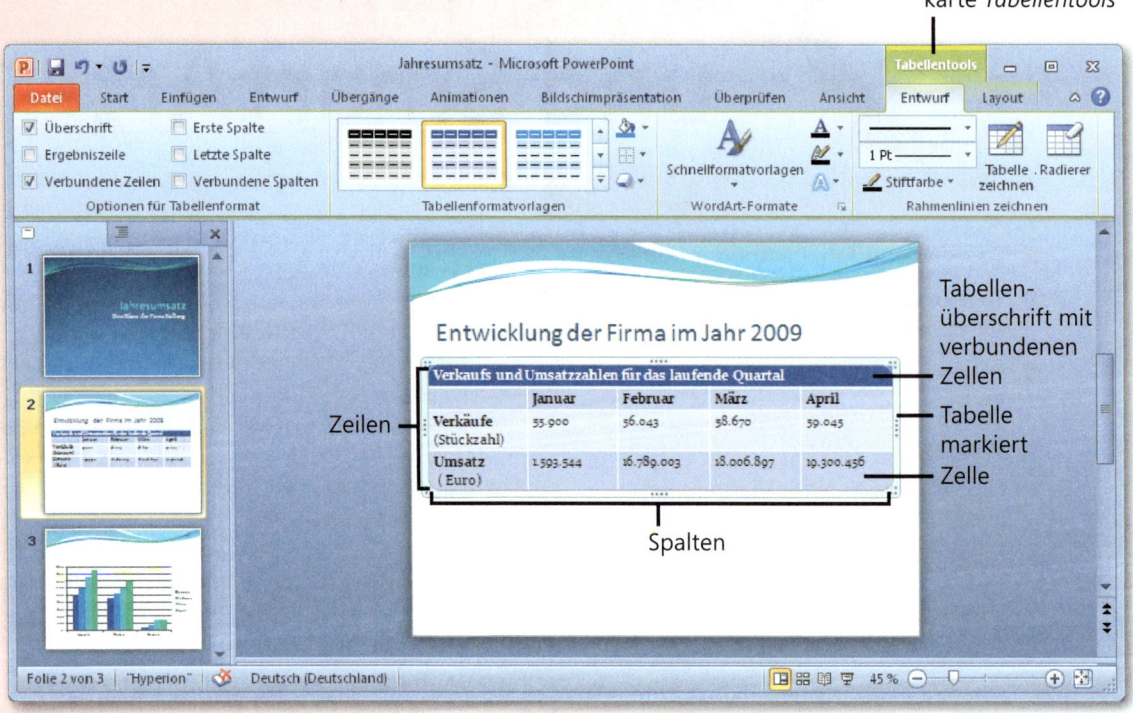

Kontextbezogene Register-karte *Tabellentools*

Tabellen-überschrift mit verbundenen Zellen

Tabelle markiert

Zelle

Zeilen

Spalten

Sämtliche Werkzeuge zum Bearbeiten und Formatieren einer Tabelle stehen Ihnen über die kontextbezogenen Registerkarten *Tabellentools/Entwurf* und *Tabellentools/Layout* zur Verfügung.

■ Auf der Registerkarte *Tabellentools/Entwurf* finden Sie besondere Formatierungsoptionen für diverse Tabellenelemente, die Sie durch einen Klick auf die entsprechenden Kontrollkästchen ein- bzw. ausschalten können. Über die Formatvorlagenkataloge und die verschiedenen Dropdownmenüs steuern Sie die Formatierung der Tabelle und ihrer Elemente. Außerdem stehen hier die Werkzeuge zum Anpassen der einzelnen Rahmenlinien zur Verfügung

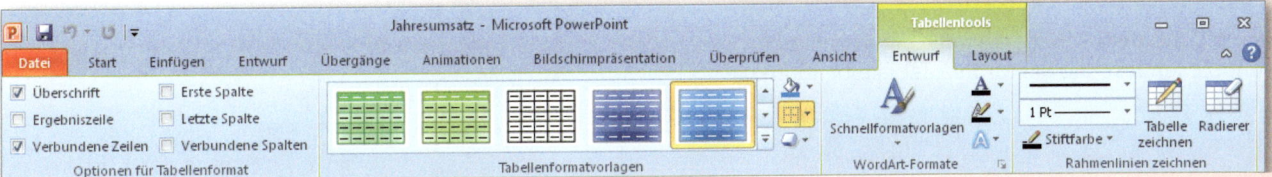

■ Auf der Registerkarte *Tabellentools/Layout* finden Sie die Werkzeuge zum Anpassen der Tabellenstruktur sowie zum Layouten der Tabelleninhalte innerhalb der Zellen.

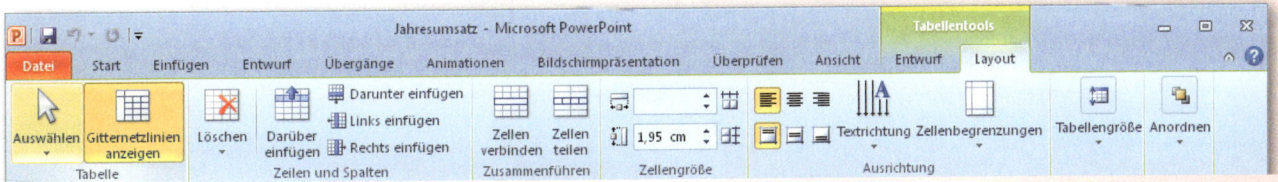

Tabelle erstellen

Microsoft PowerPoint verfügt über eine eigene Tabellenfunktion, über die Sie schnell einfache Tabellen erstellen können. Tabellentext wird wie normaler Text bearbeitet. Das heißt, Sie können ihn beliebig markieren und anschließend formatieren, löschen, neuen Text hinzufügen etc.

Tabelle einfügen

① Klicken Sie im Platzhalter zum Einfügen von Objekten auf das Tabellensymbol oder klicken Sie auf der Registerkarte *Einfügen* auf *Tabelle/Tabelle einfügen*.

② Legen Sie im Dialogfeld *Tabelle einfügen* die Anzahl der Spalten und Zeilen fest, die Sie für Ihre Tabelle benötigen.

③ Bestätigen Sie Ihre Angaben mit *OK*.

④ Die Tabelle wird auf der Folie eingefügt.

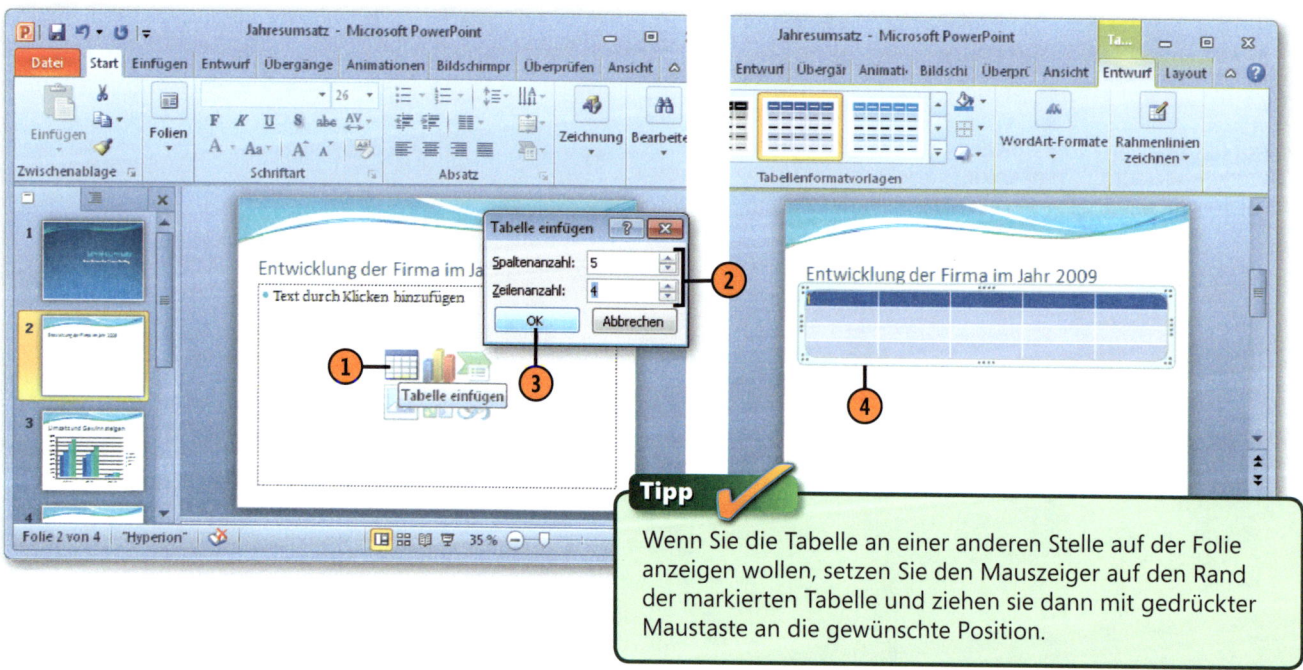

Tipp ✓

Wenn Sie die Tabelle an einer anderen Stelle auf der Folie anzeigen wollen, setzen Sie den Mauszeiger auf den Rand der markierten Tabelle und ziehen sie dann mit gedrückter Maustaste an die gewünschte Position.

Tabellentext eingeben

1 Klicken Sie in eine Zelle und beginnen Sie mit der Eingabe von Text.

2 Drücken Sie die Tab-Taste, um zur nächsten Zelle zu springen; dort geben Sie weiteren Text ein. Ein Zeilenumbruch wird automatisch erzeugt, sobald das Zellenende erreicht wird.

3 Text innerhalb der Tabelle formatieren Sie mithilfe der entsprechenden Optionen der Gruppen *Schriftart* und *Absatz* auf der Registerkarte *Start*.

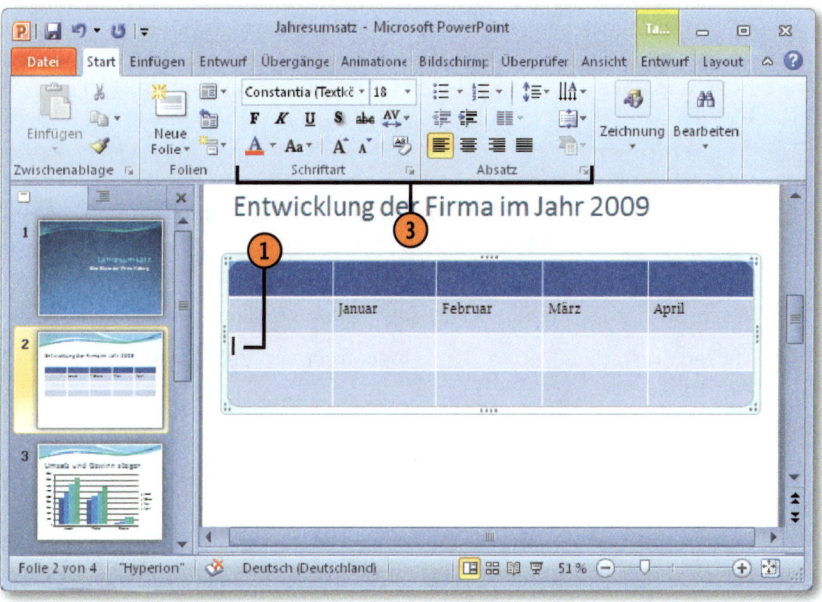

Tastenkombinationen zum Arbeiten in Tabellen

Tab	Zur nächsten Zelle
Umschalt+Tab	Zur vorhergehenden Zelle
Umschalt+entsprechende Pfeiltaste	Mehrere aneinandergrenzende Zellen markieren
Pfeil oben bzw. Pfeil unten	Zur vorhergehenden bzw. zur nächsten Zeile
Strg+Tab	Tabstopp in Zelle einfügen
Eingabe	Neuen Absatz innerhalb einer Zelle beginnen
Tab	Neue Zeile am Ende einer Tabelle einfügen (die Einfügemarke muss sich am Ende der Tabelle befinden)

Siehe auch

Tabellentext formatieren Sie wie regulären Text. Mehr zum Formatieren von Text erfahren Sie auf Seite 76 ff.

Tipp ✔

Zur Eingabe der Tabellenüberschrift sollten Sie vorab mehrere Zellen verbinden (siehe hierzu nächste Seite).

Tabelle bearbeiten

Wenn Sie eine Tabelle eingefügt haben, können Sie nachträglich noch Veränderungen durchführen. Sie können mehrere Zellen verbinden und Zellen in weitere Zellen unterteilen. Des Weiteren können Sie Zeilen bzw. Spalten hinzufügen und nicht benötigte Zeilen/Spalten entfernen.

Zellen verbinden

① Markieren Sie die Zellen, die Sie verbinden wollen, durch Ziehen mit gedrückter Maustaste über die entsprechenden Zellen.

② Wechseln Sie zur Registerkarte *Tabellentools/Layout*.

③ Klicken Sie in der Gruppe *Zusammenführen* auf *Zellen verbinden*.

④ Geben Sie dann den Text, z.B. die Tabellenüberschrift, in der neuen Zeile ein.

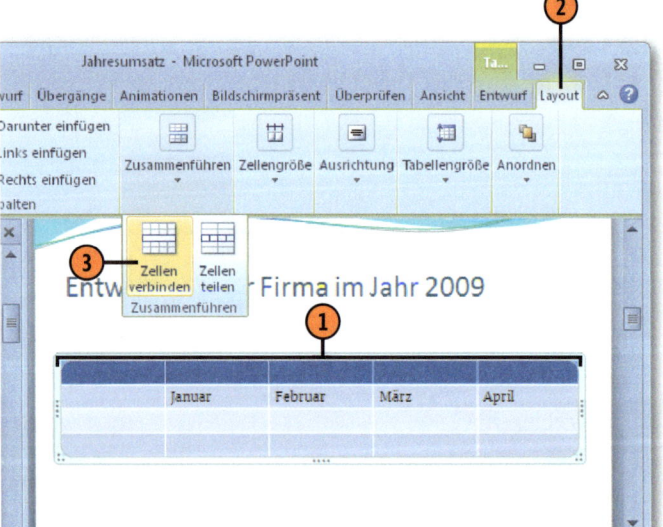

Zellen teilen

① Klicken Sie in die Zelle, die Sie unterteilen wollen.

② Wechseln Sie zur Registerkarte *Tabellentools/Layout*.

③ Klicken Sie in der Gruppe *Zusammenführen* auf *Zellen teilen*.

④ Geben Sie im Dialogfeld an, in wie viele Spalten und/oder Zeilen Sie die Zelle unterteilen wollen, und bestätigen Sie mit *OK*.

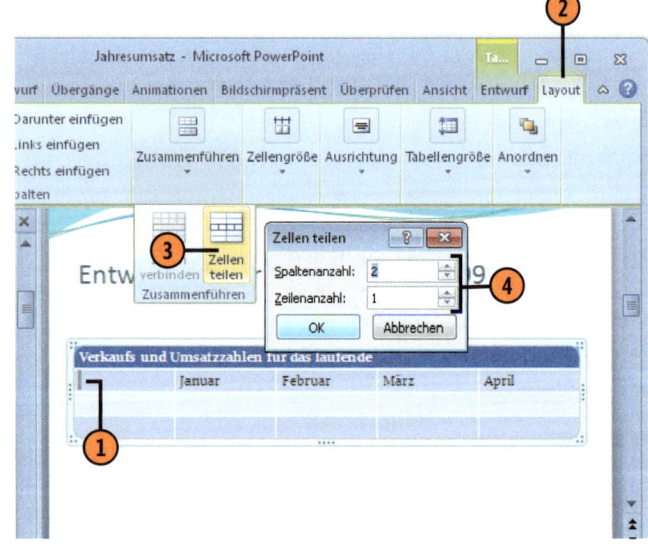

Zeilen/Spalten hinzufügen

① Setzen Sie die Einfügemarke an die Stelle in der Tabelle, an der Sie Zeilen oder Spalten hinzufügen wollen.

② Wechseln Sie zur Registerkarte *Tabellentools/Layout*.

③ Wählen Sie in der Gruppe *Zeilen und Spalten*, wo die zusätzliche Zeile bzw. Spalte eingefügt werden soll.

④ Das neue Tabellenelement wird entsprechend Ihrer Auswahl eingefügt.

Zeilen/Spalten löschen

① Markieren Sie die Zeile(n) oder Spalte(n), die Sie löschen wollen, und klicken Sie auf der Registerkarte *Tabellentools/Layout* auf die Schaltfläche *Löschen*.

② Oder setzen Sie die Einfügemarke in eine Zelle der Tabelle, klicken Sie auf den Pfeil der Schaltfläche *Löschen* und wählen Sie im Dropdownmenü, was gelöscht werden soll.

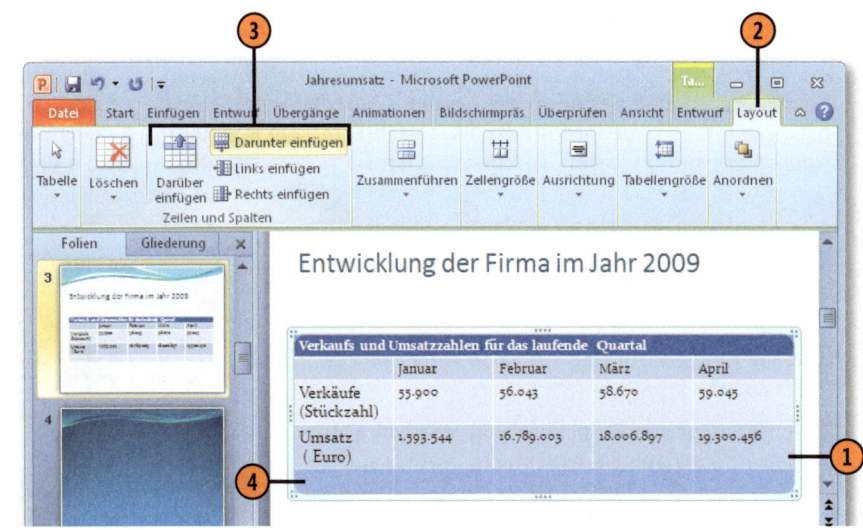

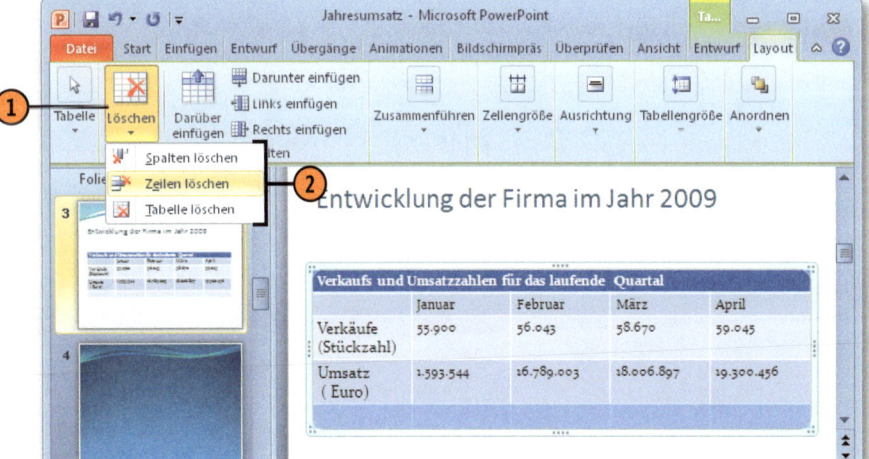

Tabelle formatieren

Das Format einer Tabelle können Sie Ihren Wünschen entsprechend verändern. So können Sie aus einer großen Anzahl von voreingestellten Tabellenformatvorlagen Ihre Tabelle in einem anderen Format anzeigen. Hierbei können Sie sich zwischen einer helleren, einer mittleren und einer dunkleren Variante der verschiedenen Vorschläge des Programms entscheiden. Des Weiteren können Sie die Farbe für einzelne Bereiche sowie die Rahmenlinien individuell anpassen.

Tabellenformatvorlage wählen

① Markieren Sie die Tabelle, indem Sie darauf klicken.

② Wechseln Sie zur Registerkarte *Tabellentools/ Entwurf*.

③ Öffnen Sie den Tabellenformatvorlagen-Katalog und wählen Sie ein Tabellenformat aus. Während der Mauszeiger auf einer Miniaturansicht ruht, wird in der Tabelle die Livevorschau angezeigt.

④ Klicken Sie mit der rechten Maustaste und weisen Sie über einen der Kontextmenübefehle das Tabellenformat der Tabelle zu. Entscheiden Sie dabei, ob eventuell vorhandene benutzerdefinierte Formatierungen erhalten bleiben oder ob solche Formatierungen entfernt werden sollen.

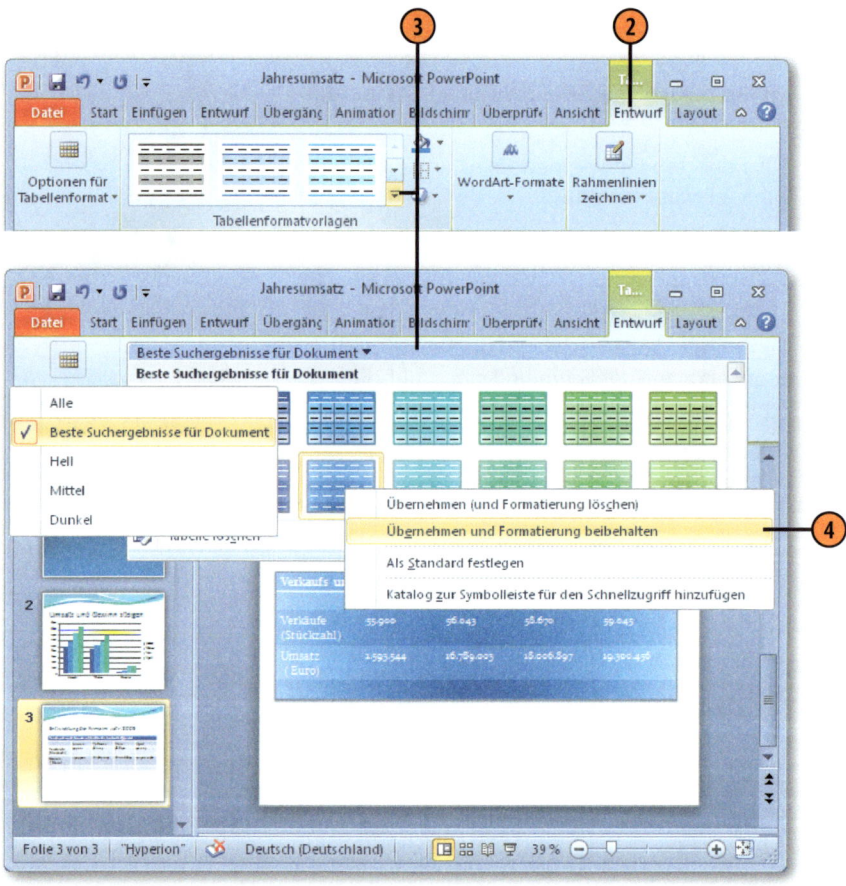

Tabellenbereiche einfärben

① Markieren Sie die Zellen, die Sie besonders hervorheben wollen.

② Klicken Sie auf der Registerkarte *Tabellentools/Entwurf* auf die Schaltfläche *Schattierung*.

③ Solange der Mauszeiger auf einer Farbe ruht, wird eine Vorschau auf der Folie angezeigt. Klicken Sie auf ein Farbfeld, um die betreffende Farbe zuzuweisen.

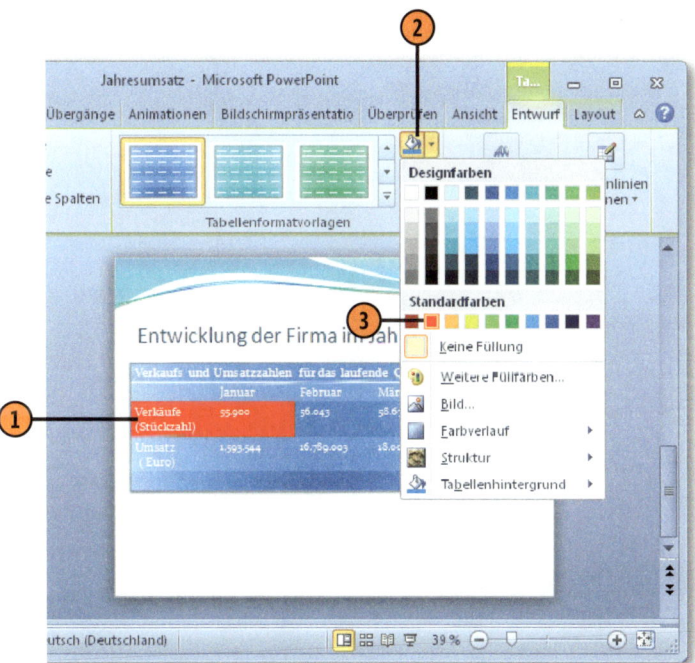

Rahmenlinien einfärben

① Klicken Sie in der Gruppe *Rahmenlinien zeichnen* auf die Schaltfläche *Stiftfarbe*.

② Wählen Sie eine Stiftfarbe aus.

③ Führen Sie den Mauszeiger, der jetzt die Form eines Stifts hat, auf die Rahmenlinie, die Sie einfärben wollen, und klicken Sie. Wiederholen Sie den Vorgang so oft, bis Sie die gewünschten Linien eingefärbt haben.

④ Klicken Sie außerhalb einer Linie, um den Vorgang zu beenden.

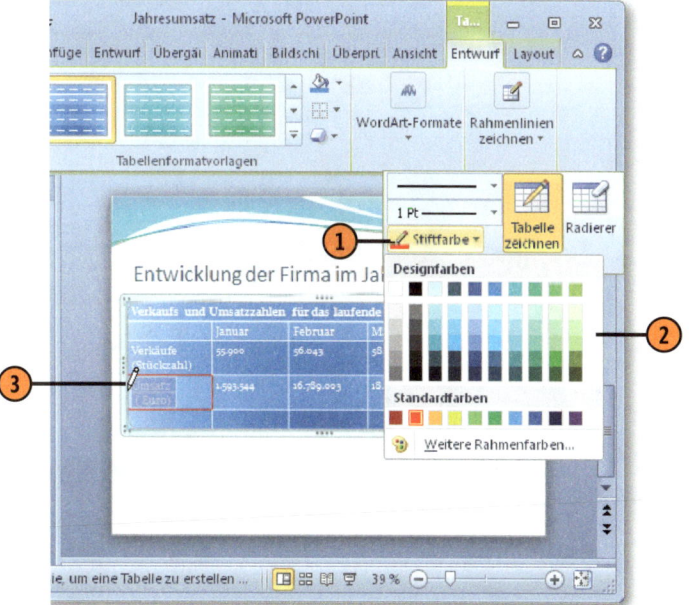

Diagramme und Diagrammtools – Überblick

Nüchterne Fakten können Sie grafisch aufbereitet in Form von Diagrammen unterschiedlichster Art präsentieren. Diagramme sind mit Tabellendaten verknüpft, aus denen sie erstellt werden, und werden immer dann aktualisiert, wenn Sie die Tabelle aktua-

lisieren. Wenn Sie in PowerPoint ein Diagramm einfügen wollen, werden Sie automatisch zu Microsoft Excel weitergeleitet, wo Sie Ihre Daten in ein Arbeitsblatt eingeben.

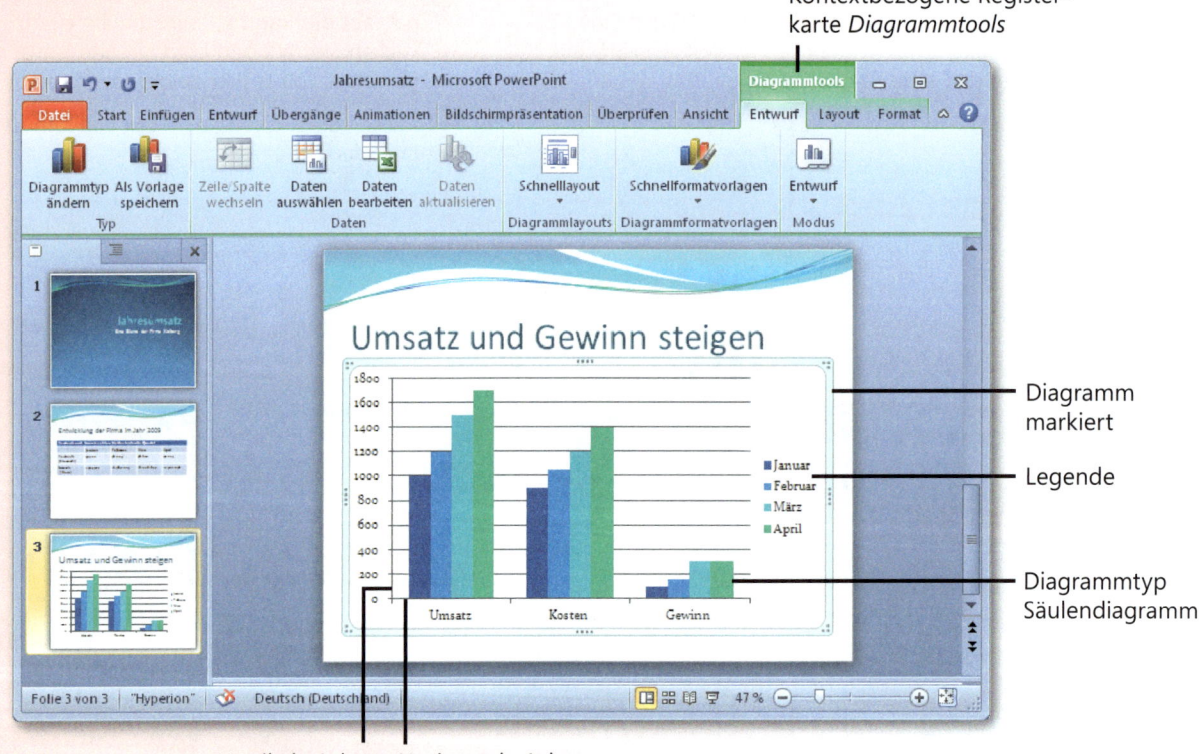

Kontextbezogene Register-
karte *Diagrammtools*

Diagramm markiert

Legende

Diagrammtyp
Säulendiagramm

Vertikale Achse   Horizontale Achse

Nachdem Sie in Excel im Arbeitsblatt Ihre Daten eingegeben haben, wechseln Sie zu PowerPoint zurück. Dort werden die Daten in Form eines Diagramms angezeigt. Zur Nachbearbei-tung eines Diagramms stehen Ihnen sämtliche Werkzeuge über die *Diagrammtools* mit ihren Registerkarten *Entwurf*, *Layout* und *Format* zur Verfügung.

■ Mit den Optionen auf der Registerkarte *Diagrammtools/ Entwurf* können Sie die im Diagramm dargestellten Daten bearbeiten, den ursprünglich gewählten Diagrammtyp ändern sowie die grundlegende Gestaltung des Dia-gramms insgesamt mithilfe der Diagrammlayouts und der Diagrammformatvorlagen festlegen.

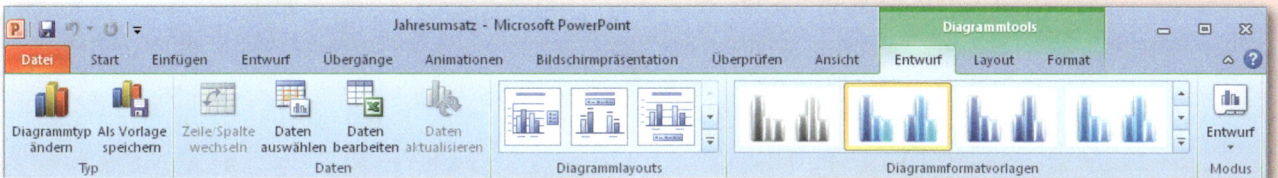

■ Mit den Optionen auf der Registerkarte *Diagrammtools/ Layout* passen Sie das Layout der ausgewählten Diagramm-elemente individuell an. Über die Optionen in der Gruppe *Einfügen* können Sie das Diagramm auch mit weiteren (grafischen) Objekten ergänzen.

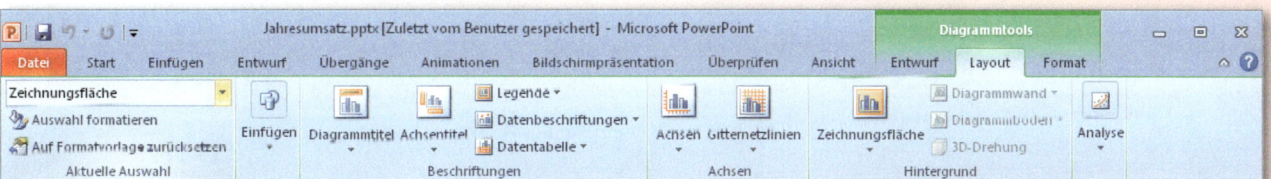

■ Mit den Optionen auf der Registerkarte *Diagrammtools/ Format* passen Sie die Formatierung der ausgewählten Diagrammelemente individuell an.

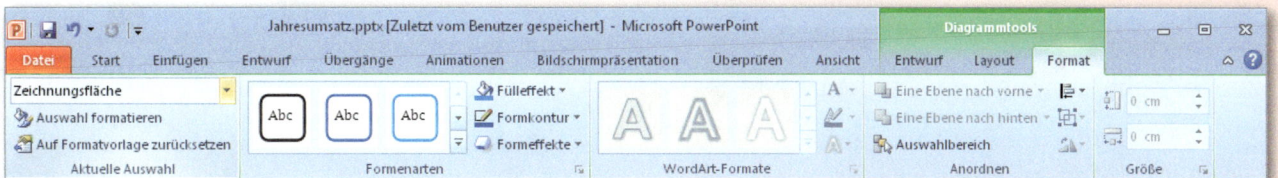

Diagramm erstellen

Wenn Sie ein Diagramm einfügen wollen, wird automatisch ein Excel-Arbeitsblatt geöffnet, in dem Sie in einem bereits vorgefer- tigten Bereich Beispieldaten vorfinden, die Sie durch eigene Daten ersetzen müssen.

Diagramm einfügen

① Klicken Sie im Platzhalter zum Einfügen von Objekten auf das Diagrammsymbol – oder klicken Sie auf der Registerkarte Einfügen auf *Diagramm*.

② Wählen Sie im Dialogfeld *Diagramm einfügen* zuerst einen Diagrammtyp aus.

③ Markieren Sie dann die Miniaturansicht des gewünschten Diagrammstils.

④ Klicken Sie auf *OK*.

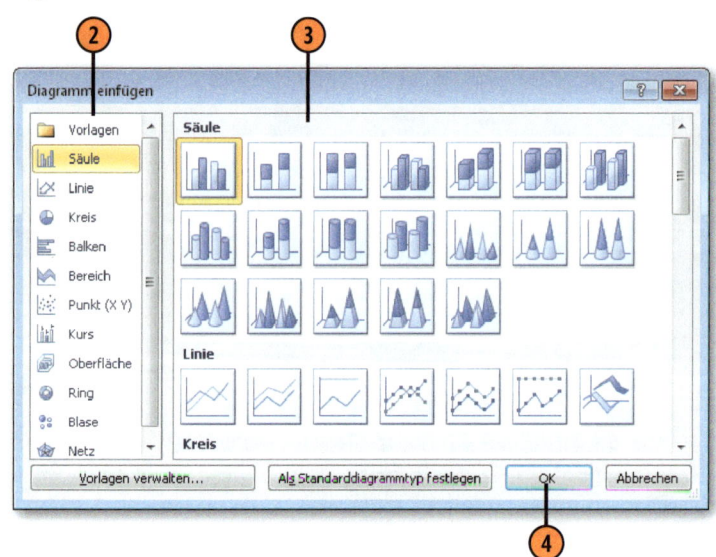

⑤ Im daraufhin angezeigten Excel-Arbeitsblatt ersetzen Sie die Beispieldaten ...

⑥ ... durch Ihre eigenen Daten.

⑦ Um zu PowerPoint zurückzukehren, klicken Sie im Excel-Fenster auf die *Schließen*-Schaltfläche.

⑧ Das Diagramm wird mit den von Ihnen eingegebenen Daten auf der Folie eingefügt.

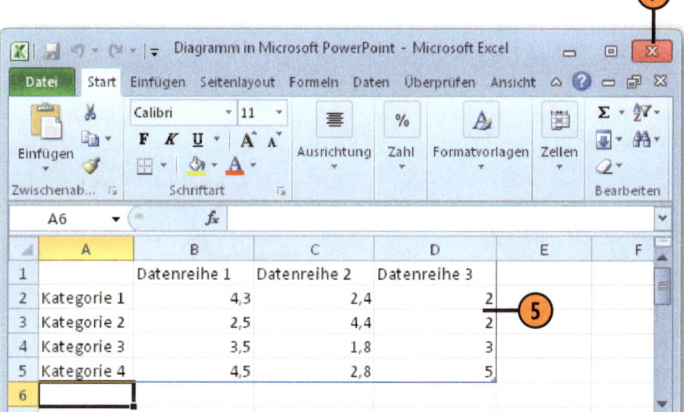

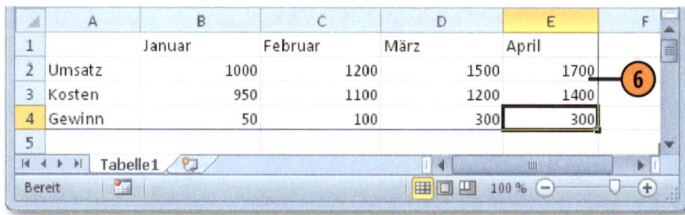

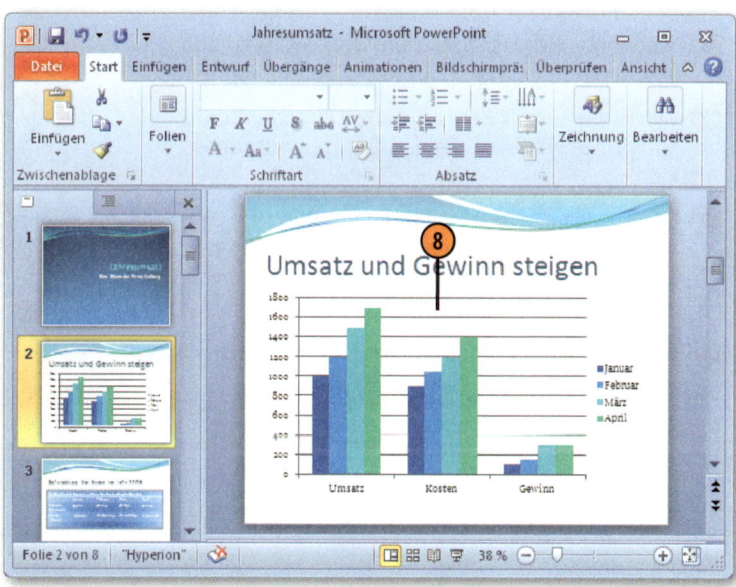

Layout und Format eines Diagramms ändern

Durch das Zuweisen eines Schnelllayouts können Sie das gesamte Layout eines Diagramms – das heißt die Anordnung der einzelnen Diagrammelemente – in einem Schritt ändern. Schnellformatvorlagen sorgen für eine einheitliche Formatierung des Diagramms ohne großen Aufwand.

Diagrammlayout ändern

1 Markieren Sie das Diagramm durch Klicken auf eine freie Stelle innerhalb des Diagrammbereichs.

2 Wechseln Sie zur Registerkarte *Diagrammtools/ Entwurf* und öffnen Sie den Diagrammlayoutkatalog.

3 Das aktuelle Layout ist mit einem Rahmen gekennzeichnet. Klicken Sie im Katalog auf eine Miniaturansicht, um das entsprechende Layout zuzuweisen.

4 Das Diagramm wird im neuen Layout angezeigt.

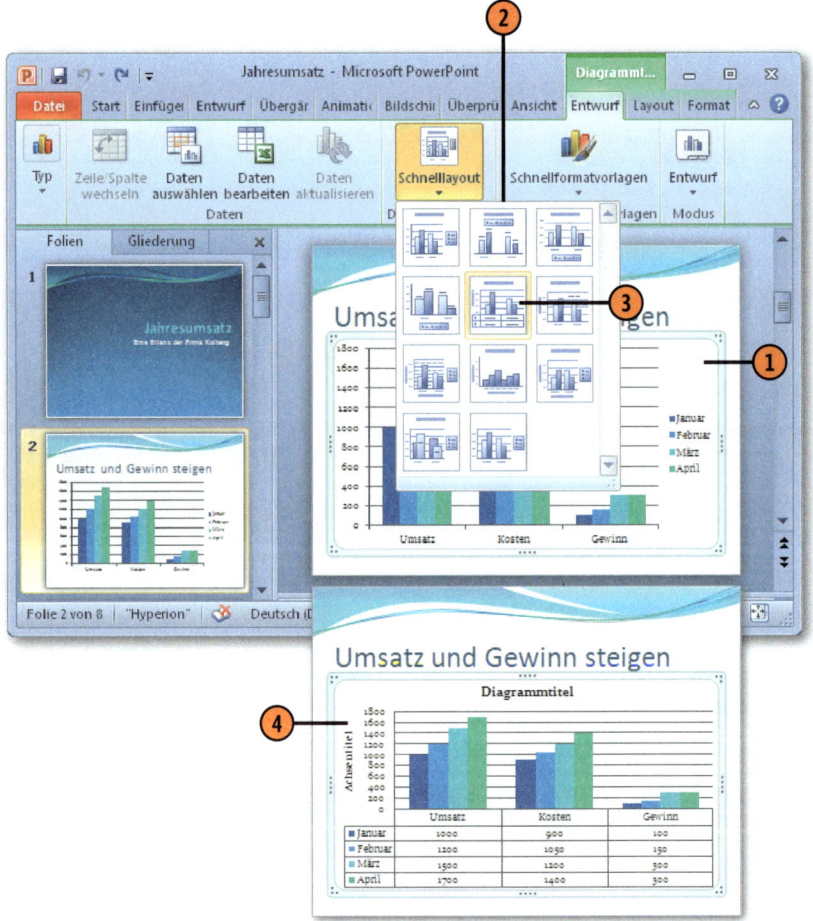

Diagrammformat ändern

① Markieren Sie das Diagramm durch Klicken auf eine freie Stelle innerhalb des Diagrammbereichs.

② Wechseln Sie zur Registerkarte *Diagrammtools/Entwurf* und öffnen Sie den Diagrammformatvorlagenkatalog.

③ Klicken Sie auf eine Miniaturansicht, um das betreffende Format zuzuweisen.

④ Das Diagramm wird im neuen Format angezeigt.

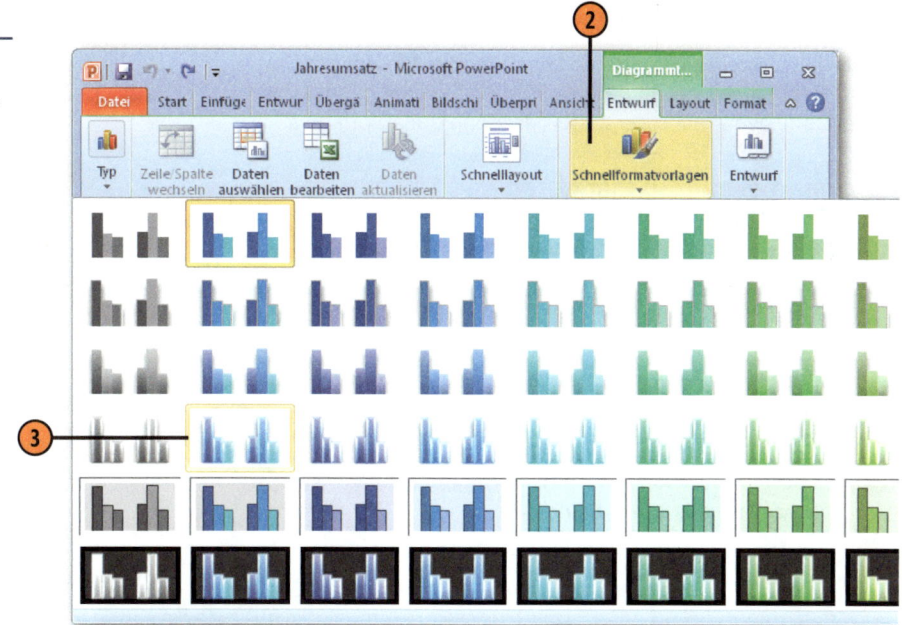

Gewusst wie

Bei der Wahl einer Schnellformatvorlage können Sie durch einen Klick mit der rechten Maustaste auf einer Miniaturansicht wählen, ob die benutzerdefinierte Formatierung gelöscht oder ob solche Formatierungen bei der Übernahme beibehalten werden sollen.

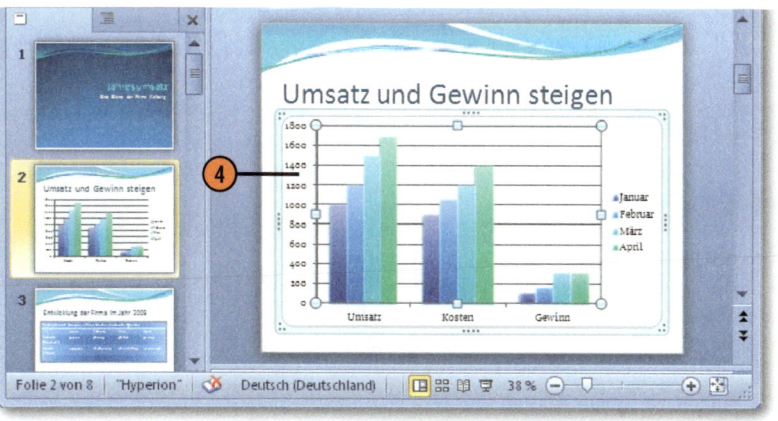

Diagrammelemente ändern

Sämtliche Elemente wie z.B. die Legende, die Achsen, der Diagrammtitel etc. eines Diagramms können Sie unabhängig vom gewählten Layout oder der zugewiesenen Formatvorlage auch separat individuell anpassen. Hierzu müssen Sie zunächst das betreffende Diagrammelement auswählen.

Diagrammelemente markieren

1. Markieren Sie das Diagramm durch Klicken auf eine freie Stelle innerhalb des Diagrammbereichs und wechseln Sie zur Registerkarte *Diagrammtools/Layout*.

2. Öffnen Sie in der Gruppe *Aktuelle Auswahl* das Dropdown-Listenfeld *Diagrammelemente*.

3. Wählen Sie ein Element des Diagramms zur Bearbeitung aus, z.B. *Legende*.

4. Das betreffende Element wird markiert.

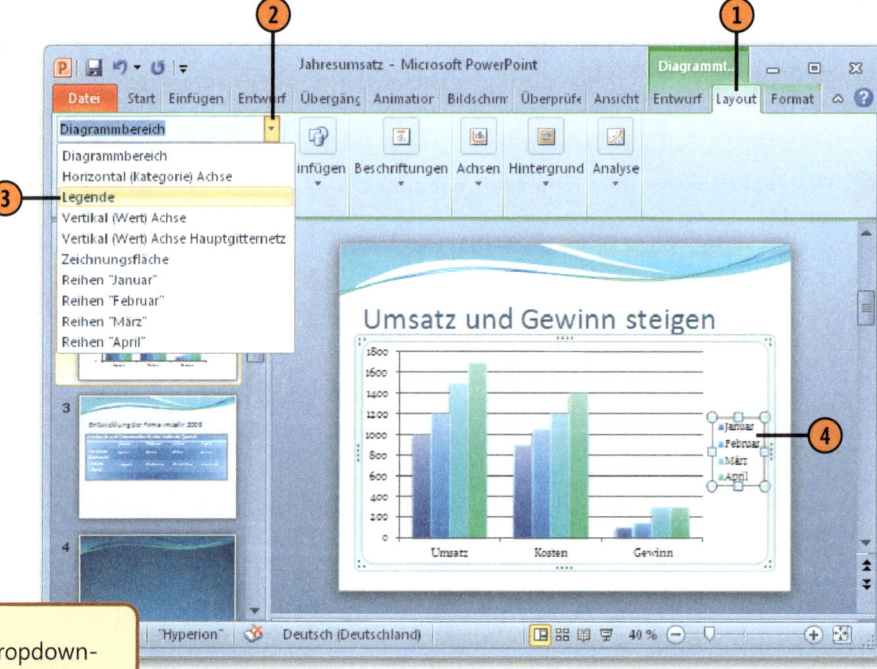

Gewusst wie

Zu jedem Element eines Diagramms, das Sie im Dropdown-Listenfeld *Diagrammelemente* ausgewählt haben, ist ein objektspezifisches Dialogfeld verfügbar, in dem Sie sämtliche Formatierungsmöglichkeiten auf mehreren Registerkarten ansprechen können. Klicken Sie zum Öffnen des betreffenden Dialogfeldes nach der Auswahl des Diagrammelements in der Gruppe *Aktuelle Auswahl* auf *Auswahl formatieren*.

Legende ändern

① Markieren Sie das Diagramm durch Klicken auf eine freie Stelle innerhalb des Diagrammbereichs und wechseln Sie zur Registerkarte *Diagrammtools/Layout*.

② Öffnen Sie in der Gruppe *Aktuelle Auswahl* das Dropdown-Listenfeld *Diagrammelemente* und wählen Sie *Legende*.

③ Die Legende wird markiert.

④ Klicken Sie anschließend auf *Auswahl formatieren*, um das Dialogfeld *Legende formatieren* aufzurufen.

⑤ Wählen Sie im linken Bereich des Dialogfeldes, was Sie ändern wollen, um die betreffenden Optionen im rechten Bereich anzuzeigen.

⑥ Nehmen Sie die gewünschten Änderungen vor und klicken Sie dann auf *Schließen*.

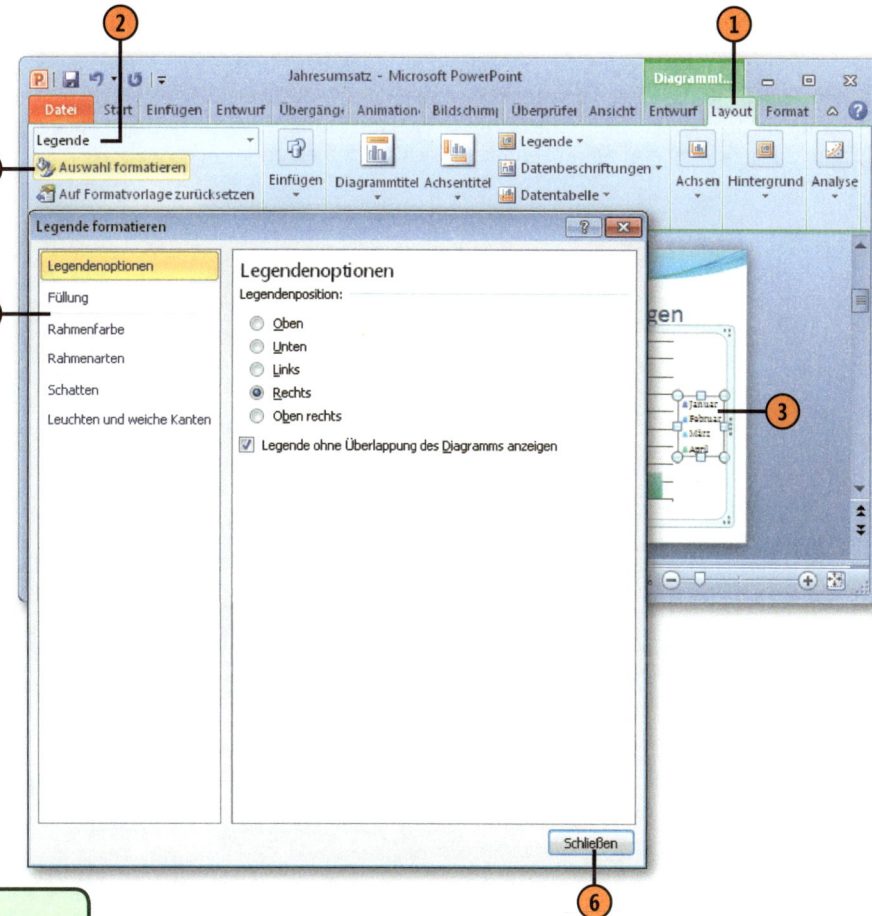

Tipp ✔

Die grundlegenden Legendenoptionen stehen auch über das Dropdownmenü zur Schaltfläche *Legende* (Registerkarte *Diagrammtools/Layout*, Gruppe *Beschriftungen*) zur Verfügung.

SmartArt-Grafiken und SmartArt-Tools – Überblick

Eine SmartArt-Grafik dient zur Veranschaulichung von Informationen. Hierbei haben Sie die Wahl zwischen unterschiedlichen Illustrationsformen, z.B. grafische Listen, Prozessdiagramme und Organigramme. SmartArt-Grafiken lassen sich schnell erzeugen und vermitteln einen professionellen Eindruck. Mit nur wenigen Klicks können Sie so Ihre Präsentation optisch aufwerten – ohne ein versierter Grafiker zu sein.

Kontextbezogene Register-karte *SmartArt-Tools*

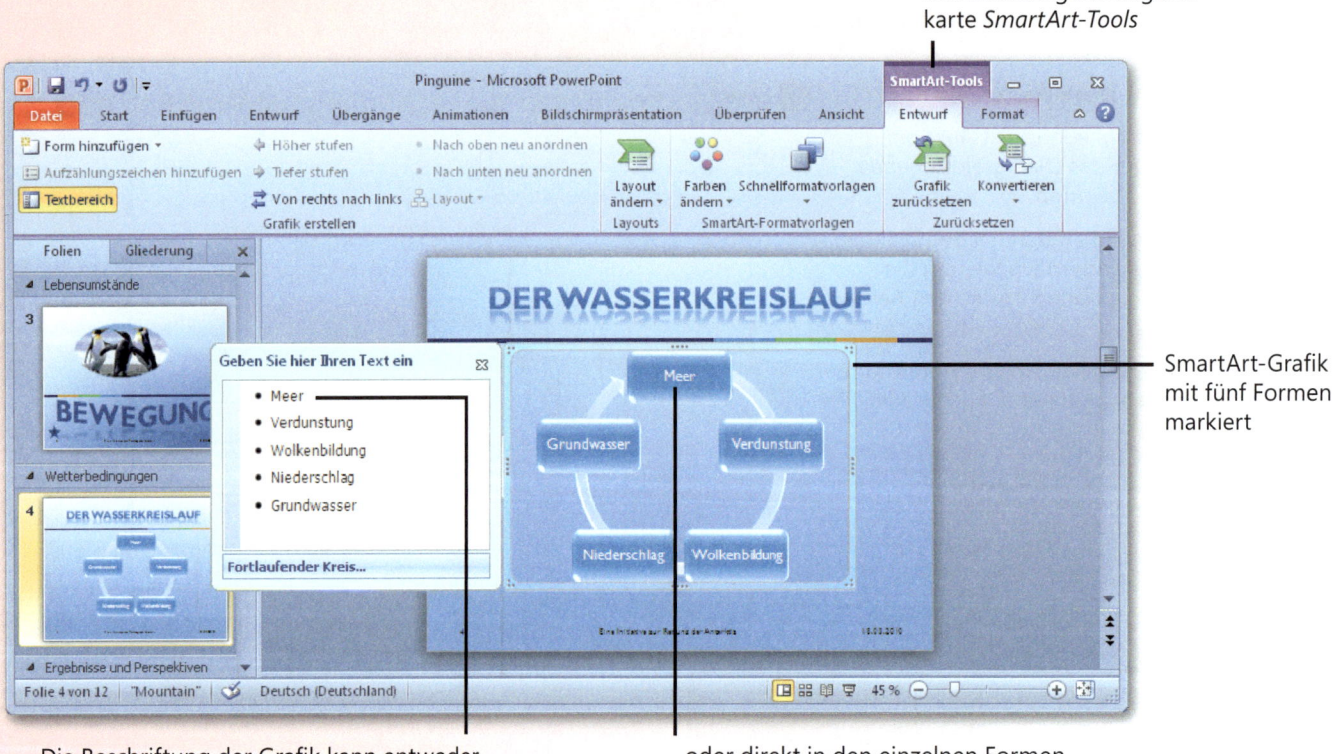

SmartArt-Grafik mit fünf Formen markiert

Die Beschriftung der Grafik kann entweder im separaten Textbereich erfolgen ...

... oder direkt in den einzelnen Formen der Grafik vorgenommen werden.

Sämtliche Werkzeuge zum Bearbeiten und Formatieren von Smart-Art-Grafiken stehen Ihnen über die kontextbezogenen Register-karten *SmartArt-Tools/Entwurf* und *SmartArt-Tools/Format* zur Verfügung.

- Mit den Optionen auf der Registerkarte *SmartArt-Tools/Ent-wurf* können Sie die Grafik, die zur Darstellung Ihrer Infor-mationen dienen soll, um weitere Elemente – Formen und separate Textaufzählungen – ergänzen und die vorhandenen Elemente Ihren Wünschen entsprechend strukturieren. Außer-dem können Sie hier die grundlegende Gestaltung der Grafik insgesamt mithilfe der Optionen im Layoutkatalog, im Design-farbenkatalog und im Formatvorlagenkatalog festlegen.

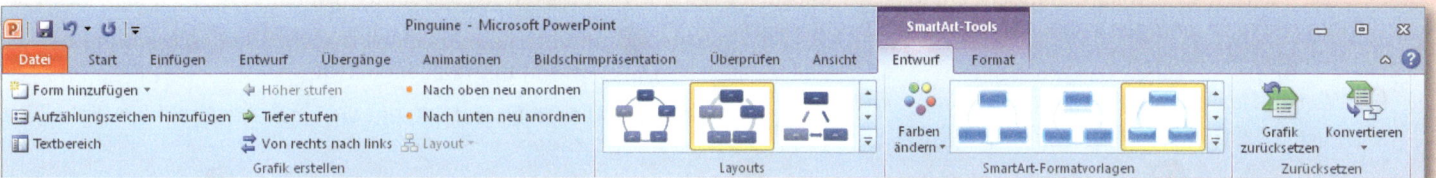

- Auf der Registerkarte *SmartArt-Tools/Format* finden Sie sämt-liche Werkzeuge zum individuellen Anpassen der einzelnen Formen und der Texte, die die SmartArt-Grafik beinhaltet. Auch hierfür stehen Ihnen verschiedene Kataloge und Drop-downmenüs zur Verfügung.

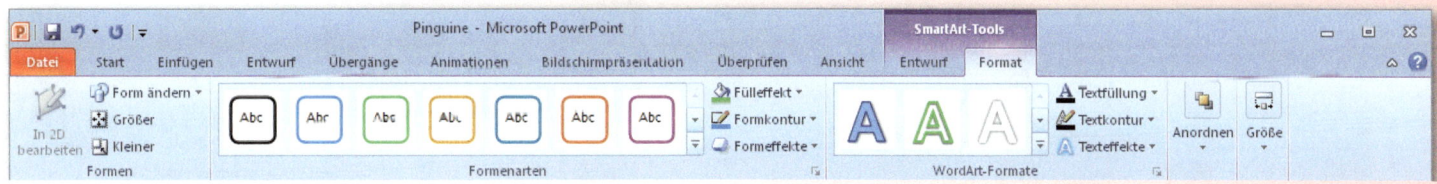

SmartArt-Grafik erstellen

Eine SmartArt-Grafik zu erstellen ist kinderleicht. Sie müssen sich nur im Vorfeld darüber klar sein, was Sie darstellen wollen und welche Grafik sich dafür am besten eignet. Dies sollte jedoch nicht unbedingt ein Problem sein, denn Sie können das Layout einer SmartArt-Grafik jederzeit durch ein anderes austauschen.

SmartArt-Grafik einfügen

① Zeigen Sie die Folie, der Sie eine SmartArt-Grafik hinzufügen wollen, in der Normalansicht an, wechseln Sie zur Registerkarte *Einfügen* und klicken Sie in der Gruppe *Illustrationen* auf *SmartArt*.

② Wählen Sie im Dialogfeld *SmartArt-Grafik auswählen* zunächst aus, welcher Typ von Grafik eingefügt werden soll.

③ Klicken Sie dann auf eine der Miniaturansichten, um das betreffende Layout auszuwählen.

④ Im Vorschaubereich wird auch eine Beschreibung der gewählten Grafik angezeigt.

⑤ Klicken Sie auf *OK*, um die SmartArt-Grafik der Folie hinzuzufügen.

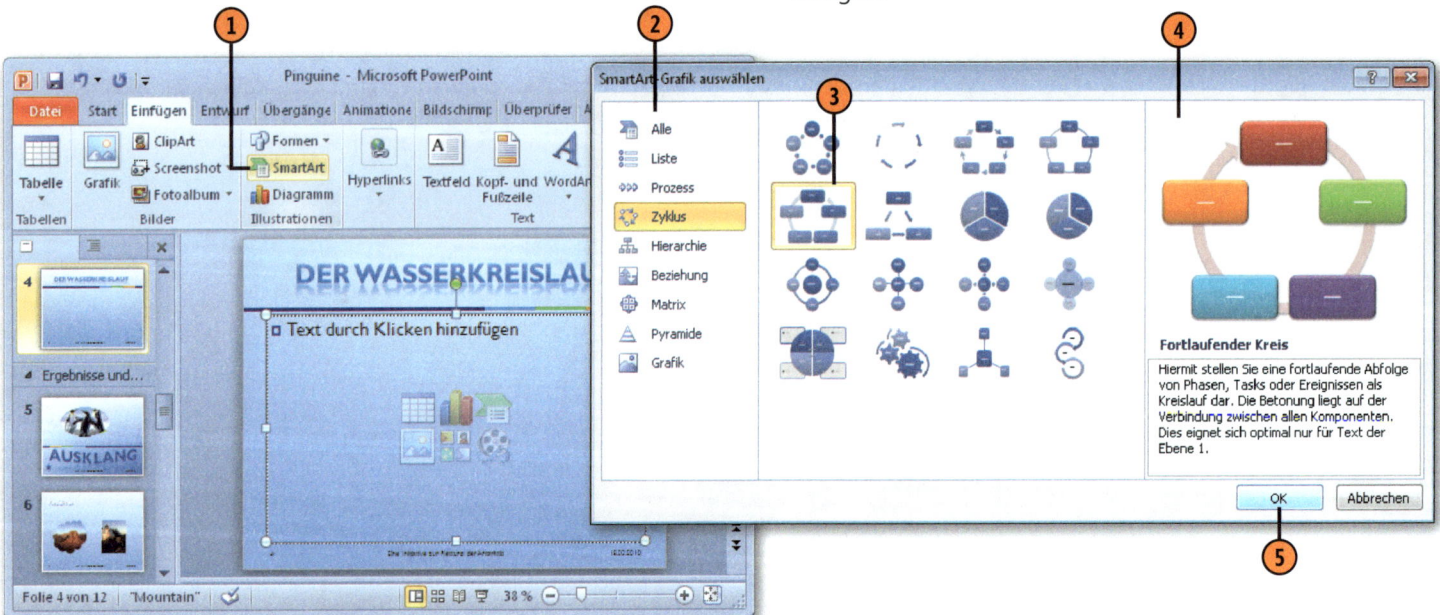

SmartArt-Grafik Text hinzufügen

① Markieren Sie ein Element der SmartArt-Grafik.

② Klicken Sie auf das Pfeilsymbol am Grafikrahmen, um den Texteingabebereich zu öffnen.

③ Geben Sie im Texteingabebereich den
gewünschten Text ein.

④ Oder ersetzen Sie den Platzhaltertext direkt
in den Formen.

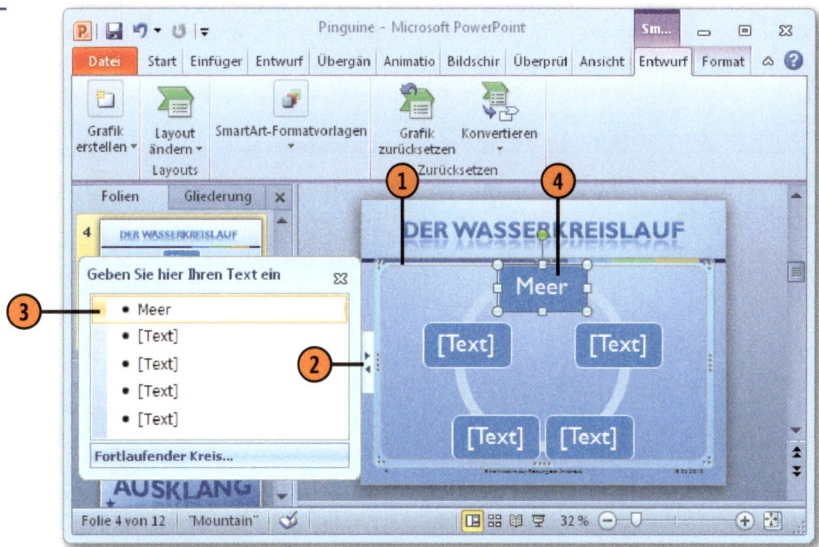

Siehe auch

Text, den Sie den SmartArt-Grafikelementen hinzugefügt
haben, können Sie wie üblich formatieren. Markieren Sie
den Text und verwenden Sie die entsprechenden Schaltflächen, Listen und Kataloge auf der Registerkarte *Start*.
Mehr dazu erfahren auf Seite 76 ff.

SmartArt-Layouts und -Formatvorlagen

Ebenso wie bei Diagrammen und Tabellen werden auch für Smart-Art-Grafiken Layout- und Formatvorlagen zur Verfügung gestellt, die es Ihnen ermöglichen, mittels weniger Klicks die Darstellung Ihrer Informationen festzulegen und zu verfeinern.

SmartArt-Layout ändern

(1) Markieren Sie die SmartArt-Grafik und wechseln Sie zur Registerkarte *SmartArt-Tools/Entwurf*.

(2) Öffnen Sie den Katalog mit den vorgefertigten Layouts.

(3) Das aktuelle Layout der SmartArt-Grafik ist mit einem Rahmen gekennzeichnet.

(4) Führen Sie den Mauszeiger auf eine Miniaturansicht, um das Layout in der Livevorschau auf der Folie zu begutachten. Wenn Sie etwas Passendes gefunden haben, klicken Sie auf die betreffende Miniaturansicht, um das Layout zuzuweisen.

(5) Über den Befehl *Weitere Layouts* rufen Sie das Dialogfeld *SmartArt-Grafik auswählen* auf, in dem Sie einen komplett anderen Diagrammtyp wählen können (siehe auch Seite 160).

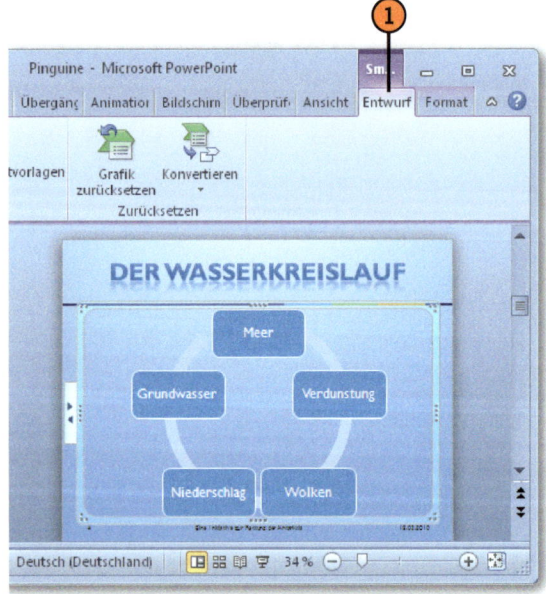

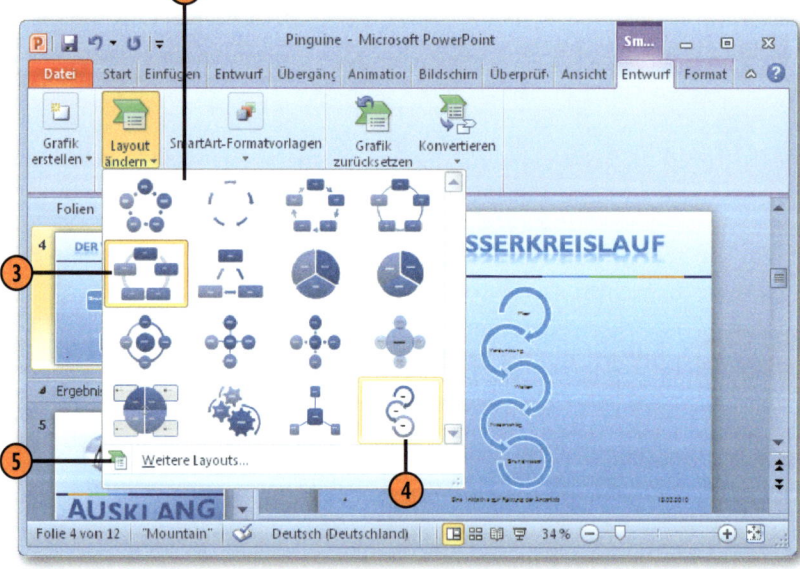

SmartArt-Formatvorlage zuweisen

① Markieren Sie die SmartArt-Grafik und wechseln Sie zur Registerkarte *SmartArt-Tools/Entwurf*.

② Öffnen Sie den SmartArt-Formatvorlagenkatalog.

③ Klicken Sie auf eine Miniaturansicht, um die betreffende Formatvorlage zuzuweisen. Solange der Mauszeiger nur auf einer Miniaturansicht ruht, können Sie die Formatierung in der Livevorschau auf der Folie begutachten.

Farben ändern

① Markieren Sie die SmartArt-Grafik und wechseln Sie zur Registerkarte *SmartArt-Tools/Entwurf*.

② Öffnen Sie den Designfarbenkatalog.

③ Klicken Sie auf eine Miniaturansicht, um die betreffende Farbeinstellung zuzuweisen. Solange der Mauszeiger nur auf einer Miniaturansicht ruht, können Sie die Formatierung in der Livevorschau auf der Folie begutachten.

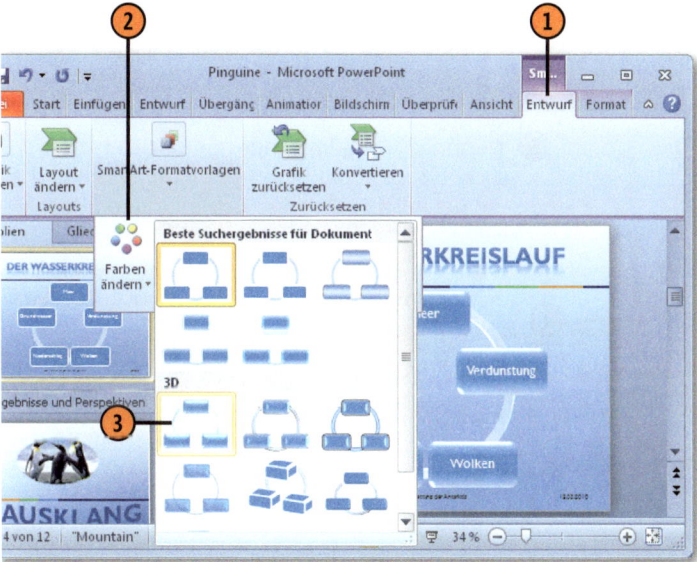

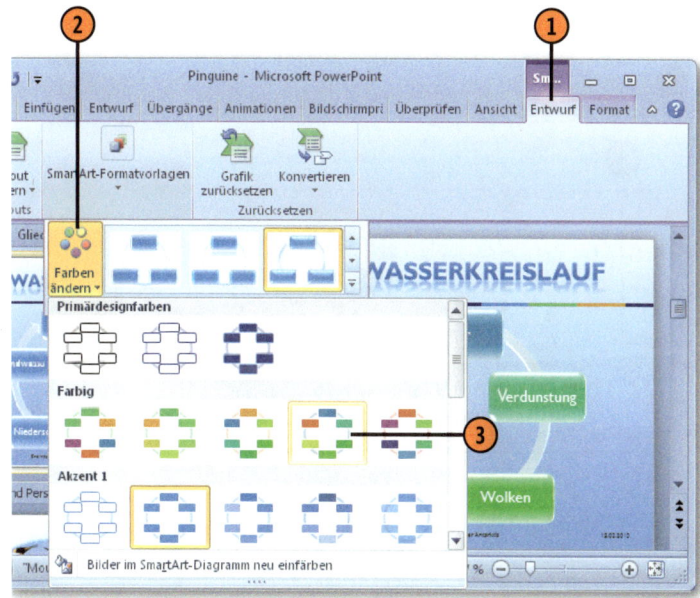

Größe einer Form ändern

① Markieren Sie die SmartArt-Grafik und wechseln Sie zur Registerkarte *SmartArt-Tools/Format*.

② Markieren Sie durch einen Klick die Form in der SmartArt-Grafik, die Sie ändern wollen. Wenn Sie mehrere Formen gleichzeitig ändern wollen, markieren Sie sie durch Anklicken mit gedrückter Umschalt-Taste.

③ Klicken Sie in der Gruppe *Formen* auf *Größer* bzw. auf *Kleiner*, um die Größe der markierten Form(en) stufenweise zu ändern ...

④ ... oder geben Sie in der Gruppe *Größe* in den Feldern *Formenhöhe* und *Formenbreite* exakte Werte an.

Grafikformat einer Form ändern

① Markieren Sie die SmartArt-Grafik und wechseln Sie zur Registerkarte *SmartArt-Tools/Format*.

② Markieren Sie durch einen Klick die Form in der SmartArt-Grafik, die Sie ändern wollen. Wenn Sie mehrere Formen gleichzeitig ändern wollen, markieren Sie sie durch Anklicken mit gedrückter Umschalt-Taste.

③ Öffnen Sie in der Gruppe *Formenarten* den Katalog der verfügbaren Grafikformate.

④ Führen Sie den Mauszeiger auf eine Miniaturansicht, um die betreffende Formatierung in der Livevorschau auf der Folie zu begutachten.

⑤ Wenn Sie etwas Passendes gefunden haben, klicken Sie auf die betreffende Miniaturansicht, um die entsprechenden Einstellungen anzuwenden.

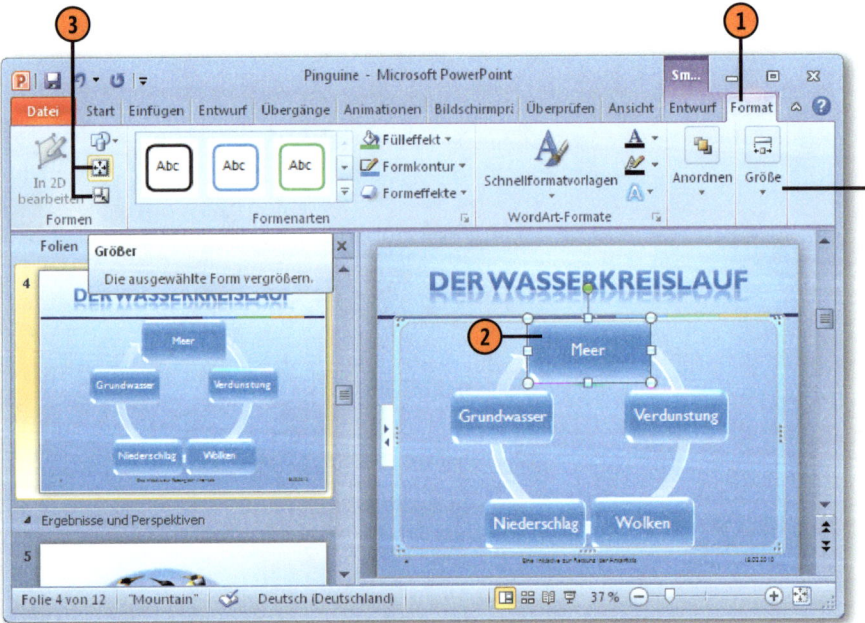

> **Tipp** ✔
> Über die Schaltfläche *Form ändern* in der Gruppe *Formen* rufen Sie die Liste mit den verfügbaren Formen auf; wählen Sie hier die gewünschte Darstellung aus.

9 Sound und Video hinzufügen

Durch Soundeffekte lassen sich Akzente setzen. Durch gelegentliche Musikeinlagen wird die Aufmerksamkeit der Zuschauer auf die Bildschirmpräsentation gelenkt.

Bewegte Bilder gestalten den Ablauf jeder Präsentation lebendiger. Durch das Einbinden von Videosequenzen verleihen Sie einzelnen Folien Ihrer Präsentation noch den letzten Schliff. Neu bei PowerPoint 2010 ist, dass Sie ein Video in Ihre Präsentation quasi einbetten, d.h., das Video wird Bestandteil der Power-Point-Präsentation. Dies hat den nicht unbeträchtlichen Vorteil, dass die Videodatei nicht mehr verloren gehen kann, wenn die Präsentation an einen anderen Speicherort verschoben wird.

Außerdem können Sie das Fenster, in dem das Video während der Bildschirmpräsentation abläuft, durch Zuweisen von speziellen Effekten optisch verändern.

Audioclip hinzufügen

Sie können Audioclips aus unterschiedlichen Quellen zu Ihren Folien hinzufügen. Sie können beispielsweise die mit Microsoft Windows bzw. Microsoft Office mitgelieferten Sounddateien aus dem Clip Organizer verwenden. Außerdem können Sie Teile einer Audio-CD wiedergeben und auch eigene Sounddateien aufnehmen.

Audioclip aus Datei einfügen

① Zeigen Sie die Folie, der Sie einen Audioclip hinzufügen wollen, in der Normalansicht an.

② Wechseln Sie zur Registerkarte *Einfügen*.

③ Klicken Sie in der Gruppe *Medien* auf *Audio*, um die verfügbaren Optionen anzuzeigen.

④ Klicken Sie auf *Audio aus Datei*.

⑤ Wählen Sie im Dialogfeld *Audio einfügen* die gewünschte Audiodatei aus und klicken Sie auf *Einfügen*.

⑥ Der Audioclip wird in Form eines Symbols auf der Folie eingefügt.

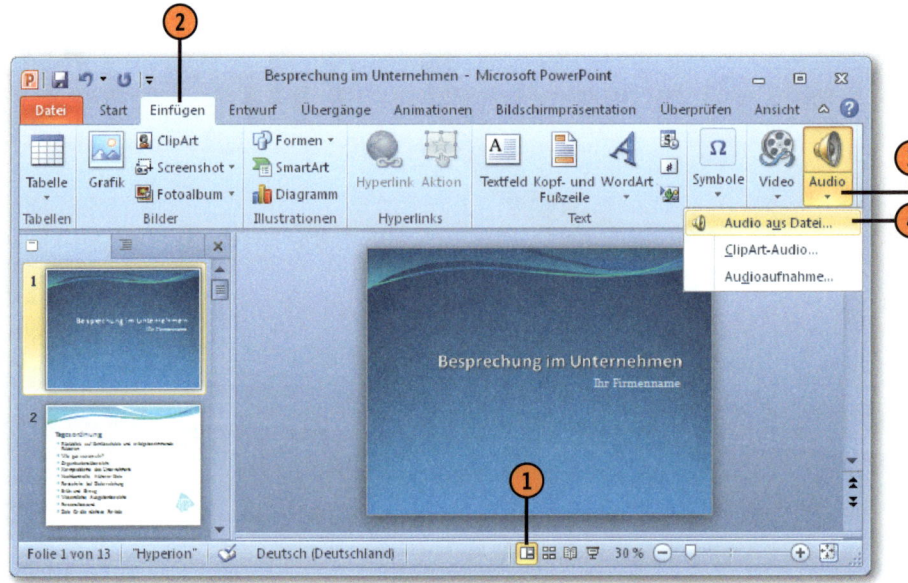

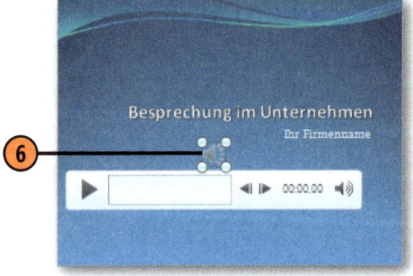

ClipArt-Audio einfügen

① Zeigen Sie die Folie, der Sie einen Audioclip hinzufügen wollen, in der Normalansicht an.

② Klicken Sie auf der Registerkarte *Einfügen* in der Gruppe *Medien* auf *Audio* und dann auf *ClipArt-Audio*.

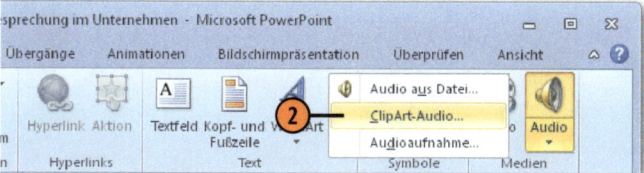

③ Suchen Sie im Aufgabenbereich *ClipArt* nach Audioclips.

④ Klicken Sie auf den gewünschten Audioclip, um ihn der Folie hinzuzufügen.

⑤ Der Audioclip wird in Form eines Symbols auf der Folie eingefügt.

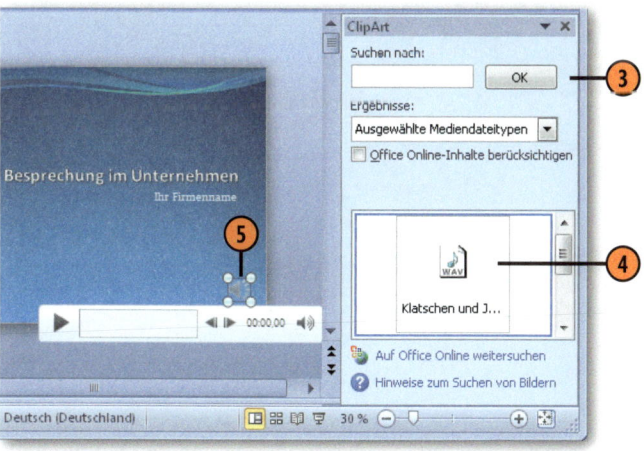

Audioaufnahme starten

① Zeigen Sie die Folie, der Sie einen Audioclip hinzufügen wollen, in der Normalansicht an.

② Klicken Sie auf der Registerkarte *Einfügen* in der Gruppe *Medien* auf *Audio* und dann auf *Audioaufnahme*.

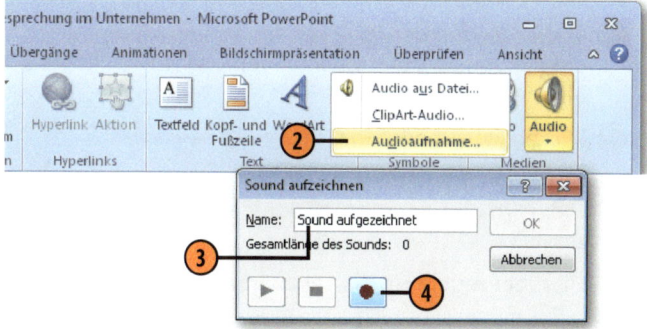

③ Geben Sie im Dialogfeld *Sound aufzeichnen* im Feld *Name* Ihrer Aufzeichnung einen Namen.

④ Starten Sie die Aufnahme. Eine Voraussetzung dafür ist, dass an Ihrem Computer ein Mikrofon angeschlossen und einge- schaltet ist.

⑤ Klicken Sie hier, um die Aufnahme zu beenden.

⑥ Über diese Schaltfläche können Sie die Aufzeichnung abspielen lassen, bevor Sie sie einfügen.

⑦ Klicken Sie abschließend auf *OK*, um die Aufnahme der Folie hinzuzufügen.

Audioclip wiedergeben und bearbeiten

Ganz egal, über welche Methode Sie einen Audioclip einer Folie hinzugefügt haben, die Einstellungen, die Sie anschließend treffen können, sind identisch. Die Werkzeuge zum Nachbearbeiten eines Audioclips finden Sie auf der kontextbezogenen Registerkarte *Audiotools/Wiedergabe*.

Wiedergabe steuern

① Klicken Sie auf der Folie auf das Audiosymbol, um die Wiedergabesteuerelemente einzublenden.

② Klicken Sie auf die Schaltfläche *Wiedergabe/Pause*, um den Audioclip abzuspielen.

③ Hier wird die Dauer der Wiedergabe angezeigt.

④ Hierüber regeln Sie die Lautstärke.

⑤ Klicken Sie erneut auf die Schaltfläche *Wiedergabe/Pause*, um das Abspielen zu beenden.

⑥ Wechseln Sie zur Registerkarte *Audiotools/Wiedergabe*, um weitere Einstellungen vorzunehmen. Hierüber können Sie beispielsweise den Audioclip kürzen, Sprungmarken hinzuzufügen sowie detaillierte Wiedergabeeinstellungen für die Präsentationsvorführung festlegen.

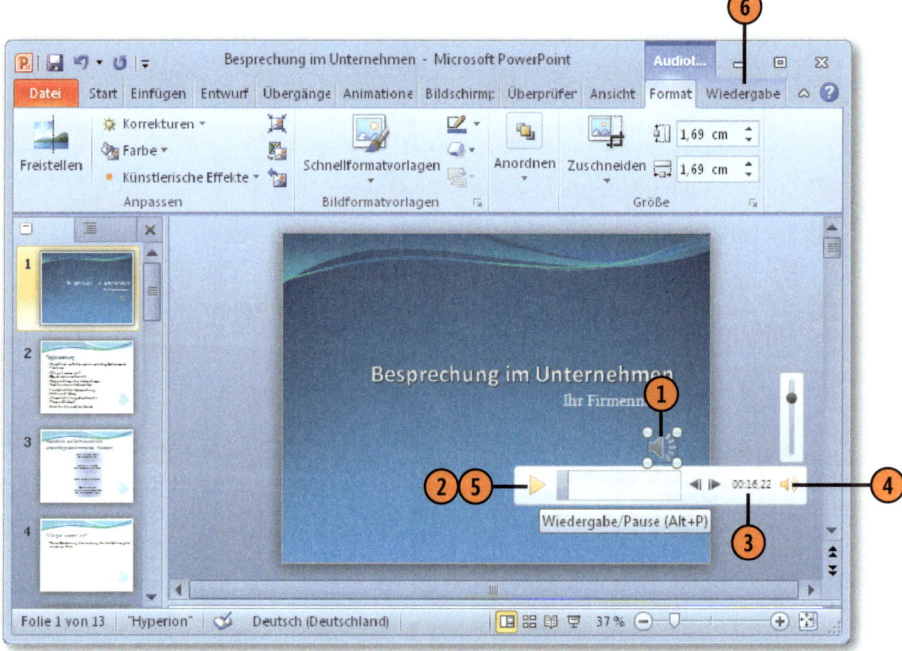

Audioclip kürzen

① Klicken Sie auf der Registerkarte *Audiotools/Wiedergabe* auf *Audio beschneiden*.

② Klicken Sie im Dialogfeld *Audio kürzen* hier, um die Wiedergabe zu starten.

③ Ziehen Sie die grüne Markierung auf den gewünschten Anfang.

④ Ziehen Sie die rote Markierung auf das gewünschte Ende.

⑤ In den Feldern *Startzeit* und *Endzeit* können Sie Anfang und Ende exakt angeben.

⑥ Klicken Sie abschließend auf *OK*.

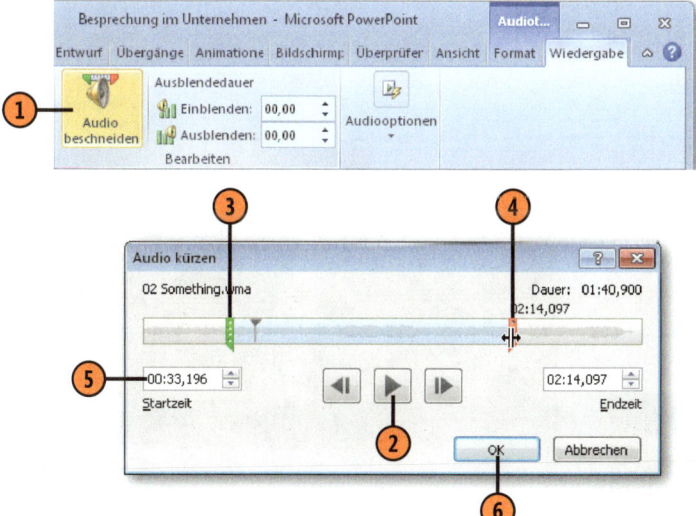

Sprungmarken hinzufügen

① Starten Sie die Wiedergabe des Audioclips.

② Klicken Sie auf der Registerkarte *Audiotools/Wiedergabe* in der Gruppe *Sprungmarken* auf *Sprungmarke hinzufügen*.

③ An der betreffenden Stelle wird eine kleine, runde gelbe Markierung eingefügt.

④ Zum Ansteuern der eingefügten Sprungmarken stehen Ihnen folgende Tastenkombinationen zur Verfügung:

- Drücken Sie Alt+Pos1, um die erste Sprungmarke während des Ablaufs anzuspringen.

- Drücken Sie Alt+Ende, um den durch Sprungmarken definierten Bereich während des Ablaufs zu überspringen.

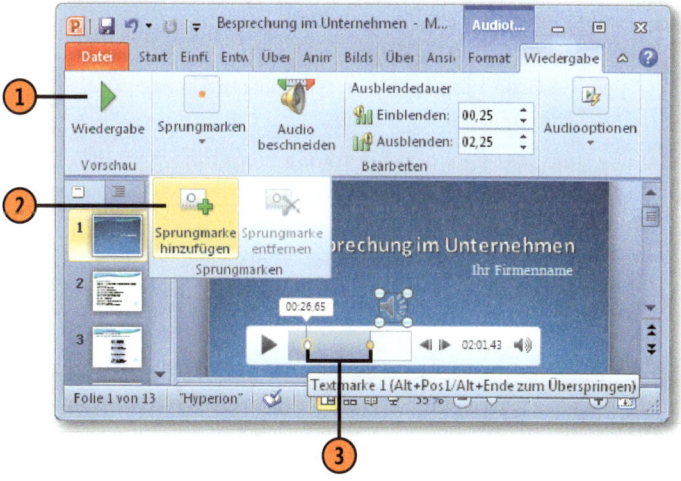

Videoclip hinzufügen

Sie können Videoclips aus unterschiedlichen Quellen zu Ihren Folien hinzufügen. Sie können beispielsweise die mit Microsoft Windows bzw. Microsoft Office mitgelieferten Videoclips aus dem Clip Organizer, aber ebenso gut eigene Videodateien verwenden.

Die Wiedergabe eines Videos können Sie zu Bearbeitungs- und Prüfzwecken über die Steuerleiste auf der Folie oder über die Schaltfläche *Wiedergabe* auf der Registerkarte *Videotools/Format* starten.

Video aus Datei hinzufügen

① Zeigen Sie die Folie, der Sie einen Videoclip hinzufügen wollen, in der Normalansicht an.

② Wechseln Sie zur Registerkarte *Einfügen*.

③ Klicken Sie in der Gruppe *Medien* auf die Schaltfläche *Video*, um die verfügbaren Optionen anzuzeigen.

④ Klicken Sie auf *Video aus Datei*.

⑤ Wählen Sie im Dialogfeld *Video einfügen* die gewünschte Videodatei aus und klicken Sie auf *Einfügen*.

⑥ Die Videodatei wird auf der Folie eingefügt und ein Vorschaubild gezeigt.

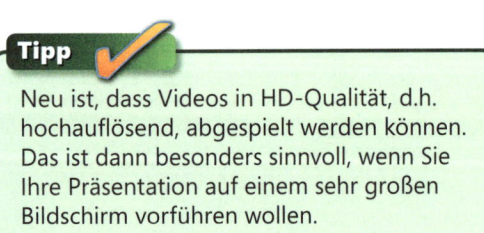

Tipp

Neu ist, dass Videos in HD-Qualität, d.h. hochauflösend, abgespielt werden können. Das ist dann besonders sinnvoll, wenn Sie Ihre Präsentation auf einem sehr großen Bildschirm vorführen wollen.

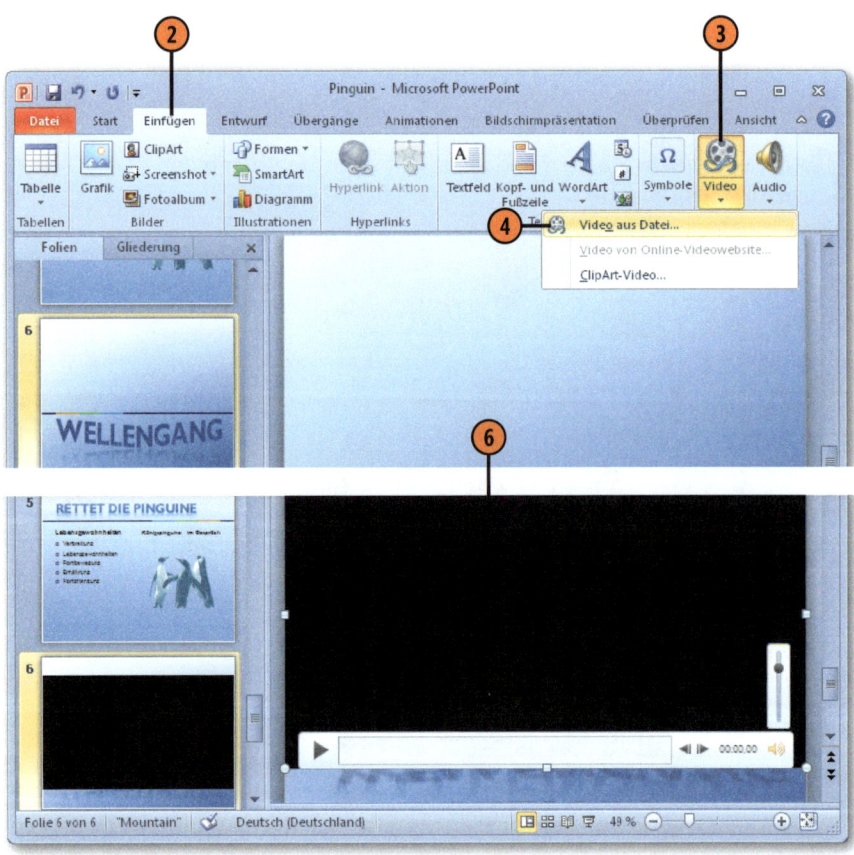

Wiedergabe steuern

① Nachdem Sie den Videoclip auf der Folie eingefügt haben, wird ein Vorschaubild – standardmäßig ein »leeres« Bild – sowie eine Steuerleiste angezeigt, über deren Schaltflächen Sie die Wiedergabe des Videos steuern können.

② Klicken Sie auf die Schaltfläche *Wiedergabe/Pause*, um die Wiedergabe des Videos zu starten.

Elemente der Wiedergabesteuerleiste

▶ ❙❙	Video wiedergeben/anhalten
◀❙ ❙▶	0,25 Sekunden vor bzw. zurück springen
00:05,84	Anzeige der abgelaufenen Zeit
🔊	Ton aus bzw. wieder anschalten sowie Lautstärkeregler einblenden

Anzeige des Videofensters ändern

In manchen Fällen möchten Sie wohl nicht, dass der eingefügte Videoclip die gesamte Folie in Anspruch nimmt, sondern nur begleitend Ihren Vortrag unterstützt. Über die betreffenden

Optionen auf der Registerkarte *Videotools/Format* können Sie die Größe des Videofensters festlegen sowie die Darstellung des Fensters, in dem das Video abläuft, anpassen.

Größe und Position ändern

① Klicken Sie auf das Videofenster, um es zur Bearbeitung auszuwählen.

② Wechseln Sie zur Registerkarte *Videotools/Format* und klicken Sie in der Gruppe *Größe* auf das Startprogramm für Dialogfelder, um das Dialogfeld *Video formatieren* anzuzeigen.

③ Legen Sie im Dialogfeld die neue Größe fest. Die Änderung wird während des Einstellens in der Livevorschau auf der Folie gezeigt.

④ Klicken Sie auf *Schließen*, um die Größenänderung anzuwenden.

⑤ Um das Videofenster an eine andere Position zu verschieben, ziehen Sie es mit gedrückter Maustaste an die gewünschte Stelle.

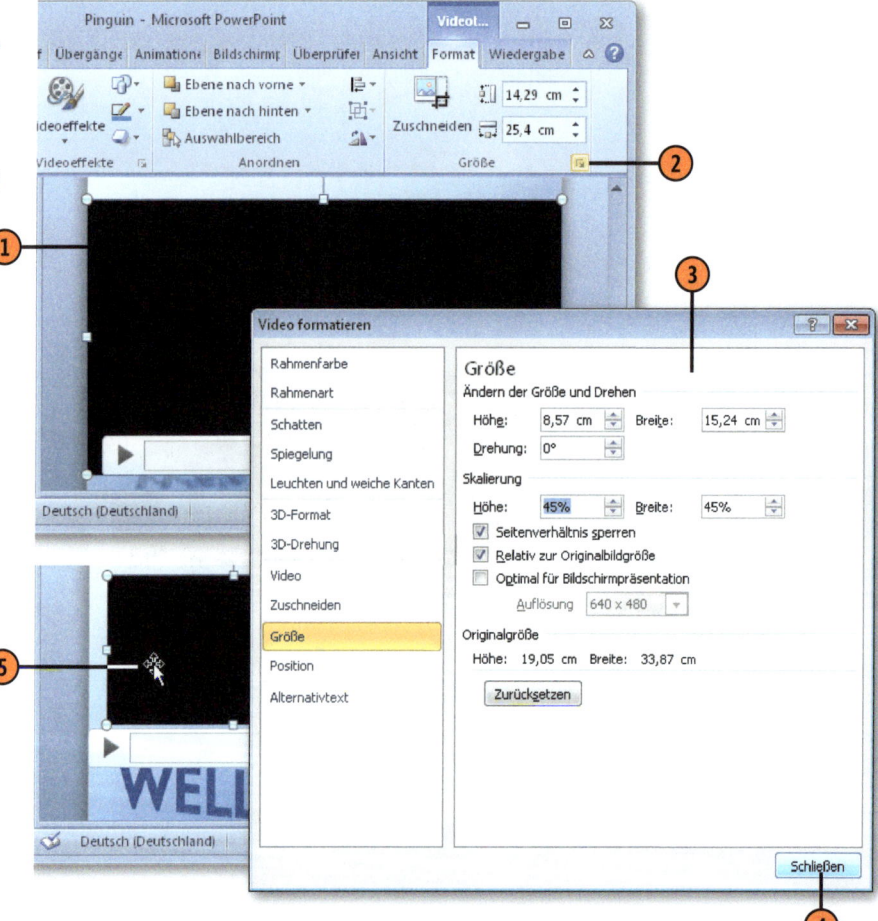

Vorschaubild festlegen

① Klicken Sie auf das Videofenster, um es zur Bearbeitung auszuwählen.

② Wechseln Sie zur Registerkarte *Videotools/Format* und klicken Sie auf *Posterrahmen*.

③ Wählen Sie *Bild aus Datei*, um im Dialogfeld *Grafik einfügen* ein Bild auszuwählen, das als Vorschaubild angezeigt werden soll.

④ Das gewählte Bild ersetzt das vorherige Standbild.

⑤ Wenn Sie dieses Vorschaubild wieder entfernen möchten, wählen Sie im Menü zur Schaltfläche *Posterrahmen* die Option *Zurücksetzen*.

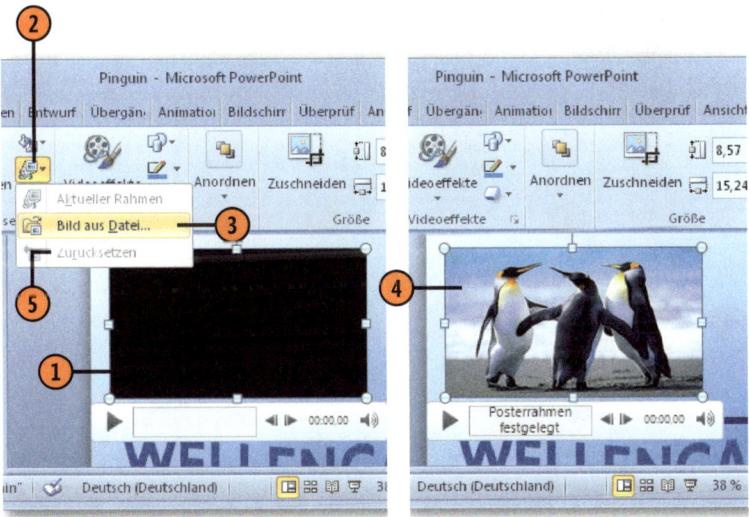

Das Video in Form bringen

① Klicken Sie auf das Videofenster, um es zur Bearbeitung auszuwählen.

② Wechseln Sie zur Registerkarte *Videotools/Format* und öffnen Sie den Katalog der Videoeffekte.

③ Klicken Sie auf die gewünschte Option im Katalog, um die entsprechende Formatierung zuzuweisen. Während der Mauszeiger auf einer Option ruht, erfolgt die Livevorschau auf der Folie.

Videoclip bearbeiten

Wenn Sie nur einen bestimmten Ausschnitt des Videoclips zeigen wollen oder eine beliebige Anzahl von Bildern überspringen wollen, wird Ihnen auf der Registerkarte *Videotools/Wiedergabe* das Werkzeug zum Kürzen des Videoclips geboten. Des Weiteren

können Sie mit den entsprechenden Optionen auf dieser Registerkarte festlegen, wann und wie der Videoclip während einer Bildschirmpräsentation wiedergegeben wird.

Videoclip kürzen

① Klicken Sie auf das Videofenster, um es zur Bearbeitung auszuwählen.

② Klicken Sie auf der Registerkarte *Videotools/ Wiedergabe* auf *Video kürzen*, um das gleichnamige Dialogfeld aufzurufen.

③ Klicken Sie hier, um den Videoclip zu starten bzw. die Wiedergabe anzuhalten.

④ Ziehen Sie die grüne Markierung auf den gewünschten Anfang.

⑤ Ziehen Sie die rote Markierung auf das gewünschte Ende.

⑥ In den Feldern *Startzeit* und *Endzeit* können Sie Anfang und Ende exakt angeben.

⑦ Klicken Sie abschließend auf *OK*.

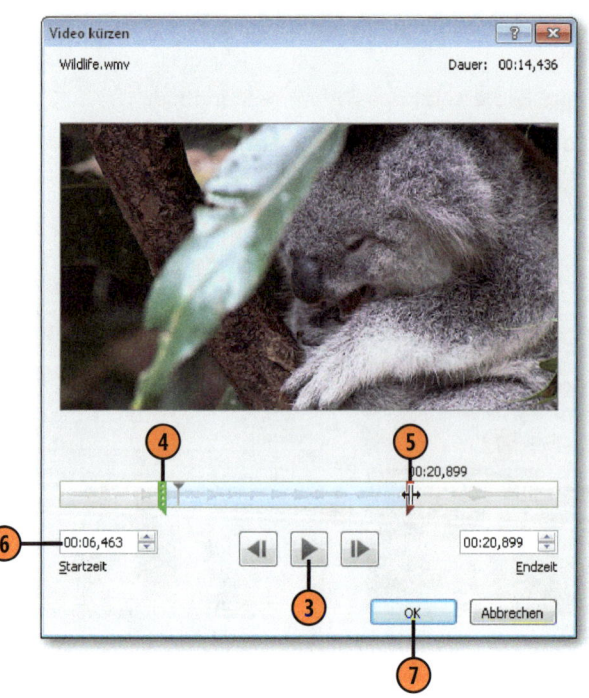

Die Registerkarte »Videotools/Wiedergabe« im Überblick

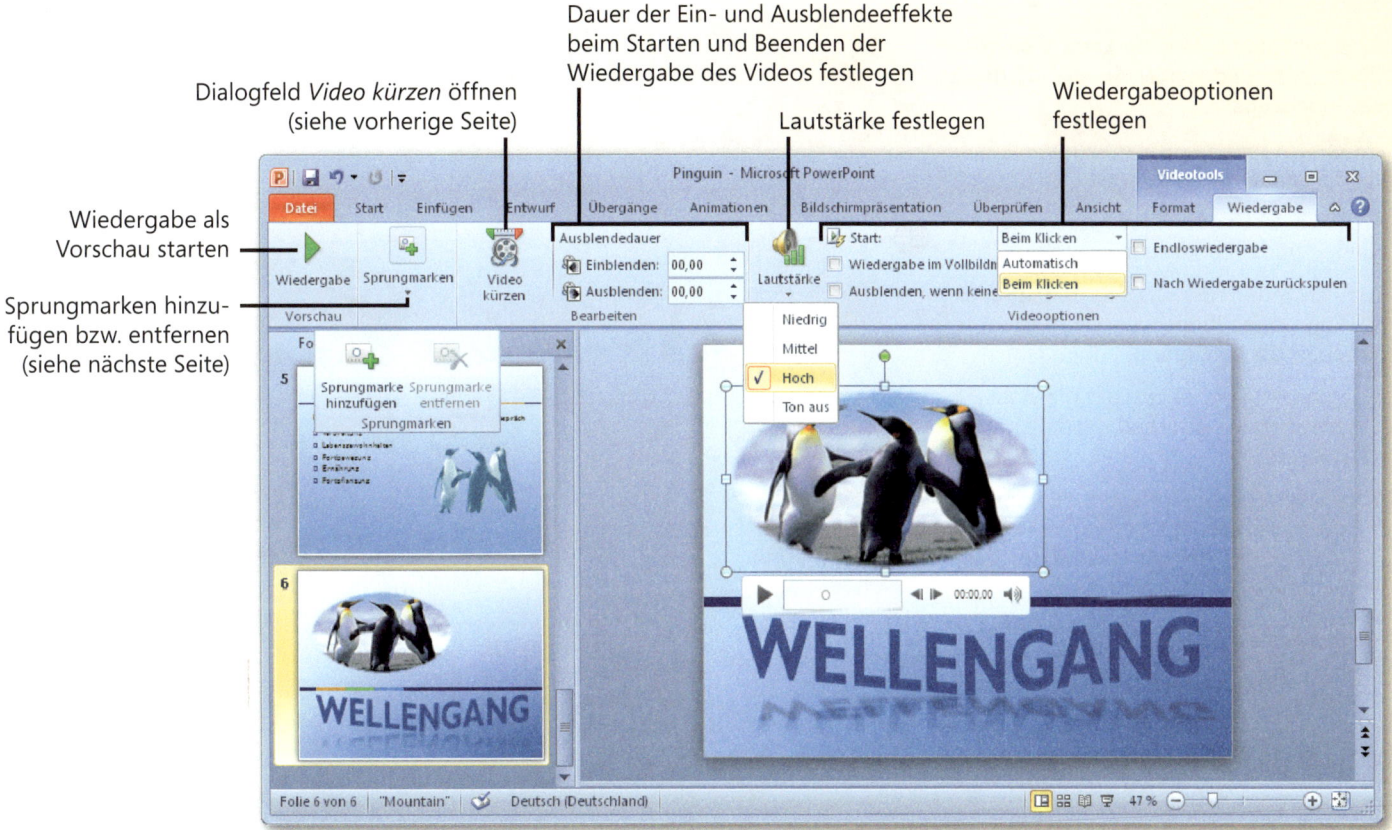

Dauer der Ein- und Ausblendeeffekte
beim Starten und Beenden der
Wiedergabe des Videos festlegen

Dialogfeld *Video kürzen* öffnen
(siehe vorherige Seite)

Lautstärke festlegen

Wiedergabeoptionen
festlegen

Wiedergabe als
Vorschau starten

Sprungmarken hinzu-
fügen bzw. entfernen
(siehe nächste Seite)

Sprungmarken hinzufügen

① Klicken Sie auf das Videofenster, um es zur Bearbeitung auszuwählen.

② Wechseln Sie zur Registerkarte *Videotools/ Wiedergabe* und starten Sie die Wiedergabe des Videoclips.

③ Klicken Sie in der Gruppe *Sprungmarken* auf *Sprungmarke hinzufügen*.

④ An der betreffenden Stelle wird eine kleine, runde Markierung eingefügt.

⑤ Zum Ansteuern der eingefügten Sprungmarken stehen Ihnen folgende Tastenkombinationen zur Verfügung:

- Drücken Sie Alt+Pos1, um die erste Sprungmarke während des Ablaufs anzuspringen.

- Drücken Sie Alt+Ende, um den durch Sprungmarken definierten Bereich während des Ablaufs zu überspringen.

10 Übergänge und Animationen zuweisen

Die Übergänge von Folie zu Folie während einer Bildschirmpräsentation können Sie durch eine Vielzahl von optischen Spezialeffekten interessanter und fließender gestalten. Speziell vorgefertigte Übergangsschemata stellen eine große Anzahl von Effekten wie beispielsweise *Verblassen*, *Schachbretteffekt* oder *Drehen* zur Verfügung.

Allen Objekten, die Sie einer Folie Ihrer Präsentation hinzugefügt haben, lässt sich ein besonderer Animationseffekt zuweisen, um während einer Bildschirmpräsentation die Aufmerksamkeit der Zuschauer auf einen bestimmten Aspekt zu lenken. Die Vielfalt dieser Spezialeffekte ist immens. Außerdem können Sie sogenannte Animationspfade anlegen, auf denen sich das betreffende Objekt beispielsweise in einer von Ihnen bestimmten Richtung entlangbewegt.

Über interaktive Schaltflächen und Hyperlinks lassen sich Verzweigungen innerhalb einer Präsentation, zu anderen Programmen und zu Webseiten erzeugen. Wodurch dieser Wechsel erfolgt, wird durch die entsprechenden Aktionseinstellungen festgelegt.

Übergänge zwischen Folien festlegen

PowerPoint stellt eine Vielzahl von optischen Spezialeffekten zur Verfügung, die während einer Bildschirmpräsentation beim Übergang von einer Folie zur nächsten ausgeführt werden können.

Auch wenn die Vielfalt der Spezialeffekte besticht, sollten Sie darauf achten, sie sparsam einzusetzen, um den eigentlichen Zweck der Präsentation wirkungsvoll zu unterstreichen.

Folien in der Foliensortierung markieren

① Wechseln Sie zur Ansicht *Foliensortierung*.

② Wechseln Sie zur Registerkarte *Übergänge*.

③ Klicken Sie auf die Abbildung der Folie, der Sie einen Übergangseffekt zuweisen wollen. Zum Markieren von mehreren Folien klicken Sie mit gedrückter Strg-Taste nacheinander auf die betreffenden Folienabbildungen.

④ Wenn Sie allen Folien eines Abschnitts denselben Übergangseffekt zuweisen wollen, genügt es, wenn Sie die betreffende Abschnittsüberschrift markieren, indem Sie darauf klicken.

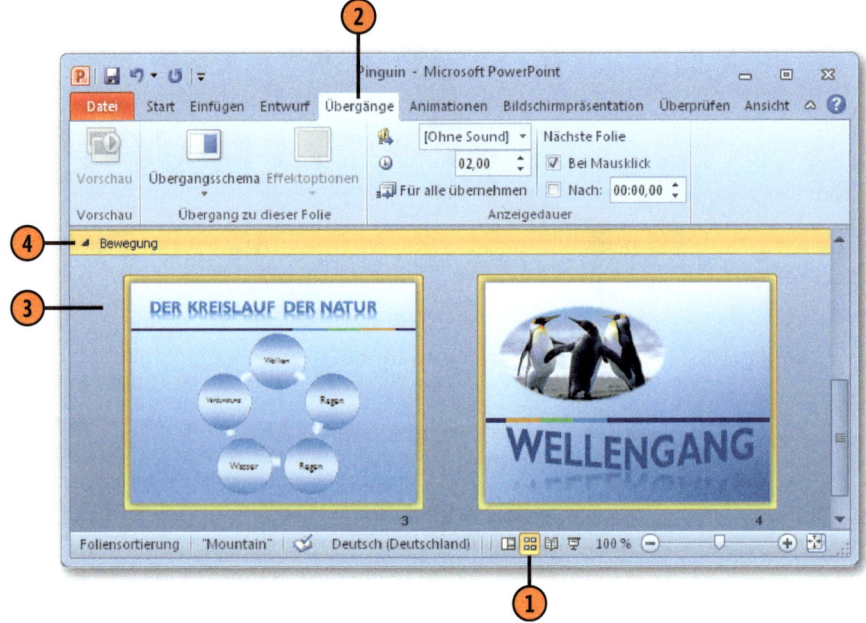

Übergangsschema zuweisen

① Markieren Sie die gewünschte(n) Folie(n) und öffnen Sie auf der Registerkarte *Übergänge* in der Gruppe *Übergang zu dieser Folie* den Katalog mit den Übergangsschemata.

② Klicken Sie im Katalog auf eine Miniaturansicht, um die betreffenden Einstellungen zuzuweisen.

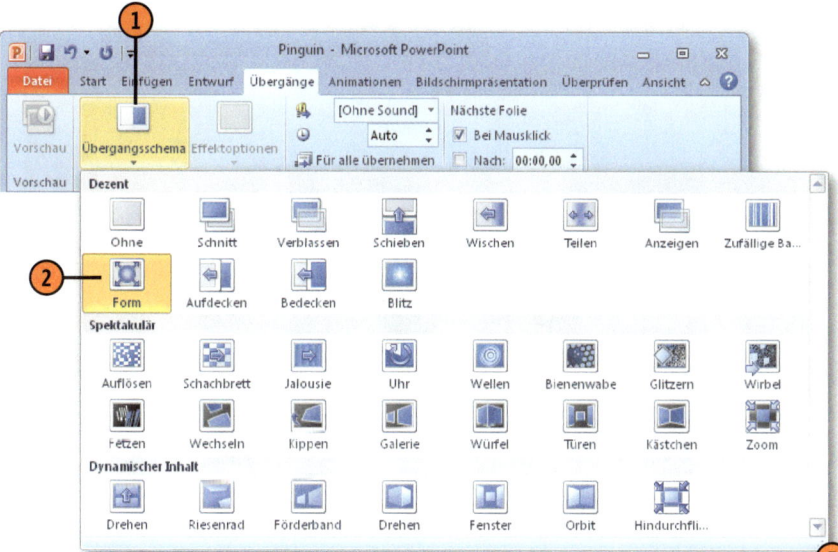

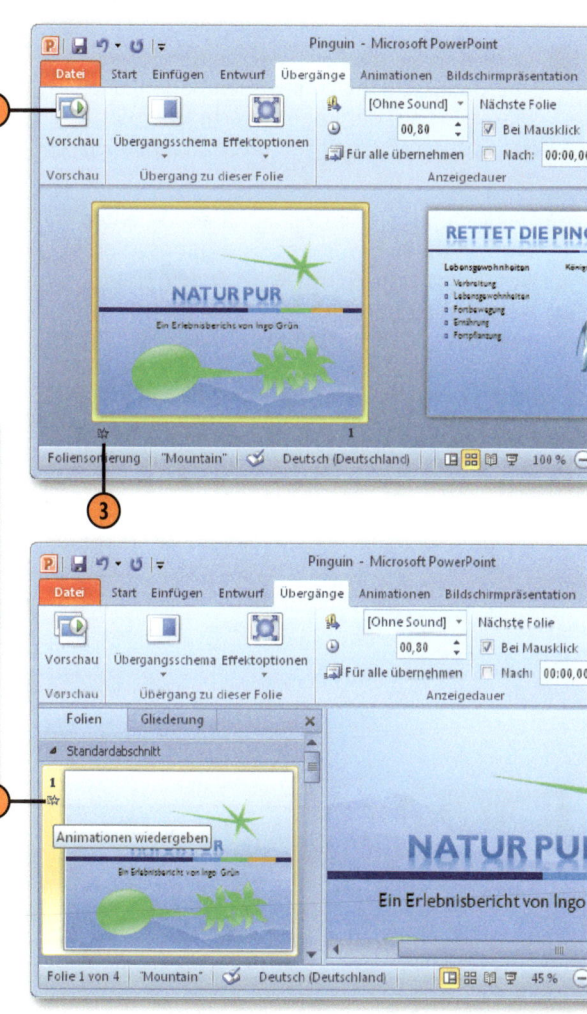

③ Anhand dieses Symbols erkennen Sie, dass der Folie ein Übergangsschema zugewiesen wurde.

④ Klicken Sie hier, um sich eine Vorschau auf den gewählten Übergang anzeigen zu lassen.

⑤ Wechseln Sie zur Normalansicht und klicken Sie auf dieses Symbol, um sich den Übergangseffekt auf der Folie anzusehen.

Effektoptionen auswählen

① Markieren Sie die Folie, der Sie bereits ein Übergangsschema zugewiesen haben, und klicken Sie auf der Registerkarte *Übergänge* in der Gruppe *Übergang zu dieser Folie* auf *Effektoptionen*.

② Der Katalog mit den verfügbaren Varianten des von Ihnen gewählten Übergangsschemas wird angezeigt. Wenn der Mauszeiger auf einer Abbildung ruht, wird eine Vorschau der gewählten Effektvariante auf der Folie angezeigt. Klicken Sie im Katalog auf die Variante Ihrer Wahl, um die entsprechenden Einstellungen zuzuweisen.

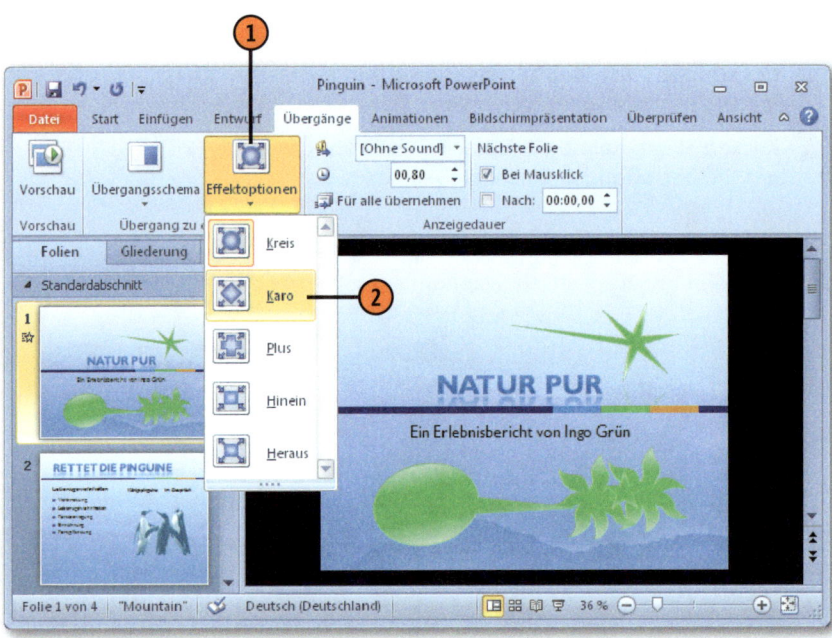

Tipp ✔

Zu jedem Übergangsschema gibt es unterschiedliche Effektoptionen. Sie erkennen dies z.B. daran, dass sich je nach gewähltem Schema das Symbol der Schaltfläche *Effektoptionen* ändert. Durch verschiedene Varianten können Sie die Eigenschaften eines Übergangs ändern wie z.B. die Richtung und die Form eines Effekts.

Weitere Übergangseinstellungen vornehmen

① Markieren Sie die Folie, der Sie bereits ein Übergangsschema zugewiesen haben.

② Öffnen Sie auf der Registerkarte *Übergänge* in der Gruppe
Anzeigedauer die Dropdownliste *Sound* und wählen Sie
einen Klang aus, der während des Übergangs zur aktuellen
Folie abgespielt werden soll.

③ Stellen Sie die Dauer des Übergangs ein.

④ Klicken Sie hier, wenn Sie die Einstellungen bzgl. Sound und
Länge des Übergangs sämtlichen Folien der Präsentation
zuweisen wollen.

⑤ Durch Aktivieren des entsprechenden Kontrollkästchens
legen Sie fest, ob der Übergang zu dieser Folie durch
Mausklick oder automatisch nach der festgelegten Zeit
erfolgen soll.

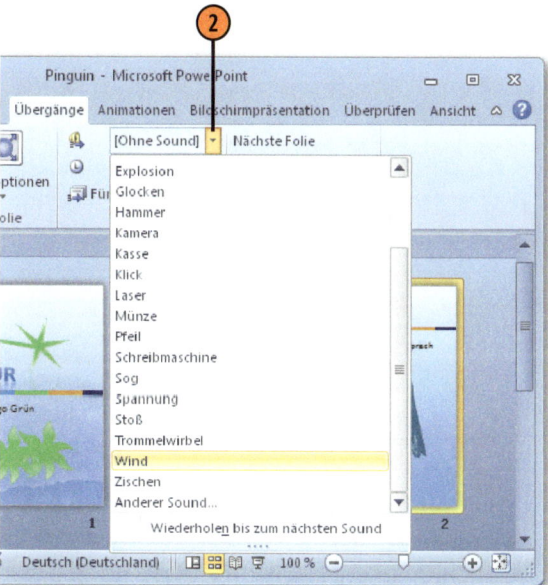

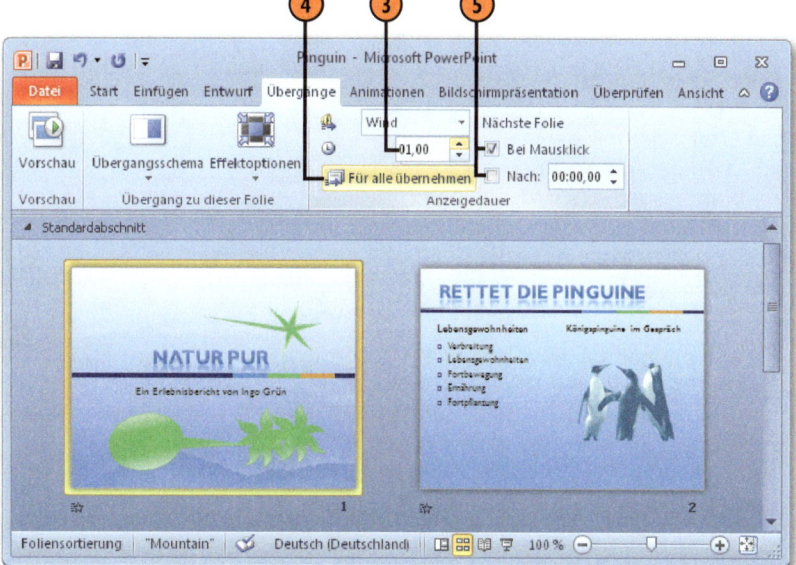

Animationseffekte für Objekte zuweisen

Jedem Objekt Ihrer Folie, sei es Text, Bild, Grafik, Form oder Diagramm, können Sie einen speziellen Animationseffekt zuweisen.

Ob Sie ein Objekt drehen, aufblitzen oder auf einem bestimmten Pfad entlanghüpfen lassen – die Auswahl ist beinah unbegrenzt.

Animation hinzufügen

① Markieren Sie das Objekt, dem Sie einen Animationseffekt hinzufügen wollen, und wechseln Sie zur Registerkarte *Animationen*.

② Öffnen Sie in der Gruppe *Animation* den Katalog der vordefinierten Animationen.

③ Wählen Sie im Katalog den gewünschten Effekt aus, z.B. einen Effekt, der mit dem Erscheinen der Folie auf dem Bildschirm ausgeführt wird. Solange der Mauszeiger auf einer Option ruht, wird die Livevorschau des Effekts auf der Folie angezeigt. Klicken Sie auf den Effekt Ihrer Wahl, um die entsprechenden Einstellungen zuzuweisen.

④ Mit den Optionen *Weitere ...* rufen Sie Dialogfelder auf, über die Sie weitere Effekte für Eingang, Ausgang oder zur Hervorhebung auswählen sowie Animationspfade definieren können.

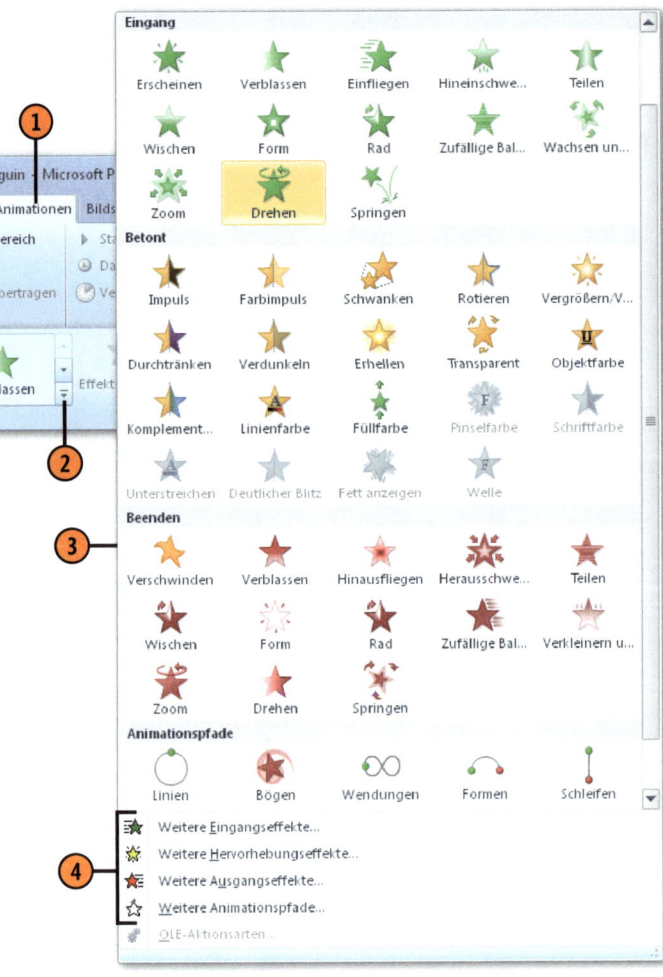

Effektoptionen bestimmen

① Nachdem Sie einem Objekt einen Animationseffekt hinzugefügt haben, wird dieser auf der
Registerkarte *Animationen* in der Gruppe *Animation* markiert angezeigt.

② Klicken Sie auf *Effektoptionen*, um die verfügbaren Optionen zu diesem Animationseffekt
anzuzeigen (hier für den Animationseffekt *Füll-
farbe*).

③ Wählen Sie im Effektoptionenkatalog – hier
der Farbkatalog – eine der Optionen, um
zu bestimmen, wie das Objekt während des
Ablaufs der Animation verändert wird. Solange
der Mauszeiger auf einer der Optionen ruht,
wird eine Vorschau auf der Folie angezeigt.
Klicken Sie auf eine Effektoption – hier eine
Farbe –, um die betreffende Einstellung zuzuweisen.

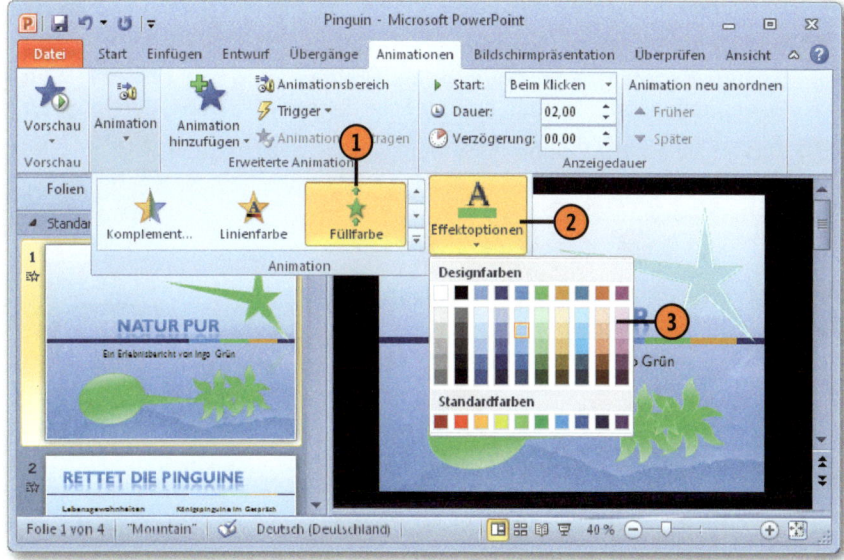

Tipp ✓

Zu jedem Animationseffekt gibt es ähnlich wie bei einem
Übergangsschema unterschiedliche Effektoptionen. Sie
erkennen dies z.B. daran, dass sich je nach gewählter Animation das Symbol der Schaltfläche *Effektoptionen* ändert.
Durch verschiedene Varianten können Sie die Eigenschaften
einer Animation ändern, z.B. die Richtung oder Farbe.

Animationspfad hinzufügen und ändern

1. Markieren Sie das Objekt, und klicken Sie auf der Registerkarte *Animationen* in der Gruppe *Erweiterte Animation* auf *Animation hinzufügen*.

2. Wählen Sie in der Gruppe *Animationspfade* eine Option aus. Solange der Mauszeiger nur auf einer Option ruht, wird die Bewegung in der Vorschau auf der Folie angezeigt.

3. Klicken Sie auf die Option Ihrer Wahl, um die betreffenden Einstellungen zuzuweisen.

4. Die Zahlenkästchen zeigen die Anzahl und die Reihenfolge der Effekte an, die Sie auf der Folie hinzugefügt haben.

5. Klicken Sie mit der rechten Maustaste auf die Markierung des Pfades und wählen Sie *Punkte bearbeiten*, um den Pfad zu ändern.

6. Ziehen Sie einen Punkt mit gedrückter Maustaste in die Richtung, auf die der Pfad erweitert werden soll.

7. Klicken Sie außerhalb des Bereichs, damit Ihre Änderungen wirksam werden.

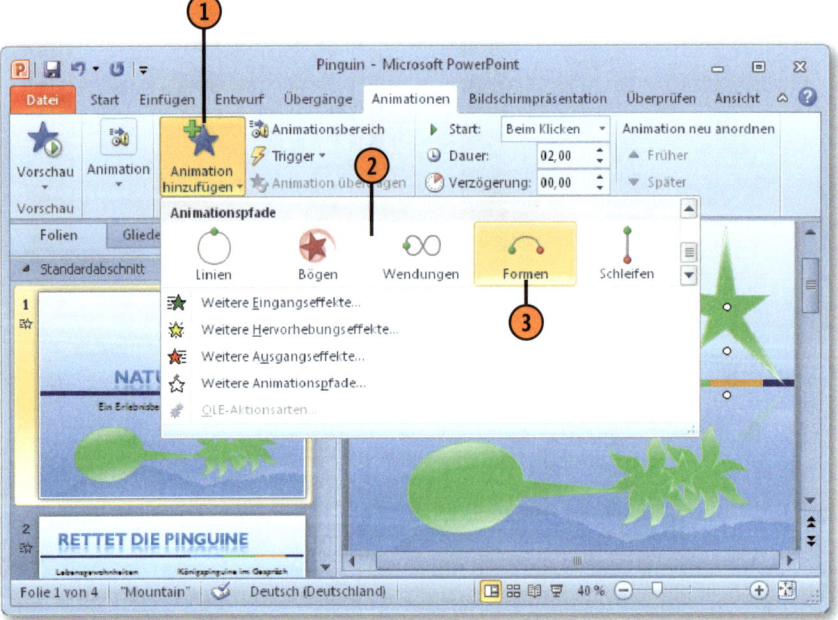

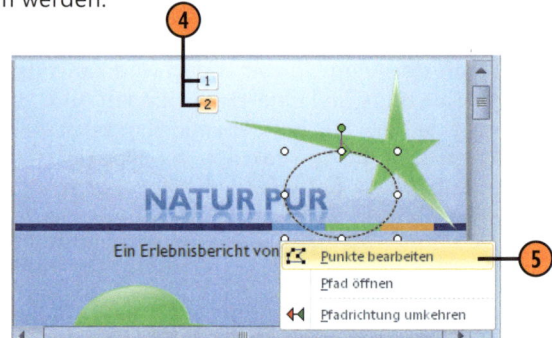

Besondere Startbedingung festlegen

① Markieren Sie das Objekt und klicken Sie auf der Registerkarte *Animationen* in der Gruppe *Erweiterte Animation* auf *Trigger*.

② Legen Sie im Menü zur Schaltfläche *Trigger* fest, wann das Objekt gestartet werden soll.

③ Dies ist das Kennzeichen, dass ein Trigger für dieses Objekt zugewiesen wurde.

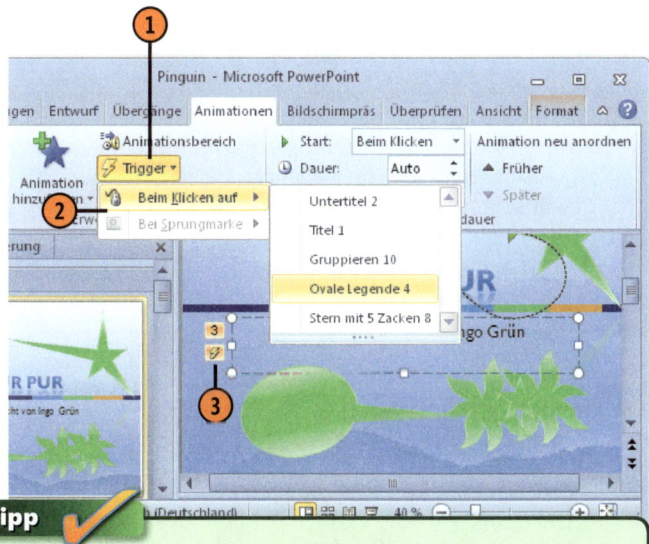

Tipp

Animationseinstellungen lassen sich nicht nur innerhalb einer Präsentation, sondern auch in andere Präsentationen übertragen. Öffnen Sie dazu die betreffenden Präsentationen und übertragen Sie die Einstellungen auf die beschriebene Weise von einem Objekt in dem einen Fenster auf ein anderes Objekt in dem anderen Fenster.

Animation übertragen

① Markieren Sie das Objekt, dessen Animationseinstellungen Sie auf ein anderes Objekt übertragen wollen, und klicken Sie auf der Registerkarte *Animationen* in der Gruppe *Erweiterte Animation* auf *Animation übertragen*.

② Führen Sie den Mauszeiger, der jetzt die Form eines Pinsels hat, auf das Objekt, dem Sie die Animation zuweisen wollen, und klicken Sie, um eine exakte Kopie der Animation anzuwenden.

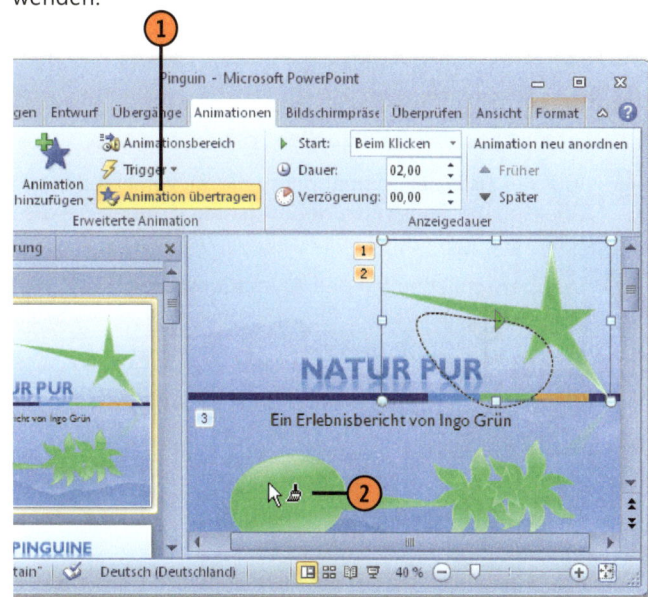

Benutzerdefinierte Animation

Wenn Sie die Reihenfolge und den zeitlichen Ablauf sowie Animations- und Klangeffekte individuell anpassen wollen, arbeiten Sie am besten über die Optionen im *Animationsbereich*. Hier können Sie in einem Arbeitsgang sämtliche individuellen Animationseinstellungen für die animierten Objekte der aktuellen Folie definieren, überprüfen und bearbeiten.

Animationsbereich anzeigen und schließen

① Zeigen Sie die Folie, deren Animationseinstellungen angepasst werden sollen, in der Normalansicht an und klicken Sie auf der Registerkarte *Animationen* in der Gruppe *Erweiterte Animation* auf *Animationsbereich*, um den betreffenden Bereich einzublenden.

② Über die Schaltfläche *Wiedergabe* starten Sie eine Animationsvorschau auf der aktuellen Folie.

③ Über die Liste der Animationen, die Sie verschiedenen Objekten der Folie hinzugefügt haben, können Sie die Einstellungen individuell anpassen.

④ Hierüber schließen Sie den Animationsbereich.

Animationsreihenfolge ändern

① Markieren Sie in der Liste den Animationseffekt, der auf einen anderen Zeitpunkt verschoben werden soll.

② Sämtliche Animationen, die Sie Objekten einer Folie hinzugefügt haben, sind mit Nummern versehen, die die Reihenfolge kennzeichnen, in der sie ausgeführt werden.

③ Klicken Sie auf eine der Pfeiltasten, um den Effekt um eine Position weiter nach oben bzw. nach unten in der Abfolge zu verschieben. Klicken Sie so oft, bis der Effekt an der gewünschten Position steht.

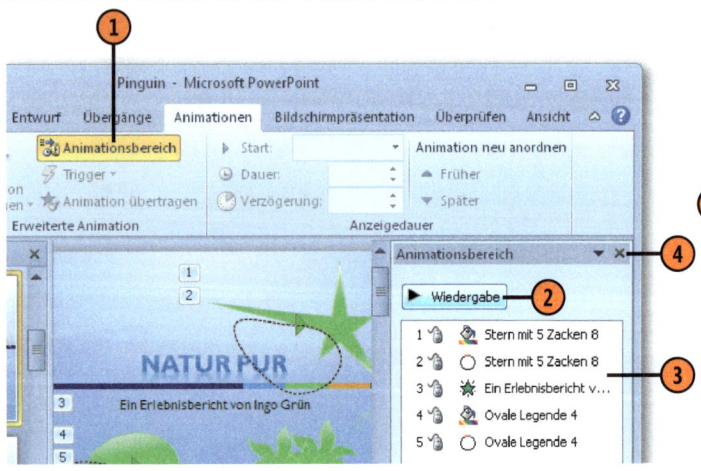

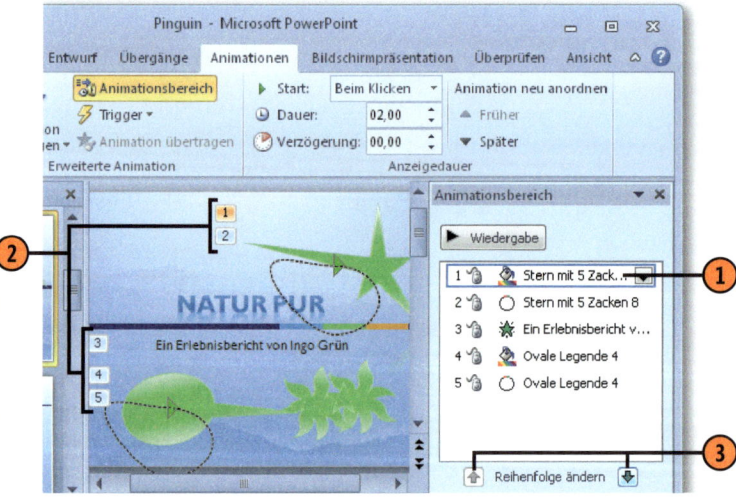

Effekt bearbeiten

① Markieren Sie im Animationsbereich in der Liste der Animationseffekte den Effekt, den Sie bearbeiten wollen.

② Klicken Sie auf den zugehörigen Pfeil, um ein Menü mit den verfügbaren objektspezifischen Optionen anzuzeigen.

③ Über diese Optionen können Sie festlegen, wann und wodurch der Effekt ausgeführt wird.

④ Klicken Sie auf *Effektoptionen*, um ein Dialogfeld mit den effektspezifischen Optionen anzuzeigen.

⑤ Nehmen Sie auf der Registerkarte *Effekt* im Bereich *Einstellungen* durch Verschieben der Regler Änderungen an dem Verhalten der Animation vor.

⑥ Im Bereich *Erweiterungen* können Sie der Animation einen Klangeffekt hinzufügen und über die Liste *Nach Animation* bestimmen, wie sich ein Objekt nach dem Einblenden verhält.

⑦ Auf der Registerkarte *Anzeigedauer* des Dialogfelds stellen Sie ein, wodurch die Animation gestartet wird und wie lange die Anzeige erfolgt.

⑧ Auf der Registerkarte *Textanimation* bestimmen Sie, wie bei einem solchen Objekt die einzelnen Textabschnitte eingeblendet werden sollen.

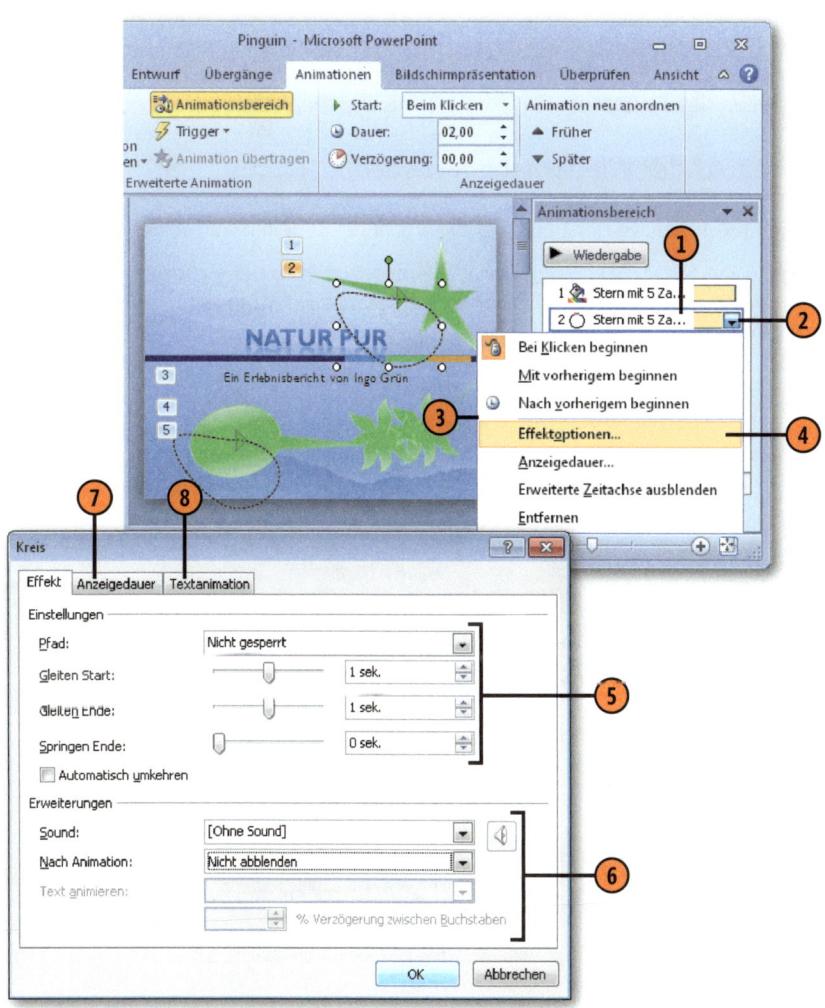

Zeitlichen Ablauf und Anzeigedauer von Animationen regeln

Sowohl in der Gruppe *Anzeigedauer* auf der Registerkarte *Animationen* als auch im *Animationsbereich* finden Sie die Tools zum Einstellen des Zeitpunkts der Wiedergabe und der Anzeigedauer einer Animation eines Objekts, die während einer Bildschirmpräsentation ausgeführt wird.

Zeitpunkt der Wiedergabe festlegen

① Klicken Sie auf der Folie auf die Nummer der Animation.

② Legen Sie auf der Registerkarte *Animationen* in der Gruppe *Anzeigedauer* in der Dropdownliste *Start* fest, wann die Wiedergabe erfolgen soll.

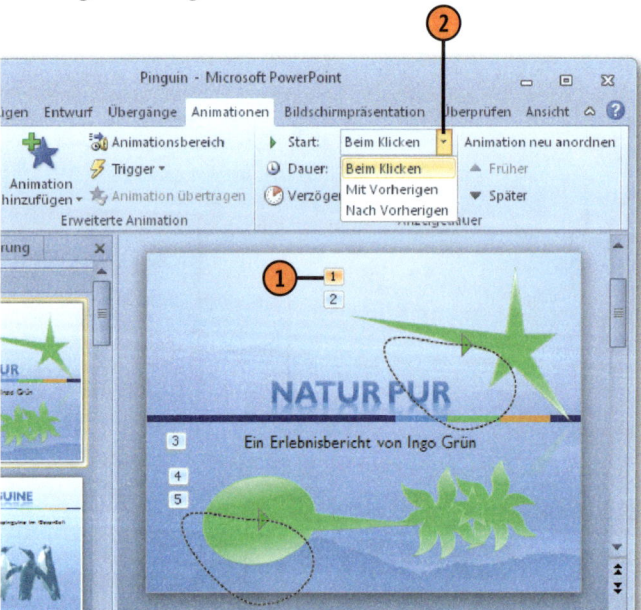

Anzeigedauer und Verzögerung einstellen

① Klicken Sie auf der Folie auf die Nummer der Animation.

② Stellen Sie auf der Registerkarte *Animationen* in der Gruppe *Anzeigedauer* im Feld *Dauer* die Länge der Animation ein.

③ Stellen Sie im Feld *Verzögerung* die Zeitspanne (in Sekunden) ein, nach der die Animation erfolgen soll.

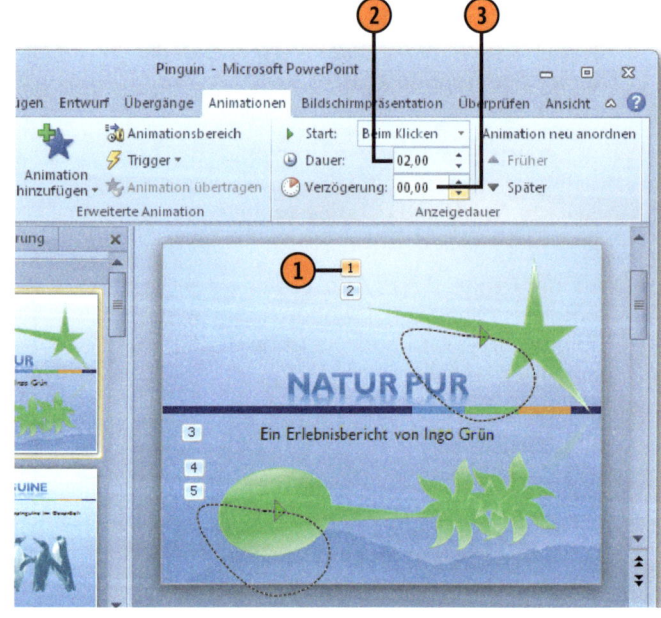

Anzeigedauer im Animationsbereich ändern

① Klicken Sie auf der Registerkarte *Animationen* in der Gruppe *Erweiterte Animation* auf *Animationsbereich*.

② Markieren Sie im Animationsbereich den Animationseffekt, den Sie ändern wollen.

③ Klicken Sie auf den Pfeil neben dem markierten Animationseffekt, um ein Menü mit den verfügbaren objektspezifischen Optionen anzuzeigen.

④ Klicken Sie auf *Anzeigedauer*.

⑤ Stellen Sie im effektspezifischen Dialogfeld auf der Registerkarte *Anzeigedauer* in den entsprechenden Feldern die Verzögerung und Dauer der Animation ein.

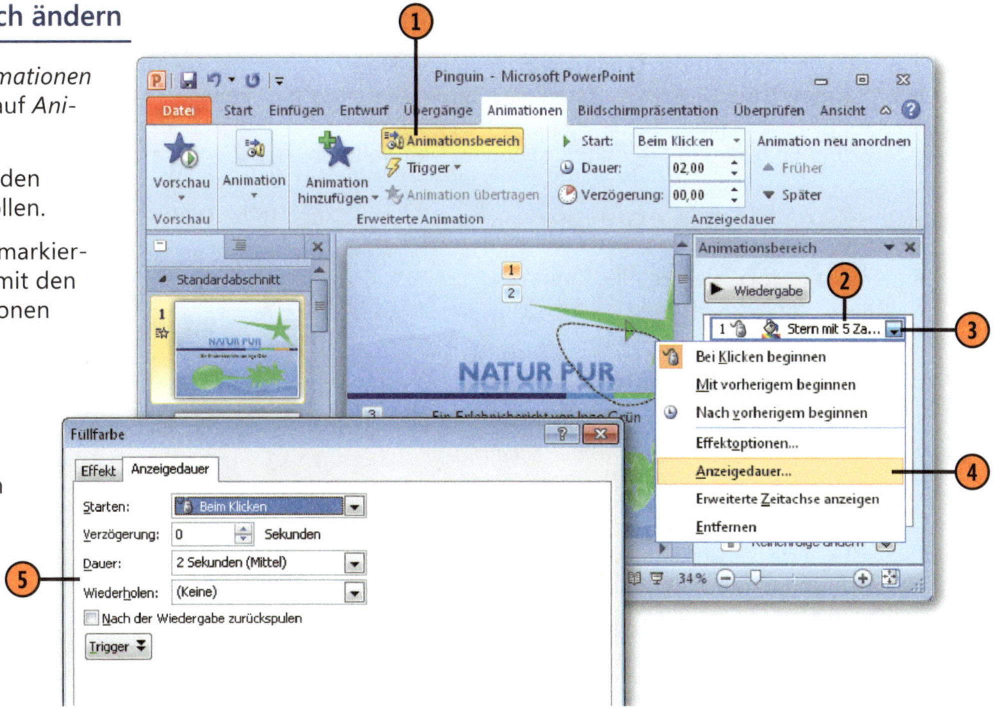

Tipp ✓

Über den Befehl *Erweiterte Zeitachse anzeigen* im Menü zu einem Animationseffekt können Sie die Anzeigedauer für die betreffende Animation auch über die unten im Animationsbereich eingeblendete Zeitachse einstellen.

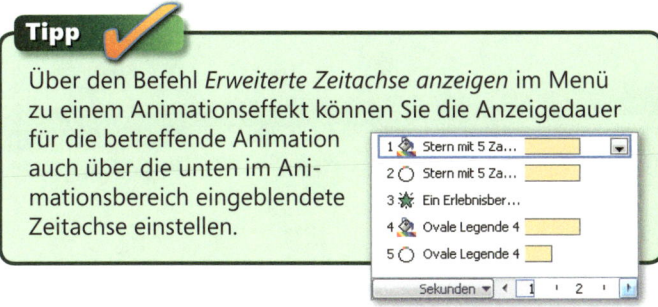

Tipp ✓

Um einen zugewiesenen Animationseffekt wieder zu löschen, ohne das Objekt zu entfernen, markieren Sie im Animationsbereich den betreffenden Animationseffekt und klicken im Menü auf *Entfernen*.

Interaktive Schaltflächen und Hyperlinks

Durch Einfügen von interaktiven Schaltflächen und/oder Hyperlinks vereinfachen Sie die Navigation innerhalb Ihrer Präsentation. So können Sie z.B. durch die Folien blättern sowie schnell zum Anfang bzw. zum Ende einer Präsentation springen. Des Weiteren können Sie zu einer zielgruppenorientierten oder zu einer anderen Präsentation, zu einem Dokument aus einer anderen Anwendung oder direkt zu einer anderen Anwendung sowie zu einer Webseite verzweigen.

Interaktive Schaltflächen einfügen

① Zeigen Sie die Folie, der Sie eine interaktive Schaltfläche hinzufügen wollen, in der Normalansicht an.

② Wechseln Sie zur Registerkarte *Einfügen* und klicken Sie auf *Formen*.

③ Wählen Sie in der Gruppe *Interaktive Schaltflächen* die gewünschte Schaltfläche aus.

④ Ziehen Sie die Schaltfläche mit gedrückter Maustaste in der gewünschten Größe an der gewünschten Stelle auf der Folie auf.

⑤ Nachdem Sie die Schaltfläche eingefügt haben, wird das Dialogfeld *Aktionseinstellungen* geöffnet, in dem Sie festlegen können, welche Aktion ausgeführt werden soll, wenn Sie während einer Bildschirmpräsentation auf die Schaltfläche klicken (siehe hierzu nächste Seite).

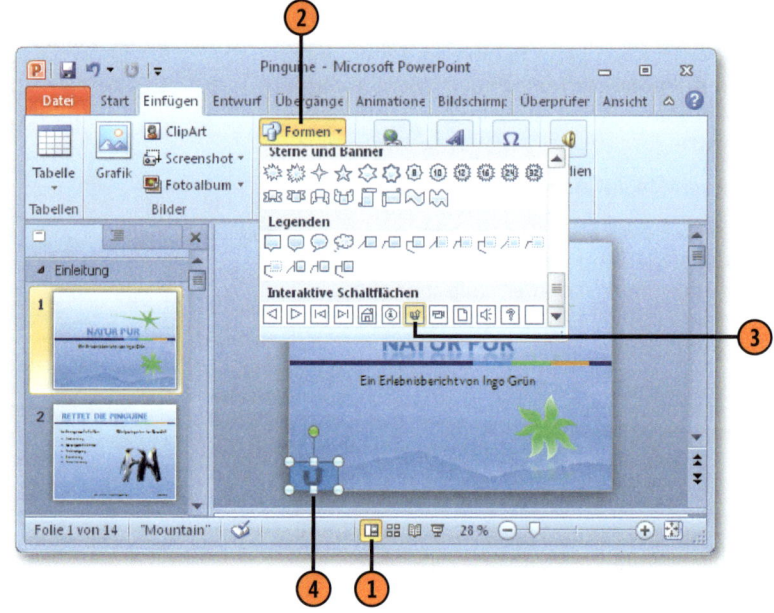

Aktionseinstellungen zuweisen

① Markieren Sie das Objekt, dem Sie eine bestimmte Aktion zuweisen wollen.

② Klicken Sie auf der Registerkarte *Einfügen* in der Gruppe *Hyperlinks* auf *Aktion*.

③ Wählen Sie im Dialogfeld *Aktionseinstellungen* aus, welche Aktion ausgeführt werden soll, wenn der Mausklick auf das Objekt erfolgt. Klicken Sie auf die gewünschte Option und legen Sie fest, was durchgeführt werden soll, z.B. welche Folie, Datei oder Webseite angezeigt, welches Programm oder welches Makro ausgeführt werden soll. Außerdem können Sie die Aktion mit dem Abspielen von Sound verbinden.

④ Klicken Sie auf *OK*, um die Einstellungen zuzuweisen.

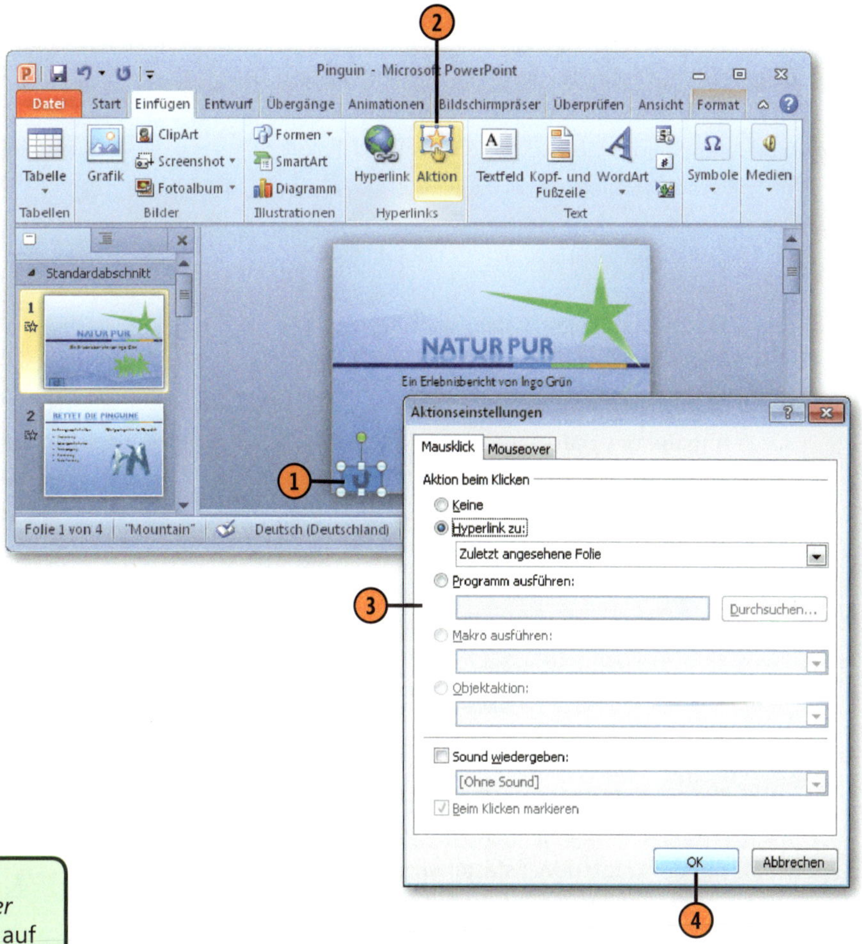

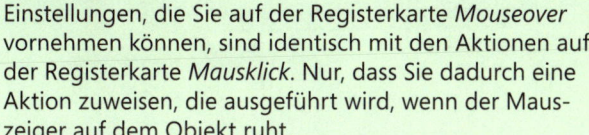

Tipp

Einstellungen, die Sie auf der Registerkarte *Mouseover* vornehmen können, sind identisch mit den Aktionen auf der Registerkarte *Mausklick*. Nur, dass Sie dadurch eine Aktion zuweisen, die ausgeführt wird, wenn der Mauszeiger auf dem Objekt ruht.

Hyperlink einfügen

1. Zeigen Sie die Folie, der Sie einen Hyperlink hinzufügen wollen, in der Normalansicht an.

2. Markieren Sie das Objekt, das Sie als Hyperlink definieren wollen.

3. Wechseln Sie zur Registerkarte *Einfügen* und klicken Sie in der Gruppe *Hyperlinks* auf *Hyperlink*.

4. Legen Sie im Dialogfeld *Hyperlink einfügen* fest, wohin der Link führen soll – Datei oder Webseite, Folie in der aktuellen Präsentation etc. –, und spezifizieren Sie dann Ihre Auswahl durch Angabe des Dateinamens, der Internetadresse oder der Folie.

5. Der Hyperlink wird auf der Folie mit einer speziellen Markierung angezeigt.

Tipp ✓

Um einen Hyperlink wieder zu löschen, klicken Sie mit der rechten Maustaste auf den Hyperlink und wählen im Kontextmenü den Befehl *Hyperlink entfernen*. Hierdurch wird nur die Hyperlinkinformation gelöscht, nicht das Objekt auf der Folie.

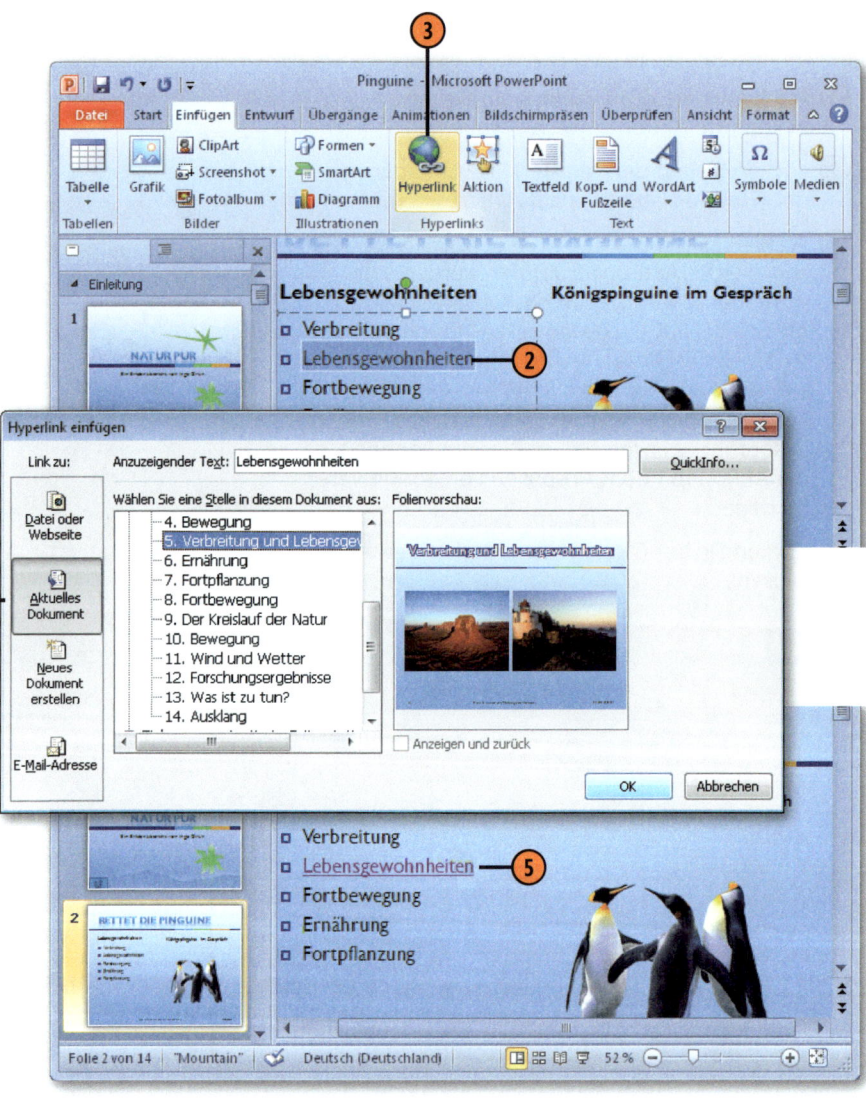

Überarbeiten und Korrigieren im Team

Zum gemeinsamen Überarbeiten einer Präsentation stehen Ihnen mehrere Möglichkeiten zur Verfügung:

Wenn es sich nicht um eine sehr umfangreiche Präsentation handelt, können Sie sie als Anlage via E-Mail an Ihre Mitarbeiter senden. Sinnvoller ist es allerdings, die betreffende Präsentation gleich ins Web zu stellen, sodass jeder berechtigte Teamkollege darauf zugreifen kann.

Sie können die aktuelle Präsentation mit einer anderen Version vergleichen und diese dann mithilfe der Funktion zum Zusammenführen und Vergleichen von PowerPoint 2010 kombinieren. Dies ist hilfreich, wenn Sie Präsentationen zusammen mit anderen Benutzern bearbeiten und Änderungen per E-Mail und Netzwerkfreigaben austauschen.

Jeder Folie Ihrer Präsentation können Sie in separaten Feldern Kommentare hinzufügen. Diese Kommentare können beispielsweise Hinweise zum aktuellen Stand der Bearbeitung oder die noch zu erledigenden Aufgaben enthalten.

Präsentation per E-Mail senden

Wenn Sie jemand anders die Möglichkeit geben wollen, einfache Korrekturen an einer Präsentation vorzunehmen, können Sie die Präsentation als Anlage zu einer E-Mail Nachricht an die betref-fende Person versenden. Derjenige kann dann die Anlage öffnen, die Bearbeitung vornehmen und das Ergebnis auf demselben Weg an Sie zurücksenden.

Präsentation als Anlage senden

① Öffnen Sie die Präsentation, die Sie versenden wollen.

② Klicken Sie auf die Registerkarte *Datei*.

③ Klicken Sie auf *Speichern und Senden*.

④ Klicken Sie auf *Per E-Mail senden*.

⑤ Klicken Sie auf *Als Anlage senden*, um Ihr Standard-E-Mail-Programm – z.B. Microsoft Outlook – zu öffnen und die Präsentation als Anlage an eine E-Mail-Nachricht anzufügen.

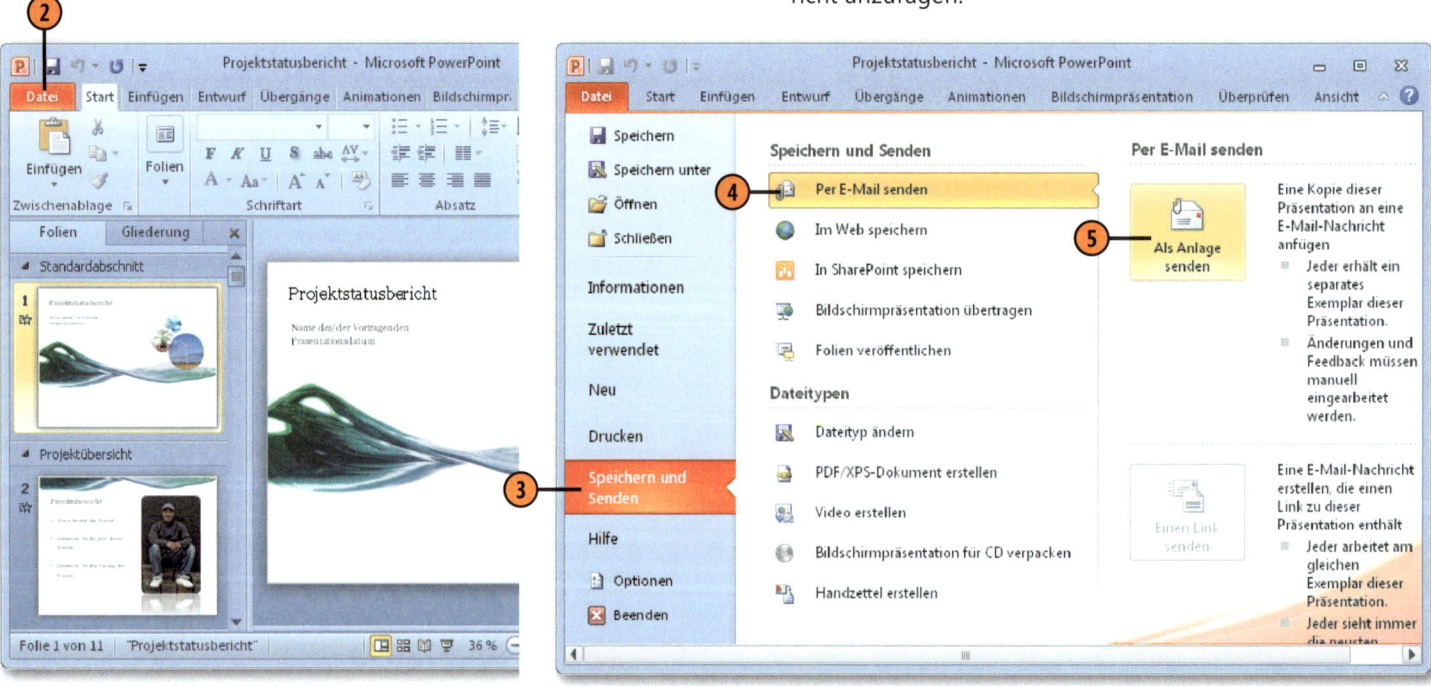

Nachricht vervollständigen und abschicken

1 Die Präsentation wird in Microsoft Outlook im Formular zum Verfassen einer E-Mail-Nachricht automatisch eingefügt.

2 In der *Betreff*-Zeile wird automatisch der Name der Präsentation eingefügt.

3 Geben Sie im Feld *An* die E-Mail-Adresse(n) des/der Empfänger(s) an. Die Adressen mehrerer Empfänger müssen durch Semikolon voneinander getrennt sein.

4 Hier können Sie eine zusätzliche Textnachricht eingeben.

5 Klicken Sie auf *Senden*, um die E-Mail samt Anhang auf den Weg zu bringen.

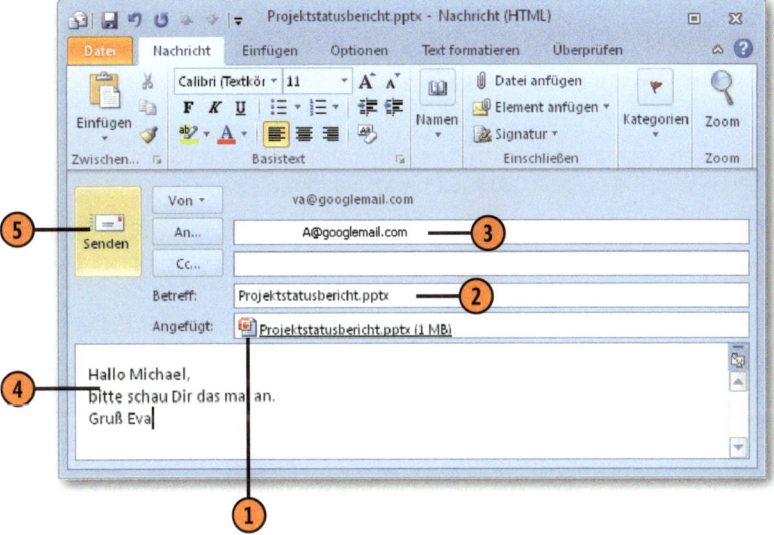

Präsentation im Web speichern

Wenn Sie das häufige Hin- und Herschicken einer Präsentation via E-Mail vermeiden wollen, können Sie die betreffende Datei auch im Web speichern, sodass die von Ihnen autorisierten Personen jederzeit von überall her darauf zugreifen können. Der Zugriff erfolgt über einen den betreffenden Personen mitgeteilten Link.

Bei Windows Live anmelden

1 Öffnen Sie die Präsentation, die Sie im Web speichern wollen.

2 Klicken Sie auf der Registerkarte *Datei* unter *Speichern und Senden* auf *Im Web speichern*.

3 Klicken Sie auf die Schaltfläche *Anmelden* und geben Sie Ihre Windows Live ID-Anmeldeinformationen ein.

In Windows Live speichern

1 Nach der Anmeldung bei Windows Live stehen standardmäßig zwei Speicherorte für Ihren persönlichen Gebrauch zur Verfügung. Wählen Sie den Ordner aus, in dem die Präsentation gespeichert werden soll.

2 Klicken Sie auf *Speichern unter*, um die Präsentation in dem von Ihnen festgelegten Ordner zu speichern.

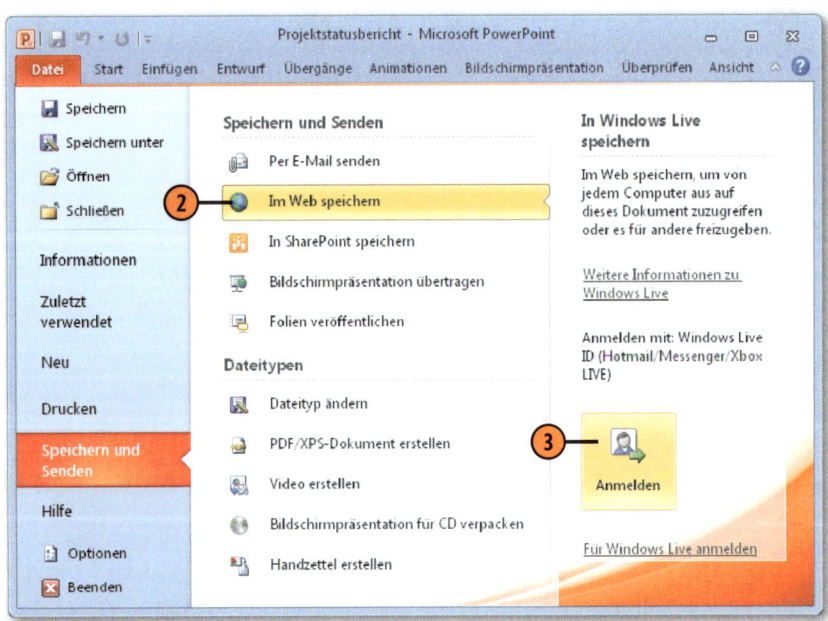

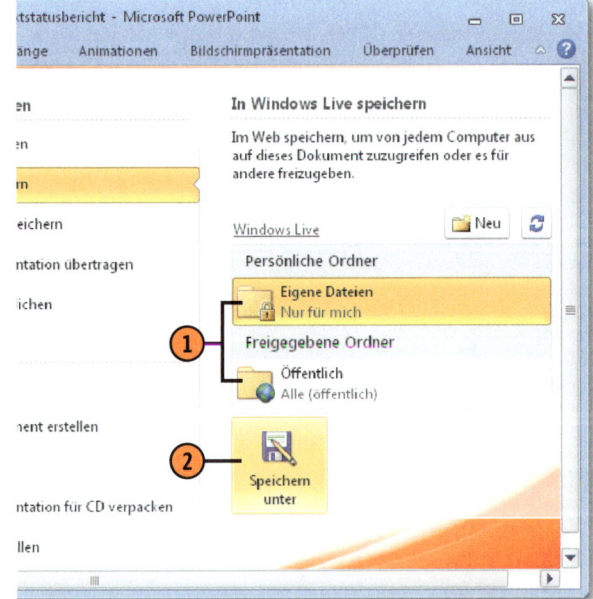

Link zur Präsentation senden

① Klicken Sie auf der Registerkarte *Datei* auf *Speichern und Senden* und dann auf *Per E-Mail senden*.

② Klicken Sie auf *Einen Link senden*.

③ Geben Sie im daraufhin angezeigten Outlook-Formular zum Verfassen einer E-Mail-Nachricht die Empfängeradresse, den Betreff sowie ggf. noch zusätzlichen Text zu dem Link, der zum Zugriff auf die im Web gespeicherte Präsentation dient, ein und klicken Sie dann auf *Senden*.

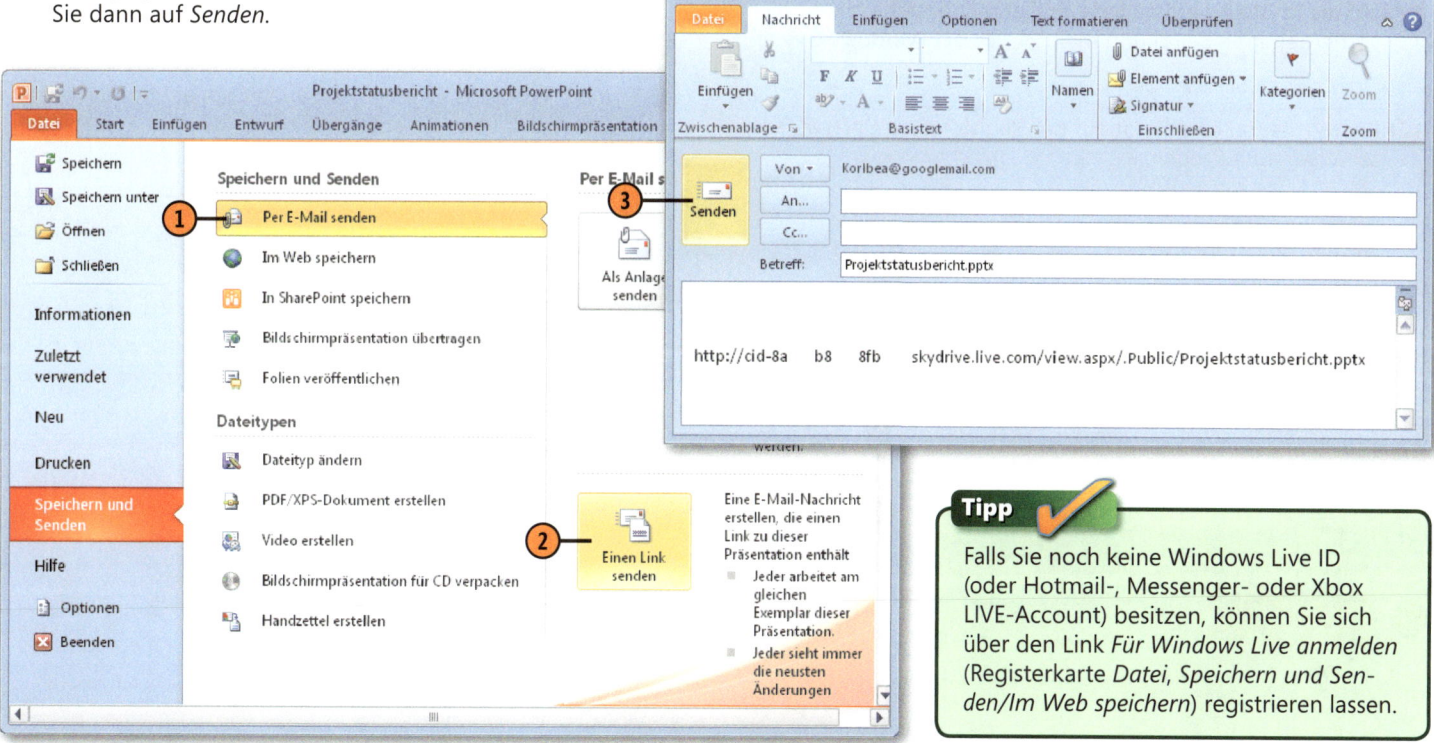

Tipp ✔

Falls Sie noch keine Windows Live ID (oder Hotmail-, Messenger- oder Xbox LIVE-Account) besitzen, können Sie sich über den Link *Für Windows Live anmelden* (Registerkarte *Datei*, *Speichern und Senden/Im Web speichern*) registrieren lassen.

Präsentation im Web ansehen und bearbeiten

Sie oder andere berechtigte Personen können eine Präsentation, die Sie im Web gespeichert haben, jederzeit anzeigen lassen. Diese Präsentation können Sie anschließend im Webbrowserfenster unter Microsoft PowerPoint Web App in begrenztem Rahmen weiterbearbeiten. Außerdem ist es möglich, aus Micro-

soft PowerPoint Web App heraus die Präsentation direkt in PowerPoint auf dem eigenen Computer zu öffnen, dort mit allen zur Verfügung stehenden Mitteln zu bearbeiten und dann wieder zurückzuspeichern.

Im Web gespeicherte Präsentation aufrufen

1 Entweder benutzen Sie den betreffenden Link zum Zugriff auf die im Web gespeicherte Präsentation (siehe hierzu die vorhergehende Seite) und melden sich bei Windows Live an.

Oder gehen Sie wie folgt vor:

2 Klicken Sie in PowerPoint auf der Registerkarte *Datei* auf *Speichern und Senden*.

3 Klicken Sie auf *Im Web speichern* und melden Sie sich ggf. zunächst bei Windows Live an.

4 Klicken Sie auf den Link *Windows Live*.

5 Ihre auf Windows Live vorhandenen Ordner werden angezeigt. Klicken Sie auf den Ordner, der Ihre Präsentation enthält.

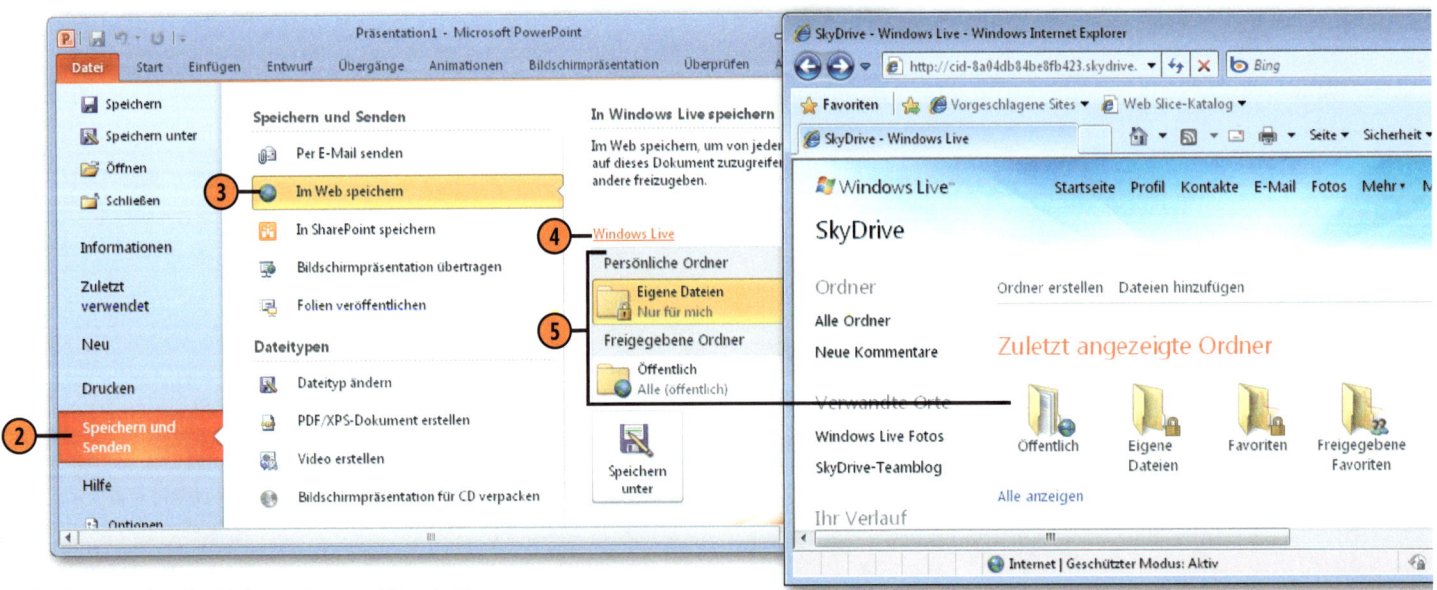

Im Web gespeicherte Präsentation bearbeiten

① Klicken Sie im gewählten Ordner auf die dort abgelegte Präsentation.

② Klicken Sie auf das daraufhin angezeigte Symbol, um die Präsentation in einem Webbrowserfenster zu öffnen.

③ Über *Im Browser bearbeiten* können Sie die Präsentation direkt im Web bearbeiten – allerdings steht hierfür nur ein begrenzter Funktionsumfang der Registerkarten *Start*, *Einfügen* und *Ansicht* zur Verfügung. Speichern Sie die geänderte Präsentation dann über die entsprechende Option auf der Registerkarte *Datei*.

④ Über *In PowerPoint öffnen* laden Sie die Präsentation zur Bearbeitung auf Ihren Computer herunter, sodass Ihnen der volle Funktionsumfang des Programms zur Verfügung steht. Speichern Sie anschließend die geänderte Präsentation über die entsprechende Option auf der Registerkarte *Datei* auf den Server zurück.

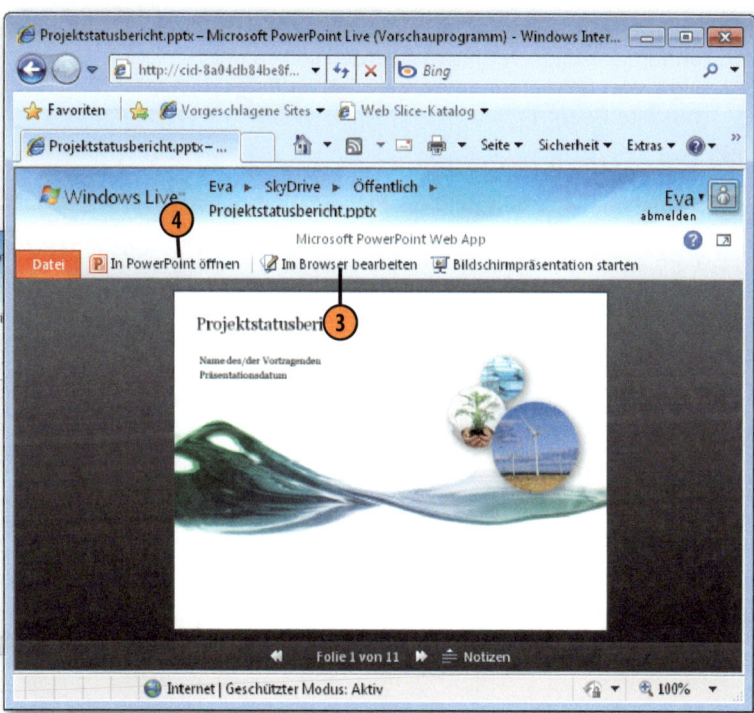

Präsentationen zusammenführen und vergleichen

Wenn mehrere Personen an einer Präsentation in unterschiedlichen Dateien gearbeitet haben, können Sie mit den Funktionen zum Zusammenführen und Vergleichen entscheiden, welche der Änderungen in die endgültige Präsentation aufgenommen werden sollen. Dadurch ersparen Sie sich den enormen Aufwand, den Sie durch das Synchronisieren »von Hand« der Bearbeitungen aus mehreren Versionen ein und derselben Präsentation hätten.

Präsentationen zusammenführen

① Zeigen Sie die Präsentation, die mit einer anderen Version verglichen werden soll, in der Normalansicht an und wechseln Sie zur Registerkarte *Überprüfen*.

② Klicken Sie auf *Vergleichen*.

③ Wählen Sie im Dialogfeld die Präsentation aus, mit der Sie die aktuelle Präsentation vergleichen wollen.

④ Klicken Sie auf *Zusammenführen*.

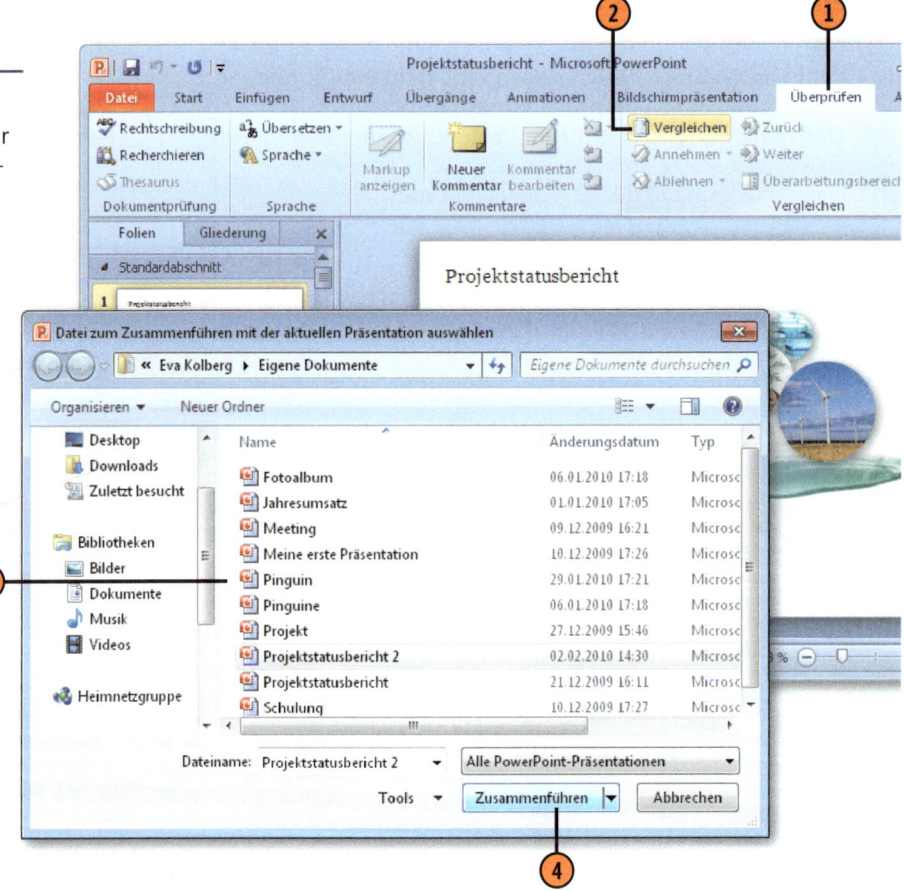

Präsentationen vergleichen

① Nachdem Sie die beiden Präsentationen zusammengeführt haben, wird der Bereich *Überarbeitungen* angezeigt.

② Auf der Registerkarte *Details* gibt es zwei Bereiche, in denen zum einen die Änderungen an der aktuell angezeigten Folie aufgelistet werden (*Folienänderungen*) und zum anderen die Änderungen an der Präsentationsstruktur – Hinzufügen bzw. Löschen von Folien (*Präsentationsänderungen*).

③ Auf der Registerkarte *Folien* werden die betreffenden Änderungen auf den Folien im Detail angezeigt; hierüber können Sie sich auch eine Vorschau der Änderungen in Ihrer Präsentation anzeigen lassen.

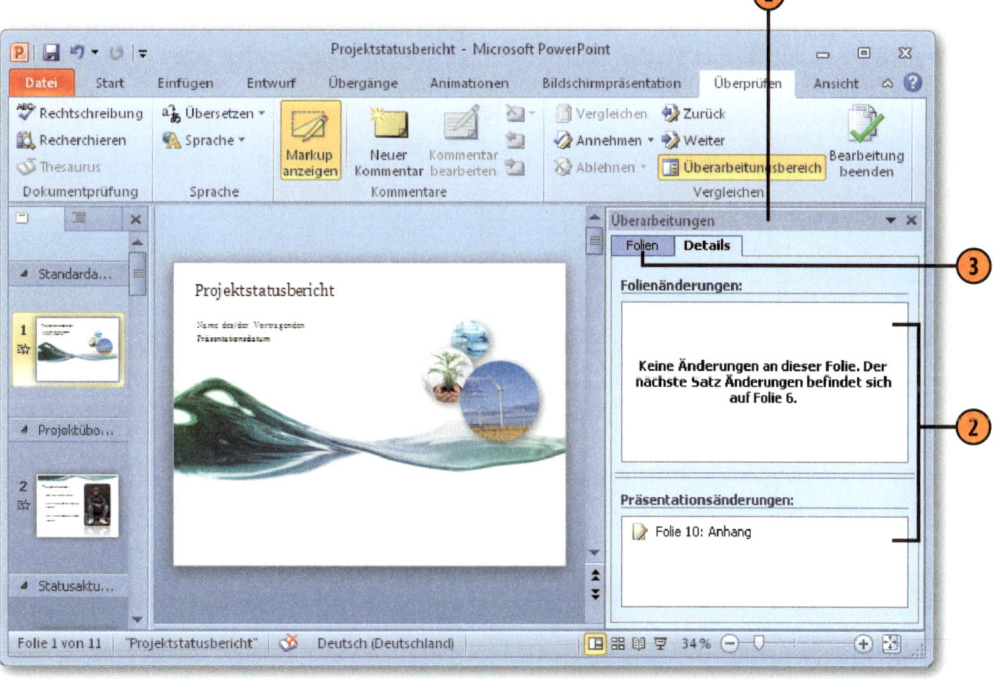

Änderungen annehmen

① Klicken Sie auf der Registerkarte *Überprüfen* in der Gruppe *Vergleichen* auf *Weiter*, um zu der Folie zu wechseln, an der Änderungen durchgeführt worden sind.

② Sogenannte Markups kennzeichnen Änderungen auf der Folie. Falls die Änderungsinformationen (Art der Änderung sowie der Name des Bearbeiters) nicht angezeigt werden sollten, klicken Sie auf das Markup, um die Infos einzublenden.

③ Klicken Sie in das Kontrollkästchen, um zwischen der aktuellen und der bearbeiteten Version umzuschalten.

④ Öffnen Sie das Dropdownmenü zur Schaltfläche *Annehmen* und wählen Sie, ob Sie nur die aktuell angezeigte Änderung, sämtliche Änderungen an der aktuellen Folie oder sämtliche Änderungen an der gesamten Präsentation übernehmen wollen.

⑤ Klicken Sie auf *Weiter*, um zur nächsten Folie mit Änderungsvorschlägen zu springen.

⑥ Hierüber beenden Sie die Bearbeitung – alle nicht zur Übernahme gekennzeichneten Änderungen werden dadurch abgelehnt.

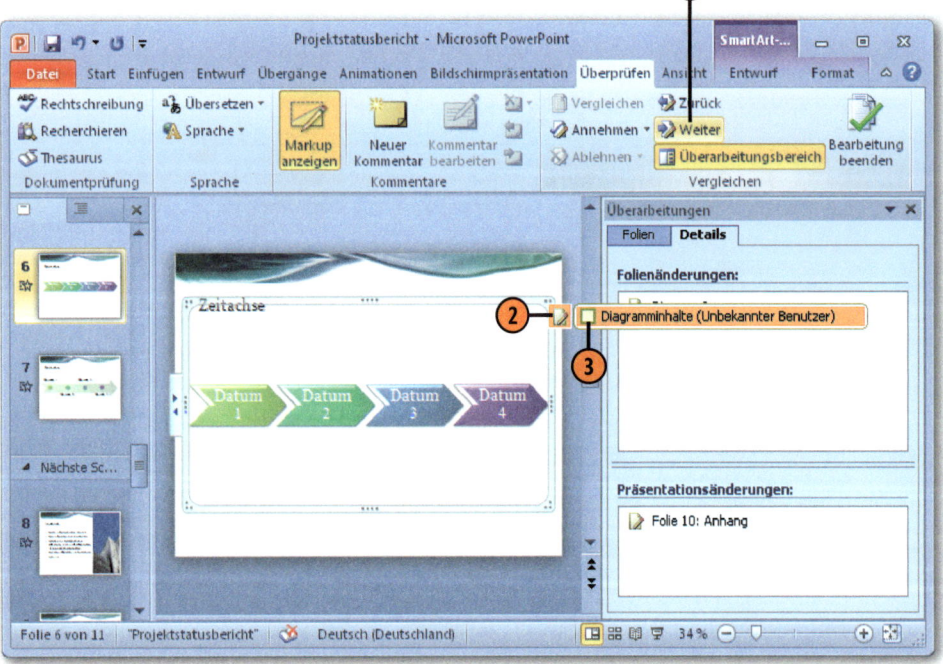

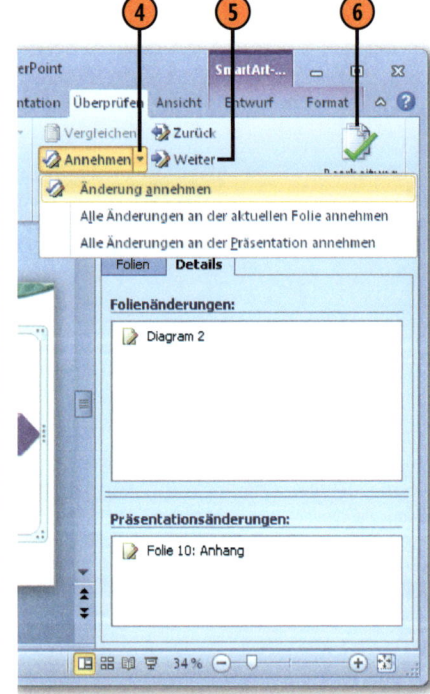

Änderungen ablehnen

① Gehen Sie wie auf der vorhergehenden Seite unter »Änderungen annehmen« beschrieben vor, öffnen Sie jedoch das Dropdownmenü zur Schaltfläche *Ablehnen* und wählen Sie, ob Sie nur die aktuell angezeigte Änderung, sämtliche Änderungen an der aktuellen Folie oder sämtliche Änderungen ablehnen wollen.

② Falls Sie bereits Änderungen bei einer Folie zur Übernahme gekennzeichnet haben und dies wieder rückgängig machen möchten, klicken Sie auf der Registerkarte *Überprüfen* in der Gruppe *Vergleichen* auf *Zurück* oder auf *Weiter*, um zu der betreffenden Folie zu springen.

③ Klicken Sie in das Kontrollkästchen, um die Änderungsübernahme zu deaktivieren und den ursprünglichen Zustand der Folie wiederherzustellen.

④ Hierüber beenden Sie die Bearbeitung – alle nicht zur Übernahme gekennzeichneten Änderungen werden dadurch abgelehnt.

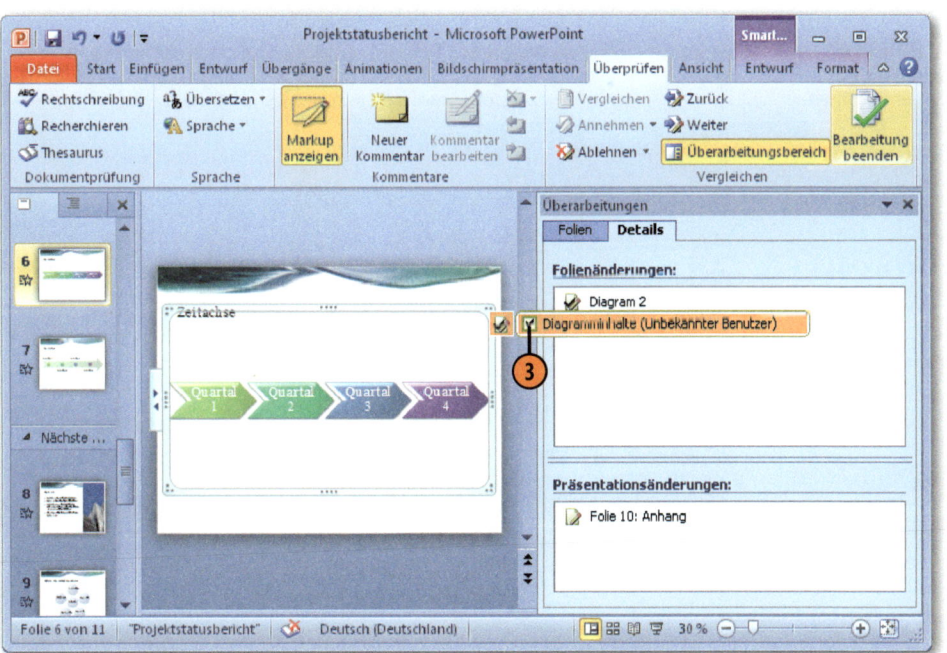

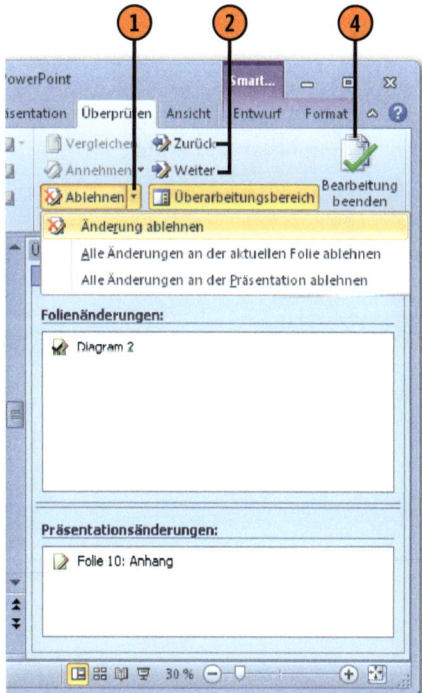

Präsentation kommentieren

Jeder Folie Ihrer Präsentation können Sie in separaten Feldern Kommentare hinzufügen. Diese Kommentare können z.B. Hinweise zum aktuellen Stand der Bearbeitung oder die noch zu erledigenden Aufgaben enthalten. Außerdem kann es sinnvoll sein, wenn Sie Änderungen bei einem Vergleich von zwei (oder mehr) Versionen einer Präsentation angenommen oder abgelehnt haben, Ihre Entscheidungen kurz zu kommentieren.

Kommentar hinzufügen

① Zeigen Sie die Folie, der Sie einen Kommentar hinzufügen wollen, in der Normalansicht an und wechseln Sie zur Registerkarte *Überprüfen*.

② Klicken Sie in der Gruppe *Kommentare* auf *Neuer Kommentar*.

③ Der Folie wird ein sogenanntes Markup hinzugefügt, das kennzeichnet, dass auf dieser Folie ein Kommentar vorhanden ist.

④ Der Name desjenigen, der den Kommentar verfasst hat, und das Eingabedatum werden automatisch im Kommentarfeld eingefügt. Klicken Sie innerhalb des Kommentarfeldes und geben Sie Ihren Kommentar zu dieser Folie ein.

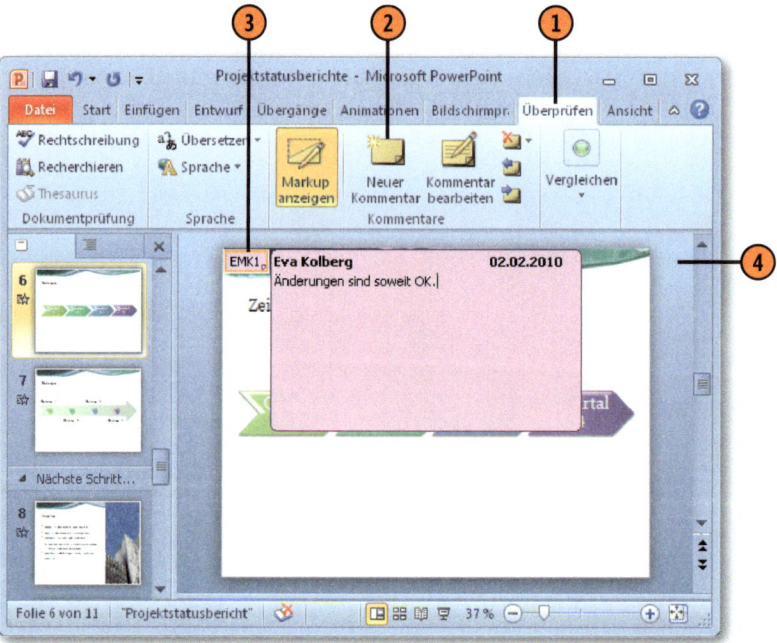

Kommentar bearbeiten und löschen

① Zeigen Sie die Folie, auf der Sie einen Kommentar bearbeiten wollen, in der Normalansicht an, und wechseln Sie zur Registerkarte *Überprüfen*.

② Führen Sie den Mauszeiger auf das betreffende Markup, um den Kommentar lesen zu können.

③ Klicken Sie hier, um das Kommentarfeld zum Bearbeiten zu aktivieren. Sie können dann den Kommentartext beispielsweise ergänzen.

④ Klicken Sie auf eine dieser Schaltflächen, um zwischen den Kommentaren zu navigieren.

⑤ Beim Löschen können Sie zwischen verschiedenen Optionen wählen:

● Klicken Sie auf *Löschen*, um den aktuellen Kommentar zu entfernen.

● Mit *Alle Markups in der aktuellen Folie löschen* entfernen Sie sämtliche Kommentare auf der aktuellen Folie.

● Mit *Alle Markups in dieser Präsentation löschen* entfernen Sie alle Kommentare aus der aktuellen Präsentation.

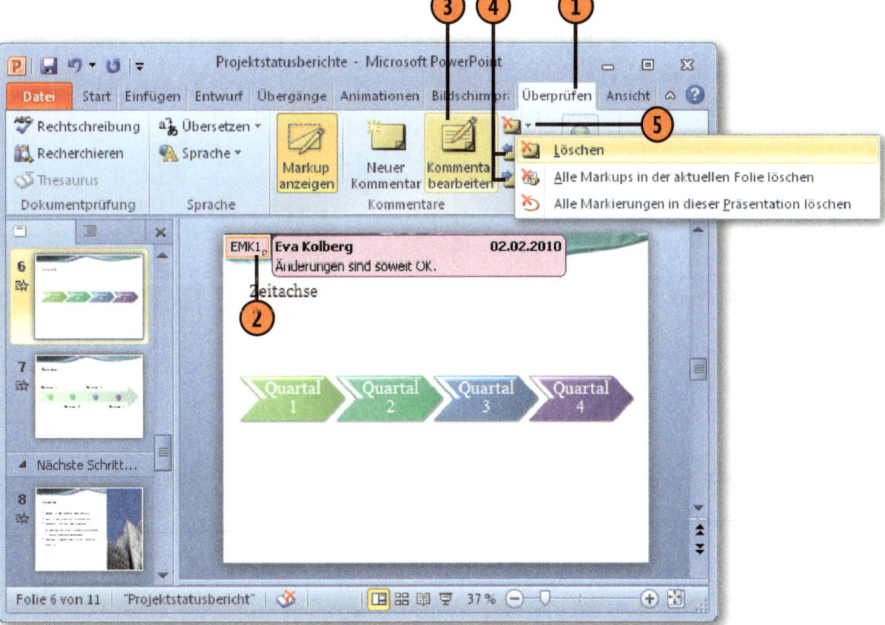

Recherchieren

Falls Ihnen bei der Überarbeitung aufgefallen ist, dass beispielsweise das ein oder andere Wort nicht genau das trifft, was Sie eigentlich sagen wollten, oder ein bestimmtes Wort zu häufig im Text vorkommt, haben Sie über die Funktion *Recherchieren* Zugriff auf Referenzmaterial, beispielsweise Wörterbücher und Lexika, über die Sie nach verwandten Begriffen suchen können.

Verwandte Begriffe suchen

① Zeigen Sie die Präsentation an, die Sie bearbeiten wollen, und markieren Sie auf der Folie den Begriff, den Sie durch einen anderen Begriff ersetzen möchten.

② Wechseln Sie zur Registerkarte *Überprüfen*.

③ Klicken Sie auf *Recherchieren*.

④ Der auf der Folie markierte Begriff ist bereits im *Feld Suchen nach* eingetragen.

⑤ Klicken Sie auf die Schaltfläche *Suche starten*, um nach verwandten Begriffen zu suchen.

⑥ In dieser Liste werden die Suchergebnisse angezeigt.

⑦ Setzen Sie den Mauszeiger auf einen Begriff, der Ihnen passend erscheint, öffnen Sie das zugehörige Dropdownmenü durch Klicken auf den eingeblendeten Pfeil und wählen Sie dann *Einfügen*, um den auf der Folie markierten Begriff entsprechend zu ersetzen.

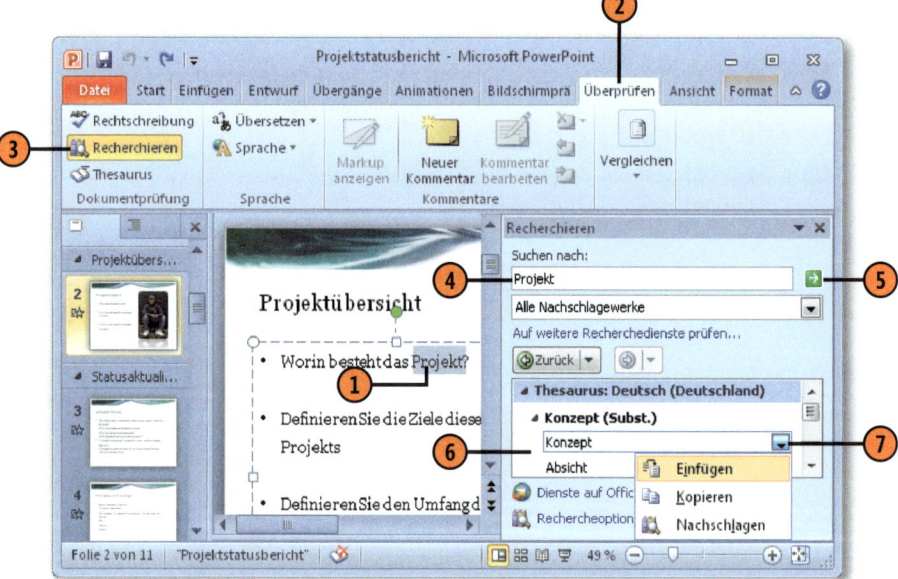

12 Präsentation vorbereiten und vorführen

Bevor Sie Ihre Präsentation durchführen, sollten Sie sie in mehreren Arbeitsschritten testen, um so einen reibungslosen Ablauf zu gewährleisten. Dazu bieten sich verschiedenste Möglichkeiten, die richtigen Einstellungen zu treffen.

In vielen Situationen ergibt es sich, dass Sie thematisch ähnliche Präsentationen vor verschiedenen Interessenten vortragen wollen. Hier empfiehlt es sich, eine Basispräsentation mit mehreren Folien zu erstellen, die unterschiedliche Schwerpunkte beinhaltet. Einzelne Folien der gesamten Präsentation können Sie dann als sogenannte zielgruppenorientierte Präsentation für einen bestimmten Teilnehmerkreis definieren.

Nachdem Sie sämtliche Vorbereitungen getroffen haben, geht es darum, Ihre Präsentation für den Transport fit zu machen. Und last but not least erfolgt die Vorführung. Wie Sie dabei vorgehen, ist ebenso Inhalt dieses Kapitels.

Zielgruppenorientierte Präsentationen

In manchen Fällen ist es durchaus sinnvoll, besonders bei ähnlicher Thematik, eine Basispräsentation mit mehreren Folien zu erstellen, die unterschiedliche Schwerpunkte beinhaltet. Einzelne Folien dieser Präsentation können Sie dann als sogenannte zielgruppenorientierte Präsentation für einen bestimmten Teilnehmerkreis definieren. Das hat den Vorteil, dass Sie mit einer einheitlich gestalteten Präsentation verschiedene Gruppen ansprechen können und nicht mehrere Präsentationen fast gleichen Inhalts erstellen müssen.

Zielgruppenorientierte Präsentation erstellen

(1) Öffnen Sie Ihre Präsentation und wechseln Sie zur Registerkarte *Bildschirmpräsentation*.

(2) Klicken Sie in der Gruppe *Bildschirmpräsentation starten* auf *Benutzerdefinierte Präsentation*.

(3) Wählen Sie *Zielgruppenorientierte Präsentationen*.

(4) Klicken Sie im Dialogfeld *Zielgruppenorientierte Präsentationen* auf *Neu*.

(5) Markieren Sie im linken Listenfeld die Folien, die in der benutzerdefinierten Präsentation verwendet werden sollen.

(6) Klicken Sie auf *Hinzufügen*, um die Folien der zielgruppenorientierten Präsentation zusammenzustellen.

(7) Benennen Sie die zielgruppenorientierte Präsentation.

(8) Klicken Sie auf *OK* und im Dialogfeld *Zielgruppenorientierte Präsentationen* auf *Schließen*. Speichern Sie anschließend die Präsentation.

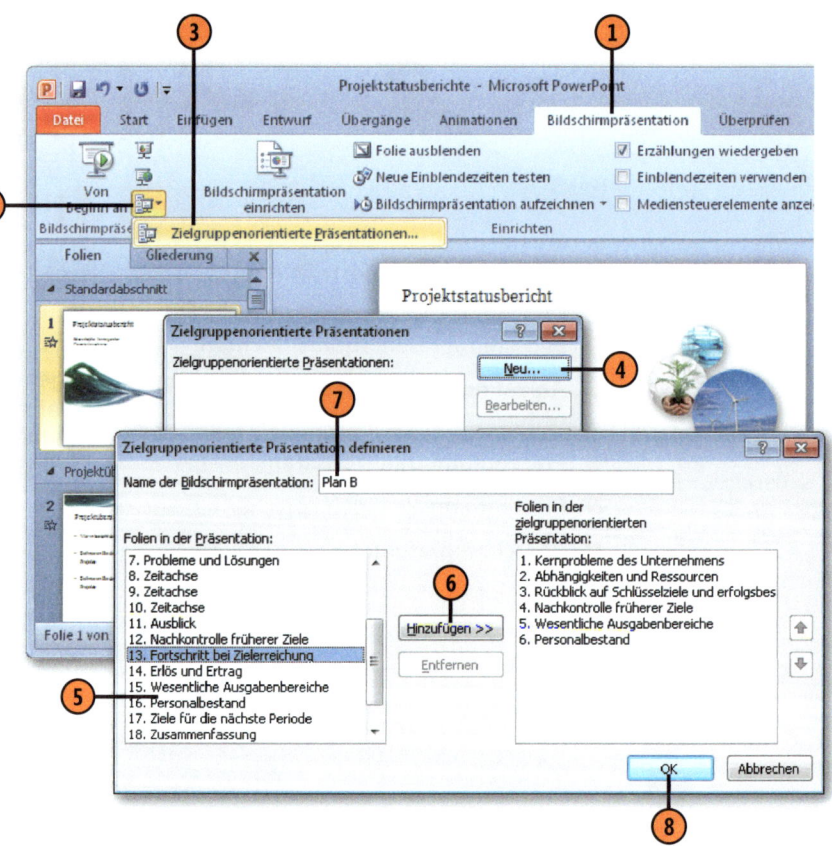

Zielgruppenorientierte Präsentation ändern

(1) Öffnen Sie Ihre Präsentation und wechseln Sie zur Registerkarte *Bildschirmpräsentation*.

(2) Klicken Sie in der Gruppe *Bildschirmpräsentation starten* auf *Benutzerdefinierte Präsentation und* wählen Sie *Zielgruppenorientierte Präsentationen*.

(3) Markieren Sie im Dialogfeld *Zielgruppenorientierte Präsentationen* die zielgruppenorientierte Präsentation, die Sie bearbeiten wollen.

(4) Wenn Sie auf Nummer sicher gehen wollen, klicken Sie auf *Kopieren*, um eine exakte Kopie Ihrer zielgruppenorientierten Präsentation anzufertigen.

(5) Klicken Sie auf *Bearbeiten*.

(6) Markieren Sie im rechten Listenfeld eine Folie und klicken Sie auf *Entfernen*, wenn Sie die betreffende Folie aus der zielgruppenorientierten Präsentation löschen wollen.

(7) Mittels der Pfeiltasten können Sie die markierte Folge in der Abfolge verschieben.

(8) Klicken Sie auf *OK*, um die vorgenommenen Änderungen zu übernehmen.

(9) Klicken Sie im Dialogfeld *Zielgruppenorientierte Präsentationen* auf *Schließen*. Speichern Sie anschließend die Präsentation.

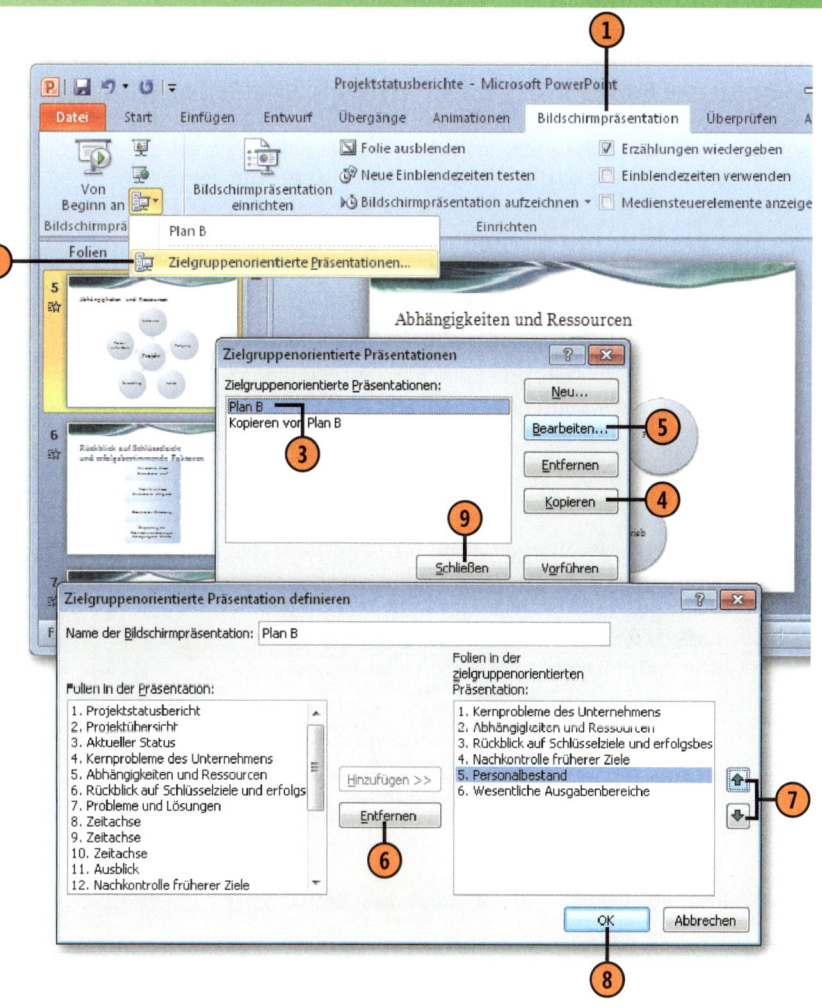

Bildschirmpräsentation einrichten

Bevor Sie eine Bildschirmpräsentation vorführen, können Sie u.a. festlegen, ob sie bildschirmfüllend oder in einem Fenster ablaufen soll. Des Weiteren können Sie festlegen, welche Folien enthalten sein sollen, ob Sound und Animationseffekte verwendet werden sollen und die Farbe des Stifts festlegen, der während der Präsentation zur Verfügung steht. Außerdem können Sie bestimmen, wie die nächste Folie eingeblendet werden soll.

Art der Vorführung einstellen

① Öffnen Sie Ihre Präsentation und wechseln Sie zur Registerkarte *Bildschirmpräsentation*.

② Klicken Sie in der Gruppe *Einrichten* auf *Bildschirmpräsentation einrichten*, um das gleichnamige Dialogfeld zu öffnen.

③ In der Gruppe *Art der Präsentation* aktivieren Sie die gewünschte Option:

- Bei *Präsentation durch einen Redner* erfolgt die Bildschirmpräsentation im Vollbildmodus. Der Vortragende kann Folien manuell oder automatisch einblenden, Besprechungsnotizen oder Aktionselemente hinzufügen sowie Kommentare aufzeichnen.

- *Ansicht durch ein Individuum* bewirkt, dass die Bildschirmpräsentation in einem Standardfenster mit der Leiste zur Steuerung durch den Betrachter ablaufen soll.

- *Ansicht an einem Kiosk* führt eine Bildschirmpräsentation als selbstablaufende Präsentation in voller Bildschirmgröße durch, die immer wieder erneut gestartet wird.

④ Speichern Sie die Einstellungen durch einen Klick auf *OK*.

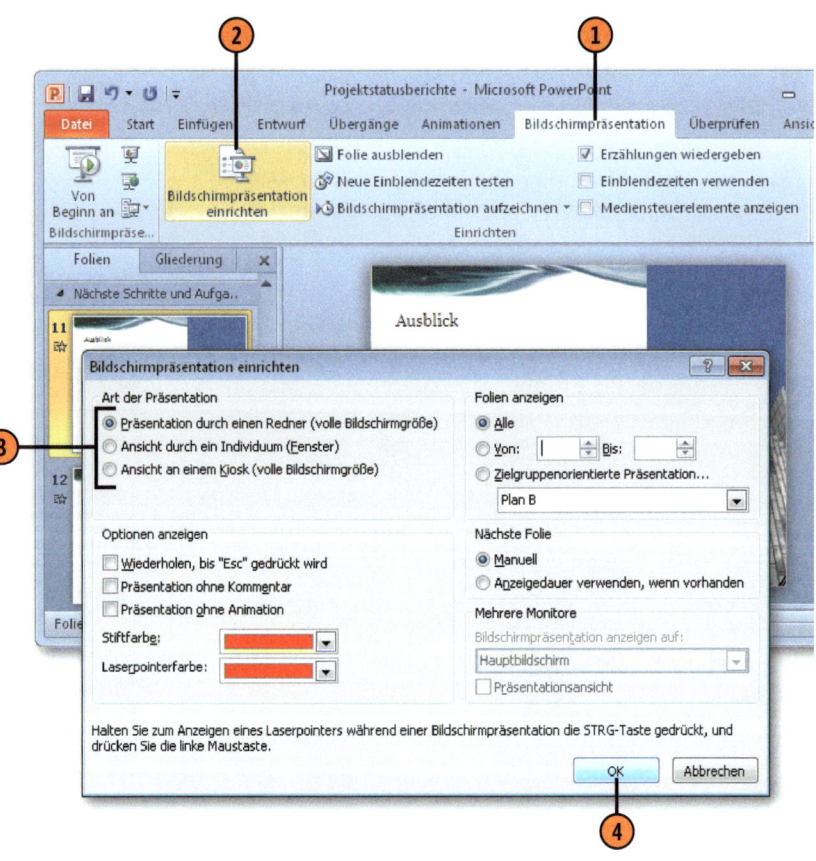

Optionen während der Vorführung

① Öffnen Sie Ihre Präsentation und wechseln Sie zur Registerkarte *Bildschirmpräsentation*.

② Klicken Sie in der Gruppe *Einrichten* auf *Bildschirmpräsentation einrichten*, um das gleichnamige Dialogfeld zu öffnen.

③ In der Gruppe *Optionen anzeigen* aktivieren Sie die betreffenden Kontrollkästchen:

- *Wiederholen, bis "Esc" gedrückt wird* lässt die Präsentation in einer Endlosschleife ablaufen, bis sie durch Drücken der Esc-Taste beendet wird.

- *Präsentation ohne Kommentar* bewirkt, dass die Präsentation ohne Vertonung abläuft, auch wenn Sie den Vortrag aufgezeichnet haben.

- *Präsentation ohne Animation* zeigt die einzelnen Folien ohne Animationseffekte an. Diese Option empfiehlt sich, wenn z.B. die Grafikkarte nicht besonders leistungsstark ist.

④ Legen Sie über die Dropdownliste *Stiftfarbe* eine Farbe für den Stift fest, mit dem Sie während einer Bildschirmpräsentation auf den Folien zeichnen können.

⑤ Legen Sie über die Dropdownliste *Laserpointerfarbe* eine Farbe für den Stift fest, mit dem Sie während einer Bildschirmpräsentation auf Folien zeigen können.

⑥ Speichern Sie die Einstellungen durch einen Klick auf *OK*.

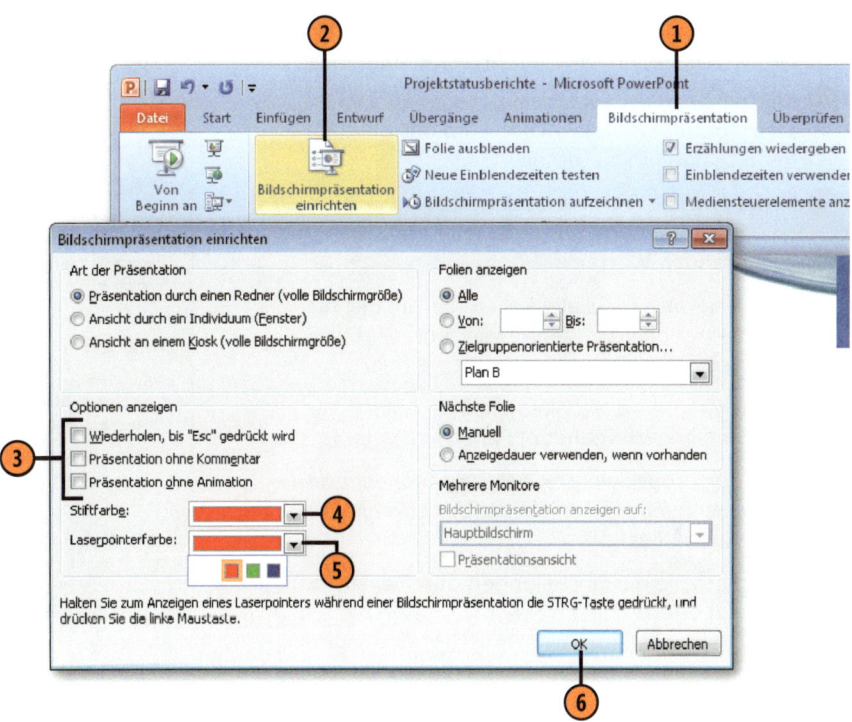

Gewusst wie

Um während einer Bildschirmpräsentation mit dem Laserpointer zu arbeiten, klicken Sie mit gedrückter Strg-Taste. Daraufhin verwandelt sich der Mauszeiger in einen Laserpointer, mit dem Sie auf die hervorzuhebende Stelle zeigen können.

Folien zur Anzeige auswählen

① Öffnen Sie Ihre Präsentation und wechseln Sie zur Registerkarte *Bildschirmpräsentation*.

② Klicken Sie in der Gruppe *Einrichten* auf *Bildschirmpräsentation einrichten*, um das gleichnamige Dialogfeld zu öffnen.

③ In der Gruppe *Folien anzeigen* wählen Sie die gewünschte Option aus und stellen ggf. die betreffenden Werte ein:

- *Alle* bewirkt, dass alle Folien (bis auf die, die Sie ausgeblendet haben) während der Bildschirmpräsentation angezeigt werden.

- Mit *Von* und *Bis* können Sie eine Auswahl an (aufeinanderfolgenden) Folien festlegen.

- In der Dropdownliste *Zielgruppenorientierte Präsentation* wählen Sie die betreffende Präsentation aus.

④ Speichern Sie die Einstellungen durch einen Klick auf *OK*.

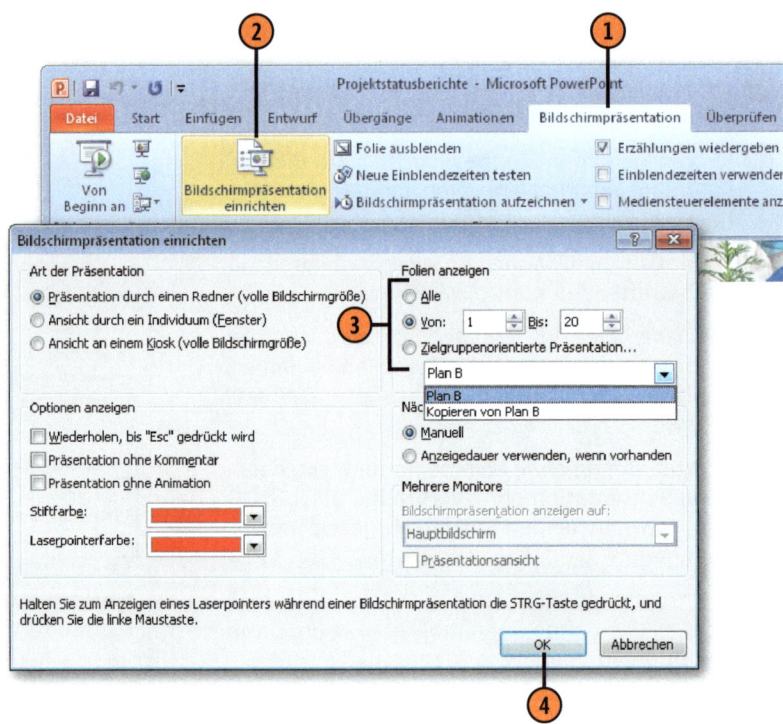

Wechsel von Folie zu Folie festlegen

① Öffnen Sie Ihre Präsentation und wechseln Sie zur Registerkarte *Bildschirmpräsentation*.

② Klicken Sie in der Gruppe *Einrichten* auf *Bildschirmpräsentation einrichten*, um das gleichnamige Dialogfeld zu öffnen.

③ In der Gruppe *Nächste Folie* wählen Sie die gewünschte Option:

- *Manuell* bewirkt, dass durch Klicken mit der Maus oder durch Drücken der Richtungstasten, der Leertaste -, der Bild auf- oder der Bild ab-Taste eine Folie nach der anderen eingeblendet wird.

- *Anzeigedauer verwenden, wenn vorhanden* führt den Folienwechsel auf der Grundlage der von Ihnen festgelegten Einblendezeiten durch.

④ Speichern Sie die Einstellungen durch einen Klick auf *OK*.

Tipp ✔

Wenn auf dem Präsentationscomputer mehrere Bildschirme oder Projektionssysteme eingerichtet sind, legen Sie im Dialogfeld *Bildschirmpräsentation einrichten* die betreffenden Optionen fest. Auf der Registerkarte *Bildschirmpräsentation* können Sie in der Gruppe *Bildschirme* auswählen, welche Auflösung Sie während einer Vollbild-Bildschirmpräsentation verwenden wollen und auf welchem Bildschirm die Präsentation ablaufen soll. Des Weiteren können Sie Einstellungen für die Referentenansicht festlegen, bei der die Vortragsnotizen und die Anzeigedauer auf einem anderen Monitor eingeblendet werden.

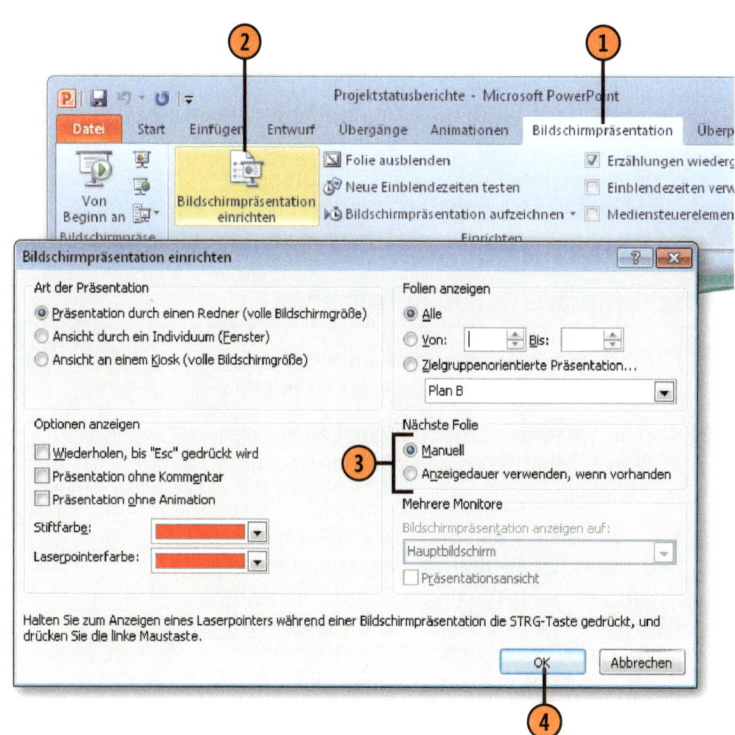

Ablauf der Bildschirmpräsentation testen

Sie können Audiokommentare, Laserpointerbewegungen oder Folien- und Animationsanzeigedauer für die Wiedergabe während der Präsentation aufnehmen und so im Vorfeld schon testen, wie Ihr Vortrag im Einzelnen ablaufen könnte. Um einen Vortrag aufzeichnen zu können, muss der Computer über eine Soundkarte und ein Mikrofon verfügen. Der Vortrag kann vor oder während der Bildschirmpräsentation aufgezeichnet werden. Soll nicht die gesamte Präsentation von einem Vortrag begleitet werden, lassen sich einzelne Sequenzen für ausgewählte Folien aufzeichnen. Des Weiteren können Sie, bevor Sie eine Bildschirmpräsentation vorführen, für jede Folie in einem Probelauf testen, wie lange sie während des Vortrags eingeblendet werden soll, und diese Zeitangaben speichern.

Bildschirmpräsentation aufzeichnen

① Öffnen Sie Ihre Präsentation und wechseln Sie zur Registerkarte *Bildschirmpräsentation*.

② Klicken Sie in der Gruppe *Einrichten* auf den Pfeil der Schaltfläche *Bildschirmpräsentation aufzeichnen*.

③ Klicken Sie auf *Aufzeichnung am Anfang beginnen*, um die Bildschirmpräsentation von Anfang an aufzuzeichnen. *Aufzeichnung ab aktueller Folie beginnen* ist z.B. dann sinnvoll, wenn nur zu bestimmten Folien Aufzeichnungen gemacht werden sollen.

④ Legen Sie durch Aktivieren des bzw. der betreffenden Kontrollkästchen fest, was Sie aufzeichnen wollen.

⑤ Starten Sie die Aufzeichnung.

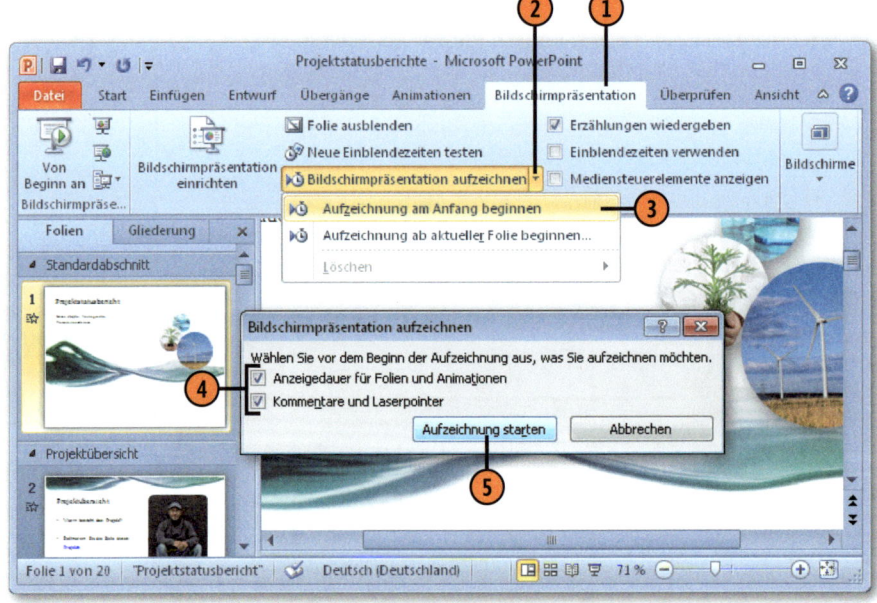

Testlauf durchführen

① Während der Aufzeichnung wechseln Sie hierüber zur nächsten Folie.

② Klicken Sie hier, um die Aufzeichnung anzuhalten.

③ Klicken Sie hier, um das Menü mit den Zeigeroptionen anzuzeigen und die gewünschte Option auszuwählen.

④ Klicken Sie im Kontextmenü auf diesen Befehl, um die Bildschirmpräsentation zu beenden. Bevor die Aufzeichnung beendet wird, werden Sie vom Programm gefragt, ob vorhandene Freihandanmerkungen beibehalten werden sollen.

⑤ Die Freihandanmerkungen sind sowohl in der Foliensortierung als auch in der Normalansicht auf der Folie sichtbar.

⑥ Dieses Symbol zeigt an, dass während des Testlaufs eine Audioaufzeichnung stattfand.

⑦ Die während der Aufzeichnung festgehaltene Einblendezeit wird hier angezeigt.

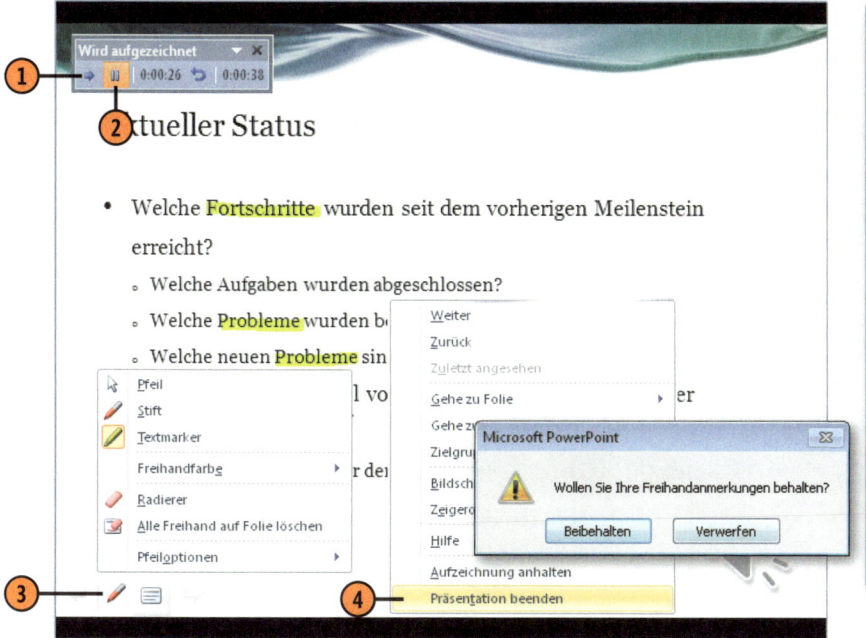

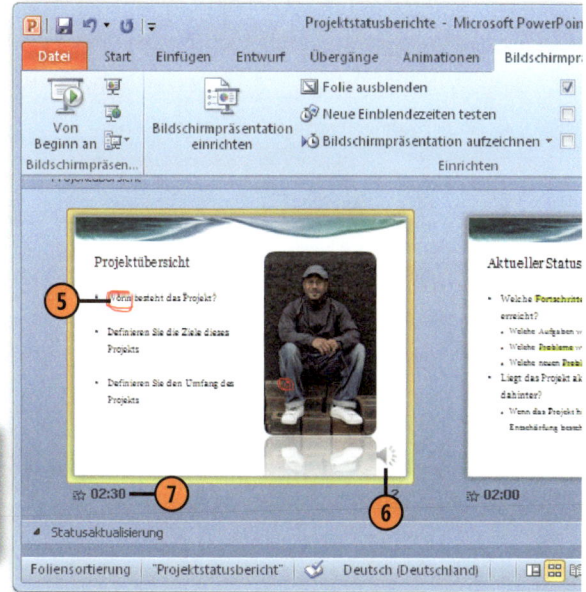

Aufzeichnung löschen

① Öffnen Sie Ihre Präsentation, wechseln Sie zur Registerkarte *Bildschirmpräsentation* und klicken Sie in der Gruppe *Einrichten* auf den Pfeil der Schaltfläche *Bildschirmpräsentation aufzeichnen*.

② Wählen Sie *Löschen* und anschließend das, was Sie löschen wollen.

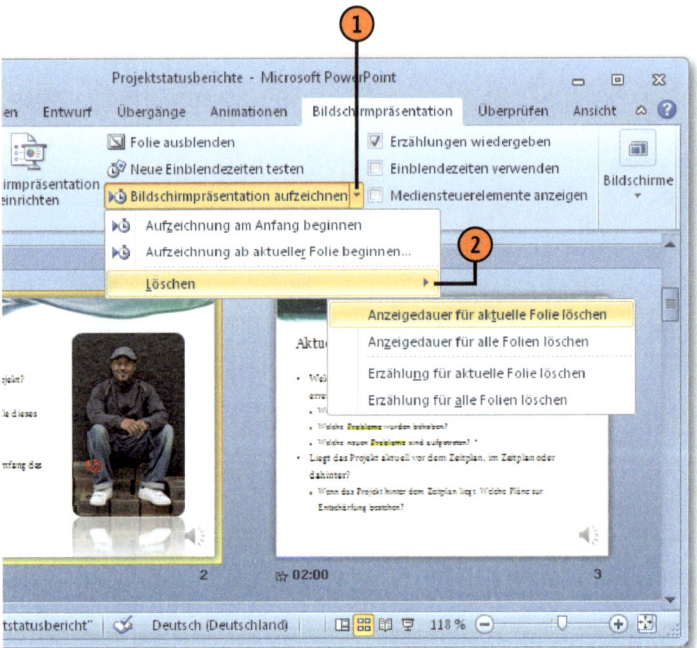

Neue Einblendezeiten testen

① Öffnen Sie Ihre Präsentation, wechseln Sie zur Registerkarte *Bildschirmpräsentation* und klicken Sie in der Gruppe *Einrichten* auf *Neue Einblendezeiten testen*.

② Nach dem Ende der Bildschirmpräsentation werden Sie gefragt, ob die neuen Einblendezeiten gespeichert und verwendet werden sollen. Bestätigen Sie mit *Ja*, wenn Sie mit dem Ergebnis zufrieden sind.

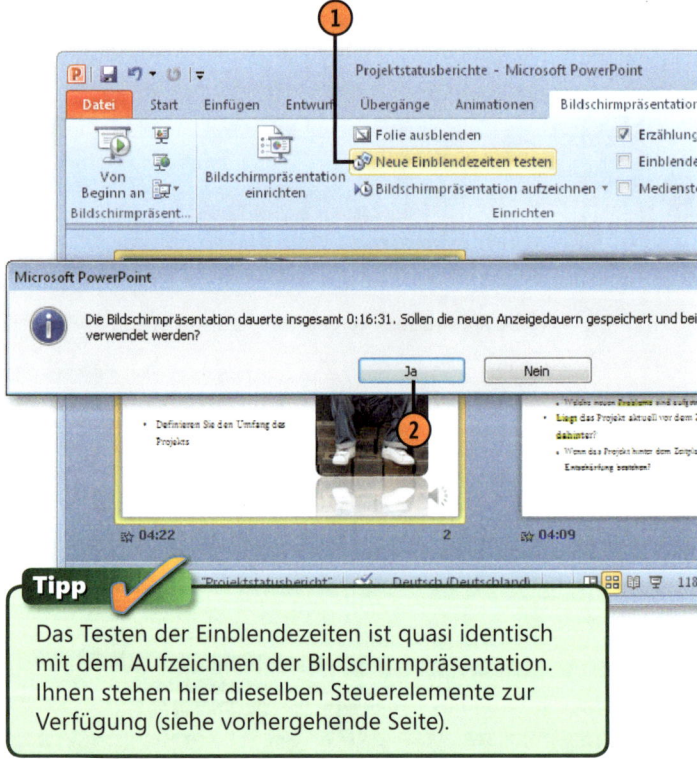

Tipp ✔

Das Testen der Einblendezeiten ist quasi identisch mit dem Aufzeichnen der Bildschirmpräsentation. Ihnen stehen hier dieselben Steuerelemente zur Verfügung (siehe vorhergehende Seite).

Folie(n) ausblenden

① Öffnen Sie Ihre Präsentation und wechseln Sie zur Ansicht Foliensortierung.

② Markieren Sie die Abbildungen der Folien, die Sie während der Bildschirmpräsentation nicht anzeigen lassen wollen.

③ Klicken Sie auf der Registerkarte *Bildschirmpräsentation* in der Gruppe *Einrichten* auf *Folie ausblenden*.

④ Die Folie wird mit dem entsprechenden Symbol gekennzeichnet.

⑤ Um die Folie wieder einzublenden, klicken Sie erneut auf *Folie ausblenden*.

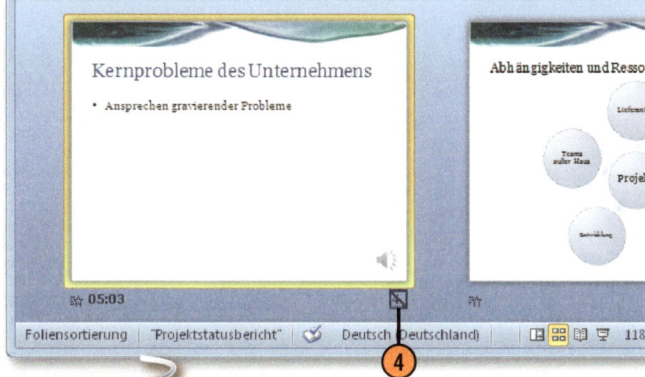

Gewusst wie

Die Folie, die Sie ausgeblendet haben, wird bei normalem Ablauf der Bildschirmpräsentation nicht angezeigt. Über den Befehl *Gehe zu* im Kontextmenü zur Bildschirmpräsentation können Sie aber auch diese Folie anzeigen lassen. Eine ausgeblendete Folie ist im Menü zum Befehl *Gehe zu* daran zu erkennen, dass die Foliennummer in Klammern gesetzt ist.

Mediensteuerelemente während einer Bildschirmpräsentation anzeigen

① Öffnen Sie Ihre Präsentation, wechseln Sie zur Registerkarte *Bildschirmpräsentation*.

② Aktivieren Sie auf der Registerkarte *Bildschirmpräsentation* das Kontrollkästchen *Mediensteuerelemente anzeigen*. Dadurch bewirken Sie, dass während der Bildschirmpräsentation entsprechende Steuerelemente angezeigt werden, wenn der Mauszeiger auf ein Video- oder Audioobjekt gesetzt wird.

③ Klicken Sie während der Bildschirmpräsentation auf das Steuerelement der Wiedergabeleiste, um das Video abzuspielen.

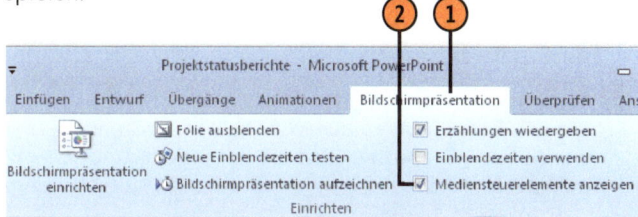

Präsentation transportieren

Da Sie Ihre Präsentation in den meisten Fällen sicherlich nicht für den Hausgebrauch angefertigt haben, müssen Sie sie zum Vorführen auf anderen Geräten auf einem geeigneten Medium abspeichern. In früheren Zeiten war das oft etwas schwierig, da Präsentationen aufgrund ihrer aufwendigen Gestaltung doch relativ speicherplatzintensiv sind. Heutzutage dürfte es aber kein Problem sein, eine gesamte Präsentation auf CD oder auf einen externen Datenträger wie z.B. einen USB-Stick abzuspeichern bzw. zu kopieren; komprimieren Sie hierzu die Mediendateien.

Mediendateien komprimieren

① Zeigen Sie die Präsentation an, die Sie für den Transport vorbereiten wollen, und klicken Sie auf die Registerkarte *Datei*.

② Im Bereich *Informationen* wird die Größe der Mediendateien in der Präsentation angezeigt, dabei handelt es sich z.B. um ein eingebundenes Video und die zugehörigen Audiodateien.

③ Wählen Sie im Dropdownmenü zur Schaltfläche *Medien komprimieren* aus, wie stark komprimiert werden soll. Daraufhin wird die Komprimierung gestartet.

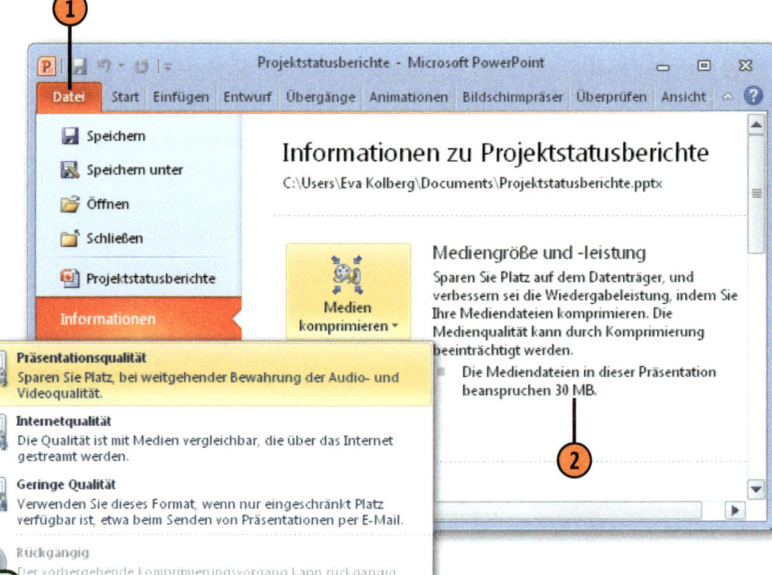

Tipp ✔

Nach Abschluss der Komprimierung wird unter *Mediengröße und -leistung* die neue Größe angezeigt. Führen Sie einen Testlauf der Bildschirmpräsentation durch, um zu prüfen, ob das Ergebnis zufriedenstellend ist. Falls Sie nicht zufrieden sind, können Sie den Komprimierungsvorgang über den Befehl *Rückgängig* im Dropdownmenü zur Schaltfläche *Medien komprimieren* stornieren.

Präsentation auf CD speichern

① Legen Sie eine leere CD in das betreffende Laufwerk Ihres Computers und klicken Sie auf die Registerkarte *Datei*.

② Klicken Sie auf *Speichern und Senden*.

③ Wählen Sie unter *Dateitypen* die Option *Bildschirmpräsentation für CD verpacken*.

④ Klicken Sie auf *Verpacken für CD*.

⑤ Geben Sie hier einen Namen für die CD ein.

⑥ Falls Sie weitere Dateien auf die CD kopieren wollen, klicken Sie hier und wählen die betreffenden Dateien im Dialogfeld *Dateien hinzufügen* aus.

⑦ Klicken Sie auf *Auf CD kopieren*.

⑧ Die Frage, ob Sie verknüpfte Daten mit einbeziehen wollen, beantworten Sie mit *Ja*.

⑨ Der Kopiervorgang wird gestartet.

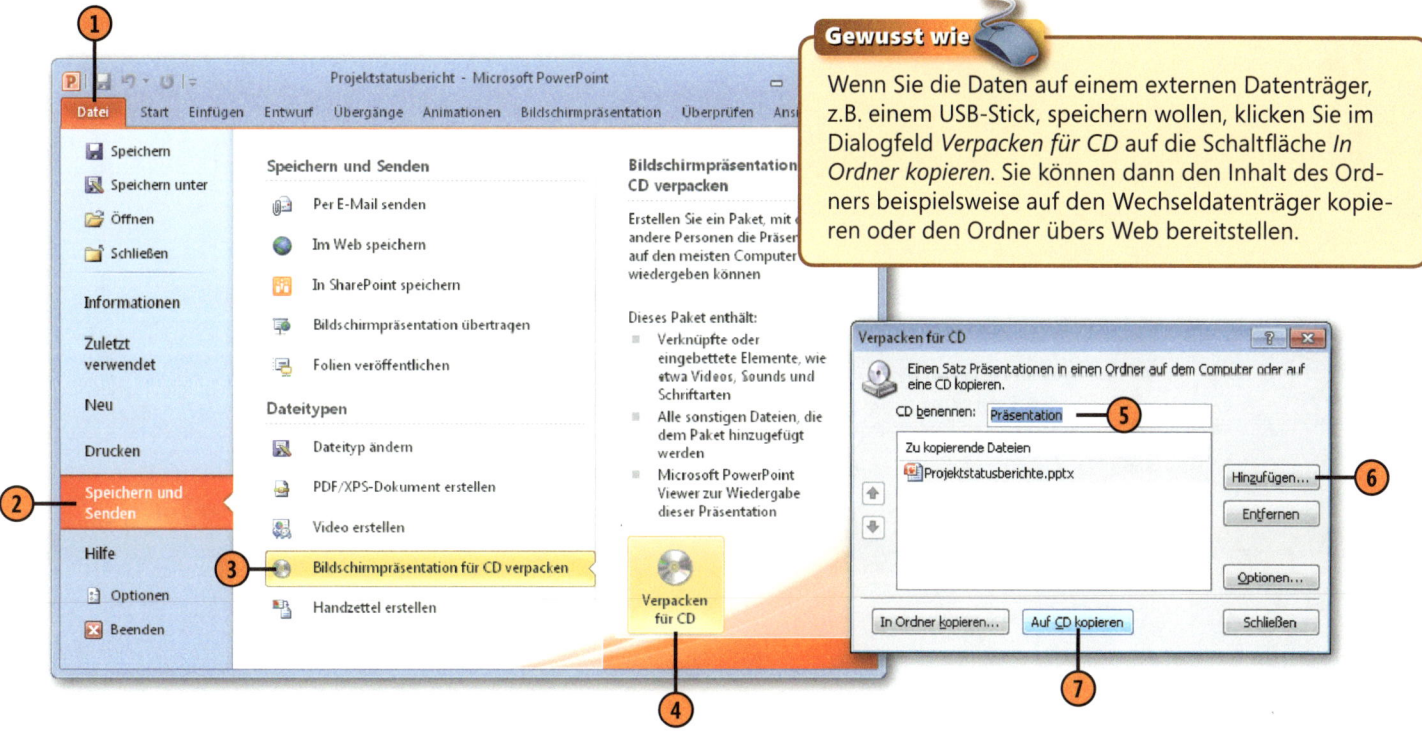

Gewusst wie

Wenn Sie die Daten auf einem externen Datenträger, z.B. einem USB-Stick, speichern wollen, klicken Sie im Dialogfeld *Verpacken für CD* auf die Schaltfläche *In Ordner kopieren*. Sie können dann den Inhalt des Ordners beispielsweise auf den Wechseldatenträger kopieren oder den Ordner übers Web bereitstellen.

Video einer Präsentation erstellen

Sie können nicht nur ein Video in Ihre Präsentation einbinden, sondern die gesamte Präsentation als Video erstellen. Dieses

Video können Sie dann anschließend beispielsweise mithilfe eines Datenträgers oder übers Web anderen zur Verfügung stellen.

Video erstellen

① Klicken Sie auf die Registerkarte *Datei*.

② Klicken Sie auf *Speichern und Senden*.

③ Wählen Sie unter *Dateitypen* die Option *Video erstellen*.

④ Legen Sie hierüber die Anzeigegröße fest.

⑤ Legen Sie hierüber fest, ob aufgezeichnete Anzeigedauern, Kommentare und Laserpointerbewegungen verwendet werden sollen oder nicht.

⑥ Legen Sie ggf. die Standardanzeigedauer der Folien fest.

⑦ Klicken Sie auf *Video erstellen*, um den Vorgang zu starten.

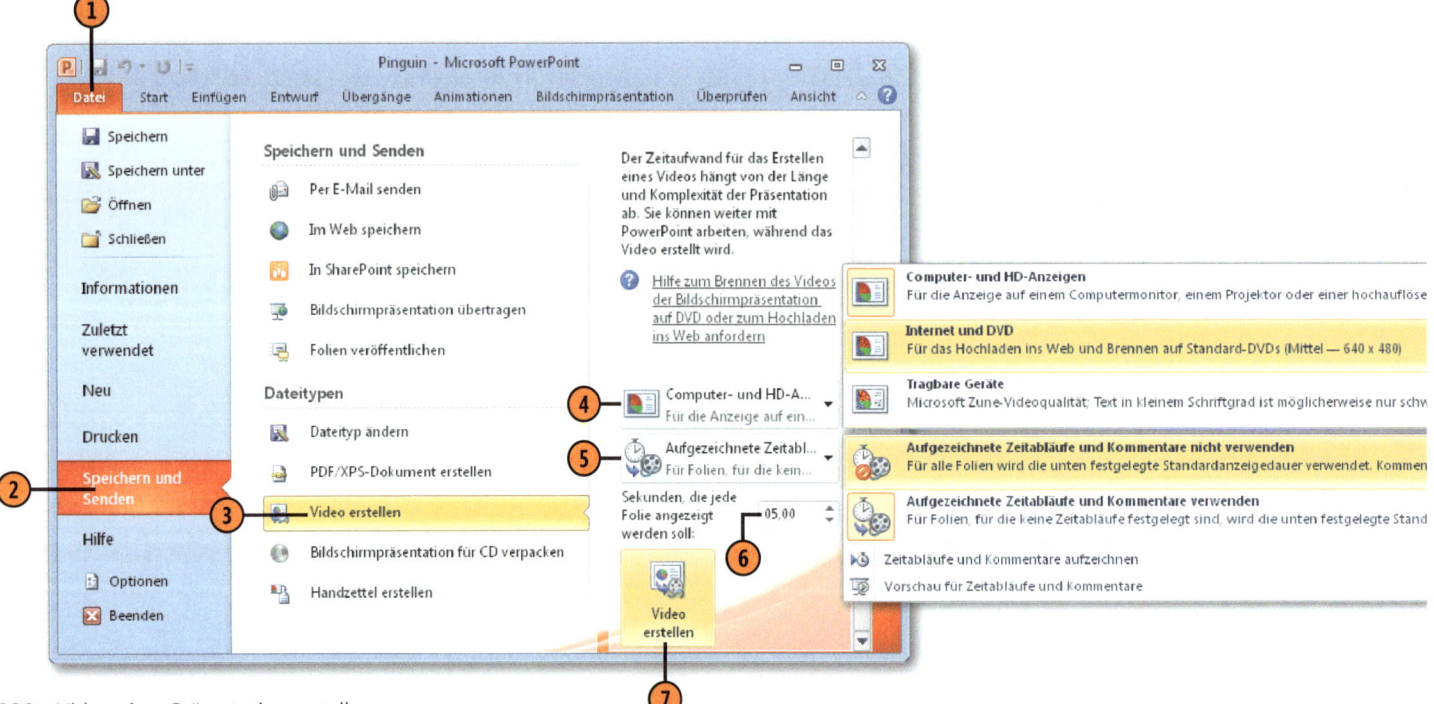

Video anzeigen

(8) Wählen Sie im Dialogfeld *Speichern unter* den gewünschten Speicherort aus, benennen Sie die Videodatei, verwenden Sie als *Dateityp* die Option *Windows Media Video* und klicken Sie dann auf *Speichern*.

(9) Der Fortschritt der Erstellung wird in der Statusleiste des Programmfensters angezeigt.

(1) Öffnen Sie in Windows-Explorer den Ordner, in dem Sie das Video gespeichert haben.

(2) Doppelklicken Sie auf die Videodatei.

(3) Das Video wird in einem separaten Fenster angezeigt.

(4) Unterhalb des Videos befindet sich eine Steuerelementeleiste, über die Sie die Wiedergabe des Videos sowie die Wiedergabelautstärke regeln können

(5) Über das Symbol rechts unten im Videofenster können Sie in den Vollbildmodus schalten.

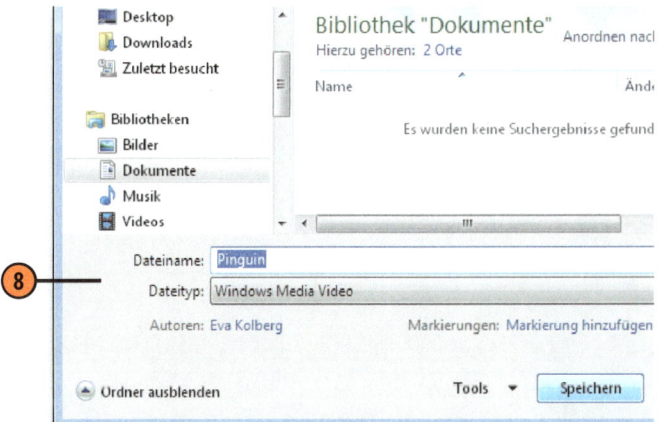

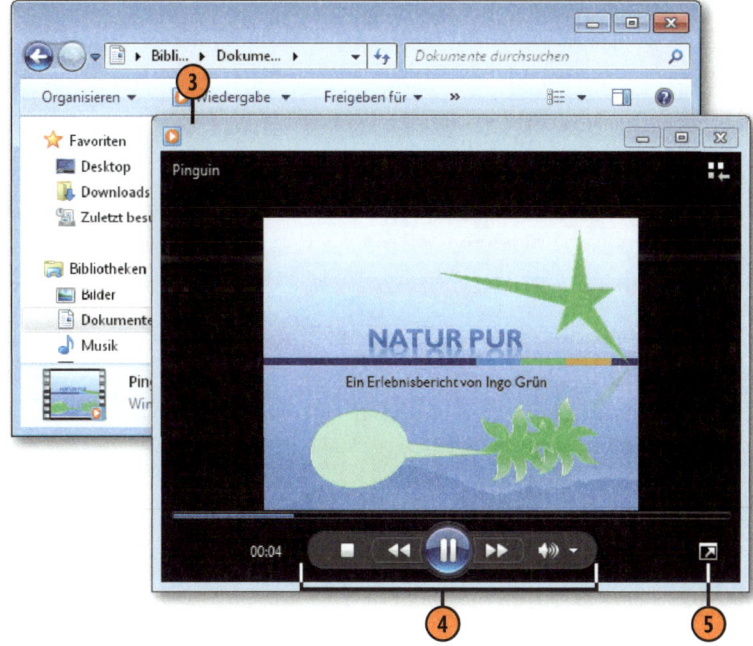

Bildschirmpräsentation durchführen

Nachdem Sie sämtliche Vorbereitungen getroffen und den Ablauf Ihrer Präsentation getestet haben, erfolgt der eigentliche Zweck Ihrer Arbeit: die Vorführung Ihrer Bildschirmpräsentation. Im Folgenden wird davon ausgegangen, dass Sie Ihre Bildschirmpräsentation im Vollbildmodus ausführen. Vergewissern Sie sich, dass alle Geräte, die Sie zur Vorführung benötigen, korrekt angeschlossen sind und einwandfrei funktionieren – dann kann es losgehen.

Bildschirmpräsentation starten

1 Öffnen Sie die Präsentation.

2 Klicken Sie in der Statusleiste auf die Schaltfläche *Bildschirmpräsentation* oder klicken Sie auf der Registerkarte *Bildschirmpräsentation* auf die Schaltfläche *Von Beginn an* oder auf die Schaltfläche *Ab aktueller Folie*.

3 Die Bildschirmpräsentation startet im Vollbildmodus.

4 Klicken Sie hier, um das Menü mit den Zeigeroptionen anzuzeigen und die gewünschte Option auszuwählen (siehe hierzu Seite 226 f.).

5 Über das Menü der Schaltfläche *Bildschirmpräsentation* können Sie den Ablauf der Bildschirmpräsentation steuern (siehe hierzu Seite 224 f.).

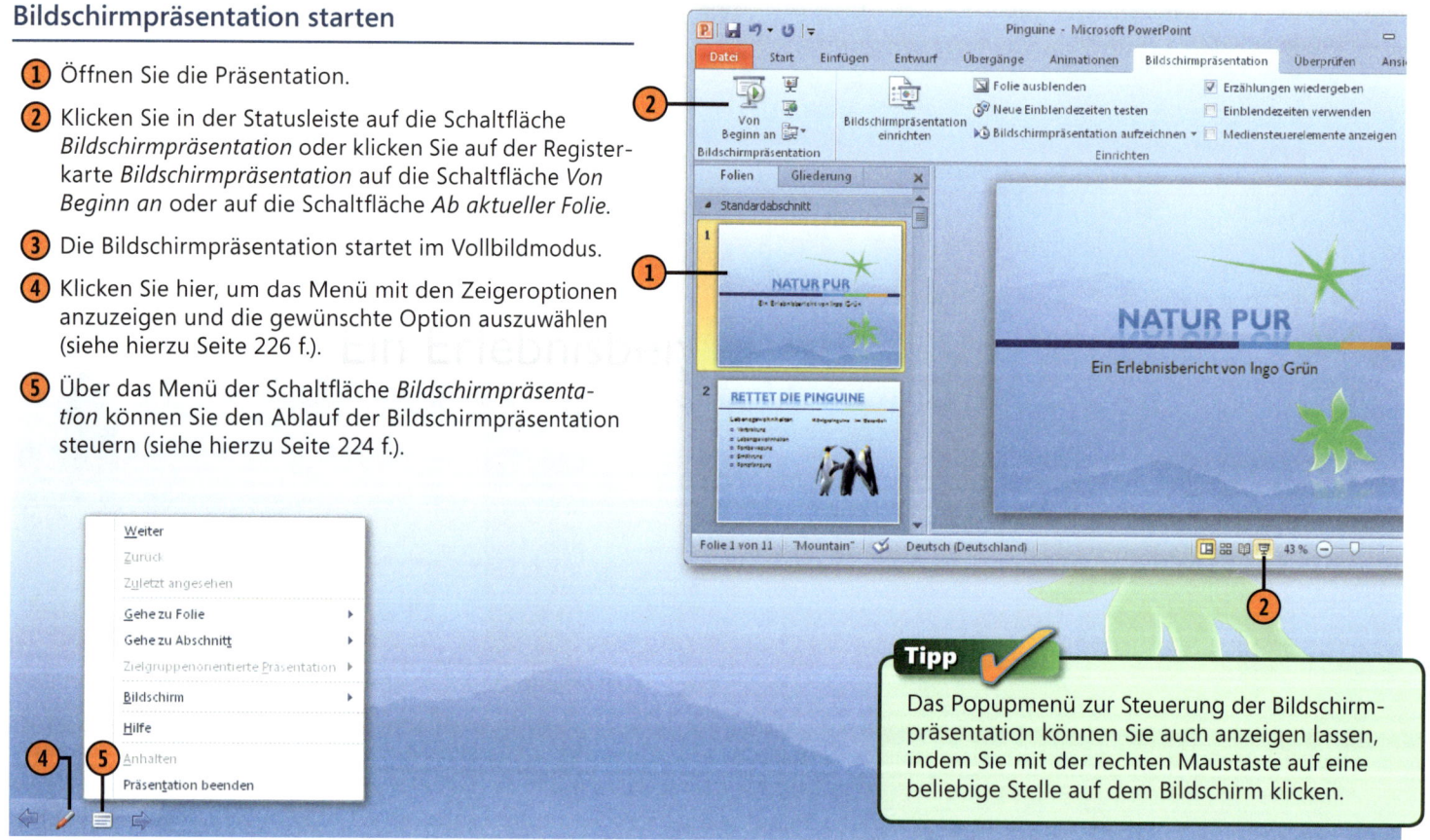

Tipp ✓

Das Popupmenü zur Steuerung der Bildschirmpräsentation können Sie auch anzeigen lassen, indem Sie mit der rechten Maustaste auf eine beliebige Stelle auf dem Bildschirm klicken.

Bildschirmpräsentation beenden

① Wenn Sie am Ende Ihrer Bildschirmpräsentation angelangt sind, drücken Sie die Esc-Taste, um die Bildschirmpräsentation zu beenden.

② Oder klicken Sie auf die Schaltfläche *Bildschirmpräsentation* und wählen Sie im Popupmenü den Befehl *Präsentation beenden*.

③ Oder springen Sie zur letzten Folie der Präsentation und drücken Sie die Pfeil rechts-Taste auf Ihrer Tastatur. Anschließend wird ein schwarzer Bildschirm angezeigt mit der Aufforderung, durch einen Mausklick die Präsentation zu beenden.

Gewusst wie

Um eine Präsentation vorübergehend anzuhalten, ohne dass die Bildschirmpräsentation beendet wird, wählen Sie im Popupmenü *Bildschirm/Weißer Bildschirm* oder *Bildschirm/Bildschirm ausblenden*. Über *Bildschirm/Bildschirm einblenden* gelangen Sie dann zurück zur zuletzt angezeigten Folie und können mit der Präsentation fortfahren.

Gewusst wie

Wenn Sie während einer Bildschirmpräsentation Hilfe zur Steuerung des Ablaufs über die Tastatur benötigen, können Sie über den Befehl *Hilfe* im Popupmenü zur Schaltfläche *Bildschirmpräsentation* ein Dialogfeld aufrufen, in dem sämtliche Tastenkombinationen aufgelistet sind.

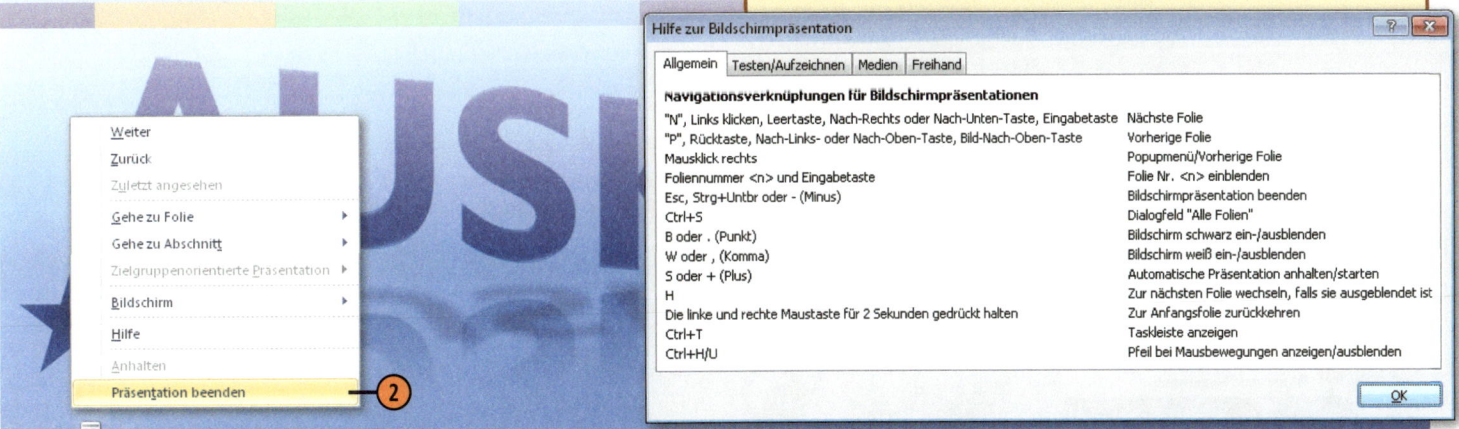

Zwischen Folien navigieren

Im Regelfall wird bei einer Bildschirmpräsentation gemäß Ihrem Vortrag eine Folie nach der anderen eingeblendet, um das, was Sie zu sagen haben, zu veranschaulichen. In manchen Fällen kann es aber vorkommen, dass das Interesse der Teilnehmer speziell auf ein Thema konzentriert ist, sodass Sie Ihren Vortrag in der Folienabfolge etwas abändern müssen. Passend zu dem Thema können Sie dann zu der entsprechenden Folie springen oder zurück zu der vorherigen Folie wechseln.

Die nächste oder vorherige Folie anzeigen

① Klicken Sie hier, um die vorherige Folie anzuzeigen.

② Klicken Sie hier, um zur nächsten Folie zu wechseln.

③ Klicken Sie hier, um das Popupmenü aufzuklappen.

④ Klicken Sie auf *Weiter*, um die nächste Folie anzeigen zu lassen

⑤ *Zurück* führt zur vorherigen Folie.

Zu einer bestimmten Folie springen

① Klicken Sie hier, um das Popupmenü aufzuklappen.

② Klicken Sie auf *Gehe zu Folie* und wählen Sie die Folie aus, die Sie als Nächstes anzeigen wollen.

③ Hierüber kehren Sie zu der Folie zurück, die zuvor angezeigt wurde.

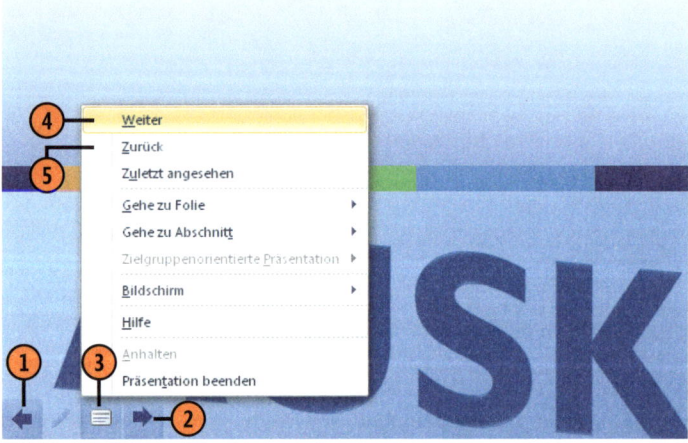

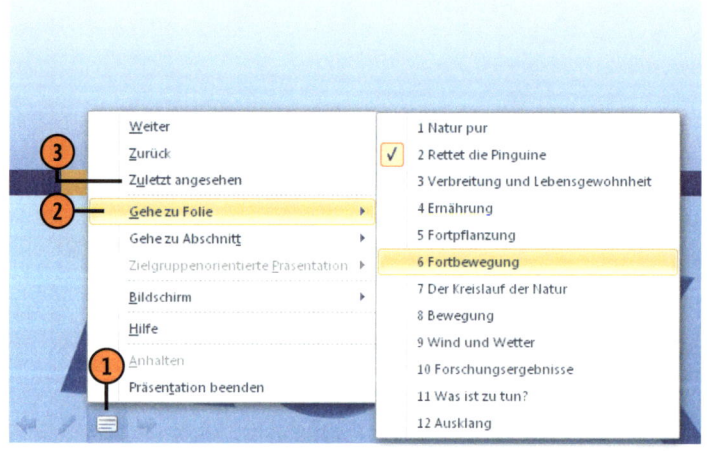

Folien eines bestimmten Abschnitts anzeigen

(1) Klicken Sie hier, um das Popupmenü aufzuklappen.

(2) Klicken Sie auf *Gehe zu Abschnitt* und wählen Sie den Abschnitt mit Folien aus, die Sie anzeigen wollen.

(3) Hierüber kehren Sie zu der Folie zurück, die zuvor angezeigt wurde.

Benutzerdefinierte Präsentation anzeigen lassen

(1) Klicken Sie hier, um das Popupmenü aufzuklappen.

(2) Klicken Sie auf *Zielgruppenorientierte Präsentation* und wählen Sie die Präsentation aus, die Sie anzeigen lassen wollen.

Siehe auch

Durch einen Klick auf einen eingefügten Hyperlink oder über eine interaktive Schaltfläche gelangen Sie wieder zu der Ursprungsfolie zurück, von der aus Sie zur zielgruppenorientierten Präsentation verzweigt sind. Wie Sie diese Elemente hinzufügen, erfahren Sie auf Seite 190 ff.

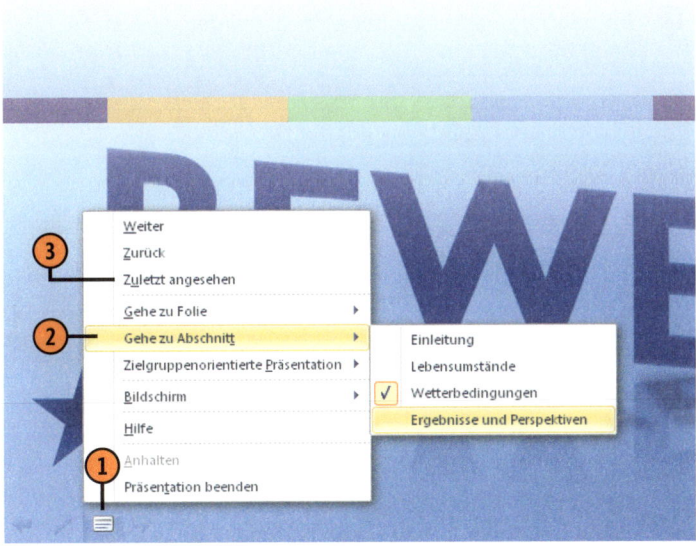

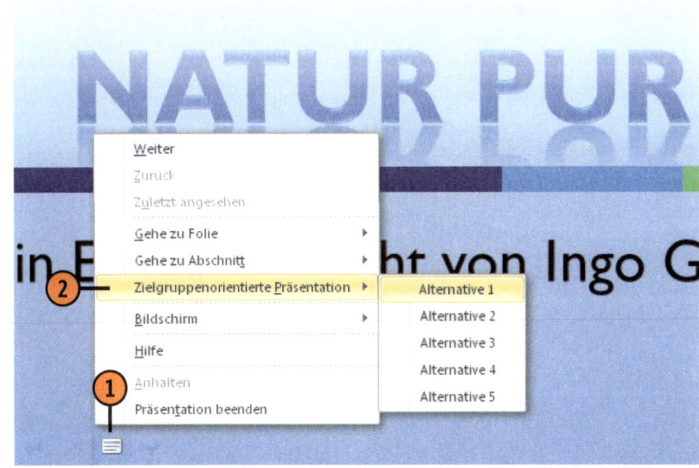

Während der Bildschirmpräsentation auf Folien zeichnen

Während einer Bildschirmpräsentation können Sie Aspekte, die Ihnen besonders wichtig erscheinen oder durch einen der Teilnehmer besonders angemerkt worden sind, durch entsprechende Markierung hervorheben. Des Weiteren können mit einem Stift Anmerkungen auf den Folien notiert werden. Solche Freihandanmerkungen und -markierungen können auch auf den Folien gespeichert werden.

Den Stift verwenden

① Klicken Sie auf das *Stift*-Symbol am linken unteren Rand der Ansicht *Bildschirmpräsentation*.

② Klicken Sie auf *Stift*.

③ Klicken Sie auf *Freihandfarbe* und wählen Sie eine Stiftfarbe aus.

④ Verwenden Sie den Stift-Mauszeiger, um mit gedrückter Maustaste beispielsweise eine Anmerkung auf der Folie zu notieren.

⑤ Um den Stift wieder zu deaktivieren, klicken Sie im Menü auf *Pfeil*.

Den Textmarker benutzen

① Klicken Sie auf das *Stift*-Symbol am linken unteren Rand der Ansicht *Bildschirmpräsentation*.

② Klicken Sie auf *Textmarker*.

③ Klicken Sie auf *Freihandfarbe* und wählen Sie eine Farbe für den Textmarker aus.

④ Verwenden Sie den Marker-Mauszeiger, um mit gedrückter Maustaste die gewünschte Stelle auf der Folie zu markieren.

⑤ Um den Textmarker wieder zu deaktivieren, klicken Sie im Menü auf *Pfeil*.

Anmerkungen entfernen

① Klicken Sie auf das *Stift*-Symbol am linken unteren Rand der Ansicht *Bildschirmpräsentation*.

② Klicken Sie auf *Radierer*.

③ Verwenden Sie den Radiergummi-Mauszeiger, um mit gedrückter Maustaste die unerwünschten Markierungen oder Anmerkungen zu entfernen.

④ Wollen Sie alle Freihandmarkierungen auf der Folie entfernen, klicken Sie im Menü auf *Alle Freihand auf Folie löschen*.

Anmerkungen speichern

① Wenn Sie die Bildschirmpräsentation beenden, werden Sie gefragt, ob Sie die Freihandanmerkungen beibehalten wollen.

② Klicken Sie auf *Beibehalten*. Dadurch werden Ihre Anmerkungen gespeichert und sind auch in der Normalansicht abgebildet.

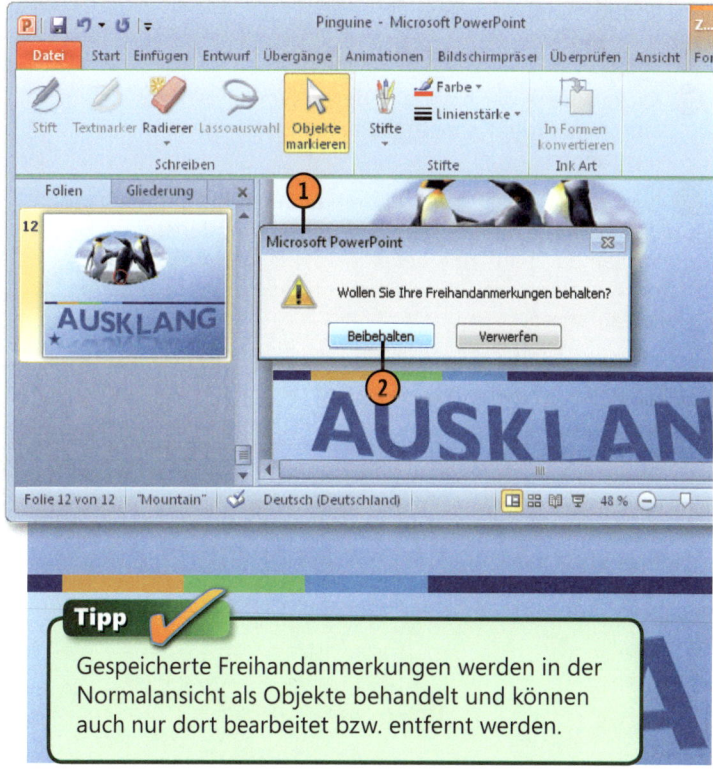

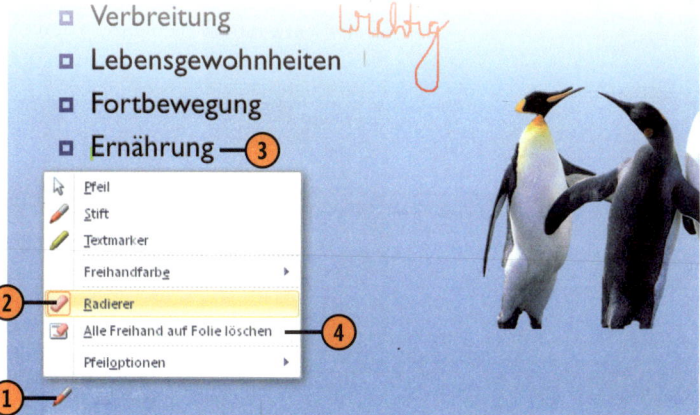

Tipp ✓

Gespeicherte Freihandanmerkungen werden in der Normalansicht als Objekte behandelt und können auch nur dort bearbeitet bzw. entfernt werden.

Zu anderen Programmen wechseln

Während einer Bildschirmpräsentation können Sie bei Bedarf auch zu anderen Programmen wechseln, sei es, um ein Arbeitsblatt in Excel betrachten zu können oder um ein bestimmtes Dokument in

Word aufzurufen. Die Bildschirmpräsentation wird dadurch nicht beendet, nur vorübergehend angehalten.

Anderes Programm aufrufen

① Klicken Sie während einer Bildschirmpräsentation auf die Schaltfläche *Bildschirmpräsentation* und wählen Sie im Popupmenü *Bildschirm*.

② Klicken Sie auf *Programme wechseln*.

③ Klicken Sie in der eingeblendeten Windows-Taskleiste auf *Start/Alle Programme* und starten Sie das gewünschte Programm.

④ Nachdem Sie die Arbeit in dem anderen Programm beendet haben, schließen Sie dessen Programmfenster und klicken dann auf eine beliebige Stelle in der Bildschirmpräsentationsansicht, um mit der Bildschirmpräsentation fortzufahren.

Siehe auch

Über Hyperlinks und interaktive Schaltflächen können Sie ebenfalls zu anderen Programmen während einer Bildschirmpräsentation verzweigen. Mehr dazu erfahren Sie auf Seite 190 ff.

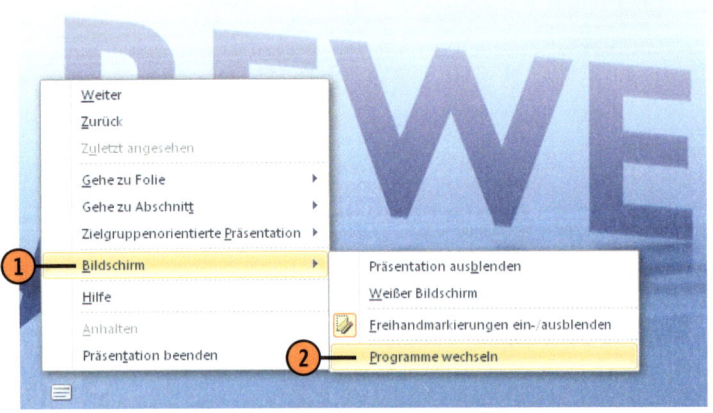

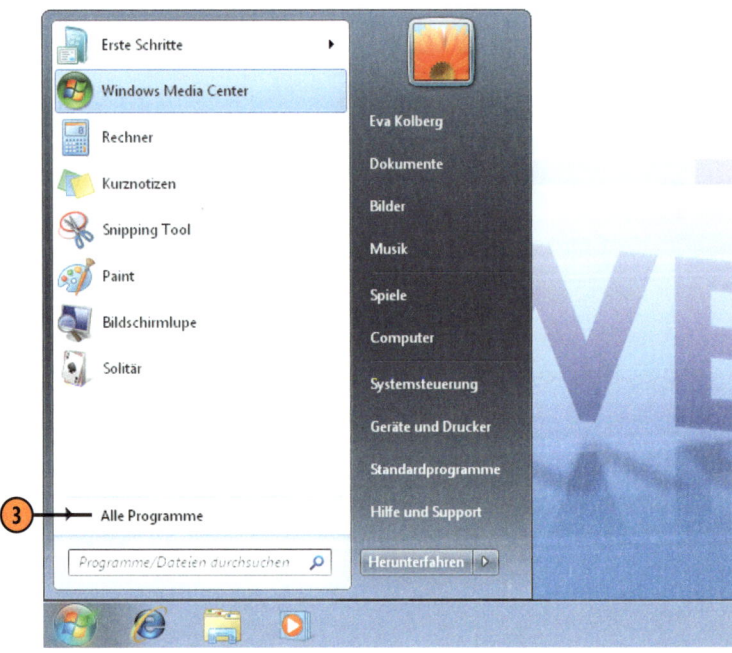

Drucken

Den Inhalt Ihrer Präsentation können Sie an die Teilnehmer in Form von Handzetteln verteilen. Dadurch bereiten Sie die Zuhörer in Stichpunkten auf das Kommende vor. Auch für Sie persönlich kann es sinnvoll sein, einzelne Komponenten Ihrer Präsentation als gedrucktes Exemplar vor sich zu haben.

Sie können aber nicht nur Handzettel drucken, sondern es lassen sich alle mit Microsoft PowerPoint erstellten Komponenten einer Präsentation (Folien, Gliederungsseiten, Notizenseiten und Handzettel) direkt aus dem Programm heraus ausdrucken. Bevor Sie den Druckvorgang starten, müssen Sie jedoch zunächst festlegen, was gedruckt werden soll und wie diese Seiten aussehen sollen.

Vorbereitungen zum Drucken

Bevor Sie ein Dokument ausdrucken, sollten Sie zunächst festlegen, was Sie drucken wollen und wie diese Seiten aussehen sollen. Des Weiteren können Sie in Kopf- und Fußzeilen Zusatzinforma-tionen und Datumsangaben sowie Folien- bzw. Seitennummern festlegen. Außerdem sollten Sie in der Seitenansicht prüfen, ob das Ergebnis wie beabsichtigt ausfallen wird.

Seite einrichten

(1) Zeigen Sie die Präsentation, die Sie ausdrucken lassen wollen, in der Normalansicht an und wechseln Sie zur Registerkarte *Entwurf*.

(2) Klicken Sie auf *Seite einrichten*, um das gleichnamige Dialogfeld zu öffnen.

(3) Wählen Sie in dieser Dropdownliste ein Papierformat aus.

(4) Wenn Sie als Papierformat *Benutzerdefiniert* eingestellt haben, geben Sie hier die Werte für Höhe und Breite der Seite ein.

(5) Klicken Sie unter *Ausrichtung* auf das Format, in dem Sie die Komponenten einer Präsentation ausdrucken lassen wollen. Folien werden standardmäßig im *Querformat* dargestellt. Für Handzettel, Gliederungs- und Notizenseiten ist standardmäßig das *Hochformat* eingestellt.

(6) Bestätigen Sie Ihre Einstellungen mit *OK*.

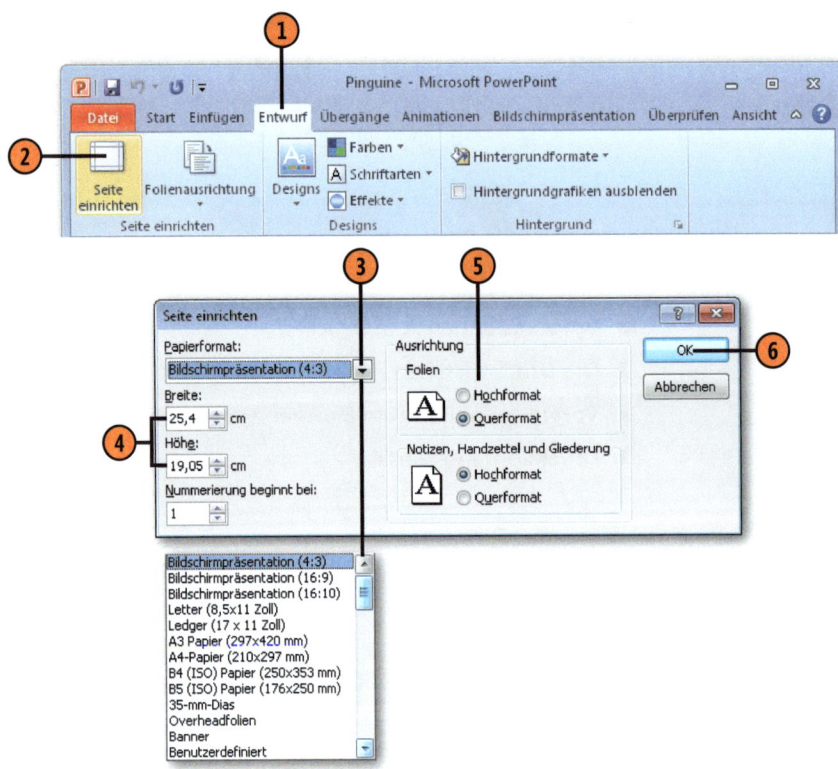

Kopf- und Fußzeilen hinzufügen

(1) Zeigen Sie die Präsentation, der Sie Kopf- und Fußzeilen hinzufügen wollen, in der Normalansicht an und wechseln Sie zur Registerkarte *Einfügen*.

(2) Klicken Sie auf *Kopf- und Fußzeile*, um das gleichnamige Dialogfeld anzuzeigen

(3) Über die Registerkarten *Notizblätter und Handzettel* und *Folie* definieren Sie die Kopf- und Fußzeilen für die betreffenden Präsentationselemente.

(4) Aktivieren Sie dieses Kontrollkästchen, um Datum und Uhrzeit in die dafür vorgesehenen Bereiche einzufügen:

- *Automatisch aktualisieren* blendet das aktuelle Datum ein. Sie können dafür Format, Sprache und den Kalendertyp aus der Liste auswählen.

- Für *Fest* geben Sie in das Feld unterhalb das gewünschte Datum ein.

(5) Aktivieren Sie dieses Kontrollkästchen, um die Foliennummern einzublenden.

(6) Aktivieren Sie dieses Kontrollkästchen und geben Sie den Text für die Fußzeile ein.

(7) Aktivieren Sie dieses Kontrollkästchen, um die Anzeige von Kopf- und Fußzeilen auf der Titelfolie zu unterbinden.

(8) Klicken Sie hier, wenn Sie die Einstellungen, die Sie hier festgelegt haben, für alle Folien übernehmen wollen.

(9) Klicken Sie hier, wenn Sie die Einstellungen nur für die aktuelle Folie übernehmen wollen.

(10) Auf den Folien werden in den entsprechenden Bereichen die hinzugefügten Informationen angezeigt.

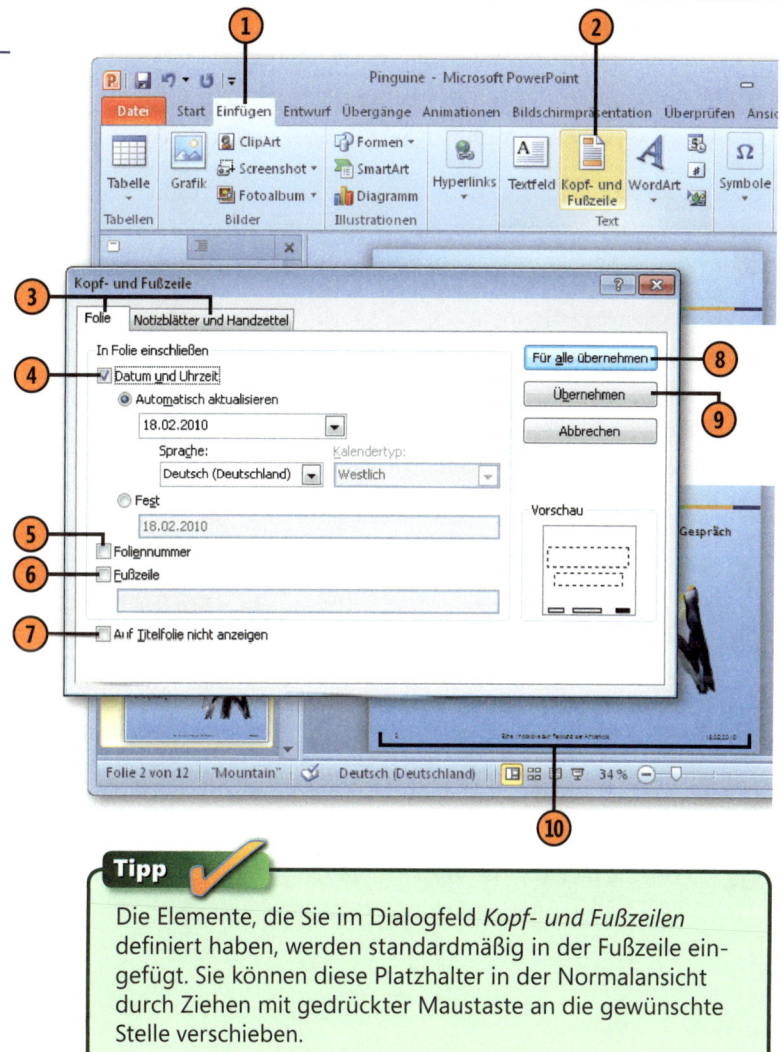

Tipp ✓

Die Elemente, die Sie im Dialogfeld *Kopf- und Fußzeilen* definiert haben, werden standardmäßig in der Fußzeile eingefügt. Sie können diese Platzhalter in der Normalansicht durch Ziehen mit gedrückter Maustaste an die gewünschte Stelle verschieben.

Die Druckvorschau

In der Druckvorschau können Sie die einzelnen Komponenten einer Präsentation vor der tatsächlichen Ausgabe auf dem Drucker prüfen. Des Weiteren können Sie hier über das Drucklayout bestimmen, was Sie ausdrucken wollen und wie die Druckerzeugnisse aussehen sollen.

Druckvorschau anzeigen

1. Zeigen Sie die Präsentation, deren Komponenten Sie ausdrucken wollen, in der Normalansicht an und wechseln Sie zur Registerkarte *Datei*.

2. Klicken Sie auf *Drucken*, um die Druckoptionen anzuzeigen.

3. Wählen Sie in dieser Dropdownliste aus, was Sie ausdrucken wollen (siehe auch Seite 234).

4. Die Auswahl, die Sie getroffen haben, wird in der Druckvorschau angezeigt.

5. Über die Navigationselemente können Sie in der Druckvorschau durch die Folien blättern.

6. Mit Ziehen des Zoomreglers bzw. über die Schaltfläche mit dem Minuszeichen und die mit dem Pluszeichen lässt sich die Vorschau vergrößern bzw. verkleinern.

7. Klicken Sie hier, um die Vorschau an das aktuelle Fenster anzupassen.

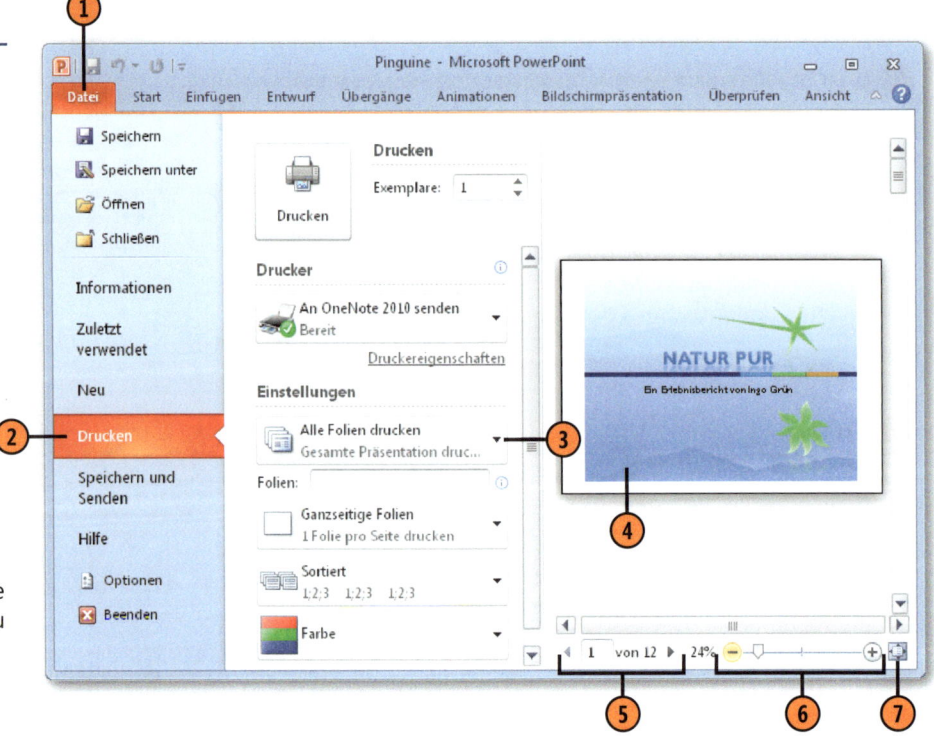

Drucklayout auswählen

① Klicken Sie hier, um den Katalog mit den verfügbaren Drucklayouts aufzuklappen.

② Klicken Sie auf eine Option.

③ In diesem Bereich können Sie zusätzliche Optionen einstellen:

- *Folienrahmen* fügt bei ganzseitigen Folien und Folienabbildungen auf Notizenseiten und Handzetteln einen Rahmen hinzu.

- *Auf Seitenformat skalieren* bewirkt, dass im Druckerzeugnis die ganze Seite ausgefüllt wird.

- *Hohe Qualität* erzeugt den Ausdruck in höchster Qualität.

- Es können auch Kommentare und Freihandmarkierungen mit ausgedruckt werden.

④ Über diese Schaltfläche können Sie wählen, ob Handzettel im Hoch- oder im Querformat ausgedruckt werden sollen.

⑤ In der Vorschau werden die gewählten Einstellungen skizziert.

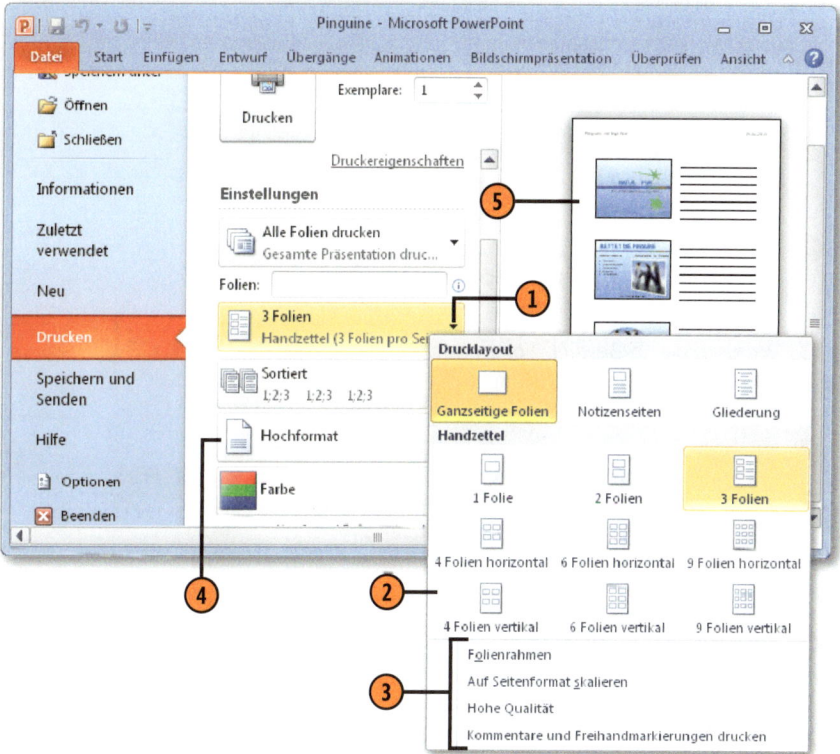

Druckeinstellungen festlegen

Bevor Sie eine Präsentation ausdrucken, können Sie festlegen, welche Komponenten Sie ausdrucken wollen und ob Sie dabei eine bestimmte Auswahl treffen möchten. Zusätzlich können Sie beim Drucken mehrerer Exemplare bestimmen, wie diese sortiert werden sollen. Des Weiteren können Sie festlegen, ob der Ausdruck in Farbe oder in Schwarz-Weiß erfolgen soll.

Druckauswahl treffen

① Klicken Sie auf der Registerkarte *Datei* auf *Drucken*, um die Druckoptionen anzuzeigen.

② Klicken Sie hier, um den Katalog mit den verfügbaren Auswahloptionen aufzuklappen.

③ Wählen Sie im Bereich *Folien* aus, ob Sie alle oder nur eine bestimmte Auswahl von Folien drucken wollen.

④ Wenn Sie die Option *Benutzerdefinierter Bereich* wählen, geben Sie im Feld *Folien* die betreffende Foliennummer bzw. den Folienbereich an. Die einzelnen Angaben werden durch Semikolon voneinander getrennt.

⑤ Hierüber können Sie einen der in der Präsentation angelegten Abschnitte ausdrucken lassen.

⑥ Wählen Sie hierüber eine bestimmte benutzerdefinierte Präsentation aus.

⑦ Aktivieren Sie dieses Kontrollkästchen, wenn Sie auch ausgeblendete Folien ausdrucken lassen wollen.

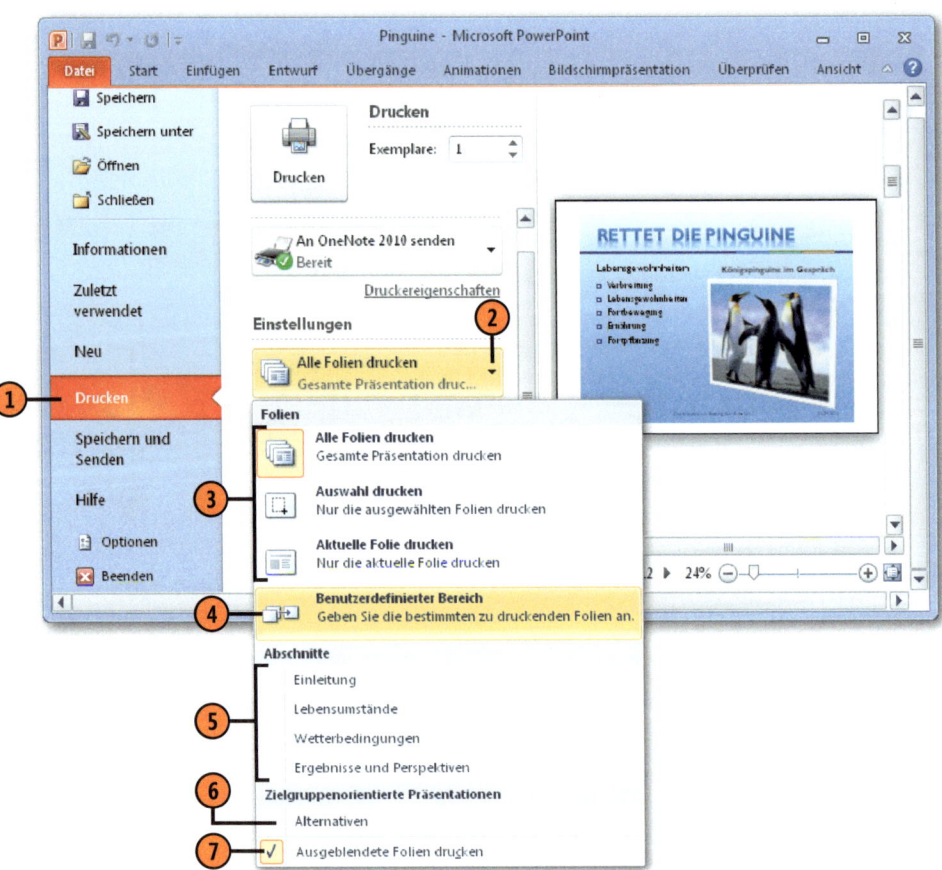

Druckexemplare sortieren

① Stellen Sie zunächst in diesem Bereich ein, wie viele Exemplare Sie ausdrucken lassen wollen.

② Wählen Sie über dieses Dropdownmenü aus, ob Sie ein Exemplar nach dem anderen vollständig ausdrucken lassen wollen (Option *Sortiert*) oder ob zunächst von Seite eins die entsprechende Anzahl Kopien gedruckt werden soll, dann von Seite zwei usw. (Option *Getrennt*).

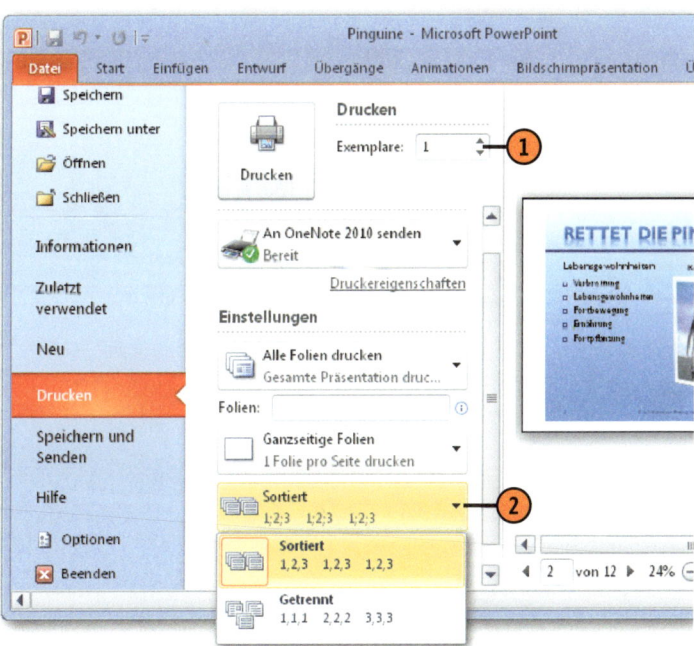

Farbeinstellungen

① Wählen Sie über dieses Dropdownmenü die gewünschte Option: *Farbig*, *Graustufen* oder *Reines Schwarzweiß*.

② Die Auswirkung Ihrer Wahl wird in der Vorschau angezeigt.

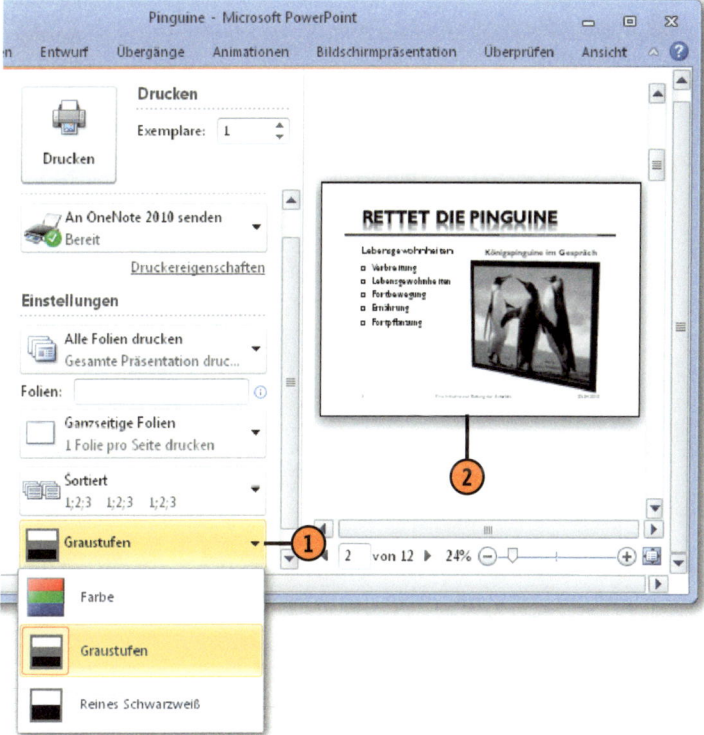

Druckvorgang starten

Nachdem Sie sämtliche Einstellungen bzgl. zu druckender Komponenten, Anzahl, Sortierung und Farbeinstellungen vorgenommen haben, müssen Sie ggf. nur noch den Drucker auswählen, auf dem Sie ausdrucken wollen, und dann den Druckvorgang starten.

Drucker auswählen und Druck starten

(1) Klicken Sie hier, um die Liste der verfügbaren Drucker zu öffnen.

(2) Wählen Sie den Drucker aus, auf dem der Druck erfolgen soll.

(3) Hierüber öffnet sich ein Dialogfeld, in dem Sie weitere Einstellungen für den ausgewählten Drucker vornehmen können.

(4) Nachdem Sie sämtliche Einstellungen festgelegt haben, klicken Sie auf die Schaltfläche *Drucken*, um den Druckvorgang zu starten.

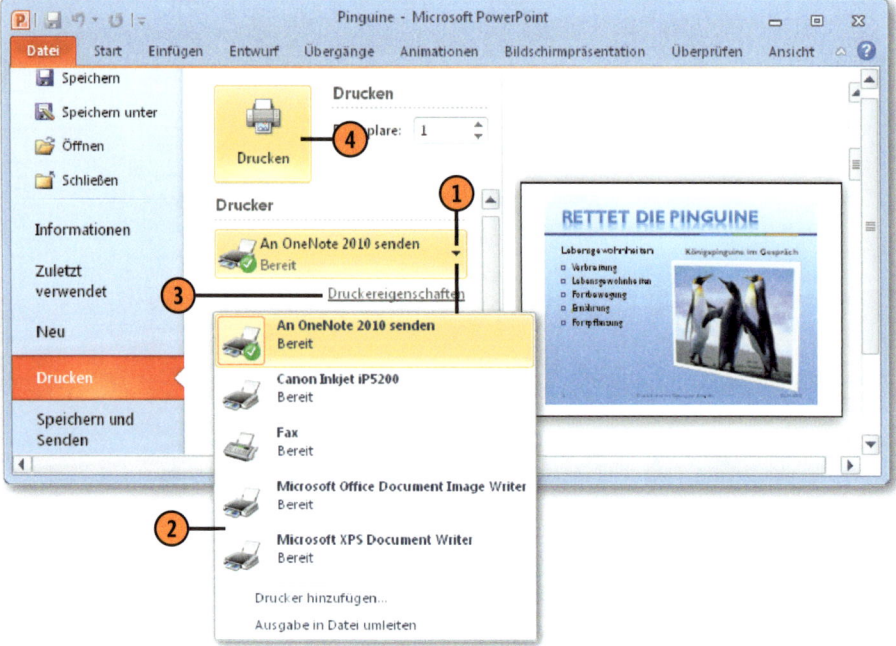

14 Weitergeben und Anpassen

In diesem Kapitel finden Sie einiges, was über das Erstellen einer Präsentation hinausgeht.

Wenn Sie beispielsweise eine Bildschirmpräsentation im Vorfeld von mehreren Personen begutachten lassen wollen, können Sie eine Bildschirmpräsentation über das Web übertragen. Dazu ist es nicht notwendig, dass die Teilnehmer über das Programm Microsoft PowerPoint verfügen. Wie Sie eine solche Übertragung einrichten und ablaufen lassen, ist ein Thema in diesem Kapitel.

Bevor Sie eine Präsentationsdatei aus der Hand geben, sollten Sie sie dahingehend überprüfen, ob in dem Dokument Daten existieren, die nicht unbedingt in die Hände Dritter gelangen sollten. Das können z.B. von Ihnen oder anderen Personen während der Bearbeitung hinzugefügte Kommentare sein.

Falls Sie Ihre Präsentation einer Person zukommen lassen wollen, die nur über eine ältere Version von PowerPoint verfügt, können Sie sie so speichern, dass sie auch in anderen Versionen geöffnet werden kann. Vorab können Sie prüfen, welche Einstellungen bei diesem Wechsel verloren gehen.

Last but not least wird in diesem Kapitel erklärt, wie Sie das Menüband und die Symbolleiste für den Schnellzugriff an Ihre individuellen Arbeitsgewohnheiten anpassen können.

Bildschirmpräsentation übertragen

Sie können eine von Ihnen erstellte Bildschirmpräsentation zur Betrachtung an beliebig viele Empfänger übertragen. Dazu ist es nicht erforderlich, dass der oder die Betrachter Microsoft Power-Point auf ihrem Computer installiert haben. Mithilfe einer Ver-

knüpfung, die von PowerPoint erstellt wird, kann jeder, dem diese Information bekannt ist, an der Übertragung der Bildschirmpräsentation teilnehmen.

Übertragung vorbereiten

(1) Zeigen Sie die Präsentation an, die Sie übertragen wollen.

(2) Klicken Sie auf die Registerkarte *Datei*.

(3) Wählen Sie dort *Speichern und Senden*.

(4) Klicken Sie auf die Option *Bildschirmpräsentation übertragen*.

(5) Klicken Sie auf diese Schaltfläche, um weitere Übertragungseinstellungen vorzunehmen.

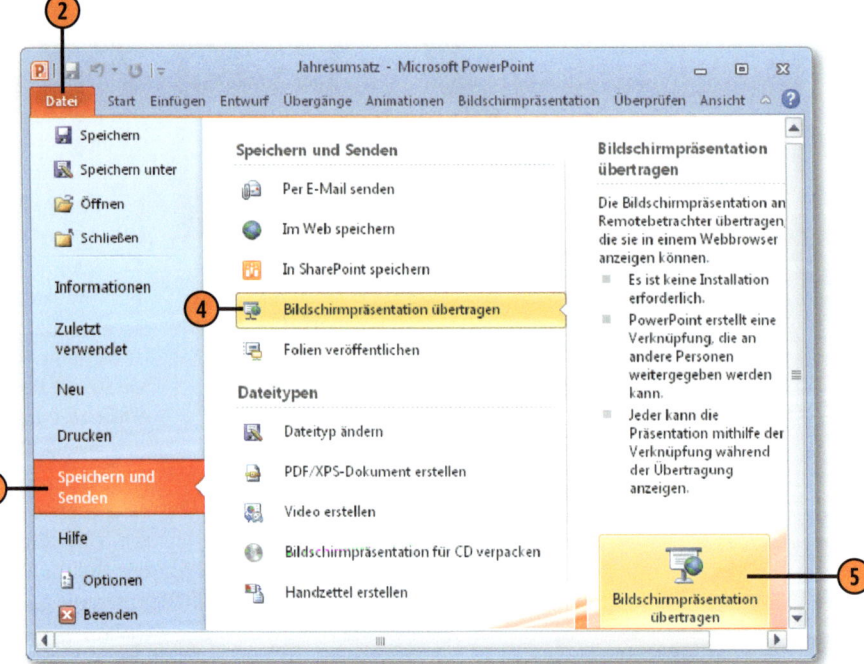

Übertragung einrichten

① Klicken Sie auf *Übertragung starten*.

② Geben Sie in diesem Feld Ihren Benutzernamen ein. Dabei kann es sich auch um Ihre E-Mail-Adresse handeln (siehe den Tipp auf dieser Seite).

③ Geben Sie hier Ihr Kennwort ein.

④ Klicken Sie auf *OK*.

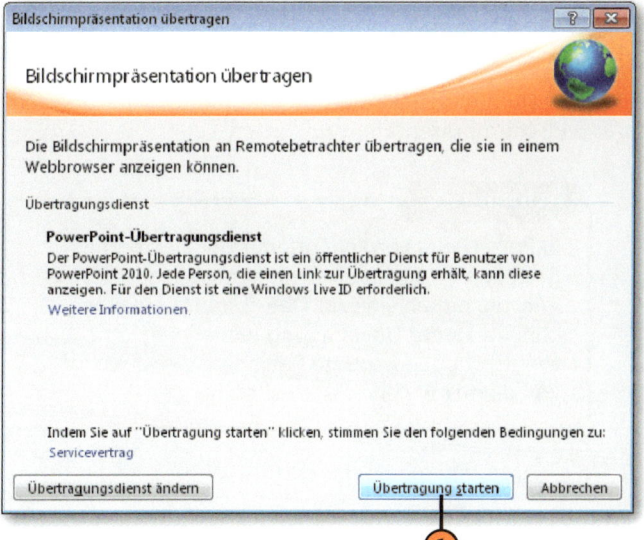

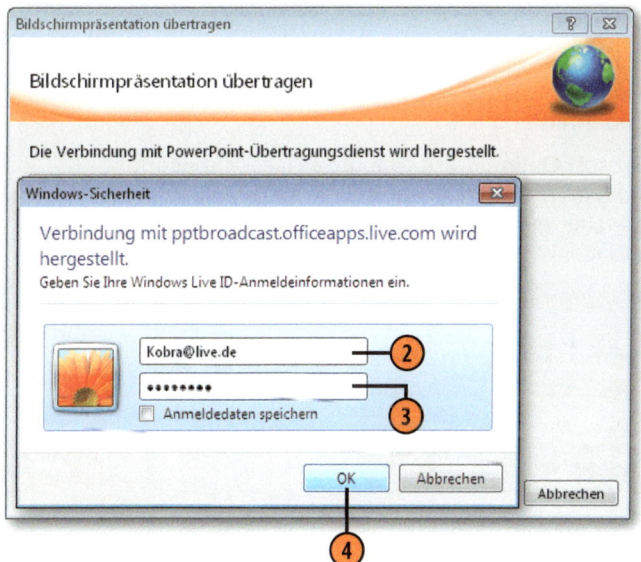

Tipp ✔

In einer Organisation mit eigenem Übertragungsdienst können Sie die Übertragung ohne Windows Live ID starten. Wenn Sie über einen Hotmail-, Live Messenger- oder Xbox LIVE-Account verfügen, haben Sie bereits eine Windows Live ID. Falls nicht, können Sie eine solche ID auf der Internetseite www.home.live.com erhalten.

Einladungen versenden und Übertragung starten

① Über den Link, der an Sie vergeben wird, nachdem Sie Ihre Daten übermittelt haben, starten die Empfänger die Bildschirmpräsentation.

② Klicken Sie auf *Als E-Mail senden*, um Microsoft Outlook zu öffnen und den Link an den oder die Empfänger zu versenden.

③ Über *Link kopieren* erzeugen Sie eine Kopie des Links und fügen ihn anschließend in ein anderes Programm zur Datenübermittlung ein.

④ In Microsoft Outlook wird eine neue Nachricht geöffnet. Im Feld *Betreff* ist bereits der Anlass der E-Mail eingefügt und der Link wurde automatisch mit der Benachrichtigung in das Nachrichtenfeld eingefügt.

⑤ Geben Sie – falls nicht schon vorher vereinbart – den Zeitpunkt für die Übertragung der Bildschirmpräsentation bekannt.

⑥ Geben Sie hier die E-Mail-Adressen der Empfänger ein, die an der Präsentation teilnehmen sollen.

⑦ Klicken Sie auf *Senden*, um die Einladung abzuschicken.

⑧ Nachdem die Teilnehmer die URL für die Bildschirmpräsentation erhalten haben, klicken Sie hier, um die Übertragung Ihrer Bildschirmpräsentation zu starten.

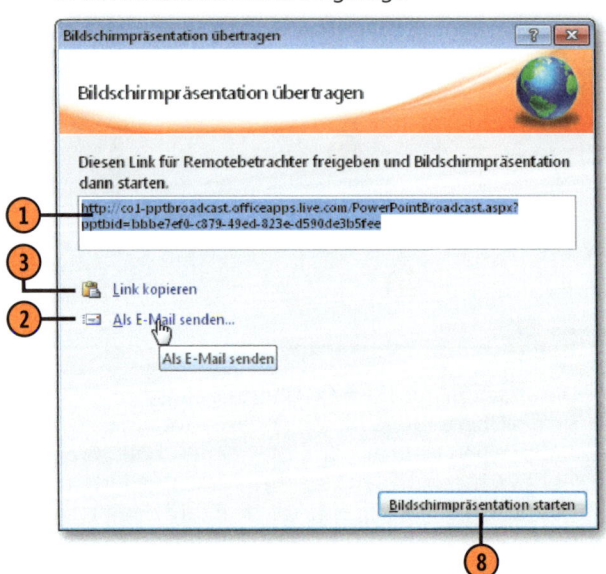

> **Achtung**
>
> In PowerPoint wird ein öffentlicher Link bereitgestellt, den Sie an die Teilnehmer senden können. Alle, die diesen Link zur Übertragung erhalten, können an der Übertragung teilnehmen, d.h. auch eventuell unberechtigte Personen, die »zufällig« von dem Link Kenntnis erhalten haben.

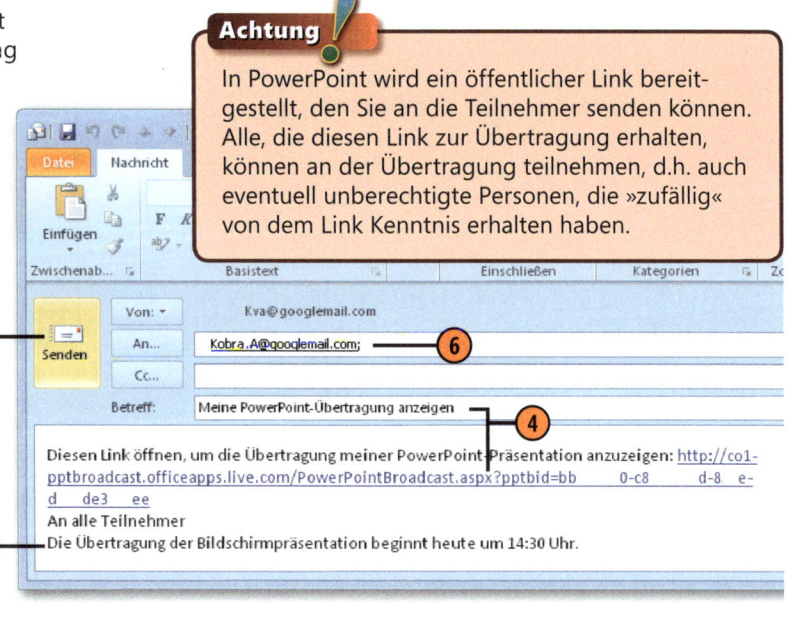

Bildschirmpräsentation durchführen und beenden

① Die Bildschirmpräsentation startet auf Ihrem Bildschirm wie gewohnt. Die anderen Teilnehmer sehen die Präsentation in einem Webbrowserfenster.

② Über das Menü *Bildschirmpräsentation* steuern Sie den Ablauf der Präsentation.

③ Nach dem Ende der Präsentation wird wieder das PowerPoint-Programmfenster mit der Registerkarte *Übertragen* angezeigt.

④ Klicken Sie hier, um die Übertragung für Sie und auch alle anderen (Remote-)Teilnehmer zu beenden.

Präsentation vor der Veröffentlichung überprüfen

Wenn Sie eine Präsentation freigeben möchten, sind bestimmte Daten unter den Eigenschaften manchmal nicht erwünscht, da diese Informationen beispielsweise Details über Ihr Unternehmen preisgeben können. Sie sollten deshalb Ihre Präsentation auf ausgeblendete Daten oder persönliche Informationen überprüfen, die in dem Dokument oder in den Dokumenteigenschaften gespeichert sein könnten.

Prüfoption auswählen

① Speichern Sie die Präsentation.

② Klicken Sie auf der Registerkarte *Datei* auf *Informationen*.

③ Klicken Sie auf *Auf Probleme überprüfen*.

④ Wählen Sie *Dokument prüfen*.

Weitere Prüfoptionen

■ Mit *Barrierefreiheit überprüfen* wird geprüft, ob die Inhalte der Präsentation für Personen mit Behinderungen möglicherweise schwer zu lesen sind.

■ Mit *Kompatibilität überprüfen* können Sie herausfinden, ob Sie in Ihrer Präsentation Einstellungen benutzt haben, die verloren gehen, wenn Sie die Datei in einem Format speichern, das von früheren PowerPoint-Versionen lesbar ist (siehe Seite 244).

> **Tipp** ✔
>
> *Barrierefreiheit überprüfen* bemängelt z.B., wenn Sie ein Bild ohne Alternativtext einer Folie hinzugefügt haben. Ein Alternativtext kann sehbehinderten Personen durch geeignete Geräte vorgelesen werden. Wählen Sie im Kontextmenü zu dem betreffenden Bild *Grafik formatieren* und geben Sie auf der Registerkarte *Alternativtext* einen entsprechenden Text ein.

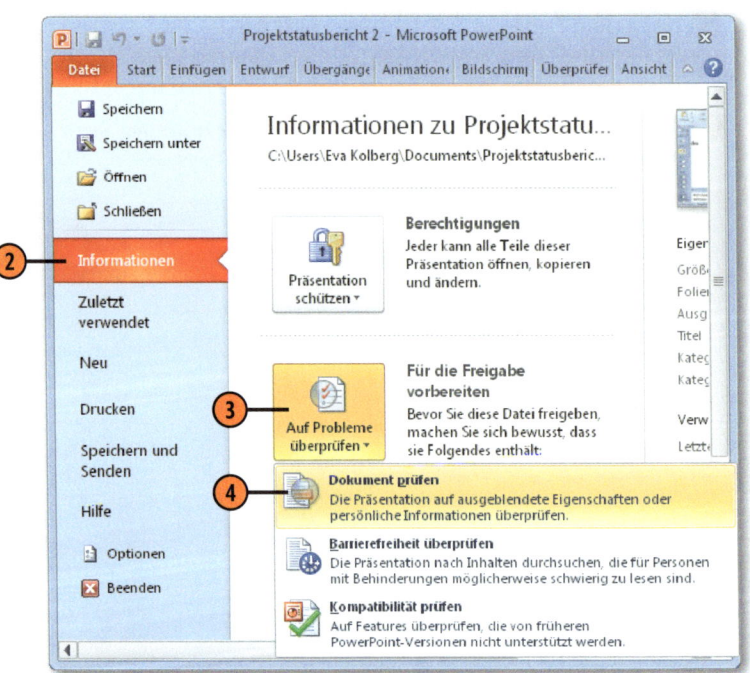

Das Dokument überprüfen

① Aktivieren Sie im Dialogfeld *Dokumentprüfung* die Elemente, die überprüft werden sollen.

② Klicken Sie auf *Prüfen*.

③ Das Ergebnis der Prüfung wird angezeigt. Kontrollieren Sie es.

④ Wenn Sie auf die Schaltfläche *Alle entfernen* klicken, werden die bemängelten Elemente kommentarlos aus der Datei entfernt.

⑤ Beenden Sie die Prüfung durch einen Klick auf *Schließen*.

Die wichtigsten Prüfergebnisse

■ *Kommentare und Anmerkungen*: Anhand dieser Informationen können die Namen der Personen, die an der Datei gearbeitet haben, identifiziert werden.

■ *Dokumenteigenschaften und persönliche Informationen*: Dazu gehören die Informationen, die von PowerPoint automatisch gespeichert werden, wie der Name der Person, die die Präsentation zuletzt gespeichert hat, sowie das Datum der Speicherung. Außerdem gehören dazu Details zur Datei wie *Autor*, *Betreff* und *Titel*.

■ *Präsentationsnotizen*: Auch Notizen können Informationen enthalten, die nicht unbedingt für jedermann einsehbar sein sollen.

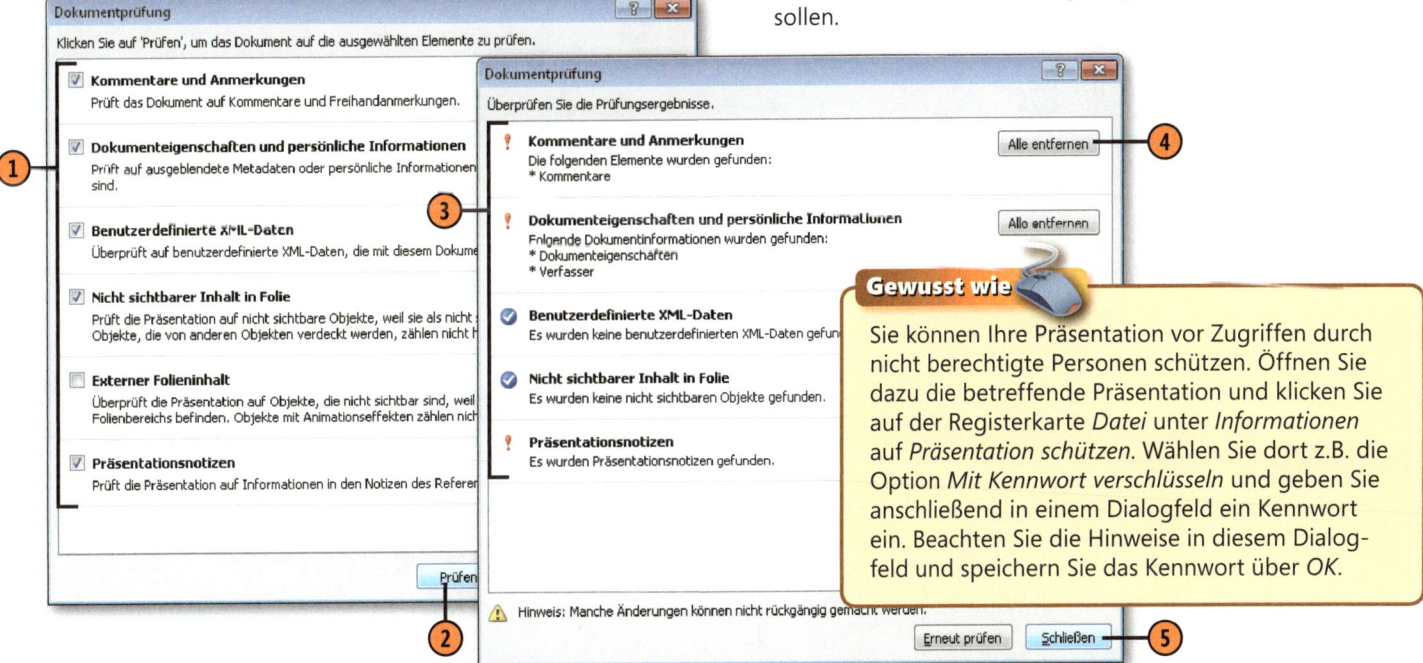

Gewusst wie

Sie können Ihre Präsentation vor Zugriffen durch nicht berechtigte Personen schützen. Öffnen Sie dazu die betreffende Präsentation und klicken Sie auf der Registerkarte *Datei* unter *Informationen* auf *Präsentation schützen*. Wählen Sie dort z.B. die Option *Mit Kennwort verschlüsseln* und geben Sie anschließend in einem Dialogfeld ein Kennwort ein. Beachten Sie die Hinweise in diesem Dialogfeld und speichern Sie das Kennwort über *OK*.

Dateiformat ändern

In manchen Fällen ist es notwendig, Ihre Präsentation in einem anderen Dateiformat abzuspeichern, beispielsweise dann, wenn die Person, der Sie die Präsentation zukommen lassen wollen, nur über eine ältere Version von PowerPoint verfügt. Bevor Sie Ihre Präsentation im Dateiformat einer früheren Version speichern, sollten Sie überprüfen, welche Features in der älteren Version nicht unterstützt werden, und ggf. Ihre Präsentation dahingehend ändern.

Kompatibilität prüfen

① Speichern Sie die Präsentation.

② Klicken Sie auf der Registerkarte *Datei* auf *Informationen*.

③ Klicken Sie auf *Auf Probleme überprüfen*.

④ Wählen Sie *Kompatibilität prüfen*.

⑤ Nachdem die Prüfung abgeschlossen ist, werden in einem Dialogfeld sämtliche Features in Ihrer Präsentation – unter Angabe der Foliennummer – angezeigt, die von früheren Power-Point-Versionen nicht unterstützt werden.

⑥ Klicken Sie auf *Hilfe*, um über die PowerPoint-Hilfe eine Lösung des Problems einzusehen.

⑦ Klicken Sie auf *OK*, um die Kompatibilitätsprüfung zu beenden.

Tipp ✔

Wenn Sie im Dialogfeld *Microsoft PowerPoint-Kompatibilitätsprüfung* das Kontrollkästchen *Beim Speichern in PowerPoint 97-2003-Formaten Kompatibilität überprüfen* aktivieren, erfolgt die Prüfung automatisch, wenn Sie eine Präsentation in diesem Dateiformat speichern wollen.

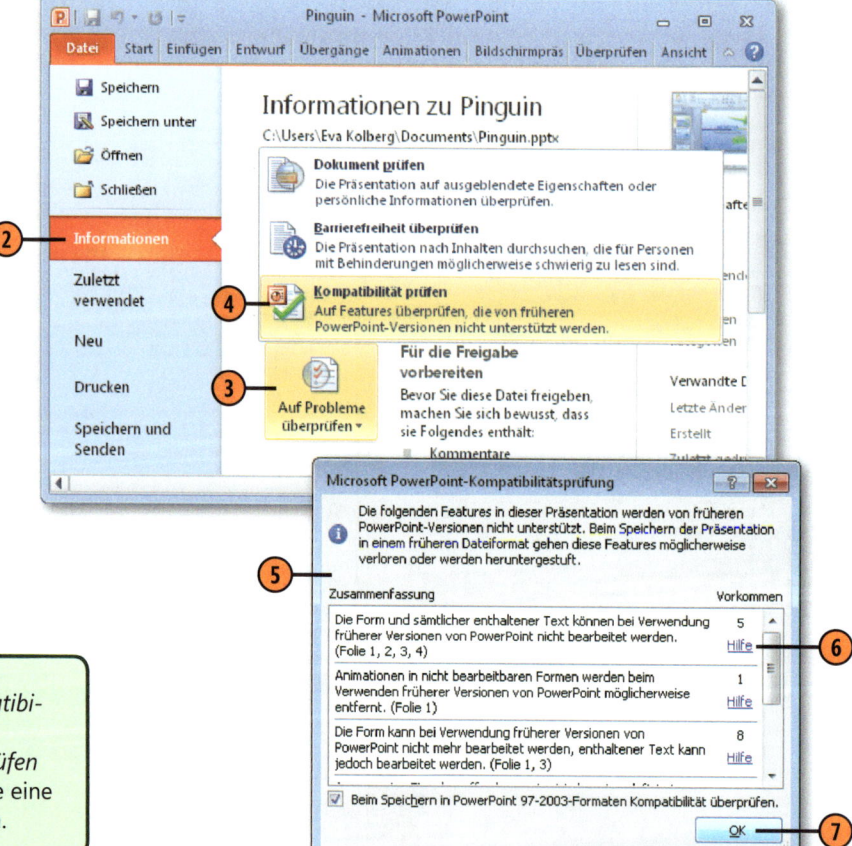

In einem früheren Dateiformat speichern

① Öffnen Sie die Präsentation.

② Klicken Sie auf der Registerkarte *Datei* auf *Speichern und Senden*.

③ Klicken Sie auf *Dateityp ändern*.

④ Wählen Sie *PowerPoint 97-2003-Präsentation*.

⑤ Klicken Sie auf *Speichern unter*.

⑥ Beachten Sie, dass im Dialogfeld *Speichern unter* im Feld *Dateityp* die Option *PowerPoint 97-2003* eingestellt ist, und klicken Sie dann auf *Speichern*.

Weitere Dateitypen

OpenDocument Präsentation speichert Ihre Präsentation in einem Format, das auch in den meisten anderen Büroanwendungen geöffnet werden kann. Änderungen in der Formatierung sind möglich.

Vorlage speichert Ihre Präsentation als Vorlage ab, die als Basis für weitere Präsentationen dienen kann.

PowerPoint-Bildschirmpräsentation speichert Ihre Präsentation als reine Bildschirmpräsentation, die beim Öffnen der Datei startet.

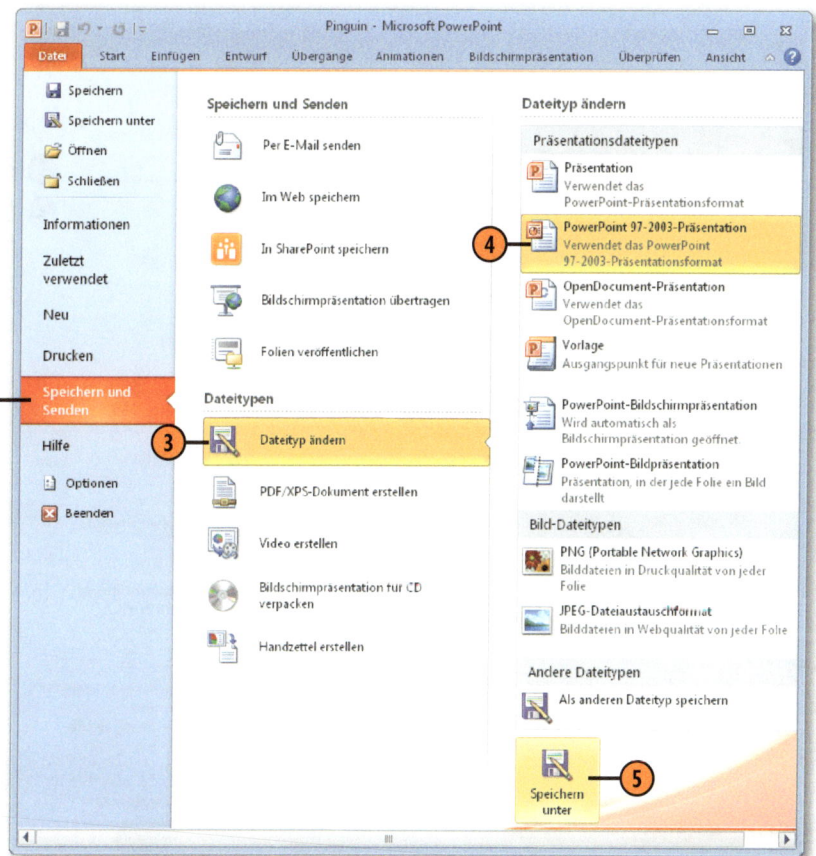

Das Menüband anpassen

Die Programme der Office-Version 2010 bieten die Möglichkeit, die Registerkarten des Menübandes und deren Inhalte an Ihre Wünsche anzupassen. Sie können neue Registerkarten mit eige-

nen Namen erstellen, diese mit Gruppen versehen und in diesen Gruppen Befehle ansiedeln.

Neue Registerkarte erstellen

1. Klicken Sie auf der Registerkarte *Datei* auf *Optionen*.

2. Wählen Sie im Dialogfeld *PowerPoint-Optionen* die Kategorie *Menüband anpassen*.

3. Klicken Sie auf *Neue Registerkarte*.

4. Eine neue Karte wird erstellt. Sie trägt zunächst den Namen *Neue Registerkarte (Benutzerdefiniert)* und beinhaltet außerdem eine Gruppe mit dem Namen *Neue Gruppe (Benutzerdefiniert)*.

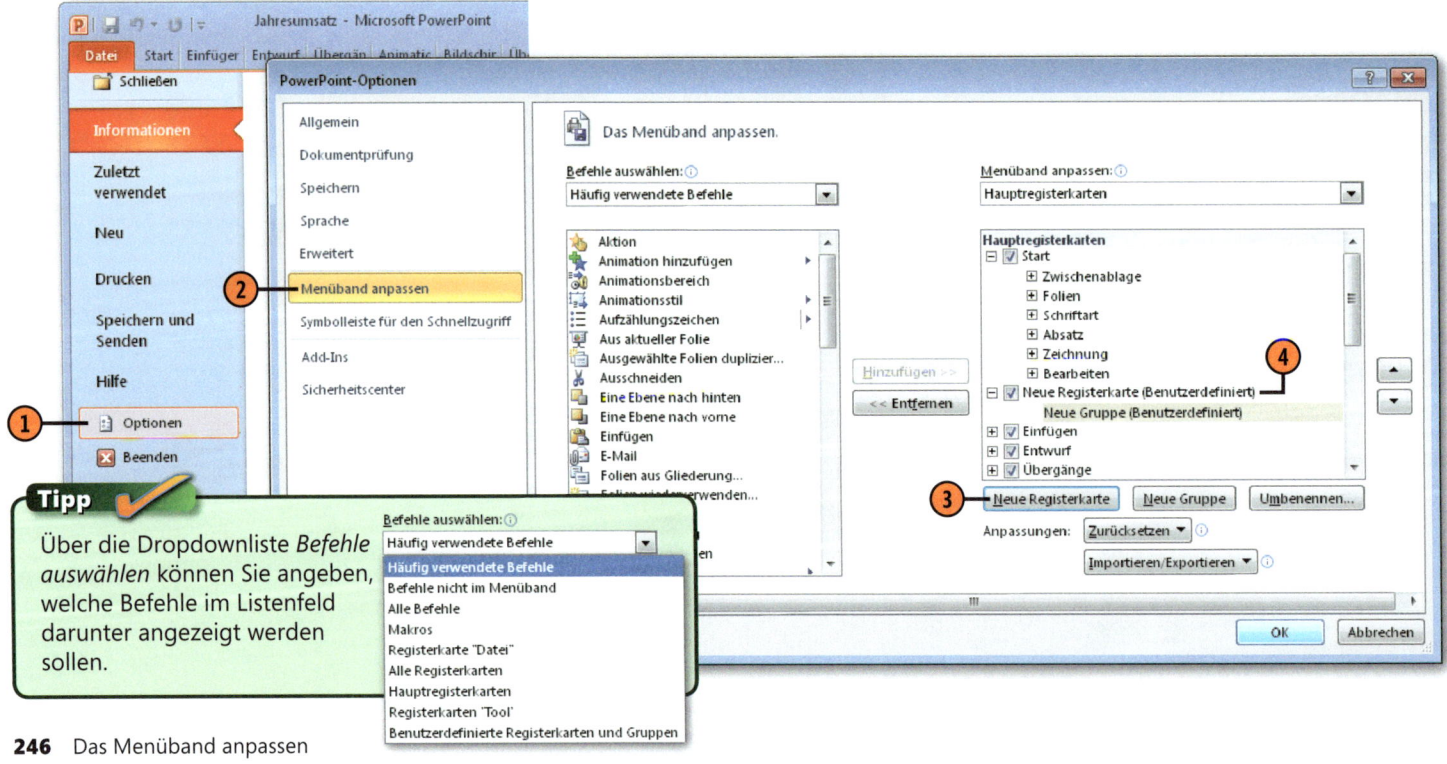

Tipp

Über die Dropdownliste *Befehle auswählen* können Sie angeben, welche Befehle im Listenfeld darunter angezeigt werden sollen.

Neue Registerkarte benennen

① Markieren Sie die neue Registerkarte, der Sie einen Namen geben wollen.

② Klicken Sie auf *Umbenennen*.

③ Geben Sie der Registerkarte den gewünschten Namen.

④ Bestätigen Sie mit *OK*.

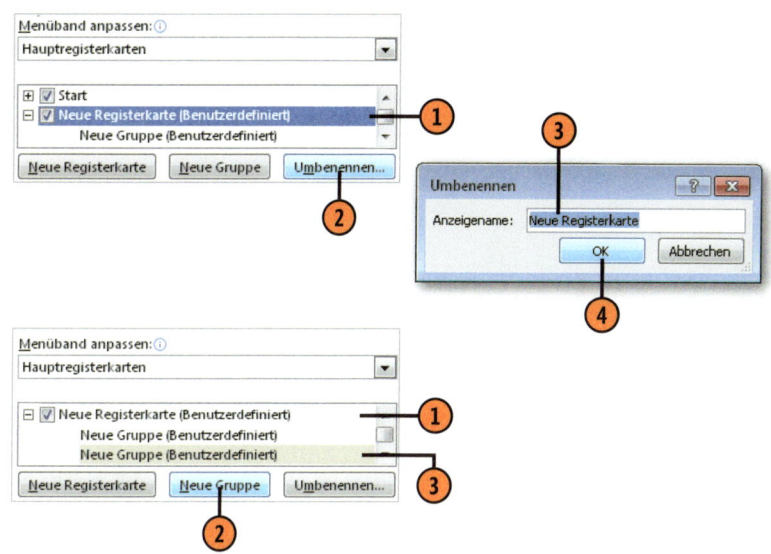

Weitere Gruppe hinzufügen

① Markieren Sie die Registerkarte, der Sie eine weitere Gruppe hinzufügen wollen.

② Klicken Sie auf *Neue Gruppe*.

③ Eine neue Gruppe wurde erstellt, die Sie anschließend nach Ihren Wünschen benennen können.

Befehle einer Gruppe hinzufügen

① Markieren Sie die Gruppe, der Sie Befehle hinzufügen wollen.

② Markieren Sie im linken Listenfeld den Befehl, den Sie hinzufügen wollen.

③ Klicken Sie auf *Hinzufügen*.

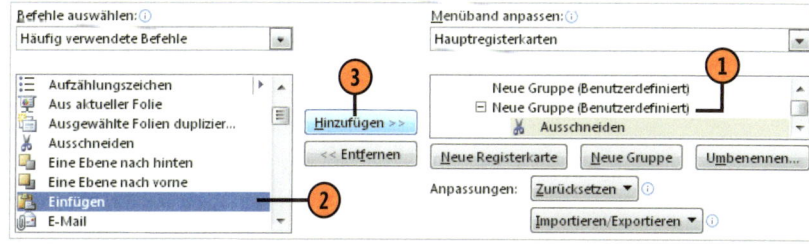

Gewusst wie

Wenn Sie benutzerdefinierte Anpassungen wieder entfernen möchten, klicken Sie auf *Zurücksetzen* und wählen *Alle Anpassungen zurücksetzen*.

Gewusst wie

Durch Deaktivieren eines Kontrollkästchens einer Registerkarte oder einer Gruppe können Sie diese vorübergehend ausblenden.

Die Symbolleiste für den Schnellzugriff anpassen

Nicht nur das Menüband, sondern auch die Symbolleiste für den Schnellzugriff am oberen linken Rand des Programmfensters können Sie Ihren Arbeitsgewohnheiten entsprechend anpassen.

Befehle hinzufügen

① Klicken Sie auf der Registerkarte *Datei* auf *Optionen*.

② Wählen Sie im Dialogfeld *PowerPoint-Optionen* die Kategorie *Symbolleiste für den Schnellzugriff*.

③ Markieren Sie den Befehl, dessen Schaltfläche Sie der Symbolleiste hinzufügen wollen.

④ Klicken auf *Hinzufügen*.

⑤ Die Schaltfläche wurde der Symbolleiste hinzugefügt.

⑥ Bestätigen Sie die Änderungen mit *OK*.

Siehe auch

Wie Sie auf die Schnelle häufig verwendete Befehle in die Symbolleiste für den Schnellzugriff einfügen, erfahren Sie auf Seite 32.

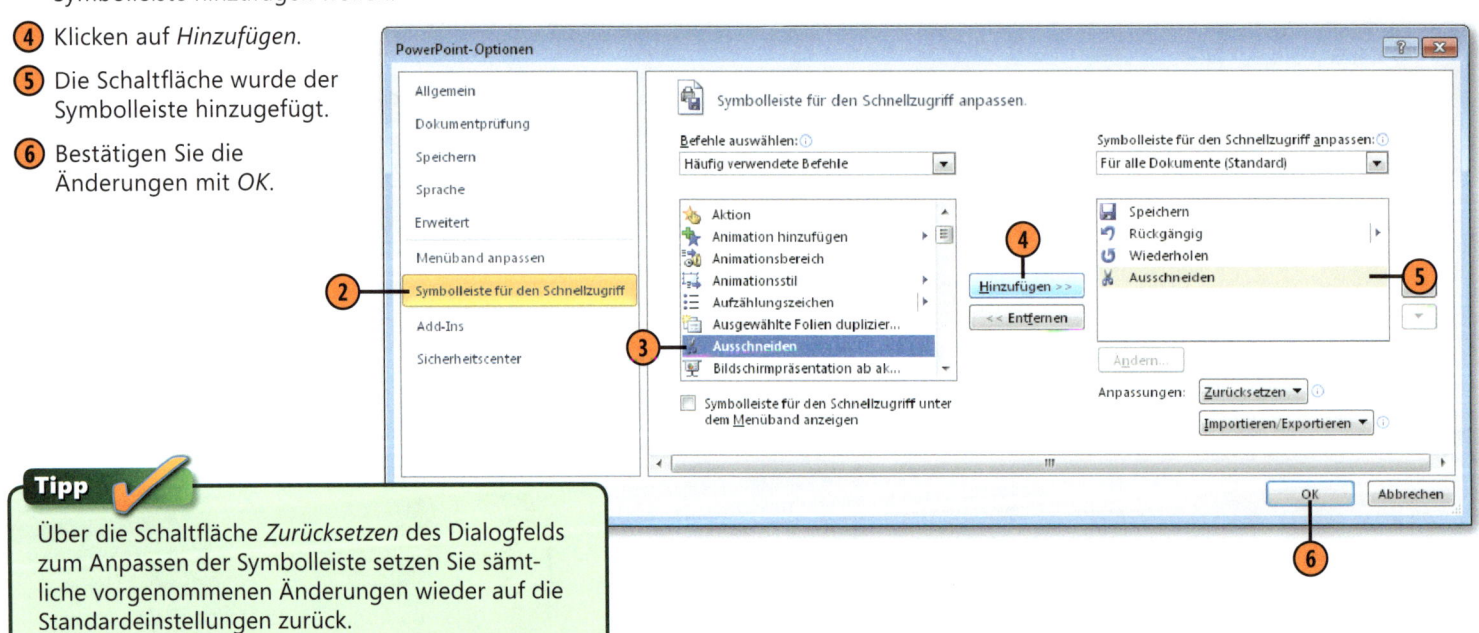

Tipp

Über die Schaltfläche *Zurücksetzen* des Dialogfelds zum Anpassen der Symbolleiste setzen Sie sämtliche vorgenommenen Änderungen wieder auf die Standardeinstellungen zurück.

Stichwortverzeichnis